当代经济学系列丛书
Contemporary Economics Series

陈昕 主编

当代经济学译库

Pol Antràs
Global Production
Firms, Contracts, and Trade Structure

全球生产
企业、合同与贸易结构

[西] 波尔·安特拉斯 著

谢锐 梁筠怡 屈展 洪联英 译

格致出版社
上海三联书店
上海人民出版社

主编的话

上世纪 80 年代，为了全面地、系统地反映当代经济学的全貌及其进程，总结与挖掘当代经济学已有的和潜在的成果，展示当代经济学新的发展方向，我们决定出版"当代经济学系列丛书"。

"当代经济学系列丛书"是大型的、高层次的、综合性的经济学术理论丛书。它包括三个子系列：（1）当代经济学文库；（2）当代经济学译库；（3）当代经济学教学参考书系。本丛书在学科领域方面，不仅着眼于各传统经济学科的新成果，更注重经济学前沿学科、边缘学科和综合学科的新成就；在选题的采择上，广泛联系海内外学者，努力开掘学术功力深厚、思想新颖独到、作品水平拔尖的著作。"文库"力求达到中国经济学界当前的最高水平；"译库"翻译当代经济学的名人名著；"教学参考书系"主要出版国内外著名高等院校最新的经济学通用教材。

20 多年过去了，本丛书先后出版了 200 多种著作，在很大程度上推动了中国经济学的现代化和国际标准化。这主要体现在两个方面：一是从研究范围、研究内容、研究方法、分析技术等方面完成了中国经济学从传统向现代的转轨；二是培养了整整一代青年经济学人，如今他们大都成长为中国第一线的经济学家，活跃在国内外的学术舞台上。

为了进一步推动中国经济学的发展，我们将继续引进翻译出版国际上经济学的最新研究成果，加强中国经济学家与世界各国经济学家之间的交流；同时，我们更鼓励中国经济学家创建自己的理论体系，在自主的理论框架内消化和吸收世界上最优秀的理论成果，并把它放到中国经济改革发展的实践中进行筛选和检验，进而寻找属于中国的又面向未来世界的经济制度和经济理论，使中国经济学真正立足于世界经济学之林。

我们渴望经济学家支持我们的追求；我们和经济学家一起瞻望中国经济学的未来。

陆昕

2014 年 1 月 1 日

推荐序

　　很高兴应邀为波尔·安特拉斯（Pol Antràs）的著作 *Global Production: Firms, Contracts, and Trade Structure* 的中译本《全球生产：企业、合同与贸易结构》写推荐序言。我认真地阅读了原著和译本，这的确是一部非常优秀的学术著作，也是一部高质量的译作，因此特向读者推荐本书。

　　波尔·安特拉斯是当今国际经济学界备受推崇的著名学者之一，他目前是美国哈佛大学经济学教授、美国国家经济研究局（NBER）研究员，曾担任世界贸易组织（WTO）特别工作组主任，先后担任 *Quarterly Journal of Economics*、*American Economic Review*、*Review of Economic Studies*、*Journal of International Economics* 等多个经济学知名期刊的编辑和编委会委员。他还获得过 2007 年斯隆研究奖（Sloan Research Fellowships）和 2009 年银匠银行基金会奖（Fundación Banco Herrero），并在 2015 年当选为世界计量经济学会院士。波尔·安特拉斯教授的主要学术成是与马克·梅利茨（Marc Melitz）教授共同奠定了异质性企业贸易理论(也称为"新新贸易理论")的基础,揭示了在全球市场中企业的异质性和决策行为对国际贸易和全球生产格局的影响,这一理论不仅从微观视角拓展了对全球贸易的认知,开辟了国际贸易研究的新领域,也对国际经济政策和企业国际化战略的制定产生了深远影响,并帮助我们更好地理解了全球化进程中的企业行为、国家经济政策的有效性,以及全球价值链中不同国家和企业的角色与地位。

新新贸易理论的两个核心模型是马克·梅利茨提出的"异质性企业贸易模型"和波尔·安特拉斯提出的"企业内生边界模型"。Melitz异质企业贸易模型首次将企业的异质性引入国际贸易理论,提出不同企业在生产效率、市场进入成本等上存在的差异将对其出口决策与行为产生不同的影响。这一模型揭示了为何在同一产业中,有些企业能够在全球市场中取得成功,而另一些企业则无法适应国际竞争。另一方面,波尔·安特拉斯的企业内生边界模型则深入探讨了企业如何在全球化背景下做出生产内部化、外包(贸易)或对外投资的战略决策,强调在全球生产网络中,企业必须应对各种复杂的合同摩擦和不确定性,以及权衡成本、控制权和效率等多重因素,从而做出最终理性选择。该模型还特别关注企业在面对全球价值链分工时,如何通过调整自身边界来优化资源配置和降低交易成本,从而在全球竞争中占据有利位置。

近年来,波尔·安特拉斯教授的研究进一步扩展到全球价值链的复杂性问题,尤其是生产过程的顺序性(即生产阶段的先后次序)及其对企业全球采购决策的深远影响。波尔·安特拉斯与达文·乔尔(Davin Chor)合作开发了一个具有创新性的全球价值链模型,并提出了"上游度"和"下游度"这两个重要指标。这些指标不仅为学术界提供了新的经验分析工具,还为企业在全球市场中的战略定位提供了关键的参考依据。通过这些研究,波尔·安特拉斯教授深入分析了全球价值链的动态特性,并揭示了企业在全球价值链中不同位置上的竞争优势和风险暴露。

《全球生产:企业、合同与贸易结构》一书是基于波尔·安特拉斯教授的博士学位论文《企业、合同与贸易结构》(Firms，Contracts，and Trade Structure)以及之后在西班牙巴塞罗那举办的 CREI Lectures in Macroeconomics 讲座的研究工作提炼而成。他在本书中提出了一个涵盖跨国公司全球采购、投资与生产的基础模型，为分析大型跨国公司的国际化生产方式与生产地点决策选择提供了一个统一的框架，强调了合同摩擦对国际生产组织行为的影响，并深入讨论了国际合同谈判和执行中不可避免的复杂因素。

全书共包括三个部分，共 8 章。第一部分包括第 1 章"世界制造"和第 2 章"基本模型"，主要探讨了当代全球生产分工的本质及其理论基础。第 1 章以苹果公司为例，通过对苹果 iPad 3 生产流程的详细案例分析，揭示了在全球化时代下国际生产活动的新特征与新趋势，深入剖析了跨国公司如何在全球范围内配置生产资源、选择生产地点以及组织协调供应链。波尔·安特拉斯教授指出，随着全球生产网络的推进，国际贸易的格局发生了显著变化，传统的基于最终产品核算的贸易流量衡量方法已不足以解释中间品贸易的快速增长及其日益多样化的结构变化，并忽视了由国际合同的不完备性所带来的贸易风险和不确定性。此外，在全球价值链生产模式下，企业不仅要考虑多阶段生产的空间选择（即选择生产阶段的地点），还需要仔细决定在整个生产过程中，哪些生产要素（如原材料、技术、管理等）应该由企业自己直接控制，哪些可以外包给其他公司或外部供应商。在第 2 章中，波尔·安特拉斯教授提出并扩展了多部门 Melitz 出口模型，分析了企业在全球化环境下的生产组织和贸易行为，并为后续章节中深入探讨国际合同不完备性对企业全球生产决策的影响奠定了理论基础。

第二部分包括第 3 章"合同和出口行为"、第 4 章"合同和全球采购"以及第 5 章"合同和采购：证据"，深入探讨了企业如何在面对复杂的国际合同时做出全球生产组织的区位选择，着重分析了合同不完备性对企业行为的影响。第 3 章通过发展和改进 Melitz 异质性企业模型，研究了国际合同不完备性（如合同的摩擦性和执行力不足）如何影响企业的出口决策,包括对出口约束和干扰,限制企业进入国际市场的能力,甚至在某些情况下导致企业退出国际市场。第4章进一步探讨了合同执行力不足、法律体系差异等合同摩擦问题如何影响企业的全球采购行为,构建了一个多阶段序贯生产模型,并在不同程度的合同摩擦假设下,讨论了企业的利润率及全球采购行为的变化。第5章结合美国的进出口数据,通过实证研究验证了前两章的理论模型,并展示了企业如何根据不同的合同环境调整其全球供应链管理策略。

第三部分包括第6章"交易成本方法"、第7章"产权分析法"和第8章"内部化:实证证据",集中探讨了企业在全球价值链分工中的内部化或外包决策问题。第6章基于交易成本理论的视角,分析了合同不完备性如何导致交易成本的上升,进而影响企业的内部化决策。尤其是详细探讨了企业在面临高交易成本时,为什么会选择将某些关键生产环节保留在企业内部,而不是外包给外部供应商。这一分析框架诠释了全球价值链中一个常见的现象,即企业在面对高风险、高交易成本的合同环境时,更倾向于加强对供应链上游和下游环节的控制,以减少外部环境带来的不确定性。第7章通过产权分析法,强调对企业资产的控制权在决策过程中的重要性,进一步探讨了企业在全球生产中如何通过控制关键资源和生产要素来最大化其经济效益。研究发现,当企业面临难以预见的合同执行问题时,通过内部化控制生产要素,可以有效降低交易成本,并提高企业在全球市场中的竞争力。第8章通过对产品和企业层面的实证分析,验证了上述理论模型提出的假说。同时还结合多个行业和企业的具体案例,展示了内部化决策如何在实践中帮助企业应对复杂的国际合同环境,并确保其在全球价值链中的有利地位。不过,波尔·安特拉斯教授指出,尽管这些理论和实证分析揭示了企业内部化的重要性,但仍有许多未解决的问题需要进一步研究,特别是随着全球经济环境的变化,企业如何动态调整其内部化与外包策略,依然是未来研究的重要方向。

波尔·安特拉斯教授的著作《全球生产:企业、合同与贸易结构》的重大意义在于发展了新的国际贸易理论,将生产、贸易、投资纳入一个统一的理论模型,分析跨国公司全球生产与组织这一复杂的决策问题,这不仅包括"生产什么"和"为谁生产"的传统问题,还包括"如何生产"和"在哪里生产"的新问题。本书是第一部系统地探讨跨国公司在日益复杂的全球化背景下如何进行全球资源配置、全球供应链管理、全球生产组织方式与空间区位选择的学术著作。波尔·安特拉斯教授通过理论和实证分析创新性地揭示了合同摩擦如何深刻影响企业在国际生产体系中的决策过程以及全球经济的运行。他通过引入企业异质性和合同不完备性的概念,深刻剖析了跨国公司在不同生产阶段面临的各种摩擦,包括合同的执行力度、法律制度的差异以及各国市场的监管环境,说明了这些摩擦不仅影响企业在全球范围内选择生产地点,还决定了企业是选择内部化生产还是将生产外包给第三方。这对理解与应对企业在跨国生产中面临的风险和不确定性具有重要的理论意义。

另一方面,本书对理解与认识企业异质性、跨国公司行为与贸易政策之间的复杂互动关系进而制定合理的战略与政策具有重要意义。波尔·安特拉斯教授的研究揭示了上述因素如何共同影响全球贸易的动态变化。比如,他指出,企业在全球价值链中所处的位置(例如,它们是生产链的上游、下游,还是处于中间环节)会显著影响它们对不同贸易政策(如关税、进口限制、出口补贴等)的反应和受影响程度,因此,政策制定者在制定国际经济政策时,应更加关注企业层面的差异性和全球供应链的复杂性。这些研究成果已广泛应用于国际贸易政策的制定和评估中,帮助各国政府更好地理解跨国公司在全球经济中的角色,并据此制定更为有效的政策措施。

本书的翻译工作主要是由几位年轻学者和博士研究生共同完成。其中,主导本书翻译工作的谢锐教授、屈展博士、洪联英教授均致力于国际贸易理论研究,具备扎实的经济学和管理学理论基础与学术功底。他们成功地将以波尔·安特拉斯教授为重要代表的新新贸易理论研究的核心思想、技术推演与政策分析通过专业、流畅、可读性的语言表达出来,使国内读者愉快地阅读并透彻地理解本书的内容。谢锐教授和博士研究生梁筠怡进行了大量的基础性翻译工作,屈展博士和洪联英教授主要负责专有名词和学术用语的核对和规范,以及一些章节的注释纰漏、语言规范表述等校对和更正。本书可作为国际贸易、世界经济等专业的高年级本科生、硕士和博士研究生的专业参考书,也适用于对国际贸易、跨国公司以及全球价值链等领域感兴趣的研究人员。

盛　斌

于南开大学

2024 年 8 月 26 日

前言

　　本书的写作灵感来源于 2012 年 6 月我在巴塞罗那举办的宏观经济学 CREI 讲座。我对该系列讲座编辑汉斯－约阿希姆·福特（Hans-Joachim Voth）先生深表敬意,感谢他的邀请和鼓励。我现在必须说明,最初没有答应他的邀请,部分原因是,我认为这个久负盛名的讲座邀请是母校对我的一种偏爱。当时,CREI 系列讲座委员会由汉斯－约阿希姆·福特（我的合作著者）、豪梅·本图拉（Jaume Ventura,我的一位博士导师）、安东尼奥·奇科纳（Antonio Ciccone）和霍尔迪·加利（Jordi Galí）〔我在庞培法布拉大学（Universitat Pompeu Fabra）本科学习期间最喜欢的两位老师〕组成。不管他们为何邀请我,我都很荣幸被选为 2012 年 CREI 讲座的演讲者。我很感谢在演讲期间收到的评论和反馈,也感谢在多次拜访期间 CREI 对我的热情款待。

　　本书主要面向研究生以及对国际贸易领域最新发展动态感兴趣的研究人员。与专业期刊和研究生教材相比,我尝试让本书的风格更加简洁易懂,希望能鼓励一些高年级本科生和从事贸易相关的工作者自学本书的内容,但同时也可能忽略那些注重技术性学习的读者。第 1 章是在非常容易理解的基础上,对后面各章所涵盖的主题进行概述。本书最后部分的附录包含丰富的理论推导,我希望这可以满足那些爱好数学的读者的需求。作为一本收录了一系列宏观经济学讲座内容的书,虽然可能这并不畅销,但我希望书中的研究内容能吸引相关领域的研究者,以及对组织经济学和应用契约理论感兴趣的读者。

尽管本书的大部分内容都以某种形式在学术期刊上出现过,但其中许多章节都涵盖了全新的原创内容。例如,第 2 章中介绍,并在第 5 章、第 8 章中进一步讨论的全球采购的多国模型来源于 Antràs、Fort 和 Tintelnot(2014)的最新工作。同样地,第 3 章提出的有限承诺多国模型也是本书的一项创新性研究。尽管实证部分在方法论和数据来源方面都是基于先前的工作,但许多都是原创的。

在哈佛大学、格尔赞(Gerzensee)学习中心、伦敦政治经济学院、宾夕法尼亚州立大学、苏黎世大学和西北大学的一系列讲座和课程中,我已经讲授过这些材料的大部分内容。我发现,可以用 4—5 节课(每节课 90 分钟)的授课时间讲完这本书的大致内容。我很感谢所有这些组织的盛情招待,以及听众提出的许多有益的建议。

虽然我尝试在这次讲座(2012 年 6 月我在巴塞罗那所作的宏观经济学 CREI 讲座)中提供一个专题概述,但 CREI 讲座要求我在本书中突出自己的工作重点。因此,我非常感谢本书中提及的论文的合作者们:Daron Acemoglu、Davin Chor、Fritz Foley、Teresa Fort、Esteban Rossi-Hansberg、Bob Staiger、Felix Tintelnot、Steve Yeaple;其中特别鸣谢 Elhanan Helpman。同时我也非常感谢我的同事 Elhanan Helpman 和 Marc Melitz,正是在与他们充满激情和理性的讨论中,我形成了对本书主题的个人思考和观点。我对全球生产合同方面的兴趣可以追溯到我在麻省理工学院攻读博士学位的时候,我要感谢 Daron Acemoglu、Gene Grossman、Bengt Holmström 和 Jaume Ventura,感谢他们在这场知识旅途一开始所给予我的鼓励。我也非常感谢西班牙银行在早期的关键阶段为我的研究提供了慷慨的资金支持。

　　事实证明，将我的讲稿变成手稿比我最初预期的要困难和耗时得多。Lucia Antràs、Mireia Artigot、Teresa Fort、Elhanan Helpman、Wilhelm Kohler、Marc Melitz、Felix Tintelnot 和两位匿名读者阅读了本书初稿的不同部分，并提供了非常有用的反馈和修改意见。我还要感谢 Eric Unverzagt 在编辑方面提供的细心帮助。

　　几位热心同事为本书的一些实证检验提供了数据支持，他们是 Andrew Bernard、Davin Chor、Robert Johnson、Nathan Nunn、Mike Waugh 和 Greg Wright。感谢在本书写作的不同阶段 Ruiqing Cao、Yang Du、Alonso de Gortiari，特别是 Boo-Kang Seol 在研究上给予的巨大帮助。当然，他们无需对本书的任何错误负责。最后，我永远感谢我的妻子 Lucia，以及我的女儿 Daniela 和 Martina，没有她们的耐心和体贴，我是不可能完成这本书的。

CONTENTS

目　录

主编的话

推荐序

前言

1

第一部分

引　言

1

世界制造

庞培法布拉大学既是我本科学习经济学的地方,也是举办 CREI 系列讲座的场所。回首过去,我感觉从本科学习到举办讲座的这段时光并不遥远。那是 1994 年,我觉得我生活在一个真正的全球化经济中。我听的音乐和看的电影大多来自英国或美国。我穿的衣服大部分是国外制造的,其中一些来自很有异域情调的地方,如摩洛哥和中国台湾。我最喜欢的啤酒是荷兰啤酒。在庞培法布拉大学,我大约有一半的老师都是外国人,三分之一的课程使用英语授课,大部分的教科书和世界其他大学用的一样。

然而,事后可以清晰地看出,世界还没有见证全球化的全面来临。自 1994 年以来发生了什么变化? 首先最重要的是过去二十年里发生了一场真正的信息和通信技术(ICT)革命,这场革命给我们所生活的世界带来了深刻的社会经济变革。计算机的处理能力和存储容量大约每两年翻一番(正如摩尔定律暗示的那样),而在光纤网络上传输信息的成本大约每九个月下降一半(这一现象通常被称为巴特尔定律)。互联网用户的数量已经增长了 100 倍,从 1994 年的 2 500 万用户增长到 2012 年超过 25 亿用户(参见世界发展指标)。由于这些技术的发展,近年来,远距离处理和传输信息的成本已大幅下降。思考一下以下例子:在 2012 年,我最喜欢的电影《低俗小说》(*Pulp Fiction*),文件大小为 3.3GB,可以使用标准的宽带网以每秒 5 兆位的速度从亚马逊网站下载,时间仅需 11 分钟 16 秒。而在 1994 年使用拨号连接和当时最先进的调制解调器下载同一文件,最大速度只有每秒 28.8 比特,这样会使你的电话占线至少 33 小时 23 分钟①!

其次,在同一时期,政府继续并且加大力度逐步取消所有人为的贸易壁垒。贸易壁垒的取消可追溯到 1947 年《关税及贸易总协定》(GATT)的初步签署,但在 20 世纪 90 年代和 21 世纪初,贸易壁垒再次流行,欧盟的逐步扩大,北美自由贸易区和南方共同市场的形成,东盟自由贸易协议,在 GATT 第 24 条的保护伞下签署的大量小额优惠贸易协定,以及中国加入世界贸易组织(WTO),这些都是影响因素。因此,全球贸易制成品的加权平均关税从 1996 的 5.14% 下降到 2010 的 3.03%(见世界发展指标)。②

最后,世界政治发展使积极参与全球化进程的世界人口比例显著增加。这些变化在很大程度上源于东欧剧变和苏联解体,资本主义政策本身也对全球化变得更加友好,比如上一段提到的贸易自由化程度的加深,还有对一些中低收入国家的货币自由兑换和国际收支平衡的限制的放松。③

---

① 借用《低俗小说》中塞缪尔·杰克逊(Samuel L. Jackson)所饰角色的一句令人难忘的话来说,"它们不是一个级别的,不是一个级别的,它们甚至都不是同一种运动"。

② 1994 年以来的技术发展也降低了质量(或时间)调整后的跨国运输成本(见 Hummels, 2007),同时对欠发达经济体基础设施的投资也有助于在这些国家的各个地区传播全球化的影响。

③ 20 世纪 90 年代末还出现了一场"反全球化"运动,1999 年在西雅图召开的 WTO 会议尤其引起了人们的关注。然而,几乎没有证据表明,这一运动明显放缓了全球化进程(例如,参考 Harrison and Scorse, 2010)。

1.1 价值链分割

前述世界经济的三种变化导致的一个结果是跨越国界的生产流程的逐步瓦解。现在越来越多的企业在全球范围内组织生产,并在国外甚至更远的国家中组织离岸外包的零部件组装或生产服务。在制造品中,经典的"在⋯⋯制造"标签已成为古老时代的标志。现在,大部分商品都是"世界制造"。

各种术语被用来描述这种现象:"价值链分割""生产分散化""生产非一体化""非本地化""垂直专业化""全球生产分工""分阶段生产""离岸外包"和更多的其他名词(见 Feenstra,1998)。我将在本书中替换使用这些名词。①

苹果 iPad 3 平板电脑的例子很好地说明了这种全球化新形式的重要性。平板电脑纤长而光滑的外壳隐藏了复杂的制造过程,该过程由不同供应商提供设计和组件,并在不同国家进行组装。虽然苹果公司没有披露其零部件提供者的详细信息,但是当我们把各部件的拆解报告(比如发布在 isuppli.com 和 ifixit.com)上的信息与大量的新闻报道相结合时,iPad 3 的全球性生产过程图就会清晰地出现。②例如,众所周知,平板电脑是在中国台湾的两家公司——富士康和和硕组装(2012 年后也在巴西

---

① 有时,我也会使用"外包"这个时髦词,但我只会在提到"市场采购关系"时才会这样做,即分工中企业之间交换的部分不是相互关联的(如整合一体的)。外包不仅发生在国外,而且在国内的垂直关系中也经常出现。

② 面对公众对供应商工厂的工作条件的强烈批评,苹果在 2012 年初公布了 156 家全球供应商的完整名单(见 http://images.apple.com/supplierresponsibility/pdf/Apple_Supplier_List_2011.pdf)。拆解报告进一步提供了 iPad 部件和各自对应的生产商。新闻发布稿有时也会指出 iPad 3 组件的特定供应商(见 Forbes,"Batteries Required?",available at http://www.forbes.com/global/2010/0607/best-under-billion-10-raymond-sung-simplo-technology-batteries-requried.html)。

组装)。视网膜显示屏被认为是由韩国三星公司在中国吴江市的生产工厂制造。独特的触摸面板(至少一部分)由胜华科技(Wintek)制造,这是一家总部位于中国台湾的公司,在中国大陆、印度和越南也有工厂。而机箱是由另一家叫可成科技(Catcher Technologies)的中国台湾公司提供,其在中国大陆也有业务。平板电脑的第三个重要组成部分——电池组,也来源于中国台湾的公司 Simplo Technologies 和 Dynapack International。除了这些显而易见的部分,iPad 3 还包含多种芯片和其他技术性小部件。这些零部件由不同的公司提供,这些公司的总部和研发中心都位于发达经济体,而制造工厂分布在世界各地。其中一份非详尽的清单包括韩国的三星,它被认为负责生产苹果公司设计的主处理机,位于美国的供应 4G 模块的高通公司,提供关键传感器的意法半导体(STMicroelectronics)。①

苹果公司的采购策略远不是全球生产的一个特例。事实上,越来越多的生产国际化分工已在总体统计中非常突出。在 20 世纪 90 年代和 21 世纪初,当这种现象还处于起步阶段时,研究人员设计了几种方法来量化全球生产分工的重要性。②例如,Feenstra 和 Hanson(1996b),使用美国的投入产出表推断进口投入在美国企业全部中间投入品采购所占有的份额。他们发现,这个份额已经从 1972 年的 5.3% 增加到 1990 年的 11.6%。Campa 和 Goldberg(1997)发现加拿大和英国也有类似情况,但令人惊讶的是,日本却没有这种现象,日本对国外投入的依赖在 1974—1993 年出现下降。Hummels、Ishii 和 Yi(2001)构建了一套垂直专业化的测量方法,测量在一国出口商品中隐含的进口中间投入品(商品和服务)的价值,发现在 1995 年,出口国商品中的进口中间投入品的价值已经占到世界出口总值的 30%,自 1970 年起,这一增长高达 40%。

---

① 详情可见:http://www.chipworks.com/en/technical-competitive-analysis/resources/blog/the-new-ipad-a-closer-look-inside/。

② 货物贸易流量数据是在总产出的基础上收集的,而不考虑这些货物所包含的增加值的特定来源,这一事实使这项任务变得复杂。

Johnson 和 Noguera(2012a，2012b)的工作包括运用投入产出表来量化近年来全球生产分工的重要性及其演化趋势。其方法的主要创新之处在于，尝试利用一个全球投入产出表进行测算，从中可以计算国际贸易总额的增加值和中间投入品内容。特别地，他们所提出引人关注的 VAX 比率(出口的增加值与增加值总额的比率)是一个衡量在世界生产中垂直专业化重要性的反向指标：这个指标越低，出口隐含的进口投入的价值越高。①从图 1.1 中可以清楚地看出，自 1970 年以来，VAX 比率已显著下降，其中 1990 年之后下降了约三分之二。Johnson 和 Noguera(2012b)指出，这种下降完全是由制造业内部离岸外包业务的增加所致。此外，他们还发现，全球生产份额在新兴经济体中不断增长，而且在签署区域贸易协定后似乎也有所增加。

到目前的讨论为止，生产分工的测度存在两个局限性：一是过于依赖汇总的投入产出数据；二是作了过多的假设来去除中间品贸易的重复

图 1.1 1970—2009 年增加值和总出口的比率(VAX)

资料来源：Johnson and Noguera(2012b)。

---

① 在最近的一篇论文中，Koopman、Wang 和 Wei(2014)设计了一种方法，将 Johnson 和 Noguera(2012)的 VAX 测量与 Hummels、Ishii 和 Yi(2001)提出的垂直专业化测量巧妙地结合了起来。

部分。Yeats(2001)首次提出一种衡量生产过程在多大程度上分散在各国之间的不同方法,并通过 SITC Rev.2 部门的商品类目来计算贸易往来的份额,可以安全地假定 SITC Rev.2 工业类别只包含中间投入品(因为在类别描述的开头使用"部件"一词)。结果表明,这些行业都集中在"机械和运输设备"的产业组(或 SITC 7)。Yeats(2001)发现,1995 年,中间投入品约占经济合作与发展组织(OECD)统计的机械和运输设备出口的30%,并认为这一比例从 1978 年的 26.1% 开始稳定增长。Yeats 衡量标准的一个局限性是,只关注那些不包括中间品的产业,自然地低估了投入品贸易的重要性。这也许可以解释为什么将这种方法应用到现在的情况时,几乎没有证据表明这一比例会进一步增加。[1]

将贸易分为最终产品或中间投入品的另一种方法是,尝试测算出贸易商品连续性更高的"上游度"。该方法是由 Antràs、Fally 和 Hillberry(2012)提出的,他们使用投入产出数据构建一个测度某行业的产出在价值链中所处的位置权重指数(如最终消费,对其他行业的直接投入,作为此直接投入品行业的直接投入,并以此类推),权重由该位置中该行业的产出量与该行业的总产出之比得出。直观地说,这一测算结果越高,该行业的产出离最终品的距离越远(因此处于越上游的位置)。数据附录包含了如何构建这个指标的详细讨论。[2]Antràs 等(2012)使用这个衡量方法来刻画不同国家 2002 年出口的平均上游度,它还可以用来说明近年来世界出口的上游度趋势是如何演变的。如图 1.2 所示,世界出口主

[1] 试图用其他方法计算中间投入品在世界贸易中所占份额的作者也发现,在这一系列数据中几乎没有迹象表明存在增长趋势(见 Chen, Kondratowicz and Yi, 2005,或 Miroudot, Lanz and Ragoussis, 2009)。我使用 Wright(2014)提出的货物分类方法计算总体贸易和投入品贸易的相对增长,得到了类似的结果。正如 Johnson 和 Noguera(2012b)所指出的,即使从表面上看这一发现,它也不一定与观察到的垂直专业化指数的上升不一致,后者更好地刻画了进口投入在生产出口商品中的使用情况。

[2] 上游度指数由 Antràs 和 Chor(2013)及 Fally(2012)创新性提出,Antràs 等(2012)对其性质进行了进一步研究。

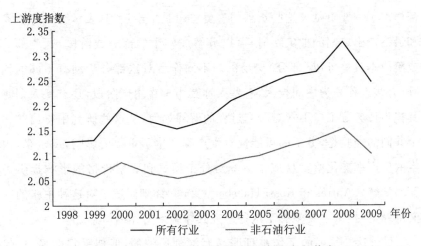

图 1.2　1998—2009 年世界出口的平均上游度

资料来源:基于 Antràs 等(2012)和 BACI 世界出口数据计算可得。

要集中在上游产业,特别是在 2002—2008 年。这些特征与图 1.1 所示的一致,也表明投入品贸易在世界贸易中的主导地位日益增强。虽然所观察到的上升趋势中有很大一部分与石油相关行业的相对比重增加有关,但就算剔除了这些产业,人们也观察到出口上游度显著上升的趋势(见图 1.2)。有趣的是,图 1.1 和图 1.2 都表明,在最近几年的"大衰退"中,与全球贸易相比,全球生产分工的态势有所弱化。

1.2　旧理论与新理论

投入品贸易的显著扩张也引起了国际贸易理论家的注意,他们渴望缩小国际贸易数据新特征与以最终产品为标准表示贸易流量的传统和新贸易理论之间的明显差距。

这一新理论的其中一个分支集中于将分工的概念纳入同质产品、完全竞争市场和无摩擦合同的新古典模型中。Feenstra 和 Hanson(1996a)、Jones(2000)、Deardor(2001)、Grossman 和 Rossi-Hansberg(2008)对此都作出了重要贡献。这些贡献的主要思想是生产过程（表示为生产要素和最终产出之间的抽象映射）可以分解成较小的部分或阶段，这些部分或阶段本身是可以（部分）交易的。不同作者对这部分活动有不同的称呼：有些人称其为中间投入，有些人称其为垂直生产阶段，还有些人则将其视为任务分工。不管对研究过程的解释如何，从这些研究中得出的一个共同的经验是，分工的可能性对生产率产生了重要的影响，反过来，内生的生产率变化给交易成本下降对分工模式和要素价格的影响提供了新的见解。Antràs 和 Rossi-Hansberg（2009）详细阐述了对这种主张的广义解释，并提供了更多关于这些研究具体结果的详细信息。①

尽管这一系列的工作被证明是有深刻见解的，但似乎很明显，仅仅将全球生产分工建模为提高国家之间同质投入品的可交易性，意味着忽略了中间投入品贸易的重要特征。在这些特征中最突出的是，零部件经常需要根据意向买家进行定制（正如我们前面提到的 iPad 3 的例子）。换句话说，生产过程的分工更适合于差异化产品（而不是同质品）的中间投入品贸易的增长。②

全球生产网络的另一个重要特点是，它们必须在不同国家的当事方之间签订大量的合同，因而，这些合同受不同地方法律制度的管制。在一个跨越国界的完全合同的世界里，这当然是不要紧的。不幸的

---

① 在这些论文发展的理论框架中，另一个共同特征是假设原始生产要素的数量很小，通常等于 2。另一分支的文献已经发展出完全竞争的、无摩擦的模型，在这种模型中，外包来源于将大量异质性厂商分配到国际分层级的团队中（参见 Kremer and Maskin，2006，或 Antràs，Garicano and Rossi-Hansberg，2006）。

② 诚然，没有太多的证据来证实这种说法。Antràs 和 Staiger（2012a）采用 Schott（2004）建议的方法来区分中间品国际贸易，并使用 Rauch（1999）的"自由"分类来区分差异化和同质性产品，提供了一个粗略的量化方法。他们发现，1962—2000 年，差异化投入品在世界贸易中的份额增加了一倍多，从世界贸易的 10.56％增加到 24.85％。Behar 和 Freund（2011）表明，在 20 世纪 90 年代末和 21 世纪初，欧盟内部中间投入品的贸易变得更加复杂，涉及更多关系专用性投资（参见 Nunn，2007）。

是,这不是我们(或至少,我)生活的世界。现实世界的商业合同在某种意义上是不完全的,因为它们不可能为业务关系过程中可能出现的任何意外情况列举行动方案。当然,国内商业行为也可以这样说,但跨境货物交换一般不受相同的合同保障所约束,保障措施通常是与境内交易相关的。

考虑到本书的主题,有必要更详细地讨论影响国际合同特别难以顺利执行的因素。

1.3　国际贸易合同

当涉及国际贸易合同纠纷时,出现的一个困难是:已签署的合同究竟适用于哪国的法律?原则上,当事人可以在合同中增加一项法律选择条款,规定合同下产生的任何争议都应根据某一司法管辖区的法律确定,而不论该争议是在何处提起诉讼的。然而,许多国际合同不包括该条款。在一般情况下,它是由法庭审理争议,然后决定是否支持当事人的利益诉求。如果法院对合同中规定的法律不熟悉,这经常可能会在国际贸易中发生,在这种情况下,法院可能会根据本国的法律来裁决,或者他们可能错误地使用当事方所希望的外国法律。

第二个困难涉及这样一个事实,即使地方法院(在法律意义上)具有管辖权,法官也可能不愿意就涉及外国居民的合同纠纷作出裁决,特别是如果这样的裁决会对当地居民造成不利结果。关于地方法院本地偏见的证据好坏参半,但即使是那些主张对判例法进行权威分析后,得出外国人偏见假说是错误的,作者也不得不承认,这种仇外偏见信念依然普遍存在(见 Clermont and Eisenberg, 2007)。

与国际合同有关的第三个困难涉及法院判决中规定的补救措施的执行。例如,法院可能会作出有利于本国进口商的裁决,该进口商对从出口商那里获得的某些部件的质量不满意,判决可能要求出口商补偿进口商已经支付的零部件费用，以及所有法院或律师费用。但是，如果出口商在进口商国家没有任何资产（例如在进口商国家的银行账户或固定资产），就会出现问题。在这种情况下，不确定出口商会不会勉强接受这一判决，并向进口商赔偿。

近年来，为减少国际贸易合同的不确定性和模糊性，国际社会尝试进行过几次协调。一个特别值得注意的例子是，联合国国际货物销售合同公约（CISG），或维也纳公约，尝试提出一套统一的规则来管理国际货物销售合同。其思想是，即使一个国际合同不包括法律选择条款，营业地在不同签署国的当事人也可以依靠公约在法院保护自己的利益。虽然 CISG 的初衷雄心勃勃，但却可以说没有达到其目标。例如，一些国家或地区（最值得注意的是，巴西、中国香港、印度、南非、中国台湾和英国）尚未签署协议。此外，一些同意使用公约的国家却对此持保留意见，选择不应用公约的某些部分。最后，由于公约第六条的规定，许多私人缔约方明确表示公约不适用于其签订的合同。他们不愿意完全接受公约，这与条款中有些含糊的措辞有关，因为这可能使法官更倾向于从本国法律的角度解释公约。①

另一种改善国际贸易合同有关问题的举措是诉诸国际仲裁。更具体地说，国际贸易合同可以包括一个（所谓的）"法律审判"条款（forum-of-law），即指定某一特定仲裁员，如巴黎的国际商会（ICC），来解决当事人之间可能发生的任何合同纠纷。国际仲裁之所以引人关注，是因为它避免了上述提到的与国家法院诉讼有关的不确定性问题。同时，国际仲裁的解决速度也是相对迅速的，而且当事人都受益于仲裁员往往比一般法官具有更多专业的商业知识。此外，仲裁的裁决过程和结果是保密的，仲裁通常被认为比国家法院的裁决更具有可执行性，因为其受《承认

---

① 佩斯法学院（Pace Law School）的国际商法研究所设有一个网站（http://www.cisg.law.pace.edu/），载有关于 CISG 的全面资料，包括一个数据库，其中载有援引公约的数千个法律案件。这些案例的细节生动地讲述了国际贸易中合同分歧的性质。

及执行外国仲裁裁决公约》(又称"纽约公约")保护。尽管仲裁有许多优势,但是在实践中却很少使用国际仲裁,因为它的成本太高,多数企业难以承担。①

人们可能会质疑:明确的合同也存在不完全性和不可执行性,但当事人在国际贸易中仍然可以使用隐性合同来维持"合作"。我们将在第 3 章简要地阐述这一观点。然而,自我履行国际商业关系是非常困难的。一方面,与国内贸易不同的是,国际贸易双方并没有太多直接见面的机会,也不会在重复的基础上进行交易,部分是由于距离和交易成本,但也和冲击(如汇率变动)有关,这些将使双赢局面迅速变为一方亏损局面。另一方面,集体或团体执法的可能性再次因距离而受到阻碍,但也与当事方可能具有不同的文化和社会价值观有关。总之,用 Rodrik(2000)的话说,就是"最终,(国际)合同往往不明确也不隐性,它们只是不完备"。

虽然合同风险也与最终产品的交换有关(见第 3 章),但不完备的国际合同执行可能对中间投入品贸易的影响尤为严重。这至少有两点理由:首先,中间投入品贸易往往受订单(合同签订)和实际货物或服务交付(合同执行)的时间间隔显著影响;其次,零部件的交易往往需要买方和供应商间的重要关系专用性投资和稳定的其他重要材料的来源,这使得违反合同的成本非常高。如前所述,供应商往往根据买家的特定需求来定制其产品,如果买方决定不遵守合同条款时,供应商将很难把这些货物卖给其他买家。同样,买方通常也会担心当他们在进行重大投资

---

① 用一些数据来说明这一说法可能很有启发意义。可以在 ICC 网站使用仲裁成本计算器,10 000 美元的纠纷的仲裁估计成本(包括单一仲裁员)将会是 5 401 美元(或者是纠纷成本比率 54%), 100 000 美元的纠纷是 15 425 美元,100 万美元纠纷对应 61 094 美元,1 000 万美元对应 170 799 美元(或纠纷成本比率 1.7%)。因此,2011 年只有 796 起 ICC 仲裁诉求,其中争议金额低于 100 万美元的案件只有 22.7%,这也就不足为奇了(见 http://www.iccwbo.org/products-and-services/arbitration-and-adr/arbitration/cost-and-payment/cost-calculator/)。

时,投资回报因零部件不一致性、生产线延误或因供应商没有履行合同义务导致质量问题而受到损失。①

1.4 企业对合同不安全性的反应

在设计其全球采购战略时,企业面临两种关键决策:第一个涉及价值链不同阶段的选址,即企业将在哪个国家或地区进行产品研发,在哪里组装部件,哪个地方能够最好地汇集已经组装完成的货物等;第二个关键决策涉及企业对这些不同生产阶段的控制程度。例如,企业可能决定将这些生产阶段保留在企业边界内(企业内部),即在国外选择从事外商直接投资(FDI)。其他企业可能不那么倾向于严格控制某些阶段,因此选择与相隔一定距离的供应商或装配商签订外包合同。

新古典主义的分工模型仅仅关注第一种决策,并强调只要企业追逐成本最小化,将分工作为竞争均衡(competitive equilibrium)的一部分,生产过程就会分散在各国。与分工相关的成本优势的来源因不同模型而不同,有时,它源于国家间相对要素禀赋的差异(例如,在劳动密集型阶段,自然地将比较优势赋予劳动力相对丰富的国家);而其他时候,这些优势是由各国之间的技术差异所造成的。

新古典模型不能解释关于控制权的问题。这并不是因为这些模型的假设是完全竞争、规模报酬不变或商品同质。相反,在处理控制权概念时,完备或完全合同的关键假设使这些模型(以及国际贸易领域的任何模型)变得无意义。事实上,如果企业能够预见到未来所有可能发生的意外情况,并且他们能够以可强制执行的方式无成本地签署合同,提

---

① 再者说,投入品贸易被认为是安全性约束程度更低的另一个更具体的原因是与 CISG 的事实有关,其中第 3 条明确排除了从公约的适用情况下,"下订单的一方承诺提供制造或生产所需的大部分材料",因此,公约对在全球生产分享网络中维持合作的重要性降低。

前说明在所有可能发生的情况下应采取的行动方针,那么企业就不再需要担心"控制"工人、内部部门或他们在生产中打交道的供应企业。事实上,不管这些生产者之间交易的所有权结构如何,完全合同都将使企业具有完全控制权。换句话说,正如科斯(Coase,1937)在75年前预测的那样,在一个完全合同的世界里,企业边界是不确定的。①

然而,在现实世界中,合同都是非常不完全的,特别是在国际贸易中,正如前文所讨论的,合同的执行能力尤其值得怀疑。为了应对这种无处不在的合同不安全性,企业花费大量的时间和资源,寻找在全球经济中组织生产的最佳方法。在一些案例中,如果预料到位于某一特定国家的生产商可能不会强制履行合同的义务,则考虑在该国做业务的企业可以进行内部决策,即要么建立一个新的、全资或部分拥有的附属公司,要么收购该国现有公司的控股权。然而,在某些情况下,由于合同缺乏可执行性,企业在采购零部件时恰恰可能会转向独立的供应商,因为这种安排可能会从外国生产商那里获得更好的零部件。换句话说,记住企业内部化是一把"双刃剑":在一定程度上,它可能保护整合方不受国际合同变幻莫测的影响,但它可能会打击被整合方高效生产的动力,后者现在受到更严格的控制,并且在议价关系中的权力也越来越小(详情可见Grossman and Hart,1986)。

在世界经济中,企业边界是企业尝试以最有利可图的方式组织生产的(受约束的)最优决策的结果。本书反复出现的一个主题是,特别是在第三部分中,大量的理论和实证研究表明:无论正在研究的是哪个具体的企业或部门,国际贸易是否被内部化都会受利润最大化这一本质驱动力的影响。

有些读者可能会有疑问:为什么有人关心跨国企业边界问题呢?诚

---

① 值得强调的是,即使存在产品差异化和市场势力,当合同完成时,企业边界仍然是不确定的。例如,经常提到的为垂直一体化提供理由的双重边际是基于企业和供应商不能签署简单的两部分费用合同的假设,它也构成了企业边界的不完全合同理论。

然,我们能写出可检验的内部化决策模型,但并不具有足够的说服力引起关注。对这个问题的第一个回答是了解企业边界,特别是跨国企业边界(这本身就很有趣)。自罗纳德·科斯(Coase,1937)的开创性工作以来,这一话题就引起了许多著名经济学家的关注,并成为组织经济学领域的中心主题之一。第二个或许更令人信服的答案是,划定跨国企业边界是正确研究跨国活动对各种对象的因果影响的首要前提,例如经济活动和增长的衡量标准、绝对和相对要素价格变动及福利。换句话说,因为跨国活动不是随机地分配到各个国家和部门的,所以了解跨国活动选择背后的关键驱动因素可能对认清目的至关重要。我无法在本书中阐明这一点,但我的确希望本书第三部分概述的典型化模型将对此起到作用。

专业人士(或许也包括一些学者)可能会对低维模型持怀疑态度,即它们是否能解释世界经济中企业复杂而独特的决策背后的理由。商学院的案例往往会凸显特定组织决策的特性,因此很难想象能从推断这些特定案例中学到多少知识。关于企业一体化决策的综合数据集并不容易获得,这一事实可能只会使这种想法更难实施,因为对一体化决策的大多数实证研究都依赖于特定行业或企业的数据。①

1.5 贸易统计数据的比较优势

研究企业全球一体化决策的一个好处是,由于跨境货物和服务的官方记录普遍存在,国际贸易的数据尤其容易获得。例如,众所周知,研究人员可以很容易地从世界上任何国家获得美国的进口数据——10位数

---

① Baker 和 Hubbard(2003)对卡车运输业数据进行了特别细致的研究,Lafontaine 和 Slade(2007)以及 Bresnahan 和 Levin(2012)对垂直一体化的大量实证文献进行了整理。

的统一税则表分类系统(由将近 17 000 个类别组成)。①但另一个鲜为人知的事实是,在一些国家,这些同样详细的国家层面和产品层面的数据还包含了关于贸易流向涉及关联方或非关联方的信息。最值得注意的是,由美国海关收集和美国人口普查局整理的"美国的贸易相关"数据,在原产国和目的地国层面为关联方和非关联方提供美国进口和出口的 6 位海关 HS 编码(包括 5 000 多个类别)。这意味着每年会为研究产品和国家层面的一体化与非一体化的相对优势提供大量的观测值。②

关于跨国企业全球采购策略,这些数据能告诉我们什么呢?在使用美国的贸易相关数据时,人们首先注意到的是,在美国贸易中,跨国企业内部贸易是如何占据主导地位的。2011 年,跨国企业内部货物进口总额为 10 562 亿美元,占美国商品进口总额的 48.3%(总额为 21 869 亿美元)。事实上,自 2000 年以来,跨国企业内部贸易所占的份额每年都超过 46.5%。在出口方面,关联方的出口也很普遍,近年来在美国出口总额中所占的份额从 28% 到 31% 不等。这些数字说明了跨国企业对美国贸易的重要性。③

该数据的第二个明显特点是,美国跨国企业内部进口的份额在各国之间差异很大。一方面,在 2011 年,10 个国家和地区(包括古巴)的跨国

---

① 从 NBER 网站下载这些数据,你可以轻易发现,在 2001 年法国出口了价值 15 747 美元的冷冻土豆到美国(HTS 编码 2004.10),但这些都不是炸薯条(HTS 编码 2004.10.8020)。

② 美国的贸易相关数据可以从以下公开网站获得:http://sasweb.ssd.census.gov/relatedparty/。该网站允许下载 6 位数 NAICS 级别的数据。更精细的 6 位 HS 数据可以从美国普查局付费获得,但我也使它们可以从以下网站上下载:http://scholar.harvard.edu/antras/books。

③ 相比之下,Atalay、Hortacsu 和 Syverson(2013)研究在美国跨国企业的内部装运量,发现运输总量中企业内部运输量所占的份额很小,对于此项研究,他们的解释是,企业边界是由无形投入的转移来决定的,而不是实物的转移。然而,如前所述,实物投入交换中的合同不安全性在国际贸易中比在国内贸易中更为重要,因此,在 Atalay 等(2013)的数据库中,与国内贸易相比,跨境关系中的不同因素可能会决定企业边界。

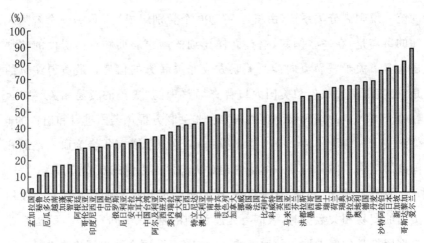

图 1.3　2011 年对美国前 50 大出口经济体的跨国企业内部进口份额
资料来源:美国人口普查局的贸易数据库。

企业内部进口为零,所有国家和地区对美国的出口量都很低;另一方面,同年,美国从西撒哈拉进口的企业内贸易份额达到了创纪录的 89.6%。把重点放在对美国出口份额最大的 50 个国家和地区,图 1.3 显示,各国/地区间跨国企业内部贸易的份额仍然有很大差异,从孟加拉国的 2.4% 到爱尔兰的 88.5% 不等。

同样地,跨国企业内部贸易的份额因进口产品的类型而存在很大差异。原始数据中也较少包含贸易份额为 0 和 100 的产品,但即使将注意力放在进口量前 20 的制造业(6 位数 HS 编码)时,在图 1.4 中,人们也注意到跨国企业内部贸易份额的显著差异,其范围从美国进口份额为 11.4% 的毛衣、棉制套头衫和运动衫(HS611020)到份额为 98.8% 的排量超过 3 000 毫升的汽车(HS870324)。即使关注特定行业,这种变化依然存在。如图 1.5 所示,当分析 4 位数 HS 编码 8708(机动车辆的零部件和配件)的子类进口时,跨国企业内部贸易的份额仍然从驱动轴(HS870894)的 19.8% 到方向盘(HS870894)的 71.2%。因此,可以很明显地看出,以美国为基地的制造商似乎在完全不同的所有权结构下采购不同的汽车零部件。

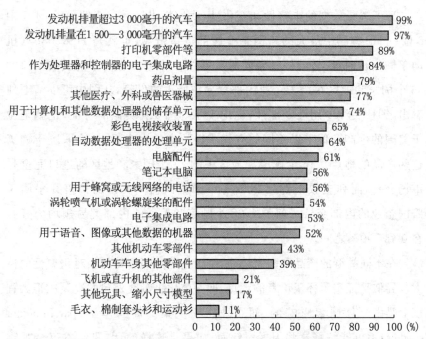

图 1.4　2011 年美国前 20 大产业的跨国企业内部进口份额

资料来源：美国人口普查局的贸易数据库。

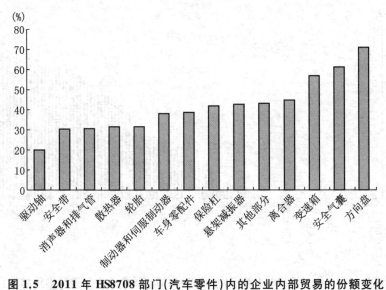

图 1.5　2011 年 HS8708 部门(汽车零件)内的企业内部贸易的份额变化

资料来源：美国人口普查局的贸易数据库。

　　为了解释数据的丰富性和变化性，我们提出最后一个例子：图 1.5 中 6 位数 HS 编码中最大的跨国企业内部进口份额，也就是 HS870894（机动车辆用转向盘、转向柱及转向器及零件）。图 1.6 报告了对美有出口的 56 个国家和地区在跨国企业内部贸易中所占的份额，从图中可以清晰地看出，即使关注专用性零部件，也出现了与图 1.3 类似的特征，也就是位于美国的生产商似乎以不同的方式获得特定的生产投入，这取决于购买这些产品的地点。56 个国家和地区中的 17 个国家和地区的进口完全是市场交易，而列支敦士登（Liechtenstein）方向盘向美国的销售几乎属于跨国企业的内部交易。剩下的 38 个国家和地区的内部贸易额均匀分布在 0 到 100% 之间。

　　在不同类型的产品和国家之间，跨国企业内部贸易的相对重要性的巨大差异似乎证实了怀疑论者的观点，即一体化决策或外包的决策在很大程度上是由个体因素影响的，而企业组织决策的简约模型（parsimonious models）不可能解释这些因素。然而，如果是这样的话，我们不仅会观察到跨国企业内部贸易份额的巨大变化，还会期望这种变化与简单的行业

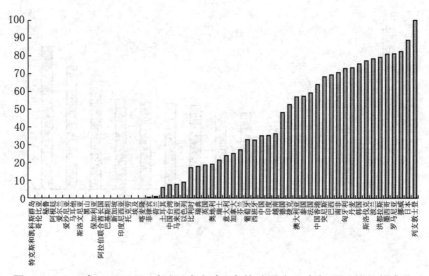

图 1.6　2011 年 HS870884 部门（方向盘）内的跨国企业内部进口的份额变化
　　资料来源：美国人口普查局的贸易数据库。

或国家层面的变量无关。正如 Antràs(2003)首次证明的那样,情况并非此。第 8 章将详细描述与跨国企业内部贸易有关的几个典型事实。在这里提前说明,图 1.7 和图 1.8 显示,跨国企业内部进口在美国进口总

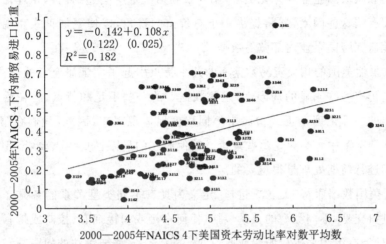

图 1.7　跨国企业内部的美国进口和资本密集度的比率

资料来源:美国人口普查局的贸易数据库和 NBER-CES 制造业数据库。

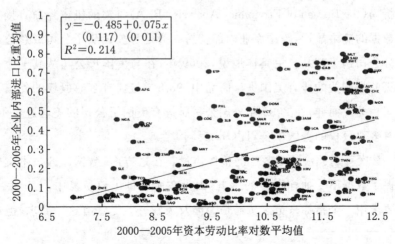

图 1.8　跨国企业内的美国进口和资本丰裕度比例

　　资料来源:美国人口普查局的贸易数据库和宾夕法尼亚州立大学世界数据库[使用 Caselli(2005)的永续盘存方法]。

额中所占的比例明显较高,进口产品中的资本密集度越高(美国进口产品中的资本密集度也确实很高),出口国的资本劳动比率就越高,这些散点图说明了上述观点。事实上,可能有一些共同的基本因素影响着不同部门和国家的企业一体化决策,第 6 章和第 7 章所阐述的内部化理论将试图阐明这些因素,并将提供一个有价值的视角,以便更加正式和规范化地研究跨国企业内部贸易数据。

虽然美国的相关贸易数据库的几个特点引起了实证研究者的关注,但它仍有一些明显的局限性,这些数据上的一些不足和特点,将在后文提出的内部化理论正式检验中不同程度地体现出来,因此,我们在第 6 章和第 7 章中才会讨论这些理论。其他潜在的局限性更为重要,因此对它们进行前期处理是很重要的。

美国数据库将"关联方进口"定义为具有不同类型关系的各方之间的进口交易,不同类型的关系包括"任何直接或间接拥有、控制或持有投票权,拥有组织表决权股票或股份 6% 的人"。首先要关注的问题是,6% 的门槛可能太低,以至于这种"关联度"没有任何重大的经济意义(比如其中一个实体在其他实体中拥有控制权)。然而在实践中,由美国经济分析局(the Bureau of Economics Analysis, BEA)收集的机密外商直接投资数据的摘录显示,跨国企业内部贸易一般是母公司从子公司或总公司从分公司购买产品。更具体地说,2009 年,在与美国母公司从其子公司购买商品相关的所有美国进口商品中,93.8% 与拥有多数股权的外国子公司相关。同样,在 2009 年外国公司所持有美国子公司的美国进口中,拥有多数股权的美国子公司占 95.5%。[①]

其次普遍关注的是数据的整体质量。在这方面,数据库的技术文档确保了数据不受抽样误差的影响,因为在所有进出口贸易中,美国海关都要求用一个指标来记录贸易是否涉及关联方。尽管有这一要求,但进

---

① 见 http://www.bea.gov/scb/pdf/2011/11%20November/1111_mnc.pdf 的图 9 和 http://www.bea.gov/international/pdf/fdius_2009p/I%20A1%20to%20I%20A9.pdf 的图 I.A.1。

口商和出口商并非总是在他们的装运单据中提供这些信息。幸运的是，这些交易在数据表上被归类为"未申报"，很容易证明这些交易在贸易量中所占的份额非常低（例如，在 2011 年仅占进口总额的 1.4%）。人们可能还会担心，非抽样误差与对无证货物和低价值交易（有时是估计的）贸易价值的估算有关。然而，质量保证程序是在收集、处理和制表的每一个阶段进行的，因此这些数据和美国海关记录的贸易数据同样可靠。①

　　确保数据实用性的一种方法是，看看该数据的特征是否与人们基于独立可靠的数据来源所期望的一致。例如，快速搜索近几年的新闻稿，可以发现，在 2005 年，总部位于波士顿的吉列公司（Gillette Company）在波兰罗兹（tódź）耗资 1.2 亿欧元建造了工厂，生产一次性剃须刀和其他剃须产品。②虽然生产主要针对欧洲市场，但我们可以合理地假设，工厂生产的一些产品会被运回美国，这是一笔自然发生的跨国企业内部交易。如图 1.9 所示，跨国企业内部贸易从波兰进口 NAICS 编码 332211的产品总额占美国进口的份额从工厂建成时开始大幅上升，从最初的

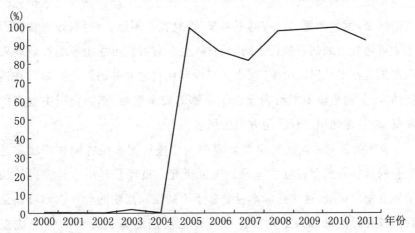

图 1.9　企业内部从波兰进口 NAICS 332211（剃须刀）的份额
资料来源：美国人口普查局的贸易数据库。

---

① 　Ruhl（2013）提供了另一种企业内部贸易数据来源的实用概述。
② 　见 http://www.paiz.gov.pl/nowosci/?id_news＝502。

2004 年的零到 2005 年之后的近 100%,这些产品并非以电动剃须刀和刀片为主,这个事实得到了充分的验证。

1.6 回到区位选择

我们已经在前文强调过,在不引起合同摩擦的情况下,我们难以理解跨国企业在全球经济中的内部化决策,我们也说明了这些摩擦在现实世界中的重要性。然而,假设不完备合同不仅影响企业的所有权结构,而且可能影响它们的地理位置决策,看起来是自然而然的。正如新古典主义离岸外包模型所强调的那样,利润最大化的企业将以成本最小化的方式组织生产,但进行国际业务的有效成本并不能仅用新古典主义理论强调的因素来解释。当然,在劳动力相对充裕的国家,在其他条件相同的情况下,工资也会相对较低,生产技术特别先进的国家或地区的生产成本也往往相对较低。然而,企业可能不愿意把生产线离岸外包给低工资的国家,因为那里的供应商不可靠,而且往往不履行合同,地方法院也不太可能有效地强制执行合同。同样,企业有时候可能也不愿在能高效利用先进技术的国家中生产(比如当地存在与之互补的生产要素),在这些国家,契约环境不能给企业提供足够的安全保障,例如合同中规定的质量,以及在知识产权征用方面的风险。

合同条款对采购决策至关重要的一个关键因素是各国在司法质量和合同执行方面存在巨大差异。实证研究人员经常利用容易获得的法治质量衡量标准,这些指标本身是基于不同国家法院的有效性和可预见性的各种指数的加权平均数。这些普遍使用的衡量方法的一个优点是,如全球治理指标制定的"法治"变量,准确描述了契约环境的许多特点;缺点是它们部分地基于主观评价,而不是客观的制度质量衡量。此外,他们可以提供一个有用的法律质量的序列指标,但他们没有制定一些措施来帮助量化不同国家司法质量和合同执行方面存在的异质性问题。

Djankov、La Porta、Lopez-De-Silanes 和 Shleifer(2003)提出了一个巧妙的代替方法来衡量司法质量,其性质较为狭义,但在说明各国法律制度差异的相关性方面更为有力。特别是,Djankov 等(2003)估算了 109 个国家的原告利用官方法院驱逐未付房租的房客和收取拒付支票的时间,图 1.10 描述了这两个变量中的第二个:收取拒付支票的时间,这个变量对于考虑在某一特定国家进行经营的企业来说,可能更具有相关性。据估计,收集一张空头支票的法律程序的总期限从突尼斯的 7 天到斯洛文尼亚的 1 003 天不等,即使集中关注对美出口规模最大的 50 个国家中的 43 个国家,预计期限也从荷兰的 39 天到意大利的 645 天不等。

合同不安全程度的变化不仅因国家(或管辖权)而异,而且因所交易货物的特点而异。例如,即使是在合同制度宽松的国家,也可以较为安全地在准市场中购买差异化程度较低的产品。相反,涉及高度复杂或差异化货物的交易往往更"依赖合同",人们期望企业在选择采购这些货物的国家时,对制度环境更加敏感。

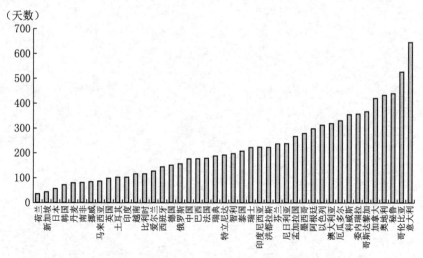

图 1.10　各国收取一张空头支票的法律程序的期限

资料来源:Djankov et al.,2003。

1.7 简短的路线图

本书将研究在全球经济中，合同环境如何以不同方式影响企业的区位和内部化决策。我首先重点分析区位选择以及它是如何受到合同因素的影响，然后在本书的第三部分，分析企业最优地决定它们想要的对生产过程的控制程度。这些主题并没有按照文献的时间顺序，但出于教学需要，我将采用这种顺序。

然而，在进入不完全合同的领域之前，有必要提供一个"完全合同"框架的概述，该框架将作为未来章节中要进一步讨论的模型的基础或框架。本书的第 2 章提供了这些模型的简要概述。熟悉 Melitz(2003) 的经典论文及其扩展的读者可以跳到本书的第二部分，直接从第 3 章开始阅读。

基本模型

近年来，国际贸易领域发生了一场真正的革命。如今，企业（而不是国家或产业）成了分析的中心主体。大多数研究人员在理论研究和指导实证研究中使用的基本贸易模型都是在 21 世纪初提出来的。本章的目的是简要介绍基本模型丰富的思想史，并为这些模型提供一个简要概述。虽然这些基准框架忽略了合同方面的考虑，但它们为本书后面的讨论奠定了模型基础，因此，理解它们的重要特征是很有必要的。

2.1 贸易理论的两个时期

当浏览涵盖国际贸易和投资基础知识的主流本科教材时，国际贸易领域最近的发展趋势可能并不明显。新古典贸易理论仍然是我们教授本科生的核心内容。这并不奇怪：比较优势的概念在今天和在近 200 年前一样重要，当时大卫·李嘉图在他的《政治经济学及赋税原理》（1817）中首次提出了对外贸易的正式模型。国际贸易领域的前170年主要致力于完善李嘉图关于专业化收益的基本描述。大多数入门教科书中提到的"两国两商品"的李嘉图基准模型，是约翰·穆勒（John Stuart Mill）、弗兰克·格雷厄姆（Frank Graham）和莱昂内尔·麦肯齐（Lionel McKenzie）的学术生涯的巅峰，他们的努力对该理论的关键性进步作出了贡献。

新古典经济学理论的另一个分支从伊莱·赫克歇尔（Eli Heckscher）和他的弟子贝蒂尔·俄林（Bertil Ohlin）的研究开始，他们认为比较优势是由各国间要素禀赋的相对差异，以及生产各种商品时利用这些要素的丰裕度决定的，这就是赫克歇尔—俄林（Heckscher-Ohlin）模型。它常常与伟大的保罗·萨缪尔森（Paul Samuelson）联系在一起，但阿巴·勒纳（Abba Lerner）、罗纳德·琼斯（Ronald Jones）和艾伦·迪多尔（Alan Deardorff）也应该被公认对新古典经济学理论作出了卓越贡献。①

新古典贸易理论的核心定理——赫克歇尔—俄林模型、斯托尔帕—萨缪尔森（Stolper-Samuelson）定理和雷布钦斯基（Rybczinski）定理——就是他们智慧努力的成果。这些杰出的原创理论至今仍影响着大多数经济学家思考国际贸易模式决定因素和贸易利得的方式。为什么中国是美国唯一的最大出口国？与中国的贸易如何影响美国熟练工人和非熟练工人的相对工资？移民如何影响美国各行业就业？如果不借助新古典理论的真知灼见，你将很难回答这些问题。

新古典贸易模型作出了清楚的解释，但也作出了很强的假设。基准模型假设的商品和要素数量很少，通常每个只有两种。在多维环境中，经典定理变得不那么出色和不那么清晰。②更重要的是，在新古典主义模

---

① Jones 和 Neary（1984）对新古典贸易理论进行了清晰的阐述，并提供了大量的参考资料。

② 然而，有必要强调的是，贸易净要素含量理论的含义——所谓的 Vanek（1968）等式——已被证明对商品和要素数量的变化是稳健的。因此，从 Leamer（1984）开创性的工作开始，Heckscher-Ohlin 模型的实证检验绝大部分关注这些要素内容预测（见 Trefler，1993a，1995；Davis and Weinstein，2001；Trefler and Zhu，2010），就不足为奇了。

型中，技术通常被假定为规模报酬不变，市场结构的特征是完全竞争，因此这些框架用于企业层面的国际贸易研究是非常有限的。事实上，在新古典贸易理论中，相互之间进行贸易的不是企业，而是国家。

20 世纪 70 年代末和 80 年代初，贸易理论经历了第一次变革。当时，以保罗·克鲁格曼（Paul Krugman）和埃尔赫南·赫尔普曼（Elhanan Helpman）为代表的一群年轻贸易经济学家提出了一些新模型，尝试解释一些与新古典理论不一致的经验模式。最值得注意的是，传统理论合理地解释了由于技术或禀赋的差异而产生的产业间贸易模式的存在。然而，在现实世界中，大部分贸易往来发生在技术发展水平相似和相对要素禀赋相似的国家之间，大部分的世界贸易是发生在狭义的特定部门的（即"产业内贸易"，而不是产业间贸易）。

这一新的研究浪潮，被称为"新贸易理论"，强调了规模报酬递增、不完全竞争和产品差异化在解释这些数据的显著特征方面的重要性。凭直觉，只要两个国家专攻某一部门特定的不同种类的商品，这可以使生产商扩大销售和降低运营成本，即使两个完全相同的国家也可以通过贸易来彼此获利。当技术以规模经济为特征时，自然也是如此。这些理论的不完全竞争的相关性源于一个简单的事实，即（内部的）规模经济与完全竞争是不一致的。

新贸易理论的先行者面临的一个关键障碍是，缺乏一个公认的产品差异化和不完全竞争模型。虽然只有一种方法可以使产品完全同质化，但有许多方法可以使产品差异化。产生差异化的原因可能是个别消费者喜欢把自己的收入分配在不同种类的特定商品上（比如文化用品），也可能是不同的消费者喜欢消费不同种类或不同质量的同一种商品（比如平板电脑或汽车）。即使我们关注其中一种建模方法，仍然存在如何用数学的方法描述产品在偏好上的差异化问题。同样，只有一种方式可以使市场完全竞争，而有各种可能的方式来模拟不完全竞争。

新贸易理论之所以能够克服这些困难，并在相对较短的时间内成为主流，主要有两个原因。首先，研究人员迅速掌握了使用 Krugman

(1979，1980)提出的产品差异化和市场结构的特定模型,而克鲁格曼又借鉴了 Dixit 和 Stiglitz(1977)的思想。这为该领域的研究人员提供了相互交流的共同语言,起到了重要的作用。尽管如此,对于在表示偏好和技术方面大量使用具体函数公式的做法,该领域的保守派仍持有保留意见。①

新贸易理论成功的第二个关键因素是赫尔普曼和克鲁格曼发表的一篇具有里程碑意义的论文(Helpman and Krugman，1985)。这篇文章介绍了克鲁格曼著作中的大部分普遍性观点,也说明了新贸易理论的新特征可以被嵌入新古典贸易理论。因此,这些新型的混合模型可以解释构建新模型的数据特征,同时保留新古典理论中一些突出结果的有效性,例如描述贸易品的要素含量的 Vanek(1968)方程。随着这份手稿的出版,之前的质疑阻力之墙倒塌了,新贸易理论成了新的范式,克鲁格曼的模型选择在贸易理论家(以及其他领域的应用理论家)的工具使用中占据了突出的位置。

近年来,国际贸易理论经历了第二次变革,在许多方面与 30 年前有相似之处。至于新贸易理论,与库恩(Kuhn，1996)对科学革命结构的描述一致,一系列与新贸易理论模型不一致的新经验事实推动了新理论的产生。要理解这些不一致性,很重要的一点是要注意到在克鲁格曼式的模型中,一个产业内的所有企业都做了同质处理。虽然企业生产的是差异化产品,但它们是在同一个成本函数下生产的,并且所有品种都以同样的方式产生需求,任何一对可替代产品之间的替代弹性都是固定的,这对任何产品来说都是普遍的。因此,一个产业内的企业行为是"同质的"。此外,在冰山型(或从价计征)运输成本的一般假设下,新的贸易理论模型传递了一个明显的暗示,即在异质产品部门的所有企业将向世界

---

① 这种抵制的其中一个例子是,在 1978 年,《经济学季刊》拒绝了克鲁格曼 1979 年的开创性文章,该文章随后被贾格迪什·巴格沃蒂(Jagdish Bhagwati)收录在《国际经济学杂志》中,尽管有两份负面的审稿意见[见 Gans and Shepherd，1994;但是请注意,2001 年,埃瑟尔(Ethier)和其他人对巴格沃蒂在将该文章收录进《国际经济学杂志》中所扮演的角色的描述有点不那么光彩]。

上的每一个国家出口它们的产品。

在 20 世纪 90 年代,一批实证文章使用新获得的来自不同国家的工厂和企业层面的纵向数据,证明了产业内企业之间在收入、生产率、要素投入和贸易行为方面存在显著的异质性。事实上,在某些情况下,表现的异质性在产业内和产业间几乎一样显著(例如,见 Bernard et al.,2003)。至于出口行为,研究发现,只有一小部分企业从事出口,大多数出口企业只向少数市场销售产品。为了了解不同目的地市场总出口的差异,这种所谓大量的贸易差额已被证实是重要的。一些研究也证明了,出口商似乎与非出口商存在系统性不同:出口商规模更大,生产率更高,资本密集度和技能密集度更高。此外,企业异质性对评估贸易自由化的影响也有意义,因为这些事件似乎导致市场份额重新分配给生产率更高的公司,从而通过新的方式提高总生产率。

微观数据的可得性也证实了跨国公司在世界贸易中的重要性。例如,根据美国经济分析局 2009 年的数据,美国跨国企业(MNEs)的外国子公司的销售占美国公司在海外市场销售的 75%,美国出口只占了 25%(Antràs and Yeaple, 2013)。此外,不仅企业内部贸易往来在世界贸易中占据非常重要的一部分(如第 1 章所述),而且在正常的国际贸易总量中,有很大一部分是由跨国公司作为买方或卖方参与的交易产生的。例如,美国人口普查局的数据表明,大约 90% 的美国进出口都是通过跨国公司完成的(Bernard et al., 2009)。新贸易理论并没有忽视跨国公司或企业内部贸易在世界经济中的重要性(见 Helpman, 1984;或 Helpman and Krugman,1985,ch.12,ch.13),但通过关注完全合同、企业同质性模型,我们难以解释跨国活动的核心方面,例如:对外交易内部化的基本原理,企业不同程度参与外国直接投资(或子公司)销售和全球采购。①

---

① Helpman、Melitz 和 Yeaple(2004)以及 Bernard、Jensen 和 Schott(2009)等人已经证明,从事外国直接投资销售和进口的企业似乎不同于其他企业。此外,Ramondo、Rappoport 和 Ruhl(2013)最近的研究表明,美国企业内部贸易似乎主要集中在少数大型外国子公司之间。

在这些新的实证发现的推动下,最近的贸易理论已经形成了包含行业内企业异质性的框架。文献中具有开创意义的是 Melitz(2003),它贴近 Krugman(1980)的结构。尽管 Melitz 的框架特征没有涉及跨国活动、全球采购和合同摩擦,但是我们很自然地以他的模型作为变形开始进入理论领域研究。

2.2　多部门 Melitz 模型

假设世界上有 J 个国家,每个国家的 $S+1$ 个部门使用唯一一种(综合的)生产要素——劳动力——来生产产品,劳动力在各个部门之间是弹性供应和自由流动的。一个部门生产同质产品 z,而其余的 S 部门生产连续的差异化产品。偏好在世界各地都是相同的,给出下式:

$$U = \beta_z \log z + \sum_{s=1}^{S} \beta_s \log Q_s \tag{2.1}$$

有 $\beta_z + \sum_{s=1}^{S} \beta_s = 1$,以及:

$$Q_s = \left(\int_{\omega \in \Omega} q_s(\omega)^{(\sigma_s-1)/\sigma_s} \, \mathrm{d}\omega \right)^{(\sigma_s/\sigma_s-1)}, \quad \sigma_s > 1 \tag{2.2}$$

这里讨论一下模型中包含的具体假设。式(2.1)中的偏好具有跨部门的单位替代弹性,因此行业支出份额是不变的。在差异化产品部门中,式(2.2)中的偏好是 Dixit-Stiglitz 型的:消费者可以获得一系列不同种类产品,并且对各种产品的偏好是对称的,以及任何两种产品之间的替代弹性都是大于 1 的。这些假设是特殊的,但在国际贸易领域却是规范的。尤其是,式(2.1)和式(2.2)里的偏好是 Krugman(1980)和 Melitz(2003)的一种更一般的表述,这对应于 $\beta_z = 0$ 和 $S = 1$。①我引入了多个

---

① 确切地说,Krugman(1980)的最后一部分提出了一个两部门模型,该模型体现了不同国家需求模式的差异性。

差异化产品部门,因为这将促进跨部门预测的推导,而同质化产品部门的存在将简化此一般均衡模型。然而,我将在书中多次考虑 Krugman-Melitz 模型的单部门版本。遵循 Helpman 和 Krugman(1985)的方法,并在一般偏好结构下得出结论的稳健性,是有意义的,但在本书中我不会尝试这样做。[①]

基于式(2.1),j 国的消费者将其支出 E_j 中的一部分 β_z 最优分配给产品 z,一部分 β_s 分配给其他产品部门 s。我用下标 i 和 j 表示国家,i 表示生产国/出口国,j 表示消费国/进口国。为了使表示尽可能简洁,我将去掉与差异化产品部门及其特定部门参数相关的下标 s。同样地,尽管模型是动态的(时间无限运行),我将省略时间下标,因为我将重点描述静态均衡。

在一个有代表性的差异化产品部门中,消费者在不同产品类型之间分配支出,对式(2.2)中的 Q 进行最大化,这导致了在 j 国对 ω 产品的需求如下:

$$q_j(\omega) = \beta E_j P_j^{\sigma-1} p_j(\omega)^{-\sigma} \tag{2.3}$$

其中 $p_j(\omega)$ 是 ω 产品的价格,P_j 是与式(2.2)相关的理想价格指数,表达式如下:

$$P_j = \left[\int_{\omega \in \Omega_j} p_j(\omega)^{1-\sigma} \mathrm{d}\omega \right]^{1/(1-\sigma)} \tag{2.4}$$

其中,Ω_j 是 j 国中可供消费者使用的一组产品种类。

接下来考虑模型的供给端。同质产品是在完全竞争的条件下,根据规模报酬不变的技术生产的,这种技术可以在不同国家之间有所不同。特别是,产出等于:

---

① 然而,由于稳健性结果很明显,式(2.1)中的柯布—道格拉斯假设与本书后面章节中推导出的主要结果关系不大。此外,现有文献还详细阐明了 Melitz (2003)模型的版本,为产业总指数 Q_m 提供了可替代的、特殊的函数形式(例如,见 Melitz and Ottaviano, 2008; Novy, 2013)。通过引入行业中各企业之间的策略性定价互动,放松连续变量的假设,会使得分析变得非常复杂。

$$z_i = L_{zi}/a_{zi} \qquad (2.5)$$

其中，L_{zi} 是 i 国分配给生产 z 产品的劳动力数量，a_{zi} 是 i 国在该部门的单位劳动力需求。同质产品 z 可以在各国之间进行自由交易，在模型中表示行业的产出。

差异化产品的行业却是垄断性竞争的。每一种产品都由一家企业生产，其技术特点是规模报酬递增，并且可以自由进入每个行业。内部规模经济的存在来源于三种固定成本。首先，一种产品进入市场和发生差异化的过程需要 i 国 f_{ei} 单位劳动力的固定成本。其次，i 国最终产品的种类需要 i 国 f_{ii} 单位劳动力的间接固定成本。最后，为了出口到 j 国（$j \neq i$），i 国企业需要产生一笔额外的 f_{ij} 单位劳动力的市场准入费用。不管出口数量多少，这些固定的出口成本包括与国外市场销售和供应货物相关的成本。我将用出口国的劳动力来说明这些成本，但如果用进口国的劳动力来说明这些成本，相关结论也变化不大。注意，我们不会假设 $f_{ij} > f_{ii}$，但是在企业进入任何市场之前，需要投入后面一种固定成本。

在一个行业内，固定成本参数 f_{ei}、f_{ii} 和 f_{ij} 对所有企业来说都是相同的。行业内异质性源于企业所面临的边际生产成本的差异。特别是，在投入进入市场的固定成本 f_{ei} 之后，企业了解了自身的生产率水平 φ，这决定了企业劳动力的生产边际成本 $1/\varphi$。这些生产率水平是独立于累积分布函数 $G_i(\varphi)$ 得出的，假设它为形状参数（shape parameter）$\kappa > \sigma - 1$ 的帕累托（Pareto）分布，因此有：

$$G_i(\varphi) = 1 - \left(\frac{\varphi_i}{\varphi}\right)^{\kappa}, \text{对 } \varphi \geqslant \underline{\varphi}_i > 0 \qquad (2.6)$$

假设 $\kappa > \sigma - 1$ 确保企业规模分布的有限方差。

冰山型运输成本进一步放大了服务国外市场的边际成本，如果 1 单位的产品运到 j 国，需要在 i 国生产 $\tau_{ij} > 1$ 的产品。企业生产率参数 φ 是不变的，但是企业面临一个共同的、外生的概率 $\delta \in (0, 1)$，即受到（真实的）坏的冲击时，企业会被迫退出，这使得企业的价值在任何 φ 值下都是有界的。

将产品卖给本地消费者时,企业既不需要承担可变交易成本($\tau_{ii}=1$),也不需要支付超过生产固定成本 f_{ii} 的市场准入成本部分。在适当的条件下,即任何产量大于零的企业都会向国内市场销售一定数量的产品,然后,我们可以简明地将一家具有生产率 φ 的企业在 i 国生产 q 单位的产品,并在 j 国进行销售表示为:

$$C_{ij}(q) = \left(f_{ij} + \frac{\tau_{ij}}{\varphi} q \right) w_i \tag{2.7}$$

注意,式(2.7)既适用于国外销售($i \neq j$),也适用于国内销售($i=j$)。

这样就完成了对模型的描述。在讨论均衡的一些特征之前,有必要简要地将上述模型与文献中的其他模型联系起来。该模型的结构与 Arkolakis、Demidova、Klenow 和 Rodriguez-Clare(2008)以及 Helpman、Melitz 和 Rubinstein(2008)的多部门 Melitz 模型的结构最为密切相关。① Melitz(2003)的原始模型对应的是特殊例子,其中 $\beta_z=0$ 和 $S=1$,各国参数完全相同,因此有 $f_{ei}=f_e$、$f_{ii}=f$、$f_{ij}=f_X$、$\tau_{ij}=\tau$ 和 $L_i=L$,在这里 L_i 是 i 国的劳动力存量。②正如以上所说,Krugman(1980)的重要论文中,没有固定的市场成本 $f_X=0$,生产率分布 $G_i(\varphi)$ 是退化函数,因此企业是同质的,它除了最后一部分之外,也是上述 Melitz(2003)的假设之上框架的一个特例。③

---

① Melitz 和 Redding(2013a)最近使用了一个结构非常相似的模型来处理关于异质性企业和贸易的文献。Chaney(2008)也提出了一个多部门 Melitz 框架,但不考虑自由进入市场。

② 上面的模型没有 Melitz(2003)那么具有一般性,因为我认为 $G_i(\varphi)$ 是帕累托,而他考虑的是一般累积概率分布。

③ 如果我们允许部门在不同的要素密集度下使用两种生产要素(比如资本和劳动力),基于 Helpman 和 Krugman(1985)的混合模型也可以从我们的模型中推导出来(在任何时候 $\beta_z>0$)。此外,我们的基准模型通过设置 $\sigma \to \infty$ 和所有固定成本为零,可以很容易地转化为标准的新古典李嘉图和 Heckscher-Ohlin 模型。

2.3 选择出口

接下来，我将说明这个简单的模型如何能够解释前面讨论的一些企业层面的出口事实。基于式(2.3)的等弹性需求，企业会在每个市场定价，在市场中，它们的售价相当于服务于该市场的边际成本乘以一个固定加成 $\sigma/(\sigma-1)$。因此，考虑到服务于某个特定市场 j 国，i 国生产率为 φ 的企业，其潜在的运营利润可以简写为：

$$\pi_{ij}(\varphi) = (\tau_{ij} w_i)^{1-\sigma} B_j \varphi^{\sigma-1} - w_i f_{ij} \qquad (2.8)$$

其中：

$$B_j = \frac{1}{\sigma} \left(\frac{\sigma}{\sigma-1} \right)^{1-\sigma} P_j^{\sigma-1} \beta E_j \qquad (2.9)$$

B_j 将在本书中反复出现，并可解释为对 j 国市场（剩余）需求的衡量。

注意，随着生产率 $\varphi^{\sigma-1}$ 增加，$\pi_{ij}(\varphi)$ 呈现线性增长，并且当 φ 足够低时，$\pi_{ij}(\varphi)$ 必然是负数。更正式地来说，在 i 国中，只有生产率为 $\varphi \geqslant \tilde{\varphi}_{ij}$ 的企业会发现，最佳的选择是出口到 j 国，其中：

$$\tilde{\varphi}_{ij} \equiv \tau_{ij} w_i \left(\frac{w_i f_{ij}}{B_j} \right)^{1/(\sigma-1)} \qquad (2.10)$$

在其他条件相同的情况下，i 国和 j 国之间的贸易壁垒越高(τ_{ij} 和 f_{ij})，i 国内选择服务 j 国的企业比例就越低。这与同质企业模型形成了对比，在同质企业模型中，i 国的所有企业都会向所有可能的 j 国市场销售产品。

该模型还揭示了这样一个事实，即出口商似乎通常比非出口商的生产率更高。尤其是，只要不同国家的市场需求 B_j 没有太大的差异，以及对于所有 $j \neq i$ 都有 $f_{ij} > 0$，企业就会发现在外国市场比在本国市场更难盈利。此外，假设对所有 $j \neq i$ 都有 $\tau^{\sigma-1} f_{ij} > f_{ii}$，一定会出现这样的情况，即部分企业在国内销售而选择不出口。这些关于出口选择和出口商与非出口商之间生产率差异的直观结果如图 2.1 所示。此图表明式（2.8）中的企业利润 $\pi_{ij}(\varphi)$ 随着生产率 $\varphi^{\sigma-1}$ 的上升而呈现线性增加。出口利润线的斜率更低，反映了较大的可变运输成本 $\tau_{ij}>1$（请记住，我们假设不同国家的市场需求差异微小）。在图中，尽管我们注意到以上提到的 $\tau^{\sigma-1}f_{ij}>f_{ii}$ 能确保得到出口选择，但是我们依然假设 $f_{ij}>f_{ii}$。①

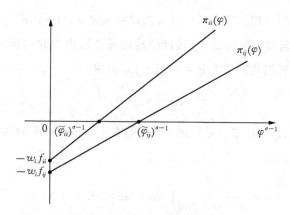

图 2.1 异质性企业的出口选择

2.4 扩展边际、引力和再分配效应

一个具有异质性企业和固定出口成本的模型可以根据生产率进行出口选择，这背后的逻辑不足为奇。Melitz(2003)模型的优势在于，尽管

---

① 注意，无论 f_{ij} 的数值有多低，只要各国的 B_j 都是相同的，来自 i 国的企业永远不会只为特定的出口市场生产产品 $j\neq i$。这是因为在这种情况下，这些纯出口商将需要在市场成本 f_{ij} 之上产生间接费用 f_{ii}，因此我们将得到 $f_{ij}+f_{ii}>f_{ii}$。Lu(2011)认为，在中国制造企业中观察到一种"反向"排序，她将这一事实归因于中国劳动密集型产业中 B_j 的价值相对于其他国家来说特别低。

结构简单,但是它可以解释实证研究中的一些其他结论。从模型得出的其他结论不是本书中强调的重点,尽管如此,但它还是值得简要讨论。

首先考虑该模型在行业层面对总出口的影响。X_{ij} 表示在典型的差异化产品行业中从 i 国到 j 国的出口总量,N_i 表示该行业中 i 国的潜在生产者数量(即支付固定市场进入成本 $w_i f_{ei}$ 的企业组合),我们有:

$$X_{ij} = N_i \int_{\tilde{\varphi}_{ij}}^{\infty} \sigma(\tau_{ij} w_i)^{1-\sigma} B_j \varphi^{\sigma-1} \mathrm{d}G_i(\varphi) \qquad (2.11)$$

其中我们已经运用了式(2.8),以及出口收入是 $\pi_{ij}(\varphi) + w_i f_{ij}$ 的 σ 倍。

第一点需要注意的是,不同目的地市场 j 国出口的差异是由扩展边际和集约边际组成的。尤其是,我们可以写成:

$$X_{ij} = N_{ij} \cdot \bar{x}_{ij}$$

其中,$N_{ij} = (1 - G_i(\tilde{\varphi}_{ij})) N_i$ 是 i 国企业在 j 国销售产品的实际数量(扩展边际),并且:

$$\bar{x}_{ij} = \frac{1}{1 - G_i(\tilde{\varphi}_{ij})} \int_{\tilde{\varphi}_{ij}}^{\infty} \sigma(\tau_{ij} w_i)^{1-\sigma} B_j \varphi^{\sigma-1} \mathrm{d}G_i(\varphi) \qquad (2.12)$$

是企业平均出口数量(集约边际)。Arkolakis 等(2008)首次提出,当生产率如式(2.6)的帕累托分布,利用式(2.12)和式(2.10)简要表达,可以有:

$$\bar{x}_{ij} = \frac{\kappa}{\kappa - \sigma + 1} \sigma w_i f_{ij} \qquad (2.13)$$

因此,集约边际与可变交易成本和目的地国的市场规模无关。换句话说,该模型一致认为,对于更小、更远距离的市场,从 i 国到 j 国的出口量更低,但原因与克鲁格曼的同质企业模型非常不同。这并不是因为企业向这些市场的平均出口量较低,而是因为向这些市场出口的企业数量较少。如 Chaney(2008)所示,这是一个重要的区别,因为(例如)关于贸易摩擦,它严重影响到贸易流量的弹性如何决定于替代弹性 σ。此外,如Bernard、Jensen、Redding 和 Schott(2009)所述,扩展边际在贸易模式的产业间变化中所占的份额比集约边际要大得多,这一观点得到了现有经验证据的支持。

该模型的另一个显著特点是,它提供了贸易流量的引力方程的修正后行业形式,目前证实非常适合数据分析。正如 Melitz 和 Redding (2013a)所示(第 3 章有详细推导),在帕累托情形下,式(2.11)中的总出口也可以表示为:

$$X_{ij} = \frac{Y_i}{\Theta_i}\left(\frac{\beta E_j}{P_j^{1-\sigma}}\right)^{\frac{\kappa}{(\sigma-1)}} \tau_{ij}^{-\kappa} f_{ij}^{-\frac{\kappa-(\sigma-1)}{\sigma-1}} \tag{2.14}$$

其中,Y_i 是 i 国的产业总产出(即 $Y_i \equiv \sum_j X_{ij}$),并且 Θ_i 是 i 国在该行业的市场潜力的结构性方程。[①]注意,等式(2.14)在结构上证明了使用对数线性方程可以分析进口部门和出口部门具有非对称固定效应的部门贸易往来,以及测度双边贸易摩擦。在 Krugman(1980)和 Melitz (2003)的单部门模型中(即 $\beta_z = 0$ 和 $S = 1$),该模型预测,引力方程将适用于各国之间的双边贸易流量总量,并且如 Helpman 等(2008)所示,出于测算目的,该模型在对数据中大量双边零贸易流量进行结构修正方面发挥着重要作用(我们将在第 3 章讨论更多细节)。

在相同的单部门模型中,Arkolakis 等(2012)通过两组常用的统计数据推导出一个简洁的贸易福利效应公式:进口品市场占有率和可变交易成本的进口弹性。值得注意的是,Arkolakis 等(2012)也表明,这个公式与 Anderson 和 van Wincoop(2003)、Eaton 和 Kortum(2002),以及 Krugman (1980)得到的模型相同。[②]

该模型最后一个值得讨论的方面是,它可以使实证研究所记录的贸易自由化后的再分配效应合理化(例如,Pavcnik,2002)。这是根据 Melitz(2003)对称的单部门模型推导出来的,在该模型中,$G_i(\varphi)$ 没有添

---

① 特别地,$\Theta_i \equiv \sum_j \left(\frac{\beta E_j}{P_j^{1-\sigma}}\right)^{\frac{\kappa}{(\sigma-1)}} \tau_{ij}^{-\kappa} f_{ij}^{-\frac{\kappa-(\sigma-1)}{\sigma-1}}$。

② 因为进口品市场占有率和"贸易弹性"在不同框架下对贸易开放的响应程度不同,因此结果也并不必然意味着这些模型的微观结构数据与评估贸易自由化的福利后果无关(更多细节详见 Melitz and Redding, 2013b)。

加任何参数假设。从本质上讲，Melitz(2003)表明，降低交易成本不仅会提高出口企业的数量和收入，而且将（通过竞争效应）缩减非出口企业的规模，并将导致一批微利的生产者在交易成本下降之前退出市场。[①]严格来说，根据上面的符号，Melitz(2003)表明，交易成本的下降会降低$\tilde{\varphi}_{ij}$，使$\tilde{\varphi}_{ii}$上升，从而导致生产率略高于$\tilde{\varphi}_{ii}$的企业关闭。正如 Baldwin 和 Forslid(2010)以及 Arkolakis 等(2008)所讨论的那样，在某些附加条件下，这可能反过来导致"单一化"(anti-variety)效应，通过这种效应，消费者可获得的产品类型在贸易自由化后会减少。

Melitz(2003)模型已经以多种有效的方式进行了拓展，包括探讨替代需求系统、将赫克歇尔—俄林特征引入模型、建立多产品企业的模型等。Melitz 和 Redding(2013a)回顾了该模型的一些应用和拓展。接下来，我将重点介绍该模型与全球生产组织研究密切相关的主题拓展，这也是本书的中心主题。

2.5　与异质性企业进行全球采购

在 Melitz(2003)的模型中，企业进入国外市场的唯一方式就是用本地劳动力生产最终产品并进行出口。正如第 1 章所述，全球化的最新发展进程导致了整个生产过程在国与国之间进行分工。其中，中间投入品的国际贸易已经是世界经济的主要特征。接下来，我对 Melitz 框架进行简单变形，在这个框架中，企业不仅进行出口，而且还根据不同国家的采购地点和投入品的数量作出全球采购决策。

为了有意义地研究离岸外包，人们需要考虑多阶段的生产过程，自然而然，起点是两阶段模型。考虑到这一点，假设现在不同商品部门的

---

① 即使出口商的规模不断扩大和非出口商的数量不断下降，在 $G_i(\varphi)$ 是帕累托的情况下，如式(2.13)所示，扩展边际响应应确保出口商和非出口商的平均规模将不受可变贸易壁垒变化的影响。

生产涉及两个阶段,我们将在全书中称其为总部服务(headquarter services)和制造业生产(manufacturing production)。总部服务不仅包括各种各样的活动,如研发支出、品牌开发、会计和财务运作,而且涉及高科技制造或组装。就模型而言,这一阶段的重要特点是,这些活动必须与进入成本 f_{ei} 在同一国家发生。相反,制造业生产可以是低技术含量的制造或将投入组装成最终产品。至关重要的是,与 Melitz(2003)的做法不同,我们允许制造业生产与提供总部服务的地点不在同一个地方。这是离岸外包过程的一个非常简单的描述,但是我们随后将在本书努力完善这个模型。

相对于前文提出的多部门 Melitz(2003)框架,企业面临的新关键决策是,是将工厂生产建立在进入和提供总部服务的国家,还是将工厂生产转移到海外。为了简化模型并从离岸外包模型中提出新方法,我们将假设与出口最终产品相关的固定或可变成本为零,因此出口决策也变得不重要了,所有生产最终产品的企业都向全世界出口。相反,在当地采购还是进行离岸外包将是重要的决策:离岸外包将与生产成本的降低有关,但也会带来额外的固定和可变运输成本,这可能会使一些企业放弃该种策略。

更正式地说,总部在 i 国的企业在 j 国(可能 $j=i$)生产 q 单位的某种最终产品的成本由下式决定:

$$C_{ij}(q, \varphi) = f_{ij} w_i + \frac{q}{\varphi} (a_{hi} w_i)^\eta (\tau_{ij} a_{mj} w_j)^{1-\eta} \qquad (2.15)$$

如前所述,φ 是特定企业的生产率参数。f_{ij}、τ_{ij}、η、a_{hi} 和 a_{mj} 虽然是特定部门的参数,但是在各国行业 s 内是相同的。只有工资率 w_i 和 w_j 在不同国家是不同的。参数 f_{ij} 和 τ_{ij} 之前已经在 Melitz(2003)的模型中出现过[见式(2.7)],但是在这里这两个参数的含义有稍微不同。尤其是,f_{ij} 和 τ_{ij} 现在反映的是与特定采购策略相关的固定和可变交易成本。尽管我们经常将 f_{ij} 和 τ_{ij} 与各国运输中间投入品的成本相联系,但是这两个参数的定义范围可以更广泛一点,来反映其他与国际分工相关的技术壁垒,例如沟通成本、语言障碍或者搜寻成本。为此,只要 $j \neq i$,不仅可以假设 $\tau_{ij} > \tau_{ii}$,而且可以假设 $f_{ij} > f_{ii}$。

相对于式(2.7)中的技术参数,新参数为 η、a_{hi} 和 a_{mj}。第一个反映了生产过程的总部服务密集度(简单来说是总部密集度),并且撇开固定成本和交易成本不提,相关生产技术的基本表述是一个关于总部服务 h 和制造业生产 m 的柯布—道格拉斯生产函数:

$$q(\varphi) = \varphi \left(\frac{h(\varphi)}{\eta} \right)^{\eta} \left(\frac{m(\varphi)}{1-\eta} \right)^{1-\eta}, \ 0 < \eta < 1 \qquad (2.16)$$

最后,参数 a_{hi} 和 a_{mj} 反映了与总部服务提供和制造业生产相关的单位劳动力需求,并允许这些需求在不同行业和国家之间有所不同,从而考虑了比较优势因素。

尽管我们提出的离岸外包基准模型相当程式化,但它是 Antràs 和 Helpman(2004)中异质性企业模型完全合同变形的一般形式。特别是,Antràs 和 Helpman(2004)进一步假设:

- 世界上只有两个国家,北方国和南方国。
- 两个国家总是生产同质产品 z,但是北方国的劳动生产率更高,因此意味着工资率固定在 $w^N = \dfrac{1}{a_{zN}} > \dfrac{1}{a_{zS}} = w^S$。
- 南方国的特点是要么生产总部服务的生产率很低,要么进入市场的固定成本很高,所以北方国提供所有市场进入和总部服务,因此有 $a_{hN} = 1$。
- 两国工厂的生产率相同,$a_{mN} = a_{mS} = 1$,因此向南方国外包提供了生产成本优势。

加上这些额外的假设,以及进一步简化各项参数,$f_{NN} = f_D$,$f_{NS} = f_O$,$\tau_{NS} = \tau$,与国内采购(D)和离岸外包(O)相关的生产总成本可分别写为:

$$C_D(q, \varphi) = \left(f_D + \frac{q}{\varphi} \right) w_N \qquad (2.17)$$

$$C_O(q, \varphi) = f_O w_N + \frac{q}{\varphi}(w_N)^\eta (\tau w_S)^{1-\eta} \tag{2.18}$$

2.6 离岸外包选择

我们现在可以研究前述框架对企业选择离岸外包的含义。目前，我将只关注 Antràs 和 Helpman(2004)中简化的两国框架，因为它在文献中具有突出地位；但在本章的最后，我将讨论如何将结果扩展到一个多国的背景。

根据式（2.17）和式（2.18）的成本函数，以及企业对最终产品的定价，即生产边际成本乘以固定加成 $\sigma/(\sigma-1)$，生产率为 φ 的北方国企业的潜在运营利润与国内采购和外包相关，分别表示为：

$$\pi_D(\varphi) = (w_N)^{1-\sigma} B \varphi^{\sigma-1} - f_D w_N \tag{2.19}$$

和：

$$\pi_O(\varphi) = ((w_N)^\eta (\tau w_S)^{1-\eta})^{1-\sigma} B \varphi^{\sigma-1} - f_O w_N \tag{2.20}$$

其中：

$$B = \frac{1}{\sigma}\left(\frac{\sigma}{(\sigma-1)P}\right)^{1-\sigma} \beta(w_N L_N + w_S L_S)$$

P 是式（2.4）中每个国家的共同价格指数，并且考虑到最终产品的国际贸易成本为零。

如 Melitz(2003)，利润水平 $\pi_D(\varphi)$ 和 $\pi_O(\varphi)$ 随生产率 $\varphi^{\sigma-1}$ 的变化式线性增加，而对于足够低的 φ 来说，这两个利润水平都取负值。因此，根据生产率水平，一个行业中生产效率最低的企业的最优化决定是不生产。此外，$f_O > f_D$ 确保在生产率足够低的情况下，得到 $\pi_D(\varphi) > \pi_O(\varphi)$，在国内采购有利可图的情况下，不建议选择离岸外包。事实上，只要：

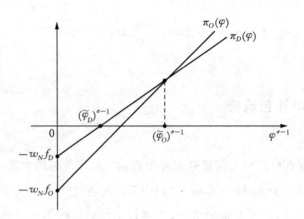

图 2.2　根据高工资差异描绘的离岸外包均衡状态

$$f_O > \left(\frac{w_N}{\tau w_S}\right)^{(1-\eta)(\sigma-1)} f_D \qquad (2.21)$$

行业中就始终存在部分企业能发现离岸外包并非最优选择,因而转向国内采购。为了使离岸外包成为行业中某些企业的最佳选择,有必要假设足够低的离岸交易成本 τ,确保 $w_N > \tau w_S$。在式(2.21)成立的前提下,图 2.2 描述了上述情况。[①]

如图 2.2 所示,该模型的特点是识别出离岸外包,一个行业中只有生产率最高的企业才会选择承担外包的固定成本,以从南方国制造业较低的生产成本中受益。[②]特别地,对于生产率 $\varphi \geqslant \tilde{\varphi}_O$ 的企业来说,离岸外包是首选方案,于是有:

$$\tilde{\varphi}_O \equiv \left(\frac{f_O - f_D}{B} \frac{w_N}{((w_N)^\eta (\tau w_S)^{1-\eta})^{1-\sigma} - (w_N)^{1-\sigma}}\right)^{1/(\sigma-1)}$$

图 2.2 中的分类模式(sorting patterns)与 Bernard、Jensen、Redding

---

① 注意,与出口模型不同,我们无需对各国之间的市场规模差异做出额外假设,便可得到图 2.2。

② 在 $w_N < \tau w_S$ 的情况下,该行业中没有一家企业认为离岸外包为最优决策。如果这种情况适用于所有部门,那么南方国将专门从事同质商品 z 的生产。

表 2.1　1997 年美国制造业的贸易溢酬

	出口商溢酬	进口商溢酬
员工对数	1.50	1.40
运输对数	0.29	0.26
单位工人附加值对数	0.23	0.23
TFP 对数	0.07	0.12
工资对数	0.29	0.23
单位工人资本对数	0.17	0.13
单位工人技能对数	0.04	0.06

资料来源：Bernard，Jensen and Schott，2009，table 8。

和 Schott（2007）中的证据一致，他们的研究结果显示，美国参与进出口贸易的企业比只参与国内贸易的国内企业生产率更高。他们的结果如表 2.1 所示，与不参与国外采购的企业相比，从事进口的美国制造企业雇用更多的工人，出售更多的产品，支付更高的工资，生产率更高且资本和技术强度更高。

更具体地说，进口企业的生产率比非进口企业高 12%，而出口企业的生产率优势仅高 7%。此外，Bernard 等（2007）的研究显示，只有 14% 的美国制造企业报告的进口大于零（27% 的企业报告的出口大于零），再次表明存在显著的进口固定成本。

然而，Bernard 等（2007）观察到的模式不一定支持该理论所隐含的分类模式，因为并不清楚企业进口的商品是否为中间投入品，而非最终产品。在后一种情况下，部分读者可能会担心表 2.1 仅展示了将消费品进口到美国的大型批发商或零售商等中间商的作用。但是表 2.1 中报告的进口商溢酬和相对应的美国制造企业的经营事实应消除这种担忧。此外，Fort（2014）使用美国人口普查数据的研究表明，在侧重于制造业服务进口时，也观察到了类似的分类模式，其中包括根据特定美国企业的生产需求定制的排他性离岸外包的进口。此外，Fort（2014）发现，选择离岸外包服务的美国企业的劳动生产率比仅在国内购买这些服务（相

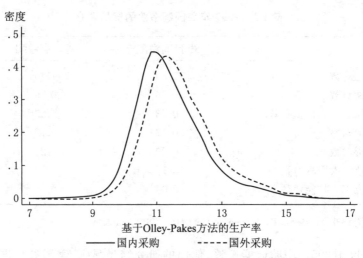

图 2.3　西班牙选择外包的企业的生产率分布

同 6 位数 NAICS)的美国企业平均高出 13%。

　　根据西班牙商业战略调查(Spanish Encuesta sobre Estrategias Empre-sariales，ESEE) 2007 年的数据，图 2.3 进一步证实了选择离岸外包企业的出色表现。该数据区分了仅从西班牙其他生产商那里购买投入品的企业和从国外购买投入品的企业(关于该数据的更多详细信息将在第 8 章中提供)。从图 2.3 中可以清楚地看出，相比仅在本地采购的企业的生产率分布，从事国外采购的企业的生产率分布函数更加右移。①

2.7　离岸外包程度的决定因素

　　接下来，我们可以使用这种简单的全球采购模型来研究影响行业中离岸外包相对比例的决定因素。例如，计算特定行业中进口的制造投入占总制造投入的份额。考虑公式(2.16)中的柯布—道格拉斯技术水平

———————————

① 全要素生产率是根据 Olley 和 Pakes(1996)的方法计算的，该方法试图校正被全要素生产率影响的投入需求变量的联立性偏差。

和式(2.1)中的 CES 偏好,制造投入费用占所有企业收入的$(\sigma-1)(1-\eta)/\sigma$,而收入是公司营业利润的 σ 倍(定义为收入减去成本)。使用利润函数式(2.19)和式(2.20)并省略一般项,我们可以将特定行业中进口制造投入品的购买份额表示为:

$$\Upsilon_O = \frac{\left(\frac{w_N}{\tau w_S}\right)^{(1-\eta)(\sigma-1)} \int_{\tilde{\varphi}_O}^{\infty} \varphi^{\sigma-1} \, dG_i(\varphi)}{\int_{\tilde{\varphi}_D}^{\tilde{\varphi}_O} \varphi^{\sigma-1} \, dG(\varphi) + \left(\frac{w_N}{\tau w_S}\right)^{(1-\eta)(\sigma-1)} \int_{\tilde{\varphi}_O}^{\infty} \varphi^{\sigma-1} \, dG_i(\varphi)}$$

当假设等式(2.6)中企业生产率的分布为帕累托分布时,可以获得准确的结果:

$$\Upsilon_O = \frac{\left(\frac{w_N}{\tau w_S}\right)^{(1-\eta)(\sigma-1)}}{\left(\frac{\tilde{\varphi}_O}{\tilde{\varphi}_D}\right)^{\kappa-(\sigma-1)} - 1 + \left(\frac{w_N}{\tau w_S}\right)^{(1-\eta)(\sigma-1)}} \tag{2.22}$$

其中:

$$\frac{\tilde{\varphi}_O}{\tilde{\varphi}_D} = \left[\frac{f_O/f_D - 1}{(w_N/\tau w_S)^{(1-\eta)(\sigma-1)} - 1}\right]^{1/(\sigma-1)} \tag{2.23}$$

如式(2.22)和式(2.23)所示,离岸外包率随着工资差距增加而增加(w_N/w_S),随着生产分工壁垒减少而减少(f_O/f_D,τ),是非常直观的比较静态均衡。注意,替代品的弹性 σ 和控制帕累托分布的右尾厚度的参数 κ 也对行业中的离岸外包率产生影响。这部分结论与 Helpman、Melitz 和 Yeaple(2004)相似。特别地,生产率的帕累托参数化与 CES 偏好相结合,意味着所有活跃企业的销售分布也是形状参数为 $\kappa/(\sigma-1)$ 的帕累托分布。因而,κ 的下降会增加生产率为 $\varphi>\tilde{\varphi}_O$ 的企业(即发现离岸外包为最优决策的企业)的销售和投入品购买,而生产率为 $\varphi\in(\tilde{\varphi}_D,\tilde{\varphi}_O)$ 的企业则会进行国内采购。因为该行业中所有活跃企业的销售对数的标准差等于 $(\sigma-1)/\kappa$,所以上述结果可以解释为在企业规模分散度较大的行业中,离岸外包的发生率应更高。①

---

① 其他测度企业规模分散度的方法,如 Theil 指标,随着 $(\sigma-1)/\kappa$ 单调变化。

注意，替代品的弹性 σ 对进口投入品的份额有正面影响[原因参见式 (2.22) 和式 (2.23) 中的 $w_N/(\tau w_S)$]。这里的逻辑很简单：最终产品的可替代性越高，需求的弹性就越大，企业进行高额投资（在离岸外包的情况下）的动机就越高，从而将投入的边际成本从 w_N 降低到 τw_S。

2.8 回到多国模型

在使用简化的两国模型获得总结性结论后，我们回到多国模型。在该模型中，式 (2.15) 给出了总部在 i 国的企业在 j 国生产 q 单位最终产品的成本。给定最终产品的 CES 偏好效用函数，与采购策略相关的营业利润为：

$$\pi_{ij}(\varphi) = \left((a_{hi}w_i)^\eta (\tau_{ij}a_{mj}w_j)^{1-\eta} \right)^{1-\sigma} B\varphi^{\sigma-1} - f_{ij}w_i \qquad (2.24)$$

市场需求 B 由下式给出：

$$B = \frac{1}{\sigma} \left(\frac{\sigma}{(\sigma-1)P} \right)^{1-\sigma} \beta \sum\nolimits_j w_j L_j$$

式中 P 表示式 (2.4) 所示的各国最终产品种类的共同价格指数。

式 (2.24) 再次说明，与不同采购策略相关的利润水平关于 $\varphi^{\sigma-1}$ 都是线性的，因此可以使用类似于图 2.2 的方式来分析企业的采购决策。当然，在多个国家或地区中，可能的分类模式要复杂得多，但是我们仍然可以得出一些一般性结果。

例如，对于 $j \neq i$，如果 $f_{ij} > f_{ii}$，那么国内采购便是固定成本最低的采购策略；只要 $\tau_{ij}a_{mj}w_j < a_{mi}w_i$，根据模型，该行业会有大量的离岸外包。在这种情况下，如果在行业内同时存在国内采购和离岸外包的企业，那么选择离岸外包的企业的规模必然比在国内进行采购的企业的规模更大，生产率更高。总之，对 $j \neq i$，在 $f_{ij} > f_{ii}$ 的合理条件下，该模型仍能够根据生产率预测选择采购（国内采购或离岸外包）的方式，其预测与来自表 2.1 美国进口溢酬和图 2.3 西班牙企业离岸外包选择的证据相一致。

还值得注意的是,与前述简单的两国模型相比,多国拓展模型可以很容易算出跨国双边中间投入品贸易流量。例如,国家 i,某些行业的生产率水平 $1/a_{mj}$ 较高,而某些行业的生产率水平较低。对于生产率水平较高的行业,国家 i 倾向于向总部位于其他国家的企业出口投入品(特别是当国家 i 该行业的总部生产率较低时),而对于生产率水平较低的行业,更倾向于进口投入品。[①]

在多个国家的情况下,企业不仅要决定制造业生产是否选择离岸外包,还要在所有可能的国家中选择最佳的生产地点。显然,在其他条件相同的情况下,根据指标 $\tau_{ij}a_{mj}w_j$,若国家 j 提供较低的固定采购成本 f_{ij} 和可变制造成本,国家 i 的企业将被吸引到该地。然而,某些生产率较高的企业可能会选择固定采购成本很高的地方,只要这些地方提供了特别优惠的投入品制造的边际成本。

图 2.4 描述了在四国(本国 i 及三个其他国家 j、k 和 l)模型中可能存在的均衡。如前所述,国内采购作为固定成本最低的采购策略,是行业中生产率最低的企业的最优选择。由于到国家 l 的离岸外包需要较高的固定成本和较高的可变成本(可能是由于较高的运输成本 τ_{il} 或根据较高生产率调整后的工资水平 $a_{ml}w_l$),因此没有企业选择从国家 l 进口投入品。选择离岸外包时,国家 j 的边际生产成本最低,但生产分工的固定成本很高,因此一个行业中只有生产率最高的企业才会从 j 进口投入品。最后,国家 k 与固定成本适中的离岸外包相关,并提供了相对于国内采购的成本优势,因此,一部分中等生产力的企业选择国家 k 为最优制造业投入品生产地点。

---

① 从这个讨论中可以明显看出,前述两国模型未能实现双边投入贸易流动,是因为它对技术的假设(例如,排除了南方国提供总部服务),而不是因为它只假定了两个国家。

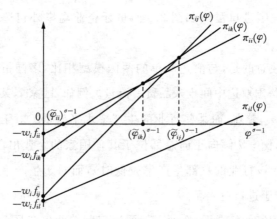

图 2.4　多国模型中离岸外包的选择

　　自然，图 2.4 的例子非常特殊。然而，更令人担忧的是，随着关键的生产率和成本参数的轻微变化，可能会出现非常不同的分类模式。为了说明这种变化的敏感性，考虑以下情况：所有外国的离岸外包固定成本都相同（即对所有 $j \neq i$，$f_{ij} = f_{iO}$）。那么，为了找到离岸外包的最优选择，总部位于国家 i 的企业选择边际成本最小化的地点 j（即 $j^* =$ arg min$_j\{\tau_{ij}a_{mj}w_j\}$）。因此，任何参数的细微变化都可能改变进口（离岸外包）的地点。

　　多国模型的另一个局限性在于，它不能很好地将一个行业内所有企业的决策汇总在一起，来帮助对某些国家离岸外包程度的决定因素进行实证分析，这取决于具体国家的基本参数。出于类似的原因，该模型对于定量分析不太有用，尤其在现实世界中投入品较多的情况下。

　　幸运的是，下面我们将通过借鉴 Antràs、Fort 和 Tintelnot（2014）的研究成果，在上述局限性中取得一些进展，而 Antràs、Fort 和 Tintelnot（2014）的工作则是基于 Eaton 和 Kortum（2002）的开创性论文。①

---

① Antràs、Fort 和 Tintelnot（2014）从 Tintelnot（2013）中获得灵感，他们研究了多产品跨国公司最终产品生产的地点，该框架不涉及中间投入品的贸易。Garetto（2013）也将 Eaton 和 Kortum（2002）框架应用于全球采购环境（包括两国模型），同时也考虑了其他分析目标。

2.9 将 Eaton 和 Kortum(2002)引入企业

不同于原先的假设,在生产的制造阶段加入一个测度投入品的连续变量 v,并使这些投入品彼此间具有对称的不完全替代性,且替代弹性等于 $\sigma_\rho > 1$(实际结果很少取决于 σ_ρ 的特定值)。基于上述设定,总部位于 i 国的一家企业生产 q 单位的最终产品的成本函数可表示为:

$$C_{i\{j(v)\}_{v=0}^1}(q, \varphi)$$
$$= w_i \sum_{j \in \mathcal{J}_i(\varphi)} f_{ij} + \frac{q}{\varphi}(a_{hi}w_i)^\eta \left(\int_0^1 (\tau_{ij(v)} a_{mj(v)}(v) w_{j(v)})^{1-\sigma_\rho} dv \right)^{(1-\eta)/(1-\sigma_\rho)}$$

$$(2.25)$$

其中,$j(v)$ 表示在 j 国生产投入品 v;$\mathcal{J}_i(\varphi) = \{\hat{j} : j(v) = \hat{j}$,对于一些 v 成立$\}$ 是生产率为 φ 的企业采购投入品的地点集合。

与之前的模型不同,在这个模型中,将制造业生产率参数 $1/a_{mj(v)}$ 设为企业特定的,根据 Eaton 和 Kortum(2002),将生产率视为随机变量,而非固定的参数。更具体地,通过向 j 国支付离岸外包固定成本 f_{ij},总部在 i 国的企业掌握生产投入品 v 的能力,该投入品是 j 国在从 Fréchet 分布得出的投入层面单位劳动系数的倒数 $1/a_{mj(v)}$ 下生产的($1/a_{mj(v)}$ 不取决于其他投入)。这个 Fréchet 分布是:

$$Pr(a_{mj}(v) \geqslant a) = e^{-T_j a^\theta}$$,其中 $T_j > 0$ 和 $\theta > \sigma_\rho - 1$

在 Eaton 和 Kortum(2002)的模型中,T_j 表示 j 国产业层面的技术水平,θ 决定了生产率的变化对投入品的影响,在各国投入品的产业中,θ 偏低表示比较优势更容易出现。

为了简化问题,假设企业在付出所有离岸外包的沉没成本后,才获知 $1/a_{mj(v)}$ 的特定值。因此,无论企业为获得从特定国家采购的能力而投入了多少,任何投入品 v 的生产选址都将仅仅解释 $j^*(v) =$

$\arg\min_{j(v)\in\mathcal{J}_i(\varphi)}\{\tau_{ij}a_{mj}(v)w_j\}$。请记住，从 $\mathcal{J}_i(\varphi)$ 这个集合中选择的 $j^*(v)$ 等于在这些国家集合里，i 国生产率为 φ 的企业去支付离岸外包相关的固定成本 f_{ij}。我把 $\mathcal{J}_i(\varphi)$ 设定为总部在 i 国、生产率为 φ 的企业的采购策略集合。

由于该模型具有许多变化部分，因此有必要重新回顾生产活动的时间顺序。给定产业 s（省略下标）的企业，最初为了进入 i 国而支付了进入市场的固定成本 $f_{ei}w_i$，并且在那里以单位劳动成本 $a_{hi}w_i$ 提供总部服务。在支付进入成本后，企业掌握了它们的核心生产率 φ，这里假设希克斯中性（Hicks-neutral）技术进步。接下来，企业从国家集合 $\mathcal{J}_i(\varphi)$ 中选取了一些可以进口投入品、支付固定离岸外包成本 $w_i\sum_{j\in\mathcal{J}_i(\varphi)}f_{ij}$ 的国家。当选择了这些国家后，对每个 $j\in\mathcal{J}_i(\varphi)$，企业观测到投入品—产地的特定生产率向量 $\{a_{mj}(v)\}_{v\in[0,1]}$。接着，企业决定从哪个国家购买特定的投入品 v，之后生产总部服务和制造业投入品 v，并组装和在世界市场上出售最终产品。

显然，当前的模型复杂程度更高。因而，一些读者可能会想：这有什么作用？要了解这种复杂结构之前，请先考虑付清所有离岸外包的固定成本后，再决定制造业投入品的选址。如前所述，在这一点上，总部在 i 国、生产率为 φ 的企业仅仅解决了 $j^*(v)=\arg\min_{j(v)\in\mathcal{J}_i(\varphi)}\{\tau_{ij}a_{mj}(v)w_j\}$。Fréchet 分布（见 Eaton and Kortum，2002）的优势是：总部在 i 国和生产率为 φ 的企业为投入品 v 选择产地为 j 的概率，可以表示为：

$$\chi_{ij}(\varphi)=\frac{T_j(\tau_{ij}w_j)^{-\theta}}{\Theta_i(\varphi)} \tag{2.26}$$

其中：

$$\Theta_i(\varphi)\equiv\sum_{k\in\mathcal{J}_i(\varphi)}T_k(\tau_{ik}w_k)^{-\theta} \tag{2.27}$$

这概括了 i 国生产率为 φ 的企业的采购能力。当存在连续大量投入品时，$\chi_{ij}(\varphi)$ 表示以采购策略 $\mathcal{J}_i(\varphi)$ 为条件的 j 国采购投入品的比例。更为显著的是,支付给投入品 v 的实际价格分布与这些投入品的实际来源 j 国无关(同样的情况详见 Eaton and Kortum,2002),这意味着等式(2.26)的 $\chi_{ij}(\varphi)$ 也是相当于 j 国占采购策略为 $\mathcal{J}_i(\varphi)$ 的企业所有采购制造业投入品的份额。

我希望读者开始意识到增加模型复杂程度可以解决更多问题。根据式(2.26),以采购策略 $\mathcal{J}_i(\varphi)$ 为条件,模型中关键参数的细微调整会影响到企业的采购决策。此外,每个国家在企业购买中间品的市场份额相当于式(2.27)中这个国家对采购能力 $\Theta_i(\varphi)$ 的贡献程度。在集合 $\mathcal{J}_i(\varphi)$ 中,拥有较低工资 w_j、更先进技术水平 T_j 或者离 i 更近的国家,预计在 i 国企业的中间投入品购买中具有较高的市场份额。

虽然核心生产率参数 φ 在整个模型中不再发挥相关作用,但是必须强调,这个"变化的"离岸外包选址的集合 $\mathcal{J}_i(\varphi)$ 是内生的,并且是核心生产率水平的函数。为了提出这个函数,我们研究 $\mathcal{J}_i(\varphi)$ 的决定因素。

在为每个投入品 v 选择最低成本的供应商,以及进行推导之后,生产 q 个单位最终产品的总成本函数可以写为:

$$C_i(q,\varphi,\mathcal{J}_i(\varphi)) = w_i \sum_{j\in\mathcal{J}_i(\varphi)} f_{ij} + \frac{q}{\varphi}(a_{hi}w_i)^{\eta}(\gamma\Theta_i(\varphi))^{-(1-\eta)/\theta}$$

$$(2.28)$$

其中,$\gamma = \left[\Gamma\left(\dfrac{\theta+1-\sigma_\rho}{\theta}\right)\right]^{\theta/(1-\sigma_\rho)}$,$\Gamma$ 是伽马函数。[①]注意,在现有潜在的选址集合中新增一个生产选址必然会降低企业面临的边际成本。直观地讲,对于所有投入品 $v\in[0,1]$,新增的选址会让企业有更多的成本选择机会。因此,自然而然的是,供应商之间的更大竞争将降低每个中间品的预期最低采购成本 $\tau_{ij}*a_{mj}*(v)w_j* = \min_{j(v)\in\mathcal{J}_i(\varphi)}\{\tau_{ij}a_{mj}(v)w_j\}$。事实上,对 $\mathcal{J}_i(\varphi)$ 额外增加一个国家将会降低所有品种 v 的预期价格,而

---

① 这些推导类似于 Eaton 和 Kortum(2002)进行的推导,以求解其最终产品交易模型中的总价格指数。

不只是针对那些最终来自该国家(地区)的商品。[1]

式(2.25)中成本函数相关的利润函数求解与前面模型的步骤一样,我们可以用生产率为 φ 的 i 国企业最优采购策略相关的利润来表示以下问题的解:

$$\pi_i(\varphi) = \max_{\mathcal{J}_i(\varphi)}\left\{(a_{hi}w_i)^{-\eta(\sigma-1)}(\gamma\Theta_i(\varphi))^{(\sigma-1)(1-\eta)/\theta}B\varphi^{\sigma-1} - w_i\sum_{k\in\mathcal{J}_i(\varphi)}f_{ik}\right\}$$

$$(2.29)$$

从式(2.29)可以清晰地看出,当决定是否在集合 $\mathcal{J}_i(\varphi)$ 添加新国家 l 时,企业会在将该国纳入 $\mathcal{J}_i(\varphi)$ 所降低的成本和额外增加的固定成本 w_if_{il} 之间做权衡。

式(2.29)里的问题并不容易解决,因为将国家 j 纳入集合 $\mathcal{J}_i(\varphi)$ 与添加任何其他国家 j' 的决策相互影响。因此,尽管核心生产率水平 φ 越高,在集合 $\mathcal{J}_i(\varphi)$ 中新增一个生产选址的边际收益就越高,但 $\mathcal{J}_i(\varphi)$ 不一定会随着 φ "增加"而"增加"。或者更确切地说,生产率为 φ_0 的企业的选址集合 $\mathcal{J}_i(\varphi_0)$,并不一定是具有较高生产率 $\varphi_1 > \varphi_0$ 的企业的选址集合 $\mathcal{J}_i(\varphi)$ 的严格子集。例如,i 国一家高产企业会为了能够在有着特别高价值 $T_l(\tau_{il}w_l)^{-\theta}$ 的 l 国进行离岸外包而支付一笔固定成本,但只要 $(\sigma-1)(1-\eta) < \theta$,之后选择更多生产位置的边际动力就可能会大大降低。[2]

然而,正如我在理论附录中解释的,只要 $(\sigma-1)(1-\eta) \geqslant \theta$,这些复杂问题便不存在。在这种情况下,在原有选址集合新增一个选址不会降低其他选址的边际收益。可以表明,企业离岸外包地点的数量是生产率

---

[1] 因此,投入品选址的增加降低了成本并提高了基于收入的生产率,其原因完全与 Halpern、Koren 和 Szeidl(2011),Goldberg、Khandelwal、Pavcnik 和 Topalova(2010)、Gopinath 和 Neiman(2013)的多样化偏好框架不同。

[2] Blaum、Lelarge 和 Peters(2013)在不同特征的投入品贸易模型中对求解 $\mathcal{J}_i(\varphi)$ 的难度进行了细致讨论。不过有必要指出的是,学者认为,不管参数值如何,内生性的采购潜力 $\Theta_i(\varphi)$ 随着 φ 的增加而增加。

φ 的单调递增函数,甚至更强烈的是对于 $\varphi_1 \geqslant \varphi_0$,$\mathcal{J}_i(\varphi_0) \subseteq \mathcal{J}_i(\varphi_1)$。因此,该模型在离岸外包的扩展边际中实现了"逐级递增",这让人想起在异质性企业的出口模型中的发展态势,这一点在 Eaton、Kortum 和 Kramarz(2011)中也有提及。此外,对于较低的核心生产率 φ,投入品生产的唯一有利可图的位置可能是与较低的固定采购成本相关的生产位置。在维持 $f_{ij} > f_{ii}(j \neq i)$ 的假设下——国内采购是与最低固定成本相关的采购策略——该模型将继续根据企业的核心生产率向离岸外包提供参考。

只要需求具有弹性,$(\sigma-1)(1-\eta) \geqslant \theta$ 的情况就更易处理。因此,利润对可变成本降低更加敏感(高 σ),并且只要投入品效率水平在各个市场之间出现不同(低 θ),就更可能适用。因此,在选址集合中新增一个生产位置,预期成本降低相对较高。自然地,只要总部密集度 η 较低,这种情景就更有可能发生。所以,投入品组合成本的变化对利润的影响相对较高。Antràs、Fort 和 Tintelnot(2014)提出了模型的结构估计,认为 $\sigma-1$ 远比 θ 要大,因此,这种较易处理的方案似乎也更合理。

通过作出进一步的特定假设,我们可以在式(2.29)中得出解决采购策略问题更清晰的方案。例如,当所有国家都承担固定成本时,就有 $f_{ij} = f_o(j \neq i)$,无论 $(\sigma-1)(1-\eta)/\theta$ 的数值是多少,都可以根据 $T_j(\tau_{ij}w_j)^{-\theta}$ 的数值对国外选址进行排序$(j \neq i)$,$i_r = \{i_1, i_2, \cdots, i_{\mathcal{J}-1}\}$ 表示第 r 个国家 $T_j(\tau_{ij}w_j)^{-\theta}$ 的最大值。通过构建 i_r,可以得出:对于 i 国生产率为 φ 的任一家企业在其他国家进行离岸外包(至少一个国家),遵循 $i_1 \in \mathcal{J}_i(\varphi)$;对于任一家企业将离岸外包到至少两个国家,遵循 $i_2 \in \mathcal{J}_i(\varphi)$,并以此类推。换句话说,扩展边际不仅随着企业生产率单调递增,而且以一种独特的方式由 $T_j(\tau_{ij}w_j)^{-\theta}$ 的排序决定。

随着离岸外包的固定成本变化,类似的明显结果也出现在不同的情况下,其中 $(\sigma-1)(1-\eta) = \theta$。在这种情况下,在集合 $\mathcal{J}_i(\varphi)$ 中增加某个选址对增加其他选址没有影响,这里采用了与前文相同的逐级递增模式,但这时候是人们根据比率 $T_j(\tau_{ij}w_j)^{-\theta}/f_{ij}$ 对国外选址进行排序。该结果类似于标准的出口选择模型,其中边际成本保持不变,在该模型中,服务于给定市场的决策独立于其他市场中的同一。

在解决式(2.29)的采购策略问题之后,计算该行业中任何国家 j 的中间投入品总量很简单。这些进口可以表示为:

$$M_{ij} = (\sigma-1)(1-\eta)\tilde{B}N_i\int_{\tilde{\varphi}_{ij}}^{\infty}\chi_{ij}(\varphi)\Theta_i(\varphi)^{(\sigma-1)(1-\eta)/\theta}\varphi^{\sigma-1}\mathrm{d}G(\varphi)$$

$$(2.30)$$

其中,N_i 表示 i 国最终产品进入市场的数量,$\chi_{ij}(\varphi)$ 由式(2.26)给出,$\tilde{B} = (a_{hi}w_i)^{-\eta(\sigma-1)}\gamma^{(\sigma-1)(1-\eta)}B$,$\tilde{\varphi}_{ij}$ 表示从 i 国离岸外包到 j 国的生产效率最低的企业的生产率。只要 $T_j(\tau_{ij}w_j)^{-\theta}$ 的值更高是与 j 国属于 $\mathcal{J}_i(\varphi)$ 的(稍微)较高概率相关,根据式(2.30)——由于贸易的集约边际和扩展边际——$T_j(\tau_{ij}w_j)^{-\theta}$ 变高将引起从 j 国的大量进口。

有趣的是,在特殊情况下,离岸外包的低固定成本足以确保所有企业都具有从所有国家(地区)获取投入品的能力,式(2.30)简化为引力方程的修改版本,类似于 Eaton 和 Kortum(2002)。注意,对于所有的 φ 和 i,只要 $\mathcal{J}_i(\varphi) = \{1, 2, \cdots, \mathcal{J}\}$,式(2.30)就可以写为:

$$M_{ij} = (\sigma-1)(1-\eta)\tilde{B}N_i(\bar{\Theta}_i)^{(\sigma-1)(1-\eta)/\theta}\chi_{ij}\int_{\varphi_i}^{\infty}\varphi^{\sigma-1}\mathrm{d}G_i(\varphi) \quad (2.31)$$

其中:

$$\bar{\Theta}_i \equiv \sum_{k=1}^{J}T_k(\tau_{ik}w_k)^{-\theta}$$

且:

$$\chi_{ij} = \frac{T_j(\tau_{ij}w_j)^{-\theta}}{\bar{\Theta}_i}$$

定义 $A_i = \sum_j M_{ij}$ 为 i 国企业对中间投入品的总需求量,$Q_j = \sum_i M_{ij}$ 为 j 国中间品的总生产量,实际上直接验证式(2.31)化简成:

$$M_{ij} = \frac{(\tau_{ij})^{-\theta} \dfrac{A_i}{\overline{\Theta}_i}}{\sum_l (\tau_{lj})^{-\theta} \dfrac{A_l}{\overline{\Theta}_l}} Q_j$$

这与 Eaton 和 Kortum(2002)的等式(11)类似。

当各企业的扩展边际[或者是外包能力 $\Theta_i(\varphi)$]发生变化时,这种简洁的表达将不再适用。这表明人们能够从可观察到的与传统引力方程的偏差中得出企业扩展边际(以及离岸外包固定成本的跨国变化)的重要性。这是 Antràs、Fort 和 Tintelnot(2014)在研究美国企业离岸外包扩展边际时探索的方法之一。

2.10 拓展阅读

以上是我对接下来的章节所依赖的国际贸易主要基准模型的概述。尽管我所讨论的大多数论文都是最近才发表的,但已经有许多相关评论。例如,即将出版的《国际经济学手册》(*the Handbook of International Economics*)第 4 卷中的第 3 章,即 Melitz 和 Redding(2013a)、Antràs 和 Yeaple(2013),以及 Costinot 和 Rodríguez-Clare(2013),对这些模型进行了详细介绍。[①]全球采购的多国模型较为新颖,由 Antràs、Fort 和 Tintelnot(2014)首次提出,他们的文章利用该模型解释和系统性地估计美国进口的扩展边际。

有了这种机制,我们现在准备开始研究不完全合同对全球生产组织的影响。

[①] 其他相关文献还包括 Helpman(2006)、Redding(2011)及 Bernard、Jensen、Redding 和 Schott(2012)。

第二部分

区　位

3

合同和出口行为

　　来宝集团(Noble Group Limited)是农业和能源产品、金属和矿物的全球供应链管理商。①2004年1月,公司将巴西的大豆出口给中国的大豆压榨企业。合同于1月签订,尽管发货日期规定为同年的4月,但是交易价格已经商定。对于中国买方来说,不幸的是,对大豆作物丰收的前景预测使得大豆价格在1—4月降低了20%。随之而来的压榨大豆价格的下降意味着,如果承付1月与来宝集团签订合同的固定价格,中国的大豆压榨企业的运营将面临重大亏损。当月,中国港口当局发现从巴西运来的装有60 000吨大豆的船中,有少数红色大豆变色,预计这是萎锈灵(一种轻微有毒杀菌剂)导致的。随后中国政府开始对所有从巴西出口的大豆实行禁令,因此,来宝集团和中国大豆压榨企业之前签订的合同最终无效。结果,来宝集团带着价值数百万美元的滞留货物离开。虽然来宝集团最终找到了货物的其他买主,但这一事件给公司带来了约

---

① 后续讨论以 Foley、Chen、Johnson 和 Meyer(2009)为基础。

2 500万美元的滞期费损失。

来宝集团的该笔交易是生产商在国际贸易中面临的合同不安全性的典型案例,其原因可用之前第 1 章的内容来解释。①在本部分的三章中,我会讨论第 2 章建立的基础模型中不完全合同的含义。在本章中,我会建立简单的 Melitz(2003)出口模型的不完全合同形式,而且会讨论这些摩擦能够体现国际贸易流动结构决定因素的实证证据。在第 4 章中,我会将合同摩擦引入第 2 章建立的两国全球采购模型,而且使用模型中的几个变量来阐明执行不完全合同如何影响企业的采购决策。最后,在第 5 章中,我将会建立多国的全球采购模型,以此来给美国公司全球采购决策的相关合同要素进行实证分析和指导。

3.1　Melitz 模型的合同订立

从第 2 章得出的 Melitz(2003)模型可知,企业以利润最大化为原则来设定销售产出量和每个市场上的售价,因此,i 国生产率为 φ 的企业期望从 j 国得到的利润为:

$$\pi_{ij}(\varphi) = (\tau_{ij}w_i)^{1-\sigma}B_j\varphi^{\sigma-1} - w_i f_{ij} \qquad (3.1)$$

其中:

$$B_j = \frac{1}{\sigma}\left(\frac{\sigma}{\sigma-1}\right)^{1-\sigma}P_j^{\sigma-1}\beta E_j \qquad (3.2)$$

E_j 是 j 国的总消费。

这里,有必要讨论一下 i 国生产率为 φ 的企业在选择出口 j 国时,为真正实现式(3.1)中的利润所需的一些关键但经常被忽略的假设。第一,企业需要掌握所有利润相关变量的全部信息,包括自身的生产率水

---

① 有趣的是,根据第 1 章强调的对合同不安全性的内部化应对措施,来宝集团于 2005 年在中国收购了四家大豆加工厂。

平 φ 和 B_j 中隐含的（剩余）需求量。第二，式（3.1）暗含的假设是，企业为了满足国外需求可以不计较成本地以市场工资 w_i 雇用更多的劳动力（或生产的其他组成要素）来扩大自己的生产，这与企业的经营决策是无关的。第三，假设企业可以不计成本地与当地分销商或进口商（代理商、雇员或一个公司）签订合同，该进口商可以从 j 国收回销售收入并支付给 i 国的出口商。[①]

国际贸易领域最近的一些有趣工作主要集中在研究放松上述前两个假设可能产生的影响上。一方面，Segura-Cayuela 和 Vilarrubia（2008）、Albornoz 等（2012），以及 Nguyen（2012）都曾大量将国外需求不确定性并入异质性企业框架。[②]另一方面，近期大量文献，其中包括 Helpman 等（2010），以及 Amiti 和 Davis（2012），研究了不完全劳动力市场对出口决定的影响，国际贸易结构和贸易自由化对劳动力市场、工资不平等和失业的影响。然而，这些主题的讨论已经超出本书的范围。与上述研究不同，我将重点研究放松前述第三条假设，即出口商和本地分销商或进口商之间订立合同是无摩擦的，并让出口商可以从交易中获得全部的盈余。

在讨论 Melitz（2003）框架中合同不完备性的含义之前，有必要将合同纳入到框架中，这要求我们清楚模型中包含的当事人。简单来说，在本章，我会限定在每笔出口交易只包含两个当事人的情况，即 i 国出口商 F 和 j 国进口商 M。可以将出口的固定成本 $w_i f_{ij}$ 设定为：在一定程度上，出口商为了与 j 国进口商签订合同而产生的成本。目前，我将集中讨论以下形式的简单合同：在最初时期 t_0，出口商 F 同意运输 q_{ij} 数量的商品，同样，进口商同意在稍后时期 t_1 支付金额 s_{ij}，可以是支付日期和收货日期的同一天，也可以是支付日期和收货日期不同的一天。为了

---

① 尽管下面我从这种可能性分离出来，但可以想象，出口的固定成本 $w_i f_{ij}$ 在一定程度上反映了进口商对其服务的报酬。

② 相反，企业在一段时间内了解其生产率水平 φ 的模型，正如 Jovanovic（1982）的开创性工作，在国际贸易环境中尚未得到广泛应用。

避免引人非基本参数，我将 t_0 和 t_1 期之间的贴现率设为零。可选择支付时间的合同将在后文中进行讨论。

为简化说明，假设进口商时间的机会成本为零，这样生产率为 φ 的 F 企业向 j 国出口的净盈余为：

$$\pi_{ij}(\varphi) = \left(p_{ij}(\varphi) - \frac{\tau_{ij}}{\varphi} w_i \right) q_{ij}(\varphi) - w_i f_{ij} \qquad (3.3)$$

其中，$q_{ij}(\varphi) = \beta E_j P_j^{\sigma-1} p_j(\varphi)^{-\sigma}$ 规定为出口公司面临的需求。在没有合同摩擦的情况下，合同将订立运往 j 国的商品数量 $q_{ij}(\varphi)$，相关价格为 $p_{ij}(\varphi)$，以实现式（3.3）中共同盈余最大化，得到的共同利润流如下：

$$\pi_{ij}(\varphi) = (\tau_{ij} w_i)^{1-\sigma} B_j \varphi^{\sigma-1} - w_i f_{ij} \qquad (3.4)$$

这与式（3.1）相一致。只有当预期这一共同利润为正时，出口商才决定向 j 国出口。

即使合同是无摩擦的，出口商 F 是否能够实现式（3.4）中的整个利润，还将取决于出口商和进口商的相对议价能力。假设进口商的保留价格为零，Melitz(2003)框架的均衡等价于出口商拥有所有的议价能力。在这个意义上，他们认为，当与进口商签订合同时，确实能够对进口商进行"要么接受，要么放弃"的报价。为了更直观看到这一点，注意到从出口商角度来说，最优合同将最大化出口商的利润，这与进口商参与条件有关，或者：

$$\max_{q_{ij}(\varphi),\, s_{ij}(\varphi)} \quad s_{ij}(\varphi) - \frac{\tau_{ij}}{\varphi} w_i q_{ij}(\varphi) - w_i f_{ij}$$

$$\text{s.t.} \quad p_{ij}(q_{ij}(\varphi)) q_{ij}(\varphi) - s_{ij}(\varphi) \geqslant 0 \qquad (3.5)$$

其中 $p_{ij}(q_{ij}(\varphi)) = (\beta E_j P_j^{\sigma-1})^{1/\sigma} q_{ij}(\varphi)^{-1/\sigma}$。自然而然地，出口商会设定一个紧的进口商的参与约束，因此意味着 $q_{ij}(\varphi)$ 将使共同利润最大化，出口商将最终获取式（3.4）中 Melitz 框架中假设的利润。

如果给定模型中关于进口商促进贸易方面的作用不明确，出口商拥有所有议价能力的假设也许是合理的。如果这些当事人没有机会成本，对出口没有增加值,那他们为什么要有酬劳呢? 然而在现实世界中,中介作为一个联系需求方和供应方的中间角色,减少搜寻摩擦(见 Antràs and Costinot, 2011)并提供质量保证(见 Bardhan, Mookherjee and Tsumagari, 2013; Tang and Zhang, 2012)。因此,国际贸易中间商理应从国际贸易中获取一定份额的报酬。尽管他们很重要,但本书没有将他们考虑在内。

3.2 Melitz 模型中的合同摩擦

和前文所讨论的合同一样,我们在第 1 章中对国际合同开展的讨论和前述来宝集团所碰到的情况都表明,即使是简单的合同在现实世界中也不一定能完全可行。为了说明这一观点,接下来我将建立一个简单模型来说明合同不安全性的缘由,也就是进口商根据 Hart 和 Moore (1994)、Thomas 和 Worrall(1994)的开创性工作提出的有限承诺问题。

假设进口商在 t_1 时未履行承诺,并在他将所得到的销售收入支付给出口商之前,该进口商有机会绕开出口商将一些现金流转移出去,占为己有。在极端情况下,进口商可能携带出口商的货物潜逃,将其暗地里卖掉,或者打折出售。更普遍的是,这一假设反映出初始合同没有强迫签订方遵守条款的约束,导致进口商通过少报实际收到的销售额来违约,又或者声称出口商的货物质量不合格从而降价购买。为简化问题,我将所有从 i 国到 j 国的装运货物,被进口商占有的销售收入比例设定为固定的常数 $1-\mu_{ij} \in [0, 1]$,但之后我会简单谈论这一参数可能会随着生产率变动的情况。

参数 μ_{ij} 反映了进口商违背与 i 国出口商的合同承诺时所受到的限制程度,因此把这一参数作为 j 国合同执行力的衡量指标。μ_{ij} 的比例也取决于出口国 i,这意味着,国际合同实施的水平可能是交易双方国别的函数,这可能反映了法律相似性的影响(比如普通法系与大陆法系国家)、共同语言或距离(文化的或地理的)。

我意识到上述合同制度的模型过于简单化——仅仅用一个简单的参数μ_{ij}来表示这种制度的巨大复杂性与细微差别,从而反映进口国当事人"偷窃"的可能性。我将在本章的大部分情况下继续使用这一简单框架,但是我会简要地拓展到一国向出口企业提供低水平合同保障的各类机制。首先,在某些制度环境下,当事人可能面临更多毁约(初始合同)机会。部分原因可能是社会规范,但也可能是法律环境——这可能会决定正式合同的完整性。用$1-\rho_{ij}$表示j国进口商与i国出口商交易时发生"违约"的可能性(之前假设$\rho_{ij}=0$)。当这样的违约机会没有出现,进口商将必然遵守初始合同并将所有的销售货款付给出口商。然而,当出现违约机会时,进口商将会评估违约的法律后果,并作出最有利的决定(即是否违反它)。违约的法律后果反过来由两个因素决定,一是法庭处罚行为不当的进口商的可能性(用λ_{ij}表示),二是在这一事件中需要赔偿的惩罚大小,可以将这些惩罚定义为进口商侵占出口商销售货款的乘数d_{ij}。

注意,如果d_{ij}或λ_{ij}足够高,当$d_{ij}\lambda_{ij}>1$时,进口商将永远不会对出口商违约,因此出口商能够实现没有合同摩擦情况下相同的利润[见式(3.4)]。相反,当$d_{ij}\lambda_{ij}<1$时,如果出口商坚持要求进口商支付全部的销售货款,进口商将作出最优选择——对出口商全部违约,因为这样做他能够获得$(1-\rho_{ij})(1-\lambda_{ij}d_{ij})>0$倍货款的期望报酬。

接下来,我将重点关注一个更有趣的情景,$d_{ij}\lambda_{ij}<1$。在这一情况下,出口商期望着留有如下比例的销售货款:

$$\mu_{ij}\equiv\rho_{ij}+(1-\rho_{ij})\lambda_{ij}d_{ij} \tag{3.6}$$

μ_{ij}的这一表达方式总结了违约机会的普遍程度,法庭对违约方管理的能力,以及惩罚大小和执行性如何共同影响了不同国家实际的合同保障。式(3.6)也阐述了一些情景,其中合同含有法律选择和法律审判条款(见第1章),因此即使ρ_{ij}和λ_{ij}对j不敏感,进口国的法律制度仍能够影响国际法庭或仲裁机构设定的惩罚大小。

接下来,我将回到式(3.6)μ_{ij}的一般方程,但是目前,我将重点关注$1-\mu_{ij}$简化形式的解释,反映j国进口商从i国出口侵占的销售货款比例。

3.3 合同不安全性的含义

缺少承诺如何影响出口商和进口商之间的合同?出口商在设计初始合同时面临的新关键限制因素在于:任何低于$(1-\mu_{ij})p_{ij}(q_{ij}(\varphi))q_{ij}(\varphi)$的酬劳将必定导致进口商转移现金流。结果,最优合同问题现在包括了一个新的激励相容(IC)约束,这必将比之前式(3.5)中最优合同的参与约束更严格。

正式地,仍然假设出口商对进口商进行"要么接受,要么放弃"报价,现在我们有 0 期运输量 $q_{ij}(\varphi)$ 和 1 期付款 $s_{ij}(\varphi)$ 是下列问题的解:

$$\max_{q_{ij}(\varphi),\,s_{ij}(\varphi)} s_{ij}(\varphi) - \frac{\tau_{ij}}{\varphi}w_i q_{ij}(\varphi) - w_i f_{ij}$$

$$\text{s.t.} \quad p_{ij}(q_{ij}(\varphi))q_{ij}(\varphi) - s_{ij}(\varphi) \geq 0$$

$$p_{ij}(q_{ij}(\varphi))q_{ij}(\varphi) - s_{ij}(\varphi) \geq (1-\mu_{ij})p_{ij}(q_{ij}(\varphi))q_{ij}(\varphi)$$

其中,$p_{ij}(q_{ij}(\varphi)) = (\beta E_j P_j^{\sigma-1})^{1/\sigma}q_{ij}(\varphi)^{-1/\sigma}$。可以直接看出,$s_{ij}(\varphi)$现在正好被设定为满足(更严格的)激励相容约束,这意味着出口商现在只能得到货款的比例μ_{ij},并且选择$q_{ij}(\varphi)$,使得:

$$\pi_{ij}(\varphi) = \max_{q_{ij}(\varphi)} \left\{ \mu_{ij}(\beta E_j P_j^{\sigma-1})^{1/\sigma}q_{ij}(\varphi)^{(\sigma-1)/\sigma} - \frac{\tau_{ij}}{\varphi}w_i q_{ij}(\varphi) - w_i f_{ij} \right\}$$

为解决这一问题,出口商的利润函数可写为:

$$\pi_{ij}(\varphi) = \mu_{ij}^{\sigma}(\tau_{ij}w_i)^{1-\sigma}B_j\varphi^{\sigma-1} - w_i f_{ij} \tag{3.7}$$

比较式(3.1)和式(3.7),可以很清楚地看到,不完备合同减少了j国的销售利润,μ_{ij} 越低,减少得越多。原因有两个:首先,出口商与 j 国的进口商共享在出口商所在国获得的部分利润;其次,出口商自然要通过降低运往 j 国的所需商品数量来对利润侵蚀做出回应。

3.4 贸易边际、引力和福利

现在我们进入更为正式的研究:合同执行对贸易的扩展边际和集约边际,以及对国家间总体双边贸易流的影响。类比完备合同的基准模型,从式(3.7)中可知,只有生产率 $\varphi > \tilde{\varphi}_{ij}$ 的 i 国企业会发现出口到 j 国是最优的,其中:

$$\tilde{\varphi}_{ij} \equiv \tau_{ij} w_i \left(\frac{w_i f_{ij}}{\mu_{ij}^{\sigma} B_j} \right)^{1/(\sigma-1)} \tag{3.8}$$

显然,对于固定的 w_i 和 B_j 来说,μ_{ij} 越低,企业出口到 j 国的程度越低,因此,贸易的扩展边际受执行力弱的合同的负面影响。图 3.1 表示出口生产率临界值从 $\tilde{\varphi}_{ij}$ 变化到 $\tilde{\varphi}_{ij'}$ 时的情况。

接下来,加总所有来自 i 国的企业的产量,我们发现:

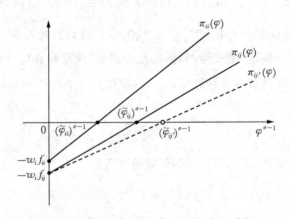

图 3.1 存在合同摩擦情况下的出口选择

$$X_{ij} = N_i \int_{\tilde{\varphi}_{ij}}^{\infty} \sigma \mu_{ij}^{\sigma} (\tau_{ij} w_i)^{1-\sigma} B_j \varphi^{\sigma-1} \mathrm{d}G_i(\varphi) \tag{3.9}$$

在第 2 章中,我们可以把上述公式分解为扩展边际 N_{ij},即 i 国企业出口到 j 国的数量,以及平均集约边际 $\bar{x}_{ij}$,相当于当前出口商的平均出口量:

$$X_{ij} = N_{ij} \cdot \bar{x}_{ij} \tag{3.10}$$

根据任意来自帕累托分布的企业层面的生产率,我们可以将式(3.9)整合,使用式(3.8)表示 $\bar{x}_{ij}$,如第 2 章所示:

$$\bar{x}_{ij} = \frac{\kappa}{\kappa - \sigma + 1} \sigma w_i f_{ij} \tag{3.11}$$

式(3.11)表示,在特定的帕累托情况下,平均集约边际不受合同执行力的影响。然而,需要重点强调的是,这并不意味着企业层面的集约边际不受合同制度质量 μ_{ij} 的影响。事实上,如果一个企业打算在两个只有 μ_{ij} 水平不同的市场上销售,那么企业一定会在合同执行程度更高(μ_{ij} 更高)的市场上出售更多产品,这与 Araujo、Mion 和 Ornelas(2012)的实证结果预测的一致,他们研究的是合同制度的质量对位于比利时的企业出口量的跨区域影响。式(3.11)中 $\bar{x}_{ij}$ 对 μ_{ij} 的不敏感是由这一事实解释的:合同执行力较高的国家,会吸引大量规模相对较小的出口企业。

接下来,我们可以跟随 Melitz 和 Redding(2013a)的步伐,用相对更熟悉的方式来表示式(3.10)中从 i 到 j 的部门总出口。首先尤其要注意,当前 j 国的进口商数量已给定:$N_{ij} = N_i(1 - G_i(\tilde{\varphi}_{ij}))$。接下来将式(3.11)和式(3.8)中的临界值添加到式(3.10),使用帕累托分布,我们得到:

$$X_{ij} = N_i \left(\frac{\varphi_i}{\tau_{ij} w_i}\right)^{\kappa} \left(\frac{\mu_{ij}^{\sigma} B_j}{w_i f_{ij}}\right)^{\kappa/(\sigma-1)} \frac{\kappa}{\kappa - \sigma + 1} \sigma w_i f_{ij} \tag{3.12}$$

接下来,加总所有来自 i 国的企业的市场销售(包括他们的国内市场),我们可以表示 i 国企业获得的全部销售额为:

$$Y_i = \sum_i X_{ij} = N_i \left(\frac{\varphi_i}{w_i}\right)^{\kappa} \left(\frac{1}{w_i}\right)^{\kappa/(\sigma-1)} \frac{\kappa}{\kappa - \sigma + 1} \sigma w_i \Theta_i \qquad (3.13)$$

其中：

$$\Theta_i \equiv \sum_j B_j^{\frac{\kappa}{\sigma-1}} \ \tau_{ij}^{-\kappa} f_{ij}^{-\frac{\kappa-(\sigma-1)}{(\sigma-1)}} \mu_{ij}^{\sigma\kappa/(\sigma-1)} \qquad (3.14)$$

这是 i 国的市场潜力指标（见 Redding and Venables，2004）。将式(3.13)代入式(3.12)最终得出：

$$X_{ij} = \frac{Y_i}{\Theta_i} B_j^{\frac{\kappa}{\sigma-1}} \ \tau_{ij}^{-\kappa} f_{ij}^{-\frac{\kappa-(\sigma-1)}{(\sigma-1)}} \mu_{ij}^{\sigma\kappa/(\sigma-1)} \qquad (3.15)$$

这个等式类似于第 2 章式(2.14)，除了最后一项包含参数 μ_{ij}［记住，B_j 由式(3.2)给出］。

　　式(3.15)表示，即使在引入合同摩擦之后，模型仍然提供了一个修正贸易流引力方程的行业版本。这一特征可以再一次用来鼓励贸易实证对数线性方程的广泛使用，其中包含进口商和出口商固定效应，以及双边贸易摩擦程度。从式(3.15)得出的主要新结论是，这样的对数线性方程应该包括 i 国和 j 国生产商之间进行交易的双边合同安全性水平测度。当我们讨论制度对贸易流影响的实证文献时，我们可以快速回顾式(3.15)。但是在这之前，有必要提出另一个和模型政策含义相关的理论问题。

3.5　政策含义

　　当前模型的合同不安全性与基准模型中标准的无合同摩擦的可变交易成本 τ_{ij} 是有相似效应的。尤其是，如果将贸易摩擦定义为一个广义的、涉及合同的测度，如下：

$$\widetilde{\tau}_{ij} \equiv \frac{\tau_{ij}}{\mu_{ij}^{\sigma/(\sigma-1)}} > \tau_{ij}$$

这直接可以证明,上述所有公式都恰好与第 2 章基准模型得出的公式相对应,只是用 $\bar{\tau}_{ij}$ 代替 τ_{ij}。因此有人总结:除了有助于将合同制度引入标准的出口实证模型之外,带有合同摩擦的显式模型对基准模型的运作几乎没有影响。然而,这样的结论是不妥当的,因为如前所述,合同摩擦不仅降低了 i 国出口商出口的利润,还将出口剩余转移给 j 国进口商。换句话说,合同不安全性不仅降低了国际贸易整体的利润,还改变了这些利润如何在国家间分配方式。

这一区别对合同执行和福利之间的关系有重要影响。例如,在特殊情况下,经济体中只有一个部门,Demidova 和 Rodríguez-Clare(2013)已经表明,小型开放经济体单方面减少可变贸易摩擦总能增进福利,但这一结论对本章模型中 μ_{ij} 的增加并不总是适用。原因在于,如果 j 国制定了更高的 μ_{ij},那么在那种情况下,尽管 j 国成为国外出口更具吸引力的地方,但 j 国生产者获得的销售收益份额也会下降。对于足够高的 μ_{ij} 值来说,可以看出这两个影响(出口吸引力和销售收益)必然是相反的。这一结果与 Demidova 和 Rodríguez-Clare(2009)及 Felbermayr、Jung 和 Larch(2013)的类似,他们表示,在单部门的 Melitz(2003)模型中,每一个国家单方面最优进口关税都是正的。这一结果的含义是,为打算在他们的市场上出售的生产者创造一定的合同不安全性,国家存在着单边激励。然而,与关税摩擦一样,合同不安全性的单方面最优化伴随着的是全球合同执行水平效率低下。

3.6　初步的实证证据

引力方程自 Tinbergen(1962)提出以来,就成为国际贸易中最常使用的实证模型之一。因此,本书采用这一公式研究双边国际贸易往来的合同制度效应便不足为奇。Anderson 和 Marcouiller(2002)是这方面文献的首创研究。Anderson 和 Marcouiller(2002)并非从理论模型推导出来,而是从加入一个和我们前文中式(3.15)非常相似的双边贸易模型开始。①根据他们的方法,如果将一个国家,比如说美国,作为一个参考国,则可以使用式(3.15)和式(3.2)中 B_j 的定义,得出:

$$\frac{X_{ij}}{X_{iUS}} = \left(\frac{P_j^{\sigma-1}E_j}{P_{US}^{\sigma-1}E_{US}}\right)^{\frac{\kappa}{\sigma-1}} \left(\frac{\tau_{ij}}{\tau_{iUS}}\right)^{-\kappa} \left(\frac{f_{ij}}{f_{iUS}}\right)^{-\frac{\kappa-(\sigma-1)}{(\sigma-1)}} \left(\frac{\mu_{ij}}{\mu_{iUS}}\right)^{\alpha\kappa/(\sigma-1)} \quad (3.16)$$

式(3.16)表示 i 国出口到 j 国市场与出口到美国的比率是这两个进口国的相对需求的函数,以及货物从 i 国出口到 j 国和出口到美国的贸易壁垒比率的函数。这一方法的主要好处是, X_{ij}/X_{iUS} 比率抵消了式(3.15)中出口项 Y_i/Θ_i 的影响,这对于所有目的地 j 国来说都是相同的。

Anderson 和 Marcouiller(2002)估算出了式(3.16)的对数线性形式,其中相关的双边传统贸易壁垒(可变或固定)用一个共同边界比率、共同语言比率、距离比率和关税比率表示。关键合同执行率用“安全综合”指数来替代,相对于美国用同样方法获得的平均得分,该指数对应于每个进口国在基于透明度和合同执行的调查中获得的平均得分。要特别注意,Anderson 和 Marcouiller(2002)假设 j 国出口商经历的合同安全性除以美国出口商经历的合同安全性——无论进口来源国 i 是否相同——对所有出口商都是相同的。这是一个限制性假设,假定一方认为法律体系的相似性会使该比率随着 i 而变动,如式(3.15),所以我们将在这一章重新简单回顾一下这一假设。测算式(3.16)的最后一个重要障碍是发现第一项的准确代理变量,它包括总的支出比 E_j/E_{US} 和价格指数比率 P_j/P_{US}。前一比率用 GDP 相关测度表示,后一比率与加权实物交易成本比率相类似,同样的类比经常出现在引力类型的“远距离”变量估算中。这或许是他们实证设计中令人最不满意的部分了,因为这些进口商特定项测度不标准会给进口商贸易流动的合同制度质量效应测算带来重要偏差。我们接下来将研究这一问题。

---

① Anderson 和 Marcouiller(2005)确实研究了合同不安全性和贸易流量之间的理论联系,但他们的框架并没有预测贸易流量中的引力方程。

根据以上注意事项,表3.1展示了 Anderson 和 Marcouiller(2002)的核心结果,该研究使用了1996年48个进口国的数据。第(1)列表示没有制度变量的基准引力方程结果。正如预期的那样,任何形式的较高 GDP 水平和相对较低的传统贸易壁垒都与出口到这些国家的出口量高有关。当第(2)列引入相关的"安全综合"指数时,这一变量对相关双边贸易往来具有统计上的显著意义。第(3)列中,Anderson 和 Marcouiller 确定了他们使用 Tobit 模型来检验样本中大量0值的结果的稳健性。尽管表3.1中非标准化数据点估计不明显,但 Anderson 和 Marcouiller(2002)的结果意味着约束力低的合同制度对贸易往来的效应与进口关税效应在数量级上是类似的。

如前所述,Anderson 和 Marcouiller(2002)的两个明显局限性是合同不安全的测度对出口国的特征以及需求项 B_j 的计量处理不敏感。事实

表3.1 进口国合同制度与出口国的相关关系

	(1)	(2)	(3)
GDP 比率对数	0.855 **	0.866 **	0.911 **
	(0.042)	(0.038)	(0.040)
相关的"安全综合"		0.285 **	0.279 **
		(0.073)	(0.081)
共同边界比率对数	0.794 **	0.747 **	0.665 **
	(0.155)	(0.163)	(0.186)
共同语言比率对数	0.327 **	0.336 **	0.358 **
	(0.080)	(0.082)	(0.109)
距离比率对数	−1.109 **	−1.095 **	−1.133 **
	(0.058)	(0.056)	(0.056)
调整关税比率对数	−2.973	−4.814 *	−4.699 *
	(1.992)	(2.343)	(2.327)
观察样本量	2 135	2 135	2 159
R^2	0.69	0.70	
似然对数			−3 865

注:(1)括号中为进口商聚类的稳健性标准误差。(2)回归也包括人均 GDP 比率的对数及语言、边界和距离的远距离变量。(3)+、*、** 表示在10%、5%和1%水平的显著性。

资料来源:Anderson and Marcouiller,2002,table 5。

上,这些局限性彼此相关。解决第二个问题的标准方法是使用进口商特定的固定效应来控制这些进口国需求项。然而,当感兴趣的关键解释变量仅在进口国之间变化并因此将被包含在进口商固定效应中时,这种方法是不可行的。这个问题显然适用于 Anderson 和 Marcouiller(2002)中的合同不安全性的代理变量。注意,相反,这不是标准贸易壁垒测度的问题,而是在出口商—进口商层面定义的。因此,解决这两个局限性的潜在方法是构建一种合同安全性测度,该测度是关于出口国和进口国的函数。

什么因素可能导致两个特定国家 i 和 j 之间的交易具有较高的合同执行程度呢?一个自然的想法可能是简单测度一个出口商和进口商国家是否共用一个法律起源,因为法律相关性有助于合同纠纷的解决。一些文章探索了影响国家间双边贸易往来的共同的法律起源。接下来,我将重点放在 Helpman、Melitz 和 Rubinstein(2008)的特殊贡献上,因为他们的公式来源于 Melitz(2003)模型,与我们得出上述式(3.15)的方法相类似,并且他们的估算技术允许人们弄清特定解释变量对贸易的集约边际和扩展边际的影响。

从理论角度看,Helpman、Melitz 和 Rubinstein(2008)构建模型的唯一新特征是从生产率层面引入企业分布的上限。在特定帕累托情形中,我们有:

$$G_i(\varphi) = \frac{1-(\varphi_i/\varphi)^\kappa}{1-(\varphi_i/\bar{\varphi}_i)^\kappa}, \text{对} \bar{\varphi}_i \geqslant \varphi \geqslant \varphi_i > 0 \tag{3.17}$$

在我们的合同模型中,这一假设的直接含义是,如果对一些出口国 i,出口企业的生产率水平不高于式(3.8)中定义的临界值 $\tilde{\varphi}_{ij}$,那么从 i 国到 j 国的双边出口将为零。当把这些双边贸易总额写为如式(3.9)时(注意积分上限),很容易得出上述结论。

$$X_{ij} = N_i \int_{\tilde{\varphi}_{ij}}^{\bar{\varphi}_i} \sigma\mu_{ij}^\sigma (\tau_{ij} w_i)^{1-\sigma} B_j \varphi^{\sigma-1} \, dG_i(\varphi)$$

定义 i 国总(部门)产出为 $Y_i = \sum_j X_{ij}$,同时:

$$V_{ij}(\widetilde{\varphi}_{ij}) \equiv \int_{\widetilde{\varphi}_{ij}}^{\bar{\varphi}_i} \varphi^{\sigma-1} \, \mathrm{d}G_i(\varphi)$$

从 i 国到 j 国的双边出口可以表示为：

$$X_{ij} = \frac{Y_i}{\widetilde{\Theta}_i} B_j \, \tau_{ij}^{1-\sigma} \mu_{ij}^{\sigma} V_{ij}(\widetilde{\varphi}_{ij}) \tag{3.18}$$

其中：

$$\widetilde{\Theta}_i = \sum_j \mu_{ij}^{\sigma} (\tau_{ij})^{1-\sigma} B_j V_{ij}(\widetilde{\varphi}_{ij})$$

式(3.18)又是一个引力方程的修改版本，且当 $\bar{\varphi}_i \to \infty$ 时容易验证，将式(3.8)中的 $\widetilde{\varphi}_{ij}$ 代入 $V_{ij}(\widetilde{\varphi}_{ij})$ 后，式(3.18)与式(3.15)相一致。

式(3.18)很好地说明了在标准引力模型估计方法中存在遗漏变量导致的误差的存在。甚至当分别在出口商和进口商固定效应中排除 $Y_i/\widetilde{\Theta}_i$ 和 B_j 项时，标准的计量方法也没有考虑从 i 国到 j 国的贸易扩展边际得到的 $V_{ij}(\widetilde{\varphi}_{ij})$ 项。[1]这一遗漏很可能伴随着贸易模式对制度质量的弹性偏高，因为如式(3.8)的临界值所示，μ_{ij} 对临界值 $\widetilde{\varphi}_{ij}$ 有负面影响，因此降低了 $V_{ij}(\widetilde{\varphi}_{ij})$。

Helpman 等(2008)建立了一个两阶段的估算过程来处理这些偏差。在第一阶段，由模型推导出 Probit 选择方程，并利用该方程的估计值，从结构上构建第二阶段所需的控制变量，该控制变量是进出口商的固定效应、各种双边贸易壁垒的测度的对数线性模型。[2]要使这一程序生效，需要有一个进入第一阶段(贸易的扩展边际)的解释变量，而不是直接进入第二阶段。Helpman 等(2008)认为，在某一特定国家创业的成本满足了这一条件(他们还提出了一个共同宗教变量，可以进行大量样本国家敏感性分析的测算)。

就我们的目的而言，Helpman 等(2008)的结果中最相关的特征是，

---

① 式(3.18)中，贸易流量对合同安全性的直接弹性比式(3.15)中贸易流量的直接弹性要低，从这一事实可以清楚地看出这些偏差的相关性。

② 第一阶段的估计也被用来包括第二阶段选择的更标准的 Heckman 修正项。

他们的第一阶段和第二阶段包括一个等于 1 的变量,只要出口商和进口商拥有一个共同的法律起源,这是根据 La Porta、Lopez-de Silanes、Shleifer 和 Vishny(1999)定义的。这些作者将大量国家的法律起源划分为德国法系、斯堪的纳维亚法系、英国法系、法国法系或社会主义国家法系。如前所述,在其他条件相同的情况下,拥有共同法律起源的国家的生产者在与其他当事人进行交易时,会比那些拥有不同法律起源的国家的生产者感受到更高程度的合同安全性,这似乎是很自然的。尽管这个变量明显很粗糙,但我将它的效应解读为反映了式(3.18)合同制度的 μ_{ij} 项的效应。

表 3.2　法律溯源和双边贸易流动

	(1) Probit	(2) 基准	(3) NLS
距离	−0.213** (0.016)	−1.167** (0.040)	−0.813** (0.049)
共用陆地边界	−0.087 (0.072)	0.627** (0.165)	0.871** (0.170)
共用共同法律起源	0.049** (0.019)	0.535** (0.064)	0.431** (0.065)
共用共同语言	0.101** (0.021)	0.147+ (0.075)	−0.030 (0.087)
监管成本(以美元为单位)	−0.108** (0.036)	−0.146 (0.100)	
监管成本(日期和程序)	−0.061* (0.031)	−0.216+ (0.124)	
企业异质性修正项			0.840** (0.043)
样本选择修正			0.240* (0.099)
观察值	12 198	6 602	6 602
R^2	0.573	0.693	

注:稳健性标准误差以国家对聚集(NLS)。回归也包括出口商和进口商固定效应以及 6 个其他控制样本(岛屿、内陆、殖民关系、货币同盟、自由贸易区、宗教)中的平均边际效应,Probit 中样本均值和伪边际效应用 R^2 表示。+、*、** 表示在 10%、5%和 1%水平的显著性。

资料来源:Helpman et al.,2008,table Ⅱ。

表 3.2 展示了 Helpman 等（2008）的主要研究结果。贸易数据为 1986 年的，涵盖 158 个国家，表中的第（1）列表示的是第一阶段的结果，其中使用 Probit 模型预测从 i 国到 j 国贸易往来大于零的可能性。毫不奇怪，距离较近和共同语言都与两国互相贸易的可能性呈正相关。有趣的是，对共同法律起源变量来说也是一样的，标准化系数表示法律制度的效应几乎是共同语言的一半。也许令人惊讶的是，对共用陆地边界的国家来说，没有贸易往来似乎更为普遍，这也许表明发生了战争。反过来，监管成本对贸易的扩展边际有负面影响。[①]

表 3.2 中的第（2）列表示贸易集约边际的基准引力模型估算结果，其中并没有校正上述确定的偏差。除了共同边界变量外（此时对贸易往来有正向的影响），剩下的系数与 Probit 回归有相同的符号。共同法律起源对贸易往来的效应为正向，数值较大，且具有显著的统计意义。然而，可能会有人担心，前述讨论的遗漏变量偏差将导致我们高估合同安全性对贸易集约边际的影响。第（3）列的结果，在 Helpman 等（2008）过程中表示第二阶段，其结果证实存在这种偏差，但法律起源的系数只降低了约 20%，仍然很高且非常显著。我们可以从结果中得出，与前述我们构建的简单模型一致，合同不安全性对双边贸易往来有显著的负向影响，且这一效应对于扩展边际和集约边际一样适用。

3.7　对合同不安全性的反应

目前我们的理论和实证结果表示，出口商会通过减少销售或直接选择不在这些市场上销售，来应对与服务某些外国市场相关的合同不安全性。如第 1 章所解释的，在实践中，企业可以寻求其他替代方法来降低

---

① Helpman 等（2008）的原始回归包含了 6 个额外的控制变量：两国是否为岛屿，是否都是内陆国家，是否有殖民关系，是否属于同一货币联盟，是否属于同一自由贸易区，以及宗教接近程度。为了节省篇幅，我没有解释这些系数。

这样的合同不安全性。我们接下来将讨论三个机制:对合同执行力的投资、与进口商的多次交易和要求进口商预付款。

3.8 对合同执行力的投资

首先考虑企业通过投资来增强其交易合同执行力的可能性。这可能包括雇用法律顾问来设计初始合同,提高合同执行的可能性,或可能与诉诸国际仲裁有关,这通常会给出口商提供更多的合同安全性。除了钻研这些不同法律机制的细节外,让我们假设一个来自 i 国的企业将投资一笔固定数量 $w_i f_c$ 的资源来提高合同执行力,j 国的进口商转移的收入份额将从 $1-\mu_{ij}$ 降低到 $1-\bar{\mu}_{ij}$,前提是 $\bar{\mu}_{ij} > \mu_{ij}$。法律费用与销售量不相关,这一假设是非常有必要的,但是接下来的结果将继续成立,只要这些成本中存在固定部分,这在该背景下似乎是一个合理的假设。

与之前模型的推导方法一样,接下来可以直接证明,只要:

$$\bar{\mu}_{ij}^{\sigma}(\tau_{ij}w_i)^{1-\sigma}B_j\varphi^{\sigma-1} - w_i f_c > \mu_{ij}^{\sigma}(\tau_{ij}w_i)^{1-\sigma}B_j\varphi^{\sigma-1}$$

i 国的企业就会选择投资合同执行力来提高交易的可能性,这可以用另一种方式表示为:

$$\varphi^{\sigma-1} > (\varphi_{ij'})^{\sigma-1} \equiv \frac{w_i f_c}{(\bar{\mu}_{ij}^{\sigma} - \mu_{ij}^{\sigma})(\tau_{ij}w_i)^{1-\sigma}B_j}$$

换句话说,只有规模最大、生产率最高的出口商才会发现,通过增加法律费用来减少合同不安全性是最理想的。这可以解释,例如,为什么 ICC 的仲裁案件很少处理低于 100 万美金的纠纷(见第 1 章脚注)。图 3.2 表示了出口商提高合同执行力的选择。该图还表明,与对于行业内所有企业都有相同的 μ_{ij} 的模型相比,大型出口商内生较高的合同执行力往往会导致出口分布的斜率更倾斜。

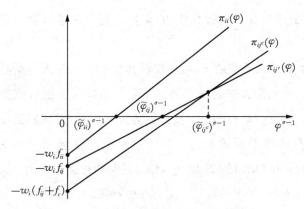

图 3.2   具有内生合同执行力的出口选择

3.9   多期交易

在之前的设定中,出口商和进口商只进行一次交易,对进口商来说,如果没有执行合同,那么最优的选择是从出口商那里转移货款。接下来,我将简要讨论与特定出口商的多期交易如何影响进口商行为不当的动机,以及如何影响出口量的动态变化。为了解决这个问题,我的工作建立在 Araujo、Mion 和 Ornelas(2012)以及 Antràs 和 Foley(2013)的基础上。为了强调与静态分析模型的不同,我假设出口商和进口商有多次业务交易。假设进口商有两种类型:其中一些进口商很有耐心,制定未来的贴现率很低,而另一些进口商目光短浅,只关心当前的报酬。在每一个时期 t 开始时,出口商和进口商将签订合约,要求出口商运送 $q_{ijt}(\varphi)$ 数量的产品到 j 国的进口商,一旦货物销售,出口商将得到报酬。

然而,进口商有 $1-\rho_{ij}$ 的可能性有机会转移所有的销售额,在期末选择不向出口商支付货款。因此,我们这里采用之前讨论过的合同执行程度指标,在式(3.6)中表示为 μ_{ij},但为了简化,假设 $d_{ij}\lambda_{ij}=0$,所以出口商在出现违约的情况下只有零报酬。假设有耐心的进口商的贴现率相当低,无名氏定理(the folk theorem)意味着触发策略均衡的存在,在这种均

79

衡中,耐心的进口商不会选择违约,而目光短浅的进口商一有机会就会违约。[①]

为产生重要的动态结果,我们假设其中一个当事人是耐心还是目光短浅对另一个当事人来说是非公开信息。出口商根据与该进口商的双边交易历史和反映耐心的进口商比例的公共信号,对他们正在打交道的特定进口商的类型形成信念。我将这一公共信号表示为 ξ_0,尽管在 Araujo、Mion 和 Ornelas(2012)中,该参数是通过指定进出口商之间的匹配过程而内生的,但本书将其设定为外生参数。

注意,一个新的进口商将首先被设定为耐心的进口商的概率是 ξ_0,与之伴随的是初始时期合同执行的可能性为 $\xi_0 + (1-\xi_0)\rho_{ij}$。如果没有违约记录,出口商对进口商类型的看法将随着时间而改变,而一次违约事件将立刻揭示出进口商是目光短浅的类型。用 ξ_t 表示耐心的进口商的特定后验概率,当没有违约持续到 t 时期,贝叶斯规则的反复使用得到:

$$\xi_t = \frac{\xi_0}{\xi_0 + (1-\xi_0)(\rho_{ij})^t} \tag{3.19}$$

否则 $\xi_t = 0$。结果,在 t 时签订的合同执行的可能性被认定为 $\xi_t + (1-\xi_t)\rho_{ij}$,并且随着无违约记录而自然增长。确定了合同不安全性会随时间变化之后,其余的均衡与静态模型类似,出口商获得的销售额的份额为:$\mu_{ij}(t) = \xi_t + (1-\xi_t)\rho_{ij}$。因此,所有企业层面的均衡表示仍然用 $\mu_{ij}(t)$ 代替 μ_{ij}。

这一模型的拓展提供了合同执行不力对企业层面出口的影响的实证预测。在之前建立的静态模型中,贸易的扩展边际仍受低制度质量(低 ρ_{ij})的负面影响。这一方面是因为企业更不愿意在制度不完善的国

[①] 当然,这要求进口商在选择履行合同时获得大于零的收益。不过,如果贴现因子足够接近1,这个所需的偿付可以任意地接近零。为了简单起见,这里考虑这种极限情况。

家开始销售,另一方面是因为这样出口关系中断的可能性更高,合同执行的可能性越低。合同执行程度低对贸易集约边际的影响更明显。违约的可能初始概率为$(1-\xi_0)(1-\rho_{ij})$,因此,合同执行较弱的环境下的出口关系(低ρ_{ij}的国家)倾向于销售少量的产品。然而,弱合同环境对贸易集约边际产生的负面影响将随时间而减弱,导致企业层面的出口量随时间增加。

Araujo等(2012)研究 1995—2008 年,进口国特征对比利时企业出口的影响,并发现这些预测得到广泛支持。其他条件相同时,在合同制度较好的国家,初始出口越高,出口退出就越低。企业层面的初始出口量在合同执行过程中不断增加,而企业的出口增长一般也为正。然而,有趣的是,出口的积极增长在弱合同制度的国家发展得更快。上述建立的简单模型提供了这一事实的简单理论基础:在违约率较高的国家,合同安全性会降低,但是与违约率非常低而阻止目光短浅的进口商违约的环境相比,出口商将能够以更快的速度了解进口商的类型。正式地说,对式(3.19)进行微分表明,对一个足够低的 t 来说,ξ_t 关于时间 t 的增长率随着 ρ_{ij} 必然下降。[①]

3.10 付款方式的选择:出口商制度问题

到目前为止,我们已经讨论了对合同执行力投资的作用,以及在面对出口商时多期交易降低合同不安全性的程度。如果国际贸易中唯一的合同摩擦是进口商违约的风险,那么这个问题的简单解决方法是,出口商在运输货物前要求进口商预付款。正式地说,我们目前考虑的一个对静态合同的简单修正足以解决与合同不安全性相关的低效率问题:出

---

① Araujo等(2012)将ξ_0内生化,表明在合同执行程度高的国家中,出口增长的差异较低实际上对所有的 t 值都成立。

口商坚持付款 s_{ij} 发生在 t_0，而不是 t_1。有了这一简单修正，出口商不用担心付款 s_{ij} 满足对进口商的激励相容约束，同时，选择 s_{ij} 恰好满足进口商的参与约束。因此，这一问题回归到式（3.5）中的问题，也就是我们前述讨论过的没有合同摩擦下的与 Melitz（2003）中相同的报酬转移。

尽管"预付款"交易在国际贸易中并不罕见（来自美国出口商的证据见 Antràs and Foley, 2013），现有证据表明，大部分国际贸易在赊账（或到货后付款）条款下进行。[1]这些类型的交易大致与我们目前假设过的付款时间相一致。那么很自然有个问题：如果预付款条款可以有效避免进口商违约，那为什么出口商没有经常使用该条款呢？

回答这一问题的关键不仅仅在于出口商，因为进口商也面临国际贸易中对方违约的风险。特别地，在预付款交易中，对进口商来说一个普遍的担心是，付款之后出口商不再主动按照最有利于进口商的方式去运输货物，因此有意或无意地降低了进口商在他们当地市场的销售收入。接下来，我将简要建立一个出口商行为不当的简单模型，类似于前文建立的进口商有限承诺的模型。[2]这个模型将用于表示出口国家制度在影响国际贸易不同方面中的作用。

假设出口商和进口商签订了如下的简单预付款合同。在 t_0 时，出口商 F 同意运送 q_{ij} 数量的货物来交换 s_{ij} 金额的账款，并在 t_0 签订合同时立即收到该账款。在收到货物后，进口商将它们出售到当地市场，并获得销售收入。如前文讨论，在没有任何摩擦的情况下，出口商将给出订金 $s_{ij}(\varphi)$，这应该和进口商在 t_1 时获得的销售收入一样，即 $p_{ij}(q_{ij}(\varphi))q_{ij}(\varphi)$，因此获得式（3.4）中的无摩擦利润流。

然而，假设在 t_0 签订合同不久之后，出口商有机会从初始合同中违

---

① 例如，Hoefele、Schmidt-Eisenlohr 和 Yu（2013）利用世界银行企业调查数据库发现，样本企业在赊账条件下的平均销售份额超过 80%。

② 进口商面临的融资约束可能是限制使用预付金合同的另一个因素。Manova（2012）确实发现，进口国的低质量金融制度抑制了双边贸易流量，尽管这不是她研究的重点。

约,这将降低生产成本,但也会减少 t_1 时从进口商收到的预期货款。这样的违约可能会引起高质量投资的减少,或当货物进入进口商市场时减少使用保证货物最优质量的运输方式。目前,考虑这样的情况,即出口商的不当行为出现了极端形式,不投入可变生产成本,进口商没有收到货物或只收到无价值的货物。之后我将考虑不那么极端的情况。面对这种行为不当的机会,出口商在欺骗进口商之前将会考虑违约的法律影响。如果出口商打算违约,进口商可以在出口商所在国家起诉出口商,假设出口商国家的法庭作出有利于进口商判决的可能性是 $\lambda_{ij}^{\exp}$。这样的判决反过来将要求出口商向进口商作出一定量的支付,其等于乘数 $d_{ij}^{\exp}$ 乘以初始合同规定的支付,即 s_{ij}。当 $\lambda_{ij}^{\exp} d_{ij}^{\exp} > 1$,出口商将不再企图欺骗进口商,所以我们接下来将重点关注 $\lambda_{ij}^{\exp} d_{ij}^{\exp} < 1$ 这一更有意思的情况。在接下来的案例中,为了使出口商避免出现不当行为,初始合同规定的支付金额需要满足下列激励相容(IC)约束条件:

$$s_{ij}(\varphi) - \frac{\tau_{ij}}{\varphi} w_i q_{ij}(\varphi) \geqslant (1 - \lambda_{ij}^{\exp} d_{ij}^{\exp}) s_{ij}(\varphi) \tag{3.20}$$

注意,是出口商个人的利益来保证初始合同满足 IC 约束,否则的话,预计进口商将出现不当行为的概率为 1,他将不愿意在初始时期向出口商支付账款,因此使得两个当事人的报酬都为零。

利用式(3.4)和货款是营运利润的 σ 倍的事实,可以直接证明,假如 $\lambda_{ij}^{\exp} d_{ij}^{\exp} \geqslant (\sigma - 1)/\sigma$,则当在无限制利润最大化产出水平 $q_{ij}(\varphi)$ 下进行估算时,式(3.20)中的约束条件是宽松的,因此出口商将仍然可以实现式(3.4)中的无限制利润流。相反,当法庭以足够低的概率惩罚违约当事人,或者当损失足够低或无法执行,以致 $\lambda_{ij}^{\exp} d_{ij}^{\exp} < (\sigma - 1)/\sigma$ 时,出口商将不再能够实现式(3.4)中的无限制利润流。产品数量反而需要调整,以确保式(3.20)成立,出口商会发现把约束条件变成紧的是最优选择。另外,出口商永远不会要求预付款比进口商在 t_1 时收回的销售收入要低,所以得出 $s_{ij}(\varphi) = p_j(q_{ij}(\varphi)) q_{ij}(\varphi)$,从式(3.20)我们可以推测出:

$$p_j(q_{ij}(\varphi)) = \frac{\tau_{ij}w_i}{\lambda_{ij}^{\exp}d_{ij}^{\exp}\varphi} \tag{3.21}$$

利用 $q_{ij}(\varphi) = \beta E_j P_j^{\sigma-1}p_j^{-\sigma}$、式(3.21)和式(3.2)中对 B_j 的定义,我们可以将出口商的利润表示为:

$$\pi_{ij}(\varphi) = \mu_{ij}^{\exp}(\tau_{ij}w_i)^{1-\sigma}B_j\varphi^{\sigma-1} - w_i f_{ij} \tag{3.22}$$

其中:

$$\mu_{ij}^{\exp} = \begin{cases} 1 & \text{当 } \lambda_{ij}^{\exp}d_{ij}^{\exp} \geqslant (\sigma-1)/\sigma \text{ 时} \\ \sigma(1-\lambda_{ij}^{\exp}d_{ij}^{\exp})\left(\dfrac{\sigma\lambda_{ij}^{\exp}d_{ij}^{\exp}}{\sigma-1}\right)^{\sigma-1} < 1 & \text{当 } \lambda_{ij}^{\exp}d_{ij}^{\exp} < (\sigma-1)/\sigma \text{ 时} \end{cases} \tag{3.23}$$

注意,$\mu_{ij}^{\exp}$ 是随着 $\lambda_{ij}^{\exp}d_{ij}^{\exp}$(弱)增加的,只有当 $\lambda_{ij}^{\exp}d_{ij}^{\exp} \geqslant (\sigma-1)/\sigma$ 时,$\mu_{ij}^{\exp} = 1$。因此,在使得出口商试图违约的参数值范围内,出口商最终获得的利润必然将比无限制的情况下要低。

式(3.22)说明,出口商的有限承诺问题将最终影响出口商的盈利能力,其方式与进口商的有限承诺问题类似。事实上,式(3.21) * 和式(3.7)是一样的,除了式(3.21)中的 $\mu_{ij}^{\exp}$ 替换为式(3.7)中的 μ_{ij}^{σ}。式(3.21)合同项中的上标 exp 用来强调出口国合同制度的质量对出口利润形成、贸易的拓展和集约边际、国家间双边贸易往来的重要作用。当然,有人会提出,正如在进口商有限承诺情况中,各当事人可以使用合同中的法律选择或法律审判条款,在出口国弱合同制度的情况下仍然可以保证交易的安全性。然而,正如第 1 章所解释的,即使由国外法庭裁决纠纷,惩罚的可执行性最终也是与出口国地方法律环境相关的问题,尤其是与这个国家是否签订了《纽约公约》有关。

接下来,我将提出一个与双边贸易往来和出口国合同制度质量相关的实证工作的概述,但是在这样做之前,我简要说明两个理论要点。首

---

　* 这里原书有误,公式应为式(3.21)。——译者注

先,尽管可以很明显看出,出口商有限承诺的所有均衡状况将与式(3.7)相同,其中 μ_{ij}^{exp} 替代为式(3.15)中的 μ_{ij}^{σ},但这两个模型在一般均衡含义中存在一个重要却细小的差异。因为在第二个模型中,进口商最终的净报酬为零, μ_{ij}^{exp} 较低带来的影响与进口国的进口关税不相同,但是与冰山型贸易成本相同。这一差异的含义在于,至少在单部门模型中,一个出口小国的合同制度质量改善总是对进口国有利(见 Demidova and Rodríguez-Clare, 2013)。值得提出的第二点是,我们的出口商不当行为模型可以轻易扩展为出口商试图违背合同,并通过某种摩擦 v_{ij}^{exp} 降低边际成本,在这里,我们现在假设 $v_{ij}^{exp} < 1$。在这种情况下,出口商的激励相容约束变成:

$$\lambda_{ij}^{exp} d_{ij}^{exp} s_{ij}(\varphi) \geqslant v_{ij}^{exp} \frac{\tau_{ij}}{\varphi} w_i q_{ij}(\varphi)$$

这样相同的表达对式(3.21)—式(3.23)都可以适用,只是将 $\lambda_{ij}^{exp} d_{ij}^{exp} / v_{ij}^{exp}$ 替换成 $\lambda_{ij}^{exp} d_{ij}^{exp}$。出口商的利润显然比那种情况更高,但是只要 $\lambda_{ij}^{exp} d_{ij}^{exp} / v_{ij}^{exp} < (\sigma-1)/\sigma$,合同摩擦就会继续降低出口的利润。

3.11 出口国制度:实证证据

在这一章前面部分我们讨论了 Anderson 和 Marcouiller(2002)的实证工作,建立了双边贸易往来和出口商合同制度质量的联系。该文献的实证理论明显对于出口商国家制度的效应是不适用的,因为式(3.16)中相对需求函数有效排除了特定出口商变量的影响。Berkowitz 等(2006)提出了更传统的对数线性引力方程,该公式可以通过式(3.15)的简单变形获得,用 μ_{ij}^{exp} 替代 μ_{ij}^{σ}:

$$X_{ij} = \frac{Y_i}{\Theta_i} B_j^{\frac{\kappa}{\sigma-1}} \tau_{ij}^{-\kappa} f_{ij}^{-\frac{\kappa-(\sigma-1)}{(\sigma-1)}} (\mu_{ij}^{exp})^{\kappa/(\sigma-1)} \tag{3.24}$$

为了控制未观测到的多边阻力项 Θ_i 和隐含在 B_j 中的价格指数，Berkowitz 等(2006)引入了进出口商固定效应。作者对合同制度质量的衡量是根据国家法治指数、征收风险、政府腐败和由国际国家风险指南(ICRG)得出的官僚质量的平均值。这一变量是为每对贸易伙伴中的进出口商计算得来的，并且回归中都引入了这两个变量，因此允许进出口商的国家制度影响双边贸易流量。为了国家固定效应不会合并这些制度变量，Berkowitz 等(2006)使用 1982—1992 年的数据，探讨双边贸易流量和合同制度质量的时间序列变化。他们的计算公式也包括时间固定效应和 GDP 控制变量、人均 GDP 及各种测量出口国和进口国之间距离的方式，包括配对国家是否彼此相近但与世界其他国家保持远距离的距离测量。

表 3.3 的前两列展示了 Berkowitz 等(2006)获得的结果，计算他们的公式时分别考虑和不考虑国家和年份固定效应。如第(1)列所示，当忽略这些固定效应时，所有的变量正如预期那样影响双边贸易流量，与进出口商相关的制度质量的变量具有非常明显的统计学意义，出口国制度比进口国制度表现得更明显。当在第(2)列引入出口商、进口商和年份固定效应时，首先值得注意的是，GDP 对双边贸易的影响不存在了。这一点都值得不惊讶，因为在涉及 GDP 的引力方程中，固定效应被认为是控制项。与当前讨论更相关的事实是，反映出口国合同制度质量的变量仍然是正向的，而且非常显著，而进口商国家制度质量变量虽然是正向的，但并不显著。

接下来我会讨论 Berkowitz 等(2006)中的一系列附加结果，该论文总结了大量关于比较优势的制度因素文献。然而，这样做之前，我将借鉴 Waugh(2010)的工作，简要地概述另一种方法，以确定合同制度对国家间双边贸易的潜在影响。让我们回到式(3.24)中改进的引力方程，注意，我们可以用它来表示从 i 国到 j 国的出口与进口国 j 国内吸收的比率:

表 3.3　出口商与进口商合同制度和双边出口

商品包含类型	(1) 全部	(2) 全部	(3) 复杂	(4) 简单
进口国 GDP	0.81**	−0.15	0.08	−1.06*
	(0.02)	(0.29)	(0.30)	(0.42)
出口国 GDP	0.76**	−0.19	0.32	−1.38**
	(0.02)	(0.29)	(0.30)	(0.42)
距离	−1.16**	−1.03**	−0.98**	−1.26**
	(0.04)	(0.04)	(0.04)	(0.06)
国土相邻	0.35*	0.40**	0.44**	0.27
	(0.14)	(0.15)	(0.17)	(0.18)
国土接壤	0.42**	0.45**	0.54**	0.18
	(0.10)	(0.10)	(0.11)	(0.15)
语言的相似性	0.09	1.00**	1.28**	0.11
	(0.18)	(0.17)	(0.19)	(0.28)
距离	0.58**	1.79*	0.74	6.69**
	(0.10)	(0.78)	(0.77)	(1.22)
进口国法律制度质量	0.61**	0.05	−0.44**	0.66**
	(0.11)	(0.10)	(0.10)	(0.15)
出口国法律制度质量	0.91**	0.36**	0.93**	−0.53**
	(0.13)	(0.11)	(0.11)	(0.15)
虚拟国家	No	Yes	Yes	Yes
虚拟时间	No	Yes	Yes	Yes
集群数量(国家配对)	2 792	2 792	2 755	2 550
R^2	0.70	0.77	0.79	0.38
观察值数量	23 564	23 564	22 669	18 948

注:稳健性标准误差(聚类组内)。回归也包括出口国和进口国的人均 GDP 及一个常数。+、*、** 表示在 10%、5% 和 1% 水平的显著性。

资料来源:来自 Berkowitz 等(2006)的表 2 和表 3。

$$\frac{X_{ij}}{X_{jj}} = \frac{Y_i/\Theta_i}{Y_j/\Theta_j} \frac{\tau_{ij}^{-\kappa}}{\tau_{jj}^{-\kappa}} \frac{f_{ij}^{\frac{\kappa-(\sigma-1)}{(\sigma-1)}}}{f_{jj}^{\frac{\kappa-(\sigma-1)}{(\sigma-1)}}} \frac{(\mu_{ij}^{\exp})^{\kappa/(\sigma-1)}}{(\mu_{jj}^{\exp})^{\kappa/(\sigma-1)}} \tag{3.25}$$

现在假设国家间或国内的技术和合同贸易壁垒不会随国家发生明显变化,所以我们可以设定对所有进口国 j 来说,$\tau_{jj} = \tau_d$,$f_{jj} = f_d$,且 $\mu_{jj}^{\exp} = \mu_d$。这是一个强假设,所以我接下来回到最初的形式。假设运输壁垒在各国间是对称的,所以对两个国家 i 和 j 来说,$\tau_{ij} = \tau_{ji}$,且 $f_{ij} = f_{ji}$。相反,基于我们上述讨论的原则,只要 $i \neq j$,让 $\mu_{ij}^{\exp}$ 成为出口商国家制度质

量的唯一函数。因此,让我们简单定义 $\mu_{ij}^{exp} = \mu_i$。式(3.25)的对数形式则记为:

$$\ln\left(\frac{X_{ij}}{X_{jj}}\right) = \alpha + \Psi_i - \Psi_j - \kappa \ln \tau_{ij} - \frac{\kappa - (\sigma - 1)}{\sigma - 1} \ln f_{ij} + \frac{\kappa}{\sigma - 1} \ln \mu_i$$

(3.26)

其中,$\Psi_i = \ln(Y_i/\Theta_i)$。式(3.26)的一个关键特征是当对等式左侧的进出口商固定效应、i 国和 j 国之间的双边贸易成本的实证参数(距离、语言等)进行回归时,那么一个国家作为出口商的固定效应与作为进口商不同的唯一原因是 μ_i 小于 1,即合同执行不完备。

Waugh(2010)使用 1996 年 77 个国家的双边贸易数据和国内数据运行式(3.26)。他的发现表明,一个国家作为进出口商的固定效应存在明显的不对称,且这些不对称与人均收入有关。他解释为,当出口到更富裕国家时,贫困国家需要面临更大的贸易壁垒。Waugh(2010)将这一不对称与冰山型贸易成本的出口特定项相联系(所以 $\tau_{ij} \neq \tau_{ji}$),而上文中我将这些不对称描述为国家间贸易中出口国合同执行的差异。不可否认,

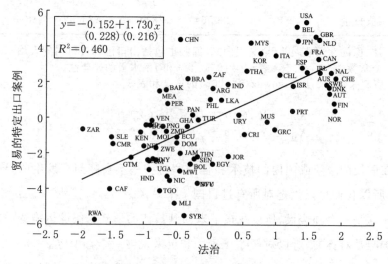

图 3.3　出口和法治的推断性特定出口的案例

这一结论比较武断。但是图3.3表明，从数据中倒推出的$\dfrac{\kappa}{\sigma-1}\ln\mu_i$的隐含度量与从世界银行政府治理数据库 III 中得出的"法治"度量存在非常显著的正相关，这就是一个标准的合同执行代理变量（具体见 Nunn，2007）。另外，合同执行对贸易流量的隐含效应较大。例如，如果危地马拉的合同制度质量上升到厄瓜多尔的水平——也就是在法治度量中增加0.65的标准差——危地马拉出口与进口国国内吸收的比例将增加118%。

为了从贸易流量和国内数据中获得特定出口商的贸易障碍，我们进行了强假设。例如，有着弱制度的国家在国内贸易时也会特别容易出现合同执行不力的情况，这一点似乎是合理的。然而，从式（3.25）可以明显看出，这将倾向于恢复一个国家作为进出口商的固定效应间的对称性，因此，这可能减弱图3.3观察到的强正相关，而不是提供另一种解释。

我非常希望，读者将认为到目前为止所讨论的证据表明合同制度可视为国家间双边贸易往来的决定因素。然而，如果说表3.3或图3.3的结果接近于表示合同制度对贸易往来的因果效应，那就未免言过其实了。特别重要的考量是，我们将合同制度的一个效应归因为可能事实上由国家的其他特征造成，只是碰巧与这种类型的制度质量相关。[①]

Berkowitz 等（2006）承认，在他们的估算中可能存在遗漏变量偏差，并提出了一种巧妙的识别策略，该策略基于合同制度可能对不同类型的商品产生不同的影响。更具体地说，可以很自然地认为这一章强调的合同障碍类型更有可能应用在复杂商品而不是简单商品上。事实上，拓展前述出口商行为不当的模型来阐述这一观点是相当简单的。为了达到目的，假设出口商是否存在违约机会的发生概率为ρ，这是货物贸易类型的函数。尤其是，复杂的、较难合同化的商品的ρ比简单的、同质的商品

---

① 例如，图3.3中的正关系仍然是正的，但在控制人均收入时就失去了统计学意义。

要高。假设生产商在签订初始合同之前已经知道这样的行为不当是否可能发生（但是在固定出口成本投入之前不知道），可直接看出模型的均衡将与前文相同，但是用 $\tilde{\mu}_{ij}^{exp} \equiv \rho + (1-\rho)\mu_{ij}^{exp}$ 替代 μ_{ij}^{exp}。很清楚，ρ 更高，即商品越复杂，更好的合同执行对盈利能力、企业出口、双边出口等的影响越低。

为了检验这一定理，Berkowitz 等（2006）采用 Rauch（1999）的方法对商品进行异质和同质的分类，分别对每一类商品进行运算。他们的结果展示在表 3.3 中的第（3）列和第（4）列。他们发现了一个重要特征，出口国合同执行力越高将增加复杂商品的出口，但同时，他们将降低简单商品的出口。相反，让人困惑的是，进口国的商品合同制度较好，提高了简单商品的进口，但降低了复杂商品的进口。

为了使他们的发现合理化，Berkowitz 等（2006）认为，合同制度的质量将不仅影响国际贸易的安全性，而且会决定贸易商品生产的效率，从而成为比较优势的来源。从这一角度看，他们在第（3）列和第（4）列的结果就不那么令人惊讶了。他们可能简单地反映了有严格合同制度的国家在合同密集型商品中有比较优势，结果是，他们往往表现出这些复杂商品的出口水平过高，而简单商品的进口水平过低。

3.12　国内制度和比较优势

国内制度标准可能是形成比较优势的原因之一，这一观点在最近几年的贸易文献中表现突出。Nunn 和 Trefler（2013a）的文章中进行了一系列关于该主题的文献综述，所以我在这里只简述几个关键的贡献。这一支文献中的早期文章与 Berkowitz 等（2006）的工作重点最相近。Nunn（2007）、Levchenko（2007）和 Costinot（2009）都探讨了国内合同制度如何影响了特征不同部门的生产率。他们每个人都提出了与 Berkowitz 等（2006）使用的二分法所不同的合同强度测量，并且都表明，在合同强度较高的产业中,合同制度对贸易往来的影响较大。

我接下来将简要回顾 Nunn(2007),因为这是这些文献中最有影响力的一篇。在第 5 章中,我将进行与 Levchenko(2007)有关的实证检验,届时我将会展示其工作的更多细节。Nunn(2007)提出了合同强度的其中一个代理变量,测量一个产业中专用性中间投入品的比例。为了构建这一比例,他以 Rauch(1999)提出的商品分类为基础,该分类区分了市场上的商品类型,一类是标明价格的商品,另一类是差异化生产或定制化的商品。更确切地说,Nunn(2007)使用美国的投入产出表来构建一个行业对由其他行业提供的中间投入品的使用比例,然后根据 Rauch (1999)的商品分类来推断这些中间投入品的定制化程度。

根据 Nunn(2007)的定义,合同强度最高和最低的产业展现在表 3.4 中。产业的次序是合乎情理的。例如,两个合同强度最小的产业是"家禽加工"和"面粉加工",它们确实使用同质性高的中间投入品(分别是鸡肉和小麦),而合同强度最高的产业是飞机制造,需要使用定制化程度较高的中间投入品。

掌握了合同强度这一维度,Nunn(2007)之后使用 1997 年 146 个国

表 3.4　10 个最低和最高合同强度的产业

10 个最低合同强度的产业:最低 z_i^{rs1}		10 个最高合同强度的产业:最高 z_i^{rs1}	
0.024	家禽加工	0.810	摄影及其设备制造
0.024	面粉磨制	0.819	空气和气体压缩机制造
0.036	石油提炼	0.822	分析实验室仪器制造
0.036	湿玉米磨粉	0.824	其他引擎设备制造
0.053	铝片、板、箔制造	0.826	其他电力部件制造
0.058	基础铝生产	0.831	包装机械制造
0.087	氮肥生产	0.840	出版
0.099	大米磨粉	0.851	酿酒
0.111	基础有色金属	0.854	乐器制造
0.132	烟叶复烤	0.872	飞机及部件制造

资料来源:来自 Nunn(2007)的表 II。

家 222 个产业的国际贸易数据,来探讨合同执行程度高的国家是否在合同强度部门显示出特别高的出口水平。Nunn(2007)使用由世界银行政府治理数据库得出的"法治"变量,来作为特定国家合同执行水平的代理变量,其中包括了司法质量和合同执行的 17 种测度的加权平均。Nunn(2007)的公式如下:

$$\ln(X_{si}) = \alpha_s + \alpha_i + \beta_1 z_s \mu_i + \beta_2 h_s H_i + \beta_3 k_s K_i + \gamma c_s C_i + \varepsilon_{si}$$

其中,X_{si} 表示从 i 国的 s 产业向世界所有其他国家的总出口,z_s 是 s 产业的合同强度,μ_i 是 i 国(出口国)合同执行质量的测度,H_i 和 K_i 表示 i 国熟练劳动和资本的禀赋,h_s 和 k_s 是 s 产业生产的技术和资本密集度。$c_s C_i$ 代表产业和国家特征的控制交互项的向量,而 α_s 和 α_i 分别表示产业固定效应和国家固定效应。

表 3.5　比较优势的决定因素

	(1)	(2)	(3)	(4)
司法质量交互项	0.289** (0.013)	0.318** (0.020)	0.326** (0.023)	0.296** (0.024)
技能交互项			0.085** (0.017)	0.063** (0.017)
资本交互项			0.105** (0.031)	0.074+ (0.041)
收入×附加值对数				−0.137* (0.067)
收入×行业内贸易对数				0.546** (0.056)
收入×TFP 增长对数				−0.010 (0.049)
收入×资本对数				0.021 (0.018)
收入×不同投入对数				0.522** (0.103)
R^2	0.72	0.76	0.76	0.76
观测值数量	22 598	10 976	10 976	10 816

注:回归包括国家和产业固定效应。标准 β 系数存在。括号中为标准误差。+、*、** 表示在 10%、5%和 1%水平的显著性。
资料来源:来自 Nunn(2007)的表 IV。

表 3.5 展示了 Nunn(2007)的基准结果。前两列说明了合同强度和司法质量的相互作用对出口有积极且显著的影响,这揭示了国际贸易流量结构中合同变量的重要性。第(2)列的观测值数量少于第(1)列,因为在样本中,要获得合适的这些国家和产业的要素丰裕度和要素密集度的替代数据受限。第(3)列中赫克歇尔—俄林交互项的增加对 β_1 的估算有微弱的影响,而这一列的标准 β 系数表示,司法质量对贸易模式的影响比资本和熟练劳动的联合影响要大。第(4)列纳入附加控制变量对这些结论几乎没有影响。Nunn(2007)展示了几个稳健性检验,也试图通过使用法律起源作为司法质量的工具变量,以及使用偏好得分技术来处理内生性问题。

基于这些关于合同制度影响的实证文献观点,其他研究者探讨了其他类型的制度在决定部门间比较优势的作用。例如,Manova(2008,2012)探讨了金融制度质量在决定贸易的扩展和集约边际的作用。她的实证策略建立在 Rajan 和 Zingales(1998)的开创性工作上,后者根据他们的外部融资需求将部门按照多或少的两类金融依赖性来分类。与此相关地,Cuñat 和 Melitz(2012)通过建立产业层面的部门间劳动再分配的重要性指标并作为冲击的反映,研究各国劳动力市场制度的灵活性影响比较优势的差异。Chor(2010)的一项细致研究试图分解每一个统一实证模型中比较优势的制度决定因素的局部效应。

尽管当前文献关注国内合同制度在决定贸易往来中的作用,但是从这些研究中无法得出国际合同执行与解释跨国贸易的不相关性。第一,前述 Helpman 等(2008)发现,有共同法律起源的双边总贸易效应很难使完备的国际合同执行模型合理化。第二,除了他们上述讨论的结果,Berkowitz 等(2006)也发现,进出口商法律质量的高低与一国是否签订了《纽约公约》显著相关。例如,他们的结果表示,在复杂商品情况下,当出口商伙伴没有签订《纽约公约》时,国际合同执行的惩罚更加不确定,出口商制度质量的影响占比更大。为了阐述不完备的国际合同执行的重要性的第三点,我接下来将转向进出口商在谈判初始合同时面对的付款方式的选择。

3.13 回到贸易融资

到目前为止,我们分析了如果合同与装运后付款(或更简单地说,赊账)条款相关,进口国制度质量如何影响出口的利润和结构,而出口国制度质量对预付款交易有相似的作用。很明显,这简单描述了对出口的影响。例如,即使在赊账条款的条件下,出口国制度的影响也很重要,因为出口商可能会在进口商收到货物很久之后出现行为不当,甚至在这些货物已经被卖给当地消费者之后才会出现。类似地,进口国制度可能会影响预付款交易的盈利能力,因为它们会影响出口商面临的融资成本。直观地看,在违约没有得到足够惩罚的国家,不仅是出口商,银行也会避免向进口商提供信贷。

国际贸易中有不少文献探讨付款模式选择的决定因素,特别强调弱合同制度的作用。其中,这些文献包括 Amiti 和 Weinstein(2011)、Antràs和 Foley(2013)、Ahn(2011)、Hoefele 等(2013)、Olsen(2013),以及Schmidt-Eisenlohr(2013)。特别是 Antràs 和 Foley(2013)将重点放在进口商制度的作用上,允许制度能同时(通过违约风险)影响赊账交易和(通过融资成本)影响预付款交易的利润。他们的关键理论发现是,在合理的情况下,进口国的地方银行能比出口国更好地追回进口商的债权,可以预计,对有弱合同实施特征的地方出口更可能触发预付款条款,而不是赊账条款。[1]

在研究用于支持国际贸易的融资安排时,一个主要的挑战是无法轻易获得关于不同类型的交易是如何融资的详细数据。Antràs 和 Foley

---

[1] Antràs 和 Foley(2013)也考虑了出口商和进口商求助于信用证的可能性,但这些金融工具在现代世界贸易中只起到了很小的中介作用(更多关于信用证的内容参见 Olsen, 2013)。

（2013）通过分析一家出口冷冻和冷藏食品（主要是家禽）的美国企业的交易层面的详细数据来克服数据的不完整性。数据包含 1996—2009 年向 140 多个国家的约 70 亿美元的销售额，并包含每笔交易中使用的融资条款的综合信息。该数据库的一个关键优势在于，通过重点关注在美国的单个出口商的销售，任何受制度影响的支付模式的选择都一定考虑进口国的制度，或者按照本书式（3.6）中参数 μ_{ij} 的笼统解释，考虑美国和进口国之间的法律相似性。

Antràs 和 Foley（2013）发现，进口国合同执行情况对进口商提供的付款方式有强烈影响的稳健证据。图 3.4 展示了他们文章中图 3 的结果。对图中每一个合同执行的方式，在严格执行合同的国家发生预付款比例的交易份额比合同执行力弱的国家要低很多。例如，在普通法系国

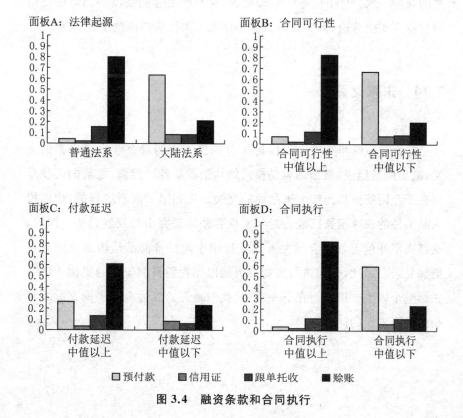

图 3.4　融资条款和合同执行

家,4.0％的销售发生在预付款条款中,79.8％的销售发生在赊账项目中,而在大陆法系国家,这两个比重分别为63.8％和20.4％。当使用来自ICRG的合同可行性、付款延迟(也来自ICRG)和合同执行力(来自Knack and Keefer,1995)的测量,将这些样本分开时,同样存在鲜明的差异。Antràs和Foley(2013)表明,在控制几个国家层面的变量以及产品固定效应之后,这些结果仍继续存在。与这一章之前建立的多次交易的动态模型结果一致,他们也发现,第一次购买者更有可能被要求预付货款,但是当出口商与进口商建立关系后,预付款交易的比重随时间缓慢下降。

在最近的文章中,Hoefele等(2013)采用来自世界银行企业调查的信息来研究出口国制度变量对公司贸易融资选择的影响。与这一章建立的模型一致,Hoefele等(2013)发现,具有严格合同制度的出口国使用预付款方式更普遍,因为这种方式不用太过关注进口商的不良行为。

3.14 未来之路

本章从理论和实证方面探讨了合同执行力弱对企业出口决策的意义,或更广泛地说,对国际贸易模式结构的重要性。然而,之前的关注重点在于合同摩擦如何影响国际商品交换。正如第1章所解释的,中间投入品贸易的快速增长已成为近年来世界经济最突出的发展趋势。同时,支持离岸外包现象的合同关系比支持国家间少量商品运输的合同关系更加复杂。因此,合同执行力弱有可能以比我们目前研究的更深入的方式影响全球生产组织。在下一章中,我们将开始探讨全球采购这些更复杂的合同方面的问题。

4

合同和全球采购

本章的目的是分析合同执行不力对于组织国际生产的影响。为了实现这一目标,我将从第 2 章的两国全球外包基准模型出发,并强调该模型得出的结果里所蕴含的合同假设。然后,我将构建一个合同摩擦的模型,用来阐明合同制度对中间投入品贸易的集约边际和扩展边际的影响。接着,我会对这个模型进行一系列扩展,使其能够实证分析关于合同的相关考量对企业离岸外包选择的影响。在第 5 章,我还会构建一个多国模型,并以美国进口数据为基础进行实证分析,从而提出相应的政策建议。

4.1 全球采购模型的概述

先让我们回到第 2 章中各个异质性企业所组成的全球采购模型。为了更直观地理解,我们先从简单的两阶段、两国离岸外包的模型出发。该模型的思想主要源自 Antràs 和 Helpman(2004)的工作。在向实证过渡之前,将这个模型拓展至多国环境以作为第 2 章结尾的梗概是很有必要的,但是在第 5 章之前我们暂时不会考虑多国环境这个问题。

在这里,我不会再对基本的全球采购模型进行细致的重述,但会向读者们列举出该模型的一些关键特征。我们主要关注生产差异化产品部门的不同企业的表现。在这个部门中,根据柯布—道格拉斯函数,最终产品的生产需要两个阶段,一是总部服务,二是制造业生产。Melitz (2013)指出,各企业在生产率水平上的差异,只有在支付进入市场的固定成本之后才会体现出来。假设存在两个国家——北方国和南方国。北方国在市场进入和总部服务上具有比较优势,所以这些生产阶段常常发生在北方国。相反,南方国拥有制造业生产的比较优势,如果不需要任何的离岸外包固定成本,那么所有企业都会希望将生产过程分散化:在北方国进行总部服务,在南方国进行制造生产。然而,离岸外包需要花费高昂的固定成本,记为 f_O 单位的北方国劳动力,而由北方国自行生产产品所需的固定成本 f_D 则较低,$f_D < f_O$。

总的来说,北方国(N)国内生产产品(D)的总成本和在南方国(S)离岸外包(O)的总成本分别由下式给出:

$$C_D(q, \varphi) = \left(f_D + \frac{q}{\varphi}\right) w_N$$

$$C_O(q, \varphi) = f_O w_N + \frac{q}{\varphi}(w_N)^\eta (\tau w_S)^{1-\eta}$$

其中 φ 在本书中均表示企业特定的生产率参数,w_i 指的是 i 国的工资率,$i = N, S$,τ 反映的是离岸外包的变动成本(例如投入品交易成本、通信成本等),η 反映的是生产过程的总部密集度。

为了简化模型,我们进一步假设最终产品的贸易不需要成本,于是我们可以用需求方程式(2.3)来推导出北方国企业两种可供选择的采购策略的经营利润。特别地,当选择在国内生产时,一个生产率为 φ 的北方国企业所获得的利润流为:

$$\pi_D(\varphi) = (w_N)^{1-\sigma} B \varphi^{\sigma-1} - f_D w_N \tag{4.1}$$

当将制造阶段离岸外包至南方国时,利润流将变为:

$$\pi_O(\varphi) = ((w_N)^\eta (\tau w_S)^{1-\eta})^{1-\sigma} B \varphi^{\sigma-1} - f_O w_N \qquad (4.2)$$

在这些公式中,市场需求 B 将变为:

$$B = \frac{1}{\sigma} \left(\frac{\sigma}{(\sigma-1)P} \right)^{1-\sigma} \beta(w_N L_N + w_S L_S)$$

正如我们讨论 Melitz(2013)模型中的出口利润函数时那样,实现北方国最终产品生产者的整个利润流式(4.2)是建立在强假设上的,其中包括完全了解模型中的所有参数,生产者之间,以及生产商和工人之间的合同关系无摩擦。接下来,我将会继续保持如下假设:模型中的所有参数都是给定的,并且对于生产商来说是已知的,同时,劳动力市场是竞争性的并且是有效率的。这样我们就能把注意力集中在北方国总部和南方国制造商之间合同执行不力的情况中。在讨论合同关系问题之前,我们需要对生产中涉及的每一个当事人以及生产活动的发生顺序进行更加细致的讨论,这也是我接下来要做的工作。

4.2 微观经济结构和合同

我们先假设市场上有两个当事人,所涉及的合同关于差异化最终产品的生产。一方面,最终产品制造商——当事人 F——支付所有生产环节的固定成本(包括市场进入成本),同时他还决定总部服务的供给。另一方面,制造业生产是由生产设备的当事人 M 所掌管。为了简化模型,我将他们的收入层面的机会成本都设为零。

接下来我将会描述生产活动的时间顺序,如图 4.1 所示。在某个初期 t_0,最终产品的制造商 F 进入市场时需要 $w_N f_e$ 的固定成本,同时它的生产率用 φ 表示,F 需要决定是由北方国或者南方国的当事人来负责产品的生产。在这个时期结束时,F 在选定了地点之后,找到经理人 M,

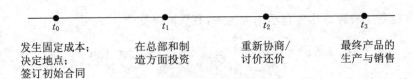

图 4.1 生产活动的时间顺序

并提供一份正式的采购合同(细节如下)。初始阶段结束之后是投资阶段 t_1,在这个阶段,F 将会提供总部服务,而 M 从事制造业生产。我现在假设这些投资都是同时出现的,但是我们接下来会考虑依次生产的模型。一旦这些投资都得以完成,并且在当事人 M 将制成品交付给最终产品制造商 F 之前,那么原有的合同可能需要重新进行商榷,于是便有一个讨价还价的阶段 t_2。最后,在最终阶段 t_3,双方将会实施新的协商结果(或者停止重新协商继续维持初始合同条款),生产并销售最终产品。

一开始,我会先用一个简单的初始合同来说明 F 是如何获得式(4.1)和式(4.2)的"无摩擦"的经营利润。为了解决这个问题,我们先考虑这样的情况:在 t_0 时期,F 决定寻找一个南方国的制造商签订合同(我们将在后面探讨如何在南方国和北方国的制造商中作出区位选择)。假设初始合同中,F 提供给南方国的当事人 M 的合同中规定,需要向 F 提供 m^c 数量的制成品,以从 M 处换取 s^c 的收益。同时假设在初始合同中还包含着这样一个保护条款——只要合同中的任意一方违反初始合同规定,则另一方有权要求任意数量的赔偿金。有了这个条款,F 就能确保对方经理人会按照初始合同规定的数量进行生产。这样一来,F 就能无风险地选择 $h^c(\varphi)$、$m^c(\varphi)$ 和 $s^c(\varphi)$ 以寻求自己的利润最大化目标,同时,其中的约束条件也反映了合同另一方——南方国经理人的参与约束条件。

$$\max_{h(\varphi),\, m(\varphi),\, s(\varphi)} p(q(\varphi))q(\varphi) - w_N h(\varphi) - w_N f_0 - s(\varphi)$$

$$\text{s.t.} \quad s(\varphi) - \tau w_S m(\varphi) \geq 0 \tag{4.3}$$

自然，F 将会在初始合同中设定一个收益水平 $s^c(\varphi)$，以使管理者 M 的参与约束为紧。这样一来，F 就可以选择工人的工作时间 $h^c(\varphi)$ 以及生产数量 $m^c(\varphi)$ 来最大化自己的总盈余，这就是一个利润最大化的投资过程，F 将会获得与式(4.2)相一致的利润流。需要注意的是，生产活动的时间顺序，以及投资或者付款的时间对这个结果毫无影响。

4.3　不完全合同以及合同执行不力

然而，上述假设的合同过于简单，我们很难相信在现实中会有当事人愿意：(1)签订这样一种类型的合同；(2)找到一家法院去执行它。更具体地说，我们应注意到，初始合同需要明确指定生产数量 m，这就相当于产品的制造阶段需要的产品价值或服务价值。换句话说，它反映的不仅仅是制成品的实物数量。这种区别是至关重要的，并且会产生重大影响。一个常见的教训是：制造过程的某些确定的方面(例如，商品生产数量、单价、交货日期等)应该要在一份正式的书面合同中详细规定，反而产品的其他方面容易被遗漏。同时，最重要的是，这些非合同条款常常是决定货物的质量或者决定产品是否可以运用到生产过程的其他环节的关键因素。

现实生活的商业合同中除了存在明显的不完全性以外，还存在着许多执行上的问题。即使双方都是行家，能够签订一份非常完备的合同，其中明确规定了每一方的责任和义务，以及产品质量的高低或适用性，仍然会存在这样的问题：法庭是否能够正确理解并且准确执行该份合同？退一步说，即使法庭能够做到，在国际贸易的过程中仍然也会存在跨境执行损害的不确定性(第 1 章和第 3 章对该问题进行过探讨)。因此，缔约方的自然反应是避免对偏离书面合同中非常详细的条款的行为规定过于严厉的处罚。

总之，显而易见，我们目前所考虑的这种类型的合同实际上太过复杂，因此无法真正地规范当事人的行为。如果说这种合同是不可行的或者是难以执行的，那么哪种合同又是可行的呢？有一种可能就是初始合同中至少要明确规定产品的交货特征，并且一旦违约，违约方就会面临严重惩罚，也不允许事后重新商议。然而，我们不难发现，这种类型的合同是很难吸引合作方的。例如，假设初始合同里规定了生产数量 m，以及在紧规则 F 不变的成交价格，并且不允许 M 或者 F 在验收制成品的质量时提出异议。那么，在这种情况下，M 就会对 m 产生使用最低成本进行投入生产的强烈动机，这么做的后果就是会降低这批产品的质量。由于事先预知会出现这种情况，F 必然不愿意支付初始合同中规定的大额价格，那么当合同关系结束时，总盈余将会特别低，甚至为零（如果 M 生产出来的货物不能使用）。在这种处境下，如果 F 在初始阶段提供的是一份不那么完备的合同（正如我们接下来所示的合同），结果将会更加有利。

另一种可能是初始合同中只规定一个简单的收入分配规则，将 F 向顾客销售最终商品的收入按照一定比例重新分配。即使初始合同中没有明确规定在紧规则下生产投入的质量规格，因为考虑到自己的利润同样取决于顾客愿意为最终商品所支付的价格，M 生产低质产品的动机也会大大减弱。然而，只要有关投资 h 和 m 的条款都没有被包含在合同中，这些"收入按比例分配"的合同就不会带来在完全合同的环境中无摩擦的投资和利润，这让我想起了 Holmstrom（1982）的团队道德风险问题。因此，即使这种收入按比例分配的安排是可行的并且可执行的，我们仍然会看到合同当事人在一些情况下会选择违背初始合同。当然，无论是否可以完美执行这种合同，它的认可度都会越来越低，因为当事人在取得收入时可能会因为利益操纵而选择不告诉对方实情。Gennaioli（2013）研究过在一个存在偏见判断可能的模型中应当选择的最优合同，结果表明，由于这些偏见所形成的执行风险常常会导致双方签订一份简单的合同，而这份合同不取决于双方的收益。

我们借助机制设计理论的工具来研究这个问题，这个理论工作中一个重要的主体部分讲述了如何采取一系列的灵活机制来提高这种环境下的效率水平。在这种环境中,合同的当事人必须:(1)具有对称的信息;(2)承诺不会对初始合同进行重新谈判;(3)能够求助第三方(可以是法庭或者仲裁机构)来执行违背合同一方的惩罚(可以参见 Aghion, Dewatripont and Rey, 1994;Maskin and Tirole, 1999)。由于现实世界中很少出现这种复杂的合同,这个理论常常受到抨击。但是我发现这种抨击难以令人信服,因为毕竟它曾经对拍卖理论的核心贡献进行过相似的抨击,然而,拍卖理论却对后来现实世界中的拍卖活动产生了巨大的影响(参见 Milgrom, 2000)。我对于机制设计理论提出的不完全合同的解决方案所持的主要保留意见是:它依赖于第三方的力量来履行合同,而我在本书中已经反复强调过,当我们研究组织产品的国际生产时,这是一个真正的分歧点。

4.4 "完全不完全"合同

根据前面的讨论且出于教学方面的原因,我将从合同不完全的情况开始分析,这种情况是非常极端的。记住这一点,让我们来考虑下面的定义:

"完全不完全"(totally incomplete)合同指的是合同中没有任何一方面是可以强制执行的,除了规定在协商好的时间进行的一次性交付以外。

我们可以自然地认为,一份在国内贸易中可行的合同在国际贸易中不一定可行或可执行,其中的原因我们在第 1 章已经讨论过。为了说明这种不对称问题,我会先研究这样一种情形——某种合同在国内采购关系中是完全或者完备的,但在离岸外包关系中却是完全不完全的。在本章的后面部分,我会考虑两种采购策略下合同部分完全的情况。

我们在前面已经详细说明了在完全的国内采购合同中,F 将会按照双方的利润最大化水平来决定总部服务 h 和制造业生产 m,因此能够获得无摩擦利润流——式(4.2)中的 $\pi_D(\varphi)$。

接下来我们考虑更有趣的情况,即离岸外包中采用不完全合同的情形。当初始合同未规定 h 和 m 的大小,且未明确 M 的酬劳是取决于生产数量 m 还是销售收入时,会出现怎样的结果?这种情况下,缔约双方就只能决定在 t_2 时的交付条款(请记住图 4.1 中的事项时间表)。接下来的问题是:应该如何模拟这个讨价还价/协商签约的阶段?在上述假设中,最终产品的生产商在 t_0 提供给经理人的是一份只能接受或拒绝的报价,似乎可以很自然地认为,在 t_3 阶段这个假设还是成立的。然而,这里需要忽略奥利弗·威廉姆森(Oliver Williamson)所提出的著名术语——根本性转变(例如,参见 Williamson,1985)。这种转变指:即使最终商品的生产者已经在众多竞争的经理人中选择了特定经理人 M,一旦确定了投资 h 和生产数量 m,对于双方而言,违背合同就都是代价高昂的。这时,缔约方都会感觉到被对方"锁定"了,原先在 t_0 的完全竞争环境已经向双边垄断发生了根本性转变。

正如我们在第 1 章中诠释过的那样,在本书所考虑的全球采购环境中,存在一些自然因素导致最终商品生产商和供应商之间的锁定。第一,制造业投入品常常是为指定的采购商专门定制的,因此难以全价转卖给其他采购商。第二,特定类型的总部服务也是专门为指定的供应商量身定制的,这些服务难以套用到其他供应商身上。第三,即使我们已经从建模的初始阶段中抽离,搜寻摩擦在国际环境中仍然是特别重要的,它们可能会使得不再合作对于最终产品生产商和供应商而言都是花费巨大的,因为他们至少要承担报酬推迟导致的损失。

总而言之,由于锁定效应的存在,不完全合同导致了双边垄断的情况,在这种情况下,F 和 M 之间的交易条款只能在事后决定(即在 t_2 决定),也就是当这些当事人投资沉淀后,从专用性商业关系外部只能得到较少的价值。不完全合同和锁定效应的结合导致套牢问题,这种问题在我们特定的背景下具有两面性。更具体地说,到最后,由于意识到 M 可

能会倾向于接受 F 降低的报价,而不是选择其他采购商(这样会导致生产品 m 的价值降低),F 将会尽力压低支付给 M 的价格。同时,M 也会尽可能提高 m 的价格,因为他知道,F 的最大利益是为了避免去寻找新的供应商将会愿意接受一个相对更高的价格。

在争取最后的确定价格时,每一个当事人都会考虑到,一份太苛刻的报价很可能会遭到另一方的拒绝,当交易关系破裂时,原先沉没投资的价值会下降,这种结果当然是不理想的。因此,即使讨价还价是有效率的,且交易发生在均衡点附近,如果这个初始合同能够确保交易的成功,可能出现的分歧以及随之而来的交易失败将会使 F 和 M 与在完全合同的情形下相比更倾向于缩减投资 h 和 m。用专业术语来说,就是在不完全合同中,每一个缔约方在事后重新商议所得的报酬将会促进非均衡路径的实现,这时每个缔约方的投入都会低于均衡路径下的投入。

在这方面的研究中,往往用纳什讨价还价模型(Nash bargaining)的结论来描述 t_2 时期的事后讨价还价,并假设 F 和 M 对模型中的所有参数都具有对称的信息。在这种情况下,各方在合同关系结束时获得的报酬都等于外部选择的价值(没有交易时的报酬)加上贸易的事后所得收益的一部分,贸易收益也就是参与贸易后当事人所获得的利润总额与未参与贸易所获得的利润总额之差。我暂且将每一方的外部选择价值设为零。换句话说,我假设制造投入 m 完全是为 F 专门定制的,因此对其他生产商毫无用处,同时,总部服务 h 也是完全为供应商 M 量身定制的,因此不能接受其他生产商所提供的投入品。此外,我也会考虑对称的纳什讨价还价模型,在该模型中 F 和 M 每人获得事后收益的一半,由于外部选择的收益为零,因此收益也等于销售收入。显然,上述讨论包含了许多严格的假设条件,接下来我将考虑更一般的情况。

总而言之,在对称的纳什讨价还价模型中,每一个参与贸易的缔约方都会获得 t_2 时期销售收入的二分之一,因此 $h(\varphi)$ 和 $m(\varphi)$ 的水平在 t_1 时期分别由以下最优化问题来决定:

$$\max_{h} \frac{1}{2}p(q(\varphi))q(\varphi) - w_N h \qquad (4.4)$$

和：

$$\max_{m} \frac{1}{2}p(q(\varphi))q(\varphi) - \tau w_S m \qquad (4.5)$$

其中：

$$q(\varphi) = \varphi\left(\frac{h}{\eta}\right)^{\eta}\left(\frac{m}{1-\eta}\right)^{1-\eta} \qquad (4.6)$$

以及 $p(q(\varphi)) = B^{1/\sigma}\sigma(\sigma-1)^{(\sigma-1)/\sigma}q(\varphi)^{-1/\sigma}$。①

为了与完全合同情形相比较，我再次假设在 t_0 时期，一个处在竞争状态下的有潜力的经理人 M，愿意以 0 的保留工资为每一个最终商品生产者 F 工作。于是，每一个 F 需要决定初始合同中的交易条款，然后向其中一个经理人提供"要么接受，要么放弃"的报价。由于初始合同能够包括双方之间的一次性转移支付，F 能够用转移支付将 M 的参与约束设为紧的。因此，与完全合同中一样，F 最终能够获得的利润水平为：

$$\pi_O(\varphi) = p(q(\varphi))q(\varphi) - w_N h(\varphi) - \tau w_S m(\varphi) - w_N f_O \qquad (4.7)$$

然而，关键区别在于，$h(\varphi)$ 和 $m(\varphi)$ 的水平不能再以可执行的方式在初始合同中商定。因此，$h(\varphi)$ 和 $m(\varphi)$ 不再由式(4.7)的 $\pi_O(\varphi)$ 最大值所决定，而是由 F 和 M 同时但非合作地分别求出式(4.4)和式(4.5)的值。

通过类比我们在第 3 章中所研究过的合同摩擦以及完全合同情形中的式(4.3)，最终产品生产商在"完全不完全"合同的情形下所面临的事前问题可以简洁地表示为以下最优化问题：

$$\max_{h(\varphi),\,m(\varphi),\,s(\varphi)} \frac{1}{2}p(q(\varphi))q(\varphi) - w_N h(\varphi) - w_N f_O - s(\varphi)$$

① 应该指出的是，我假设 t_2 中的协议总是能执行的。如果双方在 t_2 交换货物并且在 t_3 付款，执行可能会成为一个问题，但如果在 t_2 同时付款和交货，执行就不会是个重要的问题。

$$\text{s.t.} \quad s(\varphi) + \frac{1}{2} p(q(\varphi))q(\varphi) - \tau w_S m(\varphi) \geqslant 0$$

$$h(\varphi) = \arg \max_h \left\{ \frac{1}{2} p(q(\varphi))q(\varphi) - w_N h(\varphi) \right\}$$

$$m(\varphi) = \arg \max_m \left\{ \frac{1}{2} p(q(\varphi))q(\varphi) - \tau w_S m(\varphi) \right\} \quad (4.8)$$

通过对式(4.3)和式(4.8)进行简单的比较可以发现,不完全合同关系的影响主要是多了最后两个约束条件,即 F 和 M 所面临的激励相容约束。因为每个当事人的讨价还价收益对在 h 和 m 生产的非均衡路径零回报赋予正权重(在我们的情形中为 1/2),自然而然,前面讨论过的套牢问题将会导致 t_1 时期低效率、低投资水平,结果便会导致总利润水平下降。

解不等式(4.8),可以得到 F 在 t_0 选择国外采购所能获得的利润水平:

$$\pi_O = ((w_N)^\eta (\tau w_S)^{1-\eta})^{1-\sigma} B \Gamma_O \varphi^{\sigma-1} - w_N f_O \quad (4.9)$$

$$\Gamma_O = (\sigma+1)\left(\frac{1}{2}\right)^\sigma < 1, \text{对于} \ \sigma > 1 \quad (4.10)$$

我们注意到,除了 Γ_O 必须小于 1,式(4.9)几乎与完全合同情况下的式(4.2)的表达一模一样。该式反映出了不完全合同所造成的效率损失。此外,因为 $\sigma > 1$, Γ_O 是一个关于 σ 的递减函数。那么,在一个竞争越激烈的环境中(更低的价格加成),由于不完全合同冲突所造成的利润流失则相对更大(更正式的证明过程参见理论附录)。直观上来说,式(4.8)中的最后两个约束条件表明了不完全合同对 h 和 m 的选择的影响是相似的,都将边际成本扩大了一倍,并且需求价格弹性越大,它们将会导致更大的利润损失。这种边际成本的变大只有当 $\sigma \to 1$ 时才会变成不相关的,在这种情况下,一个企业的市场份额与它的成本无关。

4.5 选址以及离岸外包的普遍性

在计算了国内采购和离岸外包的预期利润之后,我们接下来将研究最终产品生产商在初始阶段 t_0 的选址问题。注意,根据式(4.1)和式(4.9),我们可以将这些利润函数写成更简洁的形式:

$$\pi_\ell(\varphi) = \psi_\ell B\varphi^{\sigma-1} - w_N f_\ell, \quad \ell = D, O$$

其中:

$$\frac{\psi_D}{\psi_O} = \frac{1}{\Gamma_O}\left(\frac{w_N}{\tau w_S}\right)^{-(1-\eta)(\sigma-1)} \tag{4.11}$$

正如在第 2 章讨论过的基准模型,利润函数 $\pi_D(\varphi)$ 和 $\pi_O(\varphi)$ 都是随着生产率 $\varphi^{\sigma-1}$ 线性递增的,并且两个函数的相对斜率由 ψ_D/ψ_O 决定。图 4.2 绘制出了这个利润函数的图像,斜线 π_O^h 反映的是两国之间的工资差异较大,即 $\psi_D < \psi_O$,斜线 π_O^l 反映的是两国之间的工资差异较小,即 $\psi_D > \psi_O$。在后一种情况中,没有企业会选择在南方国进行离岸外包,而在前一种情况中,只有生产率最高的企业会选择离岸外包。与完全合同情形的关键不同在于,在其他条件相同的情况下,由于式(4.11)中 Γ_O 的存在,企业选择在南方国进行离岸外包反而会降低经济效益。

现在,让我们加总同一个部门中多个不同企业的决策,并且研究在不同行业中决定离岸外包的重要因素。回顾第 2 章并考虑第 5 章的实证应用后,我们聚焦于一个特定行业中进口制造业投入品在总制造业投

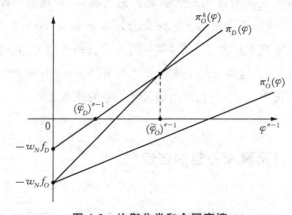

图 4.2 均衡分类和合同摩擦

入品采购中所占的比例,并以此来衡量离岸外包的普遍程度。因为在国内贸易中,合同是完全的,对于所有企业而言,国内采购的投入支出构成了销售收入的比例$(1-\eta)(\sigma-1)/\sigma$,也是经营利润的$(1-\eta)(\sigma-1)$倍(即为销售收入减去可变成本)。

就国外中间投入品的情形而言,情况更为棘手,因为需要决定这些投入的定价方式。其中一种可能的方式是总部 H 在投入品上的花费等于生产商经理人 M 在事后讨价还价(t_2)时所取得的报酬,在上述模型中就是销售收入的二分之一以及经营利润的一定比例——$\sigma/(\sigma+1)$。另外一种可能则是,M 可以要求 H 在 t_0 事前一次性总付 $s(\varphi)$,从而使 H 以边际成本价格采购中间投入品,因此国外投入品反而由$\tau w, m(\varphi)$决定。由式(4.8)的最后两个约束的一阶条件可得:s 等于销售收入的 $\frac{1}{2}(1-\eta)(\sigma-1)/\sigma$ 或者经营利润的$(1-\eta)(\sigma-1)/(\sigma+1)$。

我不想采用某一种固定的定价方式,相反地,我会采取更加隐含的方法,假设国外投入品的定价与国内投入品采购的支出相同,都为经营利润的$(1-\eta)(\sigma-1)$。我认为这种假设不会对后文的推导结果产生关键性影响,但是它能够明显简化推导过程。

假设生产率呈现帕累托分布,因此我们可沿用式(2.22)和式(2.23)的推导过程,来求出在特定行业里进口中间投入品支出所占的比例 Υ_O:

$$\Upsilon_O = \frac{\Gamma_O\left(\frac{w_N}{\tau w_S}\right)^{(1-\eta)(\sigma-1)}}{\left(\frac{\widetilde{\varphi}_O}{\widetilde{\varphi}_D}\right)^{\kappa-(\sigma-1)} - 1 + \Gamma_O\left(\frac{w_N}{\tau w_S}\right)^{(1-\eta)(\sigma-1)}} \tag{4.12}$$

其中:

$$\frac{\widetilde{\varphi}_O}{\widetilde{\varphi}_D} = \left[\frac{f_O/f_D - 1}{\Gamma_O\left(\frac{w_N}{\tau w_S}\right)^{(1-\eta)(\sigma-1)} - 1}\right]^{1/(\sigma-1)} \tag{4.13}$$

这些公式与第 2 章中的式(2.22)和式(2.23)惊人地相似,除了系数 $\Gamma_O<1$。

由这些公式我们可以清楚地看到,离岸外包的普遍程度随 Γ_O 递增,因此普遍程度会因合同摩擦的存在而下降。下面要讲的比较静态均衡与完全合同情形类似。进口投入的份额随着工资差异(w_N/w_S)和生产率分散度($1/\kappa$)递增,而随着(相对)生产分工障碍(f_O/f_D, τ)以及总部密集度(η)递减。相反,替代弹性对 Υ_O 比例的总体影响现在是不确切的。就像完全合同的情况一样,通过减少企业销售额中的帕累托形状参数 $\kappa/(\sigma-1)$ 和降低劳动边际成本(w_N 降到 τw_S)来增加百分比收益,σ 更高使离岸外包变得更普遍。然而,如上所述,在我们对式(4.10)的讨论中,σ 更高也会加剧不完全合同导致的低效率现象,因此降低 Υ_O。

4.6　基础模型的拓展

目前为止,我们的分析已经说明了跨国合同执行不力将会削弱参与全球采购策略的企业的盈利能力,并加剧它们对国内中间投入品的依赖。我们利用一个包含许多简化假设条件的高度格式化的框架说明了其中的内涵,然而,除了能够直观地感受到离岸外包受到弱合同环境的消极影响外,这个模型不能做出任何具有特别价值的实证预测。接下来,我将会放松前文的强假设,以研究更加一般的情形。这将有助于验证目前一直在强调的比较静态分析的稳健性,并且可以由此引申出一个更加丰富的比较静态,在关于企业采取全球外包策略时签订合同的决定因素的实证研究中,这种更加丰富的比较静态也更适用。

我将会考虑该模型 6 个方面的拓展:(1)t_2 时期讨价还价过程的一般形式;(2)在 t_0 时事前转让约束的可能性;(3)t_0 时期部分合同化的环境;(4)t_1 时期仅有部分投资属于关系专用性投资;(5)多供应商情形下的全球外包策略;(6)生产过程是序贯依次的,其中不同的供应商在不同的时间点进行投入。在这每一种情形中,我们都确保我们目前为止所获得的基本见解仍然适用于这些更一般的情形。但是我们将会更加清晰地了解到这种合同制度对于企业的盈利能力在不同企业、不同部门以及不同国家之间的不同影响。

　　为了尽可能简化问题,我将把重点放在描述每一个拓展条件如何影响并丰富式(4.9)中 Γ_O 的决定因素上,从而理解在离岸外包关系中不完全合同所导致的低效率问题。我还会通过对模型进行相应的变形,来研究合同摩擦通过一个类似的变量 Γ_D 来降低国内采购的盈利,Γ_D 也是由模型中的参数决定的,我们在后面将会讨论它的具体形式。在下一章,我将会回到整合企业的决策上,以说明 Γ_O 和 Γ_D 如何共同影响一个给定行业中进口生产投入品支出所占的比例,正如我们在式(4.12)中所看到的那样。这也会对我后面利用美国进口数据所做的实证分析有所启发。

4.7　广义纳什讨价还价模型和收入共享合同

　　在上述基准模型中,我们已经假设 F 和 M 在 t_2 平均分配贸易的事后所得。但在一些特定情况下,最终产品生产商与供应商在原始议价中的地位往往不是对等的,常常是一方处于优势而另一方处于劣势,因此有关这方面的假设是很有意义的。Rubinsterin(1982)一项开创性的工作就是利用非合作模型对议价进行了大量的研究,从而发现了原始议价能力的一些潜在决定因素。众所周知,相对没有耐心的或者是厌恶风险的当事人将更倾向于在议价中选择一个相对较低的姿态,同时,若是考虑到议价拖延将会造成更高的成本(例如融资约束),当事人也会作出这样的选择(见 Rubinsterin, 1982；Roth, 1985)。

　　与其详尽地讨论模型的微观基础,不如让我们简单假设最终产品生产商 F 将会获得贸易后收益的 β,那么经理人 M 将会获得剩下的 $1-\beta$,这常常被称为广义的纳什讨价还价解。继续沿用原先的假设,生产 h 和 m 所需的投资完全是关系专用性资产,β 和 $1-\beta$ 也分别与 F 和 M 在事后 t_2 时期重新协商时所获收入的比例相等。下面我们将对模型进行变形,在新的模型中,收入分配方案将会由各种因素决定,而不是原始议价能力。

目前为止,我们已经清楚在完全合同的情形中,t_2 阶段对于最后所达成的特定议价方案是无关紧要的,国内采购的利润仍然由式(4.1)给出。相反,当求解离岸外包的均衡问题时,一方面需要把式(4.4)的 $\frac{1}{2}$ 和式(4.8)中的第二个约束替换成 β,另一方面则需要把式(4.5)的 $\frac{1}{2}$ 和式(4.8)中的第三个约束替换成 $1-\beta$。显然,β 越大,总部服务投资不足的情况将会改善,而制造服务投资不足的情况则会加重。

由广义纳什讨价还价方法解出 F 的均衡利润,将会得到一个与式(4.9)相同的利润,但其中的系数:

$$\Gamma_O = \Gamma_\beta \equiv (\sigma - (\sigma-1)(\beta\eta + (1-\beta)(1-\eta)))(\beta^\eta (1-\beta)^{1-\eta})^{\sigma-1}$$

$$(4.14)$$

我们可以直接看出(尽管再次强调有些累赘),不管外生的原始议价能力 β 的值为多少,不完全合同仍必然会降低离岸外包的盈利能力,即由于 $\sigma > 1$,所以 $\Gamma_\beta < 1$。[1]而且,在技术附录 I 中,我已经证明了,合同扭曲的大小会随需求弹性递增(或 $\partial\Gamma_\beta/\partial\sigma < 0$)。式(4.14)的主要新奇之处在于,合同摩擦不再仅仅由替代弹性 σ 决定,还由总部密集度 η 和谈判能力 β 所决定。这些参数对 Γ_β 的大小的影响是非单调的,并且它们之间存在紧密的交互作用。更具体地说,当 $\beta < 1/2$ 时,Γ_β 随着 η 的增加而递减,然而当 $\beta > 1/2$ 时,Γ_β 随 η 递增。[2]注意,当 $\eta \to 0$ 时,$\Gamma_\beta \to (\sigma - (\sigma-1)(1-\beta))(1-\beta)^{\sigma-1}$,因此 Γ_β 是一个关于 β 的减函数,然而当 $\eta \to 1$ 时,

---

① 这是 Antràs 和 Helpman(2008)中命题 1 证明的一个特例。通过指出 Γ_β 可以从最优化问题中直接推导出结果,最优化问题比式(4.2)中提供利润流的企业受到更大的约束,并且后者的利润率可以通过设定 $\Gamma_\beta = 1$ 和式(4.9)来求出。

② 这个证明不复杂,但很麻烦,所以我把它放到理论附录中。

$\Gamma_\beta \to (\sigma-(\sigma-1)\beta)\beta^{\sigma-1}$，并且 Γ_β 变成了一个关于 β 的增函数。换句话说，最终产品生产商的谈判能力增强与否对利润的影响关键取决于总部密集度的大小。直观地，正如前文所讨论的那样，当 β 上升时，总部服务投资不足的情况会有所减轻，而制造过程投资不足的情况则会恶化。那么其所带来的净效应是积极的还是消极的取决于这两个生产阶段结合的程度。实际上，通过直观的计算，我们可以得出能够满足 Γ_β 的最大化的唯一 β，这个 β^* 满足：

$$\frac{\beta^*}{1-\beta^*} = \sqrt{\frac{\eta}{1-\eta} \frac{\sigma-(\sigma-1)(1-\eta)}{\sigma-(\sigma-1)\eta}} \tag{4.15}$$

这与我们的直觉相符，这个在 β^* 处达到的利润最大化水平是一个关于总部密集度 η 的递增函数。

这个结果也阐明了在 t_0 签订合同时，允许采用收入共享合同的涵义。特别地，想象这样一种情况：事前合同并不是"完全不完全的"，而是允许包含一个视最终收入（在 t_3 时）而定的收入分配法则。那么将收入表示为 $R=p(q)q$，共享法则表示为 $\beta(R)$，则最优的初始合同选择应该解决以下最优化问题（为了简便，我忽略了实际参数 φ）：

$$\max_{h, m, s, \beta(R)} \beta(R)R - w_N h - w_N f_O - s$$

$$\text{s.t.} \quad s + (1-\beta(R))R - \tau w_S m \geqslant 0$$

$$h = \arg\max_h \{\beta(R)R - w_N h\}$$

$$m = \arg\max_m \{(1-\beta(R))R - \tau w_S m\}$$

如果我们将分享法则限制为线性函数，那么 $\beta(R)$ 将不会随着 R 发生改变，我们的上述讨论已经表明，此时最优的合同将会满足 $\beta(R)=\beta^*$，β^* 由式（4.15）给出。即使是在更加完全的初始合同中，也不可能达到式（4.2）中的无摩擦利润，因为式（4.14）中的 Γ_β 对于任意 $\beta\in(0,1)$ 而言都小于 1。重要的是，这个结论不仅仅对线性分享法则成立，Holmstrom（1982）发现，对于更一般化的满足预算平衡的分享法则 $\beta(R)$ 而言，其导

致的投资水平 h 和 m 都与最有效率的水平不同,因此,离岸外包的均衡利润必然无法达到完全合同下的利润水平。

4.8 事前转移支付限制:融资约束

到目前为止,我已经假设 F 和 M 在 t_0 签订初始合同时可以自由地进行一次性转移支付。这个一次性转移支付金额可以由经理人 M 的参与约束推导出来,即:

$$s(\varphi) = \tau w_S m(\varphi) - \frac{1}{2} p(q(\varphi)) q(\varphi)$$

由 $m(\varphi)$ 和 $q(\varphi)$ 的均衡取值可以直接看出 $s(\varphi) \leqslant 0$,因此最优合同要求经理人 M 支付一定的金额才能与最终产品生产商 F 进行交易。事实上,我们不能断然判定那些供应商是否愿意或者能够签订这样的初始交付协议。其中至少有两方面的原因:一是经理人会担心最终产品生产商在 t_0 后就会消失,不支付离岸外包的固定成本,也不投资总部服务。[1]二是上述约定的成功与否还要取决于经理人所在国的融资环境,M 可能难以通过投资人筹得合同中规定的 $s(\varphi)$ 的全款。我们接下来就要探究这种融资约束的存在会对这些事前转移支付所造成的影响。

我们考虑这样一种情形,M 从本国的外部投资人那里筹资,融资程度最多达到与 F 交易中获得的净收入的一部分,比例为 ϕ。在这里,我不打算详述融资摩擦的根源,但它可能来源于有限责任的一部分,如同我们在第 3 章所探讨过的模型中 M 那部分线上那样。那么,在融资约束下的均衡也同样类似式(4.8)的形式,但此时增加了一个约束条件:

$$-s(\varphi) \leqslant \phi \left[\frac{1}{2} p(q(\varphi)) q(\varphi) - \tau w_S m(\varphi) \right]$$

---

[1] 然而,可以证明,如果经理人坚持在支付 $s(\varphi)$ 之前投入离岸外包的固定成本,最终产品生产商将不再有动机带着这笔交易潜逃。

这个约束条件比原先式(4.8)中的参与约束要更加严格,并会对均衡产生紧的影响。求解这个方程,我们就能够发现 F 所获得的报酬仍然与式(4.9)相同,但此时:

$$\Gamma_O = \Gamma_\phi \equiv (\sigma + \phi - (\sigma - 1)(1 - \phi)\eta)\left(\frac{1}{2}\right)^\sigma \qquad (4.16)$$

Γ_ϕ 随着 ϕ 逐渐递增,并且当融资约束不存在时,即 $\phi = 1$ 时,能够取得对称纳什讨价还价的值 $(\sigma + 1)(1/2)^\sigma$。这里的第一层含义就是离岸外包的盈利能力将会随着经理人 M 外国融资合同的质量上升而增强,正如参数 ϕ 总结的那样。直观地,现在离岸外包不仅会伴随着投资的扭曲,还会导致最终产品生产商 F 的寻租损失。有趣的是,Γ_ϕ 也随着总部密集度的增强而递减。这是因为总部服务是与制造业生产互补的,η 越大,M 在 t_2 事后议价时就会获得一个与其在 t_1 时期的生产成本相比更高的寻租。因此,η 越大,在一个较低的 ϕ 的水平下,F 就要蒙受更大的寻租损失。同理,我们可以观察到在式(4.16)中,融资合同质量的改善将会对较高总部密集度下的离岸外包的生产过程盈利能力产生较大的积极影响[也就是说 $\partial(\partial\Gamma_\phi/\partial\phi)/\partial\eta > 0$]。①

4.9 部分合同化

我们目前为止所作的假设——国际间交易的合同是"完全不完全"的——明显不合实际。自然,产品某些方面的特征可以通过一种缔约方都确信能够执行的方法来规定。进一步说,目前我们关于国内交易的合同都是完全的假设也是不现实的。毫无疑问,产品的某些方面是无法检验的,或者国内交易的某些合同会被认为是难以执行的。接下来,我将

---

① 同样值得指出的是,在合理的参数限制和这种模型扩展下,更高的需求弹性伴随着更大的不完全合同的扭曲(详见技术附录)。

会参照 Antràs 和 Helpman(2008)的方法,放松原来的假设,将部分合同化的情形包含到我们的全球采购模型中。

假设在 t_1 进行的总部服务和制造业投入品的生产是一连串连续的过程或活动,这个假设是很有用处的。接着,假设这些过程的一部分是在事前可以合同化的,也就是说合同可以详细规定这些过程应该怎样执行,法庭可以核实它们的执行情况,并且对任何违反合同规定的行为作出相应的惩罚。相反,这些过程的补充部分是不可合同化的,并且合同对这些活动的有关规定将不能够规范它们在 t_1 的实施情况。

整个生产过程受合同约束的程度主要取决于两个决定因素:第一,只有小部分的生产活动能够合同化。这反映在技术层面上,难以制定出能够规范参与生产的当事人行为的可执行合同。例如,新的高科技产品与传统的标准商品相比,对合同的要求更高。第二,即使是对同一生产过程而言,我们也有理由假设跨越国界后,其中的部分活动合同化也将会发生相应的变化,这反映出了各个契约环境在质量标准上的国际差异。换句话说,在某个环境下被认为可执行的合同在其他环境下可能并不如此。

为了进一步阐明这两个决定因素,下面以(欧洲)足球裁判进行类比,可能会有助于理解。在足球比赛中有些规则看起来是容易执行的,例如:确保每队上场队员不得多于 11 名,或者每场比赛最多可以使用 3 名替补队员。另一方面,有些规则执行起来却很复杂,例如:判定近距离越位犯规,或者在幽灵球情形中判定整个球是否越过了球门线。因此,我们并不惊讶,在运动员们比赛过程中,相较于后者,前者的规则更加容易实施。同时,要判断是否准确运用这些规则,裁判的质量明显尤为关键。有经验的裁判(或者边裁)在执行这些规则时出错的概率会比没经验的裁判小。

为了将部分合同化正式引入到框架中,我们现在让总部服务 h 和制造业生产 m 服从柯布—道格拉斯函数加总的形式,并分别由一连串连续的总测度为 1 的活动完成,因此有:

116

$$h = \exp\left[\int_0^1 \log h(i)\,\mathrm{d}i\right] \tag{4.17}$$

和：

$$m = \exp\left[\int_0^1 \log m(i)\,\mathrm{d}i\right] \tag{4.18}$$

我们新假设的关键可以表现为：在 $[0, \mu_{kj}]$ 区间内（$0 \leqslant \mu_{kj} \leqslant 1$），与投入 $k = h, m$ 有关的活动在国家 $j = N, S$ 中能够合同化，也就是说，这些活动的特征能够在一份包含 j 国制造商 M 的可执行合同中进行完全详细的规定。因此，这份初始合同不再是"完全不完全"的了，因为除了 F 和 M 之间的一次总转移支付之外，它同时也衡量了 t_1 时执行的商业活动的可合同化程度。剩下的在 $(\mu_{kj}, 1]$ 范围中的活动仍然被认为是不可合同化的，正如在我们的基准模型中，F 和 M 只有进行生产后才能决定那些活动的交易条款。由于初始合同并没有强迫两方中的任何一方要承担一些非合同化的任务，根据柯布—道格拉斯生产技术的式（4.6）、式（4.17）和式（4.18），以及假设所有投资都是关系专用性的（即这种关系一旦破裂，双方的收益都将为零），则在 t_2 阶段议价中，各方都可以对这些非合同化任务拒绝提供产出。[1]因此，在交易结束时，合同的双方都会获得销售收入的一定比例，为了简化，我现在回到对称纳什讨价还价的假设，这样，双方最后将会平分总销售收入。

式（4.17）和式（4.18）中包含的技术对称假设使我们能够将选定国家（$j = N, S$）后的企业问题简化为事前转移交付 s 的选择问题，此时所有合同化总部服务活动的值均为 h_c，而非合同化总部服务活动的值均为 h_n，类似地，m_c 和 m_n 分别为可合同化的制造任务和非合同化制造任务的值。现在我们就能将最优化问题表达为下列的形式（此时忽略固定成本）：

---

[1] 分析中隐含的一个假设是，在议价时，这些非合同化的任务还没有完全体现在制造业投入中。

$$\max_{h_c,\,h_n,\,m_c,\,m_n,\,s} \quad \frac{1}{2}R - w_N(\mu_{hj}h_c + (1-\mu_{hj})h_n) - s$$

$$\text{s.t.} \quad s + \frac{1}{2}R - c_j(\mu_{mj}m_c + (1-\mu_{mj})m_n) \geqslant 0$$

$$h_n = \arg\max_h\left\{\frac{1}{2}R - w_N(1-\mu_{hj})h_n\right\}$$

$$m_n = \arg\max_m\left\{\frac{1}{2}R - c_j(1-\mu_{mj})m_n\right\} \tag{4.19}$$

其中,收入由下式表示:

$$R = B^{1/\sigma}\sigma(\sigma-1)^{-(\sigma-1)/\sigma}\varphi^{(\sigma-1)/\sigma}$$

$$\times\left(\frac{(h_c)^{\mu_{hj}}(h_n)^{1-\mu_{hj}}}{\eta}\right)^{(\sigma-1)\eta/\sigma}\left(\frac{(m_c)^{\mu_{mj}}(m_n)^{1-\mu_{mj}}}{1-\eta}\right)^{(\sigma-1)(1-\eta)/\sigma} \tag{4.20}$$

其中,当 $j=N$ 时,$c_j=w_N$,当 $j=S$ 时,$c_j=\tau w_S$。

这个问题解起来过于冗长,所以我不会在此展现结果的推导过程。感兴趣的读者可以查阅理论附录,我会在其中再现 Antràs 和 Helpman (2008)的推导过程,不过那里我们解决的是一般收入分配规则(β_h,β_m)情形下的同样的问题,而不是(1/2,1/2)情形。有了这些结果,我们可以发现,在国内采购的情形中,F 所获利润现在由下式给定:

$$\pi_D(\varphi) = (c_N)^{1-\sigma}B\Gamma_D(\mu_N)\varphi^{\sigma-1} - f_D w_N$$

其中:

$$\Gamma_D(\mu_N) = \left(\frac{\sigma}{\sigma-(\sigma-1)(1-\mu_N)}+1\right)^{\sigma-(\sigma-1)(1-\mu_N)}\left(\frac{1}{2}\right)^{\sigma} \tag{4.21}$$

和:

$$\mu_N \equiv \eta\mu_{hN} + (1-\eta)\mu_{mN}$$

求出的参数 μ_N 衡量了国内采购中平均合同化程度,它等于总部服务和制造过程可合同化程度的加权。

在国外采购的情形中,F 的利润也通过相似的计算得出,即:

$$\pi_O = ((w_N)^{\eta}(\tau w_S)^{1-\eta})^{1-\sigma}B\Gamma_O(\mu_S)\varphi^{\sigma-1} - w_N f_O$$

和：

$$\Gamma_O(\mu_S) = \left(\frac{\sigma}{\sigma-(\sigma-1)(1-\mu_S)}+1\right)^{\sigma-(\sigma-1)(1-\mu_S)}\left(\frac{1}{2}\right)^{\sigma} \quad (4.22)$$

并且：

$$\mu_S \equiv \eta\mu_{hS} + (1-\eta)\mu_{mS}$$

正如上述简单模型所示，系数 $\Gamma_{\ell}(\mu_j)$ 反映了两种采购选择 $\ell=D$（制造过程在北方国进行，$j=N$）以及 $\ell=O$（制造过程在南方国进行，$j=S$）分别导致的合同摩擦。式（4.21）和式（4.22）的差异说明了这些系数都是各自合同化指数的递增函数（参见理论附录）。因此，在上述更加简单的模型中，合同的不完全性削弱了产品的盈利能力，但现在它还会受到部分合同化参数 μ_{hj} 和 μ_{mj}（$j=N, S$）的平滑修正影响。实际上，我们的初始模型是当前模型的一个特例，即国内采购是完全合同（$\mu_{hN}=\mu_{mN}=1$），而国外采购是"完全不完全合同"（$\mu_{hS}=\mu_{mS}=0$）。[1]

我们应该注意到，国外采购的合同化与南方国的合同制度的质量是有关联的。具体而言，每个参与到这类采购策略的当事人都会意识到，南方国制度的质量将成为决定合同中有关产品的各项规定（包括总部服务的提供）能否被执行的关键因素。在此，我们做一个强假设：人们认为在离岸外包关系中对于合同的不安全感来自北方国和南方国的制度，以及它们的法律相似性，正如我们在第3章研究出口决策时所讨论的那样。然而，在这个概念的基础上，我想强调这样一个观念：生产所在地的合同制度的质量是决定离岸外包交易盈利能力的一个重要因素。我稍后会在第5章的实证讨论时再来分析这个结果。当然，正如我们在第3章中讨论过的那样，缔约方也可以通过采用法律选择和法律审判条款

---

[1]　将 $j=N$ 和 $j=S$ 分别对应的 μ_{hj} 和 μ_{mj} 代入上述的利润函数，并且对比式（4.1）和式（4.9），这是很容易验证的。

(参考第 1 章)来保证一桩交易在南方国不会成为执行程度低的合同。尽管如此,南方国的制度在决定由国际法庭或仲裁机构判决的损害赔偿实行至何种程度时可能仍然是至关重要的。

注意,式(4.21)和式(4.22)不仅说明了更好的合同执行力对盈利能力的积极影响,还阐明了制度改善的不同影响取决于环境的其他特征。例如,对这些表达式进行烦琐的微分,可以由函数的单调性指出,只要 σ 的值很大,对于 $j = N, S$,总合同化程度 μ_j 的增加,将会对盈利能力产生巨大影响。因为这时候最终产品生产商面临的是一个竞争相当激烈的环境。①直观上看,最终产品生产商面临的价格弹性越大,合同程度低的合同出现投资低效益的代价越高昂。除了这个交互效应以外,在理论附录中,我们还展示了在这个更为一般的框架中,需求弹性仍然明显对 $\Gamma_\ell(\mu_j)$ 具有消极影响。

当我们测算产品的不同生产过程的合同化能力是如何影响系数 μ_N 和 μ_S 时,能够明显看到,根据合同化程度变化的来源,合同化的提高将会与产品的总部密集度相互作用。例如,如果南方国制度的提高极大地影响了制造过程的合同化能力,那么由这个模型可以预测,这些提高将会对总部密集度低的部门的盈利能力产生极大的影响。相反,如果南方国制度极大地影响了 F 从总部服务投资中获得所有边际收益的程度,那么由该模型可预测到,它将会对总部密集度较高的部门的合同改善产生更大的影响。

4.10　部分的关系专用性投资

虽然关系专用性投资在经济交易中普遍存在,但我们的基本模型中关于完全关系专用性的假设是极端的。即使关系特定交易最终没有发

---

① 更确切地说,我们在理论附录中建立了 $\partial(\partial\ln\Gamma_\ell/\partial\mu_j)/\partial\sigma > 0$。

生,供应商也通常可以通过将其货物转售给其他买方来收回其投资的部分成本。同样,供应商违反合同可能会降低总部服务的整体盈利能力,但通常不会使其无价值。对部分的关系专用性投资的建模需要引入二级投入品市场以及该市场最终产品生产商和供应商之间的协商,而这又可能取决于三级市场当事人的外部选择等(参见 Grossman and Helpman,2002)。主要的想法是,专用性程度越低,投入品在二级市场的价值越大,因此,当事人投资不足的动机就越低。接下来我将考虑这种模型的简化形式。

特别地,假设确实存在二级投入品市场,其中经理人 M 可以获得每单位 m 的价格 $p_m^s(\varphi)$,而最终产品生产商 F 预计获得单位总部服务的货币收益 $p_h^s(\varphi)$。这些构成了我们在前文研究的讨价还价阶段 t_2 每一方的外部选择。我会假设当事人认为这些二级市场交易价格 $p_h^s(\varphi)$ 和 $p_m^s(\varphi)$ 不受其行为影响,特别是他们的投资水平的影响。

再次假设对称纳什讨价还价模型的存在,现在最终产品生产商获得的回报将是 $p_h^s(\varphi)h + \frac{1}{2}(R - p_h^s(\varphi)h - p_m^s(\varphi)m)$,而供应商将获得 $p_m^s(\varphi)m + \frac{1}{2}(R(\varphi) - p_h^s(\varphi)h - p_m^s(\varphi)m)$。因此,$t_1$ 时期的投资水平 $h(\varphi)$ 和 $m(\varphi)$ 将满足以下一阶条件:

$$\frac{1}{2}\left(\frac{\partial R(\varphi)}{\partial h} + p_h^s(\varphi)\right) = w_N$$

$$\frac{1}{2}\left(\frac{\partial R(\varphi)}{\partial m} + p_m^s(\varphi)\right) = \tau w_S \qquad (4.23)$$

接下来考虑价格 $p_h^s(\varphi)$ 和 $p_m^s(\varphi)$ 的确定。在没有任何关系专用性投资的无摩擦环境中,人们会认为这个二级市场将为每种投入品提供广阔的市场,并且在均衡时,这些投入品要求的价格将对应于其边际产品的货币价值。在这种情况下,对于 $k = h$, m,我们有 $p_k^s(\varphi) = \partial R(\varphi)/\partial k$,而且式(4.23)中相关的投资将与完全合同下的有效投资相一致。换句话说,在缺乏关系专用性投资时,约束力低的合同执行没有关系,因为套牢问题消失了。相反，在完全关系专用性投资的另一个极端情况下，我们得到 $p_h^s(\varphi) = p_m^s(\varphi) = 0$，并且模型回到基本模型。[1]

为了考虑具有部分关系专用性的环境，假定每个投入品所指定的二级市场价格是该投入品的边际产品的实际价值的份额 $1-\epsilon$，使得较大的 ϵ 值与较大程度的定制或关系专用性投资有关。从式（4.23）可以清楚地看出，这与 F 和 M 选择投资 h 和 m 时的情况相符，同时期望获得 $\beta_h = \beta_m = 1 - \epsilon/2$ 比例的这些投资的边际收益的实际价值。

这个变化后的模型的其余部分与我们的基本模型一致。特别要注意的是，各方仍然会发现在 t_2 达成协议时效率很高，因此，二级市场从未应用于均衡中。[2]总的来说，均衡可以用类似于式（4.19）中程序的方式来解决，但是在第二个和第三个约束条件下用 $1-\epsilon/2$ 代替 $1/2$。[3]

如前所述，Antràs 和 Helpman（2008）解决了这个计划的一般收益分配（β_h，β_m），所以我们可以将 $\beta_h = \beta_m = 1 - \epsilon/2$ 代入它们的均衡方程（参见理论附录）。这样处理后产生的与国内采购（$\ell = D$ 和 $j = N$）和国外采购（$\ell = O$ 和 $j = S$）相关的利润水平等于：

$$\pi_\ell = (c_j)^{1-\sigma} B \Gamma_\ell(\mu_j, \epsilon) \varphi^{\sigma-1} - w_N f_\ell$$

其中：

$$\Gamma_\ell(\mu_j, \epsilon) = \left\{ 1 + \frac{\frac{\epsilon}{2}}{1-\frac{\epsilon}{2}} \frac{\sigma}{\sigma-(\sigma-1)(1-\mu_j)} \right\}^{\sigma-(\sigma-1)(1-\mu_j)} \left(1-\frac{\epsilon}{2}\right)^\sigma$$

(4.24)

---

[1] 我现在建立的前提确实很特别，制造商投资在二级市场的边际产品价值 m 是与最终产品生产商最初签订的生产率 φ 的函数。这反映了对于任何生产率水平 φ 来说，二级市场都很广阔，或者是供应商在生产 m 时可以充分利用 F 的技术。

[2] 更具体地说，考虑到收入函数的凹性，我们必须设定 $R(\varphi) > (1-\epsilon/2) \cdot \left(\frac{\partial R(\varphi)}{\partial h} h + \frac{\partial R(\varphi)}{\partial m} m\right)$。

[3] 尽管 F 和 M 没有收到收入的 $1-\epsilon/2$ 份额，但他们的投资是确定的，就像他们曾经做的一样。

当 $j=N$, S 时, $\mu_j=\eta\mu_{hj}+(1-\eta)\mu_{mj}$；当 $j=N$ 时, $c_j=w_N$；当 $j=S$ 时, $c_j=\tau w_S$。与具有完全关系专用性投资的模型中出现的情况相同,合同化的改善与较大的 $\Gamma_\ell(\mu_j,\epsilon)$ 值有关。类似地, σ 对 $\Gamma_\ell(\mu_j,\epsilon)$ 的负面影响和 $\partial(\partial\ln\Gamma_\ell/\partial\mu_j)/\partial\sigma>0$ 的正向"交互"效应仍然适用于这个更一般的环境(参见理论附录)。

表达式(4.24)的主要新特征是:不完全合同导致的低效率随关系专用性程度 ϵ 的增加而递增,即 $\Gamma_\ell(\mu_j,\epsilon)$ 随 ϵ 下降。这个结果在式(4.24)中难以迅速得出,但它可以通过分析偏导数 $\partial\ln\Gamma_\ell(\mu_j,\epsilon)/\partial\epsilon$ 来验证。读者可以参考理论附录中的数学推导,其中也证明了交叉偏导数 $\partial(\ln\partial\ln\Gamma_\ell(\mu_j,\epsilon)/\partial\epsilon)/\partial\mu_j$ 是正值。换句话说,高质量的合同制度对企业盈利能力的积极影响预计将在高度关系专用性 ϵ 的生产过程中极大地提高。或者换个角度,该模型似乎符合这样一个事实,如 Nunn(2007)实证所示,合同环境较为宽松的国家出口的制成品的关系专用性水平相对较低。我将在第 5 章中进一步说明这个结果,届时我将提出一个多国版本的模型。

4.11 多项投入品和多边合同

到目前为止,我关注的是 F 只涉及提供一项投入品的情况。在现代制造过程中,最终产品生产者会将各供应商提供的中间投入品结合起来。接下来我将回到第 2 章介绍的全球采购模型,在该模型中,生产的制造阶段需要采用一个连续度量,以 v 为表示的投入品是在 t_1 同时产生的。假设这些阶段的服务是不完全可替代的,其对称的替代弹性等于 $\sigma_\rho\equiv1/(1-\rho)$,我们现在可以将生产函数写成:

$$q(\varphi)=\varphi\left(\frac{h}{\eta}\right)^\eta\left[\frac{\left[\int_0^1 m(v)^\rho dv\right]^{1/\rho}}{1-\eta}\right]^{1-\eta} \tag{4.25}$$

注意,如果将 $q(\varphi)$ 解释为质量调整后的产量,这个表述完全符合这样的观点:从工程角度来看,所有阶段都可能是必不可少的。例如,生产一辆汽车需要四个轮子、两个前照灯、一个方向盘,等等,但这种汽车对消费者的价值通常取决于从这些不同部件获得的服务,某些高质量的零件可能弥补其他劣质的零件。

我将假设投入品的连续性不仅在技术上是对称的,而且在给定位置是以相同的边际成本生产的。制造业也仍然需要固定成本,固定成本取决于这个生产活动的位置,但我假设这些固定成本与某个地点生产的投入品数量无关。出于这个原因,关注一个对称的均衡是很自然的,其中所有制造投入品都在同一地点生产。

总部服务的提供继续由最终产品生产商即当事人 F 控制。为了获得各种中间投入品,F 现需与一系列管理人 $M(v)$ 订立合同,每位管理人负责一项投入品。如果所有与不同投入品生产有关的方面都可以在初始合同中以可执行的方式进行规定,这表明直接与国内采购和离岸外包有关的最终产品生产商的最终利润函数,将与单一制造投入品模型相同,这些利润在式(4.1)和式(4.2)中给出。请注意,由于我们的对称性假设和完全合同,这些利润流与投入品替代参数 ρ 的值无关,正如我们接下来将要证明的那样,这个参数将在存在合同摩擦时扮演更重要的角色。

现在考虑一下前文介绍的部分合同化的情况,其中一些生产特征是可合同化的,而另一些则不可以。具体而言,总部服务 h 和制造业投入品 $m(v)$ 服从柯布—道格拉斯函数加总的形式,并分别由一连串连续的总测度为 1 的活动完成,如式(4.17)和式(4.18)所示,并且当在国家 $j = N, S$ 生产时,只有份额为 μ_{hj} 和 μ_{mj} 的这些活动是合同化的。注意,简单来说,μ_{mj} 比例对于所有投入品 v 是通用的。与非合同化活动有关的交换条件只在 t_2 确定,但尚未体现在生产中。在 t_2 时的协商中,每一方的胁迫点是不让这些活动产生服务。

这个更加丰富的环境的关键新特征是 t_2 的事后协商现在是多边的

而不是双边的。这种事后讨价还价应该如何建模？一种可能的方法是将纳什讨价还价模型运用到我们的多边体系中，让每一方获得他们的外部选择，再加上合作下的共同盈余和外部选择权之和之间的差额（参见例如 Osborne and Rubinstein，1990，p.23）。如果没有外部选择，并因此具有完全的关系专用性，这就意味着所有当事人都能获得固定份额的收入。然而，这会导致类似于任意数量当事人的团队中的道德风险问题（参见 Holmstrom，1982）。在这种情况下，当事人将没有动力投资非合同化的任务，收入将为零。总之，少量的合同摩擦足以使生产效率变为零。

这种极端的结果部分归因于我们在式（4.17）和式（4.18）中的柯布—道格拉斯假设，但它也反映了多个当事人环境中纳什讨价还价解决方案的局限性。特别是，这种解决方案不允许部分合作，比如即使一个供应商未达成协议，其他当事人仍然可以彼此合作获得盈余。因此，在多边讨价还价机制中，通常采用 Shapley 值作为这些协商的均衡的解。在与有限数量的参与者进行讨价还价的博弈中，每个参与者的 Shapley 值是他对所有联盟贡献的平均值，其中联盟是由所有排序低于这个参与者的可能排序组成。[①]

一个复杂的情况是，在我们的环境中，当事人就盈余顺差与多个连续的当事人进行讨价还价。Acemoglu、Antràs 和 Helpman（2007）通过考虑博弈的离散参与者模型并计算 Aumann 和 Shapley（1974）的渐近 Shapley 值来解决这个问题。接下来，我将尝试给出另一种推导 Shapley 值的方式。

---

① 更正式地来说，在有 M 个参与者的博弈中，对于数列 $1, 2, \cdots, M$ 有一种排列 $g=\{g(1), \cdots, g(M)\}$，使 $z_g^j=\{j' \mid g(j)>g(j')\}$ 为排列 g 中排序低于 j 的参与者的集合。用 G 表示可行排序的集合，$v: G \to \mathbb{R}$ 表示由 M 个参与者的任意子集组成的联盟的值（或产生的盈余），参与者 j 的 Shapley 值可以表示为：$s_j = \dfrac{1}{(M+1)!} \sum_{g \in G} \left[v(z_g^j \cup j) - v(z_g^j) \right]$。

首先要注意的是,当事人 F 是讨价还价博弈中的关键参与者,因此当参与到不包括企业 F 的联盟时,供应商 $M(v)$ 的边际贡献等于零。当联盟包括企业和 n 个供应商时,供应商 v 的边际贡献等于 $\Delta R(v, n) = \partial R(\varphi, n)/\partial n$,其中 $R(\varphi, n) = p(q(\varphi, n))q(\varphi, n)$ 且 $q(\varphi, n)$ 与式 (4.25) 中的一样,但积分上限为 n 而不是 1。使用 Leibniz 规则并沿用对称性,这个边际贡献可以简洁地写成:

$$\Delta R(v, n) = \frac{(\sigma-1)(1-\eta)}{\sigma\rho}R(\varphi)\left(\frac{m_n(v)}{m_n(-v)}\right)^{\rho}n^{\frac{(\sigma-1)}{\sigma\rho}-1} \quad (4.26)$$

其中,$m(-v)$ 代表除 v 之外的所有供应商的(对称)投资。请注意,在导出这个表达式时,不失一般性,我们还假设可合同化的制造任务是对称选择的,或者说对于所有的 v 都有 $m_c(v) = m_c$。

$M(v)$ 的 Shapley 值是 $M(v)$ 对联盟的边际贡献的平均值,它由在所有可行排序中低于 $M(v)$ 的成员组成。一个供应商,有 n 个竞争者在排序中低于他/她,那么他或她的边际贡献为 $\Delta R(v, n)$,这个概率为 n,否则为 0。对参与者的所有可能排序进行平均,并使用上述公式计算 $\Delta R(v, n)$。我们得到供应商 $M(v)$ 获得的收益为:

$$P_m(v) = \int_0^1 n\Delta R(v', n)\mathrm{d}v' = \frac{(\sigma-1)(1-\eta)}{(\sigma-1)(1-\eta)+\sigma\rho}R(\varphi)\left(\frac{m_n(v)}{m_n(-v)}\right)^{\rho}$$

$$(4.27)$$

式 (4.27) 的很多特征都值得注意。第一,在均衡状态下,所有供应商在所有非合同化的活动中投资相等,因此每个供应商都获得收入份额 $(\sigma-1)(1-\eta)/((\sigma-1)(1-\eta)+\sigma\rho)$,剩余份额 $\sigma\rho/(\sigma-1)(1-\eta)+\sigma\rho$ 留给 F。因为供应商的议价威胁在这种情况下不那么有效,企业的议价能力自然地随着 ρ 控制的投入品的可替代性增加。第二,虽然在均衡时,供应商最终在销售收入中所占的份额是相等的,但式 (4.27) 表明供应商认为他们的非合同化投资对其收益具有不可忽略的(即可衡量的)影响,因此团队中的道德风险和前文提到的零投资结果在此不适用。第三,可替代性的程度 ρ 通过影响给定供应商增加投资对产出的影响程度,来进一步影响供应商投资的边际报酬。直观地说,当投入是高度互补时(低 ρ),其他不变,增加一项投入 v 的产出的边际报酬特别低。

解决了 t_2 时的盈余分配问题后,剩下的均衡与之前的模型一样。特别地,这个最优化问题与式(4.19)中的类似,但是在 F 对 h 的选择中 1/2 被 $\beta_h = \sigma\rho/((\sigma-1)(1-\eta)+\sigma\rho)$ 替代,并且每位供应商 $M(v)$ 选择 $m_n(v)$ 使 $P_m(v) - c_j(1-\mu_{mj})m_n(v)$ 最大化。在均衡状态时,后一种选择与单个供应商为 v 选择共同的 m_n 来使 $\beta_m R(\varphi) - c_j(1-\mu_{mj})m_n$ 最大化是具有相同结构的,其中 $\beta_m = \rho\sigma/((\sigma-1)(1-\eta)+\sigma_\rho)$。[①]因此,我们可以将这个通用公式应用于 Antràs 和 Helpman(2008)(请参阅理论附录)来表达与 j 国制造业相关的合同摩擦 $\Gamma_\ell(\mu_j, \rho)$ 水平:

$$\Gamma_\ell(\mu_j, \rho) = \left(1 + \frac{1}{\rho}\frac{(\sigma-1)(1-\eta)}{\sigma-(\sigma-1)(1-\mu_j)}\right)^{\sigma-(\sigma-1)(1-\mu_j)}\left(\frac{\rho\sigma}{\rho\sigma+(\sigma-1)(1-\eta)}\right)^\sigma$$

(4.28)

同样地,$\mu_j = \eta\mu_{hj} + (1-\eta)\mu_{mj}$,其中当 $\ell=D$,就有 $j=N$;当 $\ell=O$,就有 $j=S$。

我们可以从 Antràs 和 Helpman(2008)的一般性结果得出结论,没有必要微分这个表达式,即 $\Gamma_\ell(\mu_j, \rho)$ 同样随着合同化程度 μ_j 增加而增加,随着需求弹性 σ 下降而下降。[②]此外,合同执行的积极效应极大影响了替代程度高的部门,即 $\partial(\partial\ln\Gamma_\ell/\partial\mu_j)/\partial\sigma>0$。

式(4.28)的主要新颖之处在于,投入品替代性的程度现在是合同摩擦抑制生产利润率的关键决定因素。直接微分表明,$\Gamma_\ell(\mu_j, \rho)$ 随 ρ 增

---

① 这是由于注意到对于所有 v 来说,只要 $m_n(v)=m_n$,β_m 就一定是 $\rho P_m(v) = \beta_m \frac{(\sigma-1)(1-\eta)}{\sigma}R(\varphi)$。

② .后一种比较静态的结果看上去比较复杂,是因为讨价还价权重 β_h 和 β_m 都是内生性,而且是 σ 的函数。但是,因为在式(8.17)中的 $\Gamma_\ell(\mu_j, \rho)$ 都随 β_h 和 β_m 增加,都随 σ 下降,这并不影响导数 $\partial\ln\Gamma_\ell/\partial\sigma$ 的符号。

加,因此,投入品的替代性越高,合同摩擦越低。直观地说,在这种情况下,投资往往有着更低程度的扭曲,因为较高水平的 ρ 为 F 提供了更多的事后盈余,从而加强了 F 对总部服务的投资,并且提高了供应商对其自身投资的事后收益的敏感性。当然,高 ρ 也会降低供应商事后盈余的比例,但考虑到函数形式,这在模型中发挥了次要作用。

式(4.28)的微分还表明(参见理论附录),$\partial(\partial\ln\Gamma_\ell(\mu_j,\rho)/\partial\mu_j)/\partial\rho<0$ 以及合同制度改进的效果在投入互补性较高的部门中具有明显差异化影响。因此,该模型表明,在其他条件相同的情况下,在合同执行力较弱的国家进行外国采购,应该倾向于在投入之间具有较高可替代性的部门。我们将在第 5 章中进一步证明这个结果。

4.12 依次生产

我在前文提出的有多个供应商的模型变体,假定所有生产阶段是同时进行的。在现实的生产过程中,往往会有阶段的自然排序。首先,原材料被加工为基本零件,与其他零件结合,生产更复杂的投入品,然后将其组装成最终产品。Antràs 和 Chor(2013)利用我们刚才研究的连续投入提出了一个依次生产的模型变体。其分析的主要新特点是,供应商在上游阶段的关系专用性投资可能会影响到参与下游阶段的供应商的激励,从而导致投资效率低下,这些效率在价值链上发生系统性的变化。

Antràs 和 Chor(2013)提出的模型被证明是非常容易处理的,但是分析的一些细节有些复杂,读者可以参考这篇文献和他的附录来了解更多。Antràs 和 Chor(2013)假设生产技术与式(4.25)类似,但用 $v\in[0,1]$ 来表示一项投入在价值链中的位置,其中较大的 v 对应于更下游的阶段(更接近最终产品)。虽然他们拓展了总部服务和部分合同化,但下面,我将会重点介绍其 $\eta=0$ 的基准模型,其中所有投资都是非合同化的。

最终产品生产商 F 在模型中扮演两个角色。一方面，F 负责将依次生产的投入品组装成消费者喜爱的最终产品。另一方面，一旦供应商的阶段投入品开始生产，企业将会有机会对其进行检查，从而生产商 F 就会与供应商进行谈判。最简单的做法是，将阶段 v 进行协商的与其他阶段进行的双边协商独立对待（其他公式见 Antràs and Chor，2013）。由于假设每项中间投入品 v 只与企业的产出匹配，因此供应商在讨价还价阶段的外部选择为零。因而，企业和供应商议价的准寻租是由供应商 v 对在那个阶段产生的总收入的增量贡献来确定的。根据式（4.20）和式（4.25），这个增量贡献由下式给出：

$$\Delta R(v) = \frac{(\sigma-1)}{\sigma\rho} B^{1/\sigma} \sigma(\sigma-1)^{(\sigma-1)/\sigma} \varphi^{(\sigma-1)/\sigma}$$

$$\times \left(\int_0^v m(u)^{(\sigma_\rho-1)/\sigma_\rho} \mathrm{d}u \right)^{(1-\sigma_\rho/\sigma)/(\sigma_\rho-1)} m(v)^\rho \qquad (4.29)$$

其中 $\sigma_\rho = 1/(1-\rho)$。假设这些准寻租中 F 所占的份额是由 $\beta(v)$ 给出的。之后的内容，我将允许这一份额受到制造业生产地点的影响。

注意，如果 $\sigma > \sigma_\rho$，那么供应商的投资选择会依次互补，因为上游供应商的较高投资水平增加了供应商 v 自身投资 $m(v)$ 的边际收益。相反，如果 $\sigma < \sigma_\rho$，投资选择是依次替代的，因为上游投资的高价值降低了投资 $m(v)$ 的边际收益。因为在位置 v 的供应商选择 $m(v)$ 使 $(1-\beta(v))\Delta R(v)$ $-c_j m(v)$ 最大化，式（4.29）说明了上游投资效率低下可能会在下游阶段产生涓滴效应（trickle-down effect）。

Antràs 和 Chor(2013)利用模型的递归结构表明，如果当事人 F 能够使用事前转移支付来获得供应商的所有盈余，那么当所有投入都是在边际成本等于 j 的情况下生产时，生产率为 φ 的最终产品生产商获得的总利润将由下式给出：

$$\pi_j = (c_j)^{1-\sigma} B \Gamma_j(\{\beta(v)\}_{v=0}^1) \varphi^{\sigma-1}$$

其中:

$$\Gamma_\ell(\{\beta(v)\}_{v=0}^1) = \frac{(\sigma-1)}{(\sigma_\rho-1)}\left(\frac{\sigma_\rho}{\sigma}\right)^{\frac{\sigma-\sigma_\rho}{\sigma_\rho-1}}\int_0^1\left\{\left(\frac{\sigma_\rho}{1-\beta(v)}-(\sigma_\rho-1)\right)\right.$$

$$\left.\times(1-\beta(v))^{\sigma_\rho}\left[\int_0^v(1-\beta(u))^{\sigma_\rho-1}du\right]^{\frac{\sigma-\sigma_\rho}{\sigma_\rho-1}}\right\}dv$$

(4.30)

当所有阶段的议价能力对称时,对于所有 v 有 $\beta(v)=\beta$,式(4.30)可以简化为:

$$\Gamma_\ell(\{\beta(v)\}_{v=0}^1) = \left(\frac{\sigma_\rho}{\sigma}\right)^{\frac{\sigma-\sigma_\rho}{\sigma_\rho-1}}\left(\frac{\sigma_\rho}{1-\beta}-(\sigma_\rho-1)\right)(1-\beta)^\sigma$$

当 $\sigma=\sigma_\rho$(当然 $\eta=0$),这个表达式变为式(4.14)中合同摩擦单个供应商的指数。在关键情况下这是直观的,一个供应商的收益独立于其他供应商的投资,而前文提到的涓滴效应则变得无关紧要。

当允许议价份额 $\beta(v)$ 沿价值链和生产地点变化时,从依次生产建模中可以得到更有趣的含义。为了直观理解,首先考虑选择 $\beta(v)$ 的(无限维)向量来最大化 F 的利润的情形。Antràs 和 Chor(2013)表明,这个看似复杂的问题可以归结为一个标准变分问题,它提供了非常简单的欧拉—拉格朗日(Euler-Lagrange)条件:

$$\frac{\partial\beta^*(v)}{\partial v} = \frac{1-\sigma_\rho/\sigma}{\sigma_\rho-1}v^{\frac{-\sigma_\rho(\sigma-1)}{(\sigma_\rho-1)\sigma}}$$

这个表达式的关键含义是,投入的相对大小与替代系数 σ_ρ 和 σ 的最终产品弹性决定了 F 保持较大盈余份额的动机是沿着价值链增加还是减少。直观地说,当 σ 相对 σ_ρ 较高时,投资是依次互补的,上游阶段 $\beta(v)$ 值较大,成本就较高,因为它们不仅削弱了这些早期上游供应商的投资动机,而且削弱了下游所有供应商的投资动机。相反,当 σ 相对 σ_ρ 较小时,投资是依次替代的,上游阶段 $\beta(v)$ 值较小,就是处于相对不利的情况,因为它们削弱了下游供应商投资的动机,而这些供应商本来就已经投资不足。①

这一结果对在国内和国外采购之间的选择有着十分有趣的含义,只要这些采购策略与不同的合同执行水平相关,或在与供应商谈判中与 F 有不同的议价份额。要看到这一点,首先要考虑的是,北方国国内交易中的合同是完全的,而外国采购合同则是完全不完全的。我们以上的研究结果表明,在依次互补案例中($\sigma>\sigma_\rho$),国外采购在上游阶段尤其缺乏吸引力。因此,如果国内采购和国外采购都处于价值链上,那么只有处于相对下游阶段的投入品生产才会离岸外包。②相反,在依次替代的情况下($\sigma<\sigma_\rho$),相对上游阶段将会选择离岸外包。总之,该模型预测,投入品的"上游度"应该是外国供应商采购程度的决定因素,这由 σ 和 σ_ρ 的相对大小决定。

但是请注意,如果国内和国外采购的合同化程度没有显著差异,但与 F 在国内采购中获得的盈余份额高于离岸外包,即 $\beta_D(v)>\beta_O(v)$,则可能会产生非常不同的结果,这可以参见 Antràs 和 Helpman(2008)。在这种情况下,依次互补案例中上游阶段的离岸外包会相对更具吸引力,而在依次替代案例中,下游阶段的离岸外包更受欢迎。我们将在下一章探讨这些不同场景的实证相关性。

---

① 在欧拉—拉格朗日方程上施加两个边界条件,最优阶段 v 讨价还价份额实际上可以用封闭形式求解,有 $\beta^*(v)=1-v^{\frac{\sigma_\rho/\sigma-1}{\sigma_\rho-1}}$。在依次互补的情况下($\sigma>\sigma_\rho$),这意味着对所有 v 都有 $\beta^*(v)<0$,所以 F 有动机向供应商作出比他们的全部增量贡献更多的分配。当 F 不能通过事前一次性转移支付的方式从供应商那里提取所有盈余时,或者当模型包含总部服务提供时,这个极端结果就不适用了(详见 Antràs and Chor, 2013)。很重要的是,在这些情况下,$\partial\beta^*(v)/\partial v$ 的符号是由 σ 和 σ_ρ 的比值决定的,只要 $\sigma>\sigma_\rho$ 就有 $\partial\beta^*(v)/\partial v>0$。

② 该结果的证明方式与 Antràs 和 Chor(2013)中的命题 2 相似。关于第 6 章交易成本模型结果的相关证明,参见理论附录。

4.13　结论和政策建议

　　本章探讨了垂直关系中存在不完全合同摩擦时,企业的全球采购决策的决定因素。我们为全球采购模型的不同变型提供了丰富的比较静态分析,并用中间投入品贸易数据检验这些预测的工具。在下一章中,我将通过产品和来源国的美国进口数据来检验该模型的可行性。在这个过程中,鉴于数据的跨国维度,有必要提出一个多国版本的模型。

　　在进行实证分析之前,值得指出的是,本章所发展的框架不仅提供了新颖的积极预测,而且具有重要的规范意义。尽管关于贸易政策在企业根据不完全合同进行组织决策中的作用的研究正处于萌芽阶段,但我与罗伯特·斯泰格尔(Robert Staiger)的共同合作在这方面进行了第一次尝试。

　　在 Antràs 和 Staiger(2012a)中,我们根据本章所提出的全球采购模型考虑了一个两国框架的模型,其中国际贸易业务涉及显著的锁定效应,而且其中由于不完全合同的实施,价格往往是双边协商好的,因此不受市场出清条件的充分约束。在该文献中,我们表明,套牢的低效率的存在会提升贸易政策在增加投入品的跨境贸易量方面的作用。此外,由于合同不安全性对国际业务的影响,这些最优贸易干预措施满足 Bhagwati 和 Ramaswami(1963)的目标原则,是解决合同摩擦的最优方法。Ornelas 和 Turner(2012)在同期的论文中提出了类似的观点。

　　也许更有意思的是,在 Antràs 和 Staiger(2012a, 2012b)中,我们证明,即使不存在低效率套牢情况下,双边(或多边)价格谈判的事实也对贸易协议的最优设计产生了深远的影响。特别是,当价格没有受到市场出清影响的充分约束时,贸易政策引起的当地价格的变化可能会对其他国家产生溢出效应,即使它们持有不变的国际(免税)价格。这反过来又导致了与传统贸易协定的贸易条件理论截然不同的预测,正如在 Bagwell

和 Staiger(1999，2001)中所揭示的事实。与 GATT(现在的 WTO)的传统"浅层一体化"方法相反,这种方法通常是基于贸易条件理论的正当理由,我们主张,有必要实现"深度一体化",包括边境和边境内政策的直接谈判。作为一个必然结果,我们认为,离岸外包定制产品和服务贸易的日益普遍,可能会使政府越来越难以依赖传统的 GATT/WTO 的概念和规则(如市场准入,互惠和非歧视),来帮助他们解决与贸易有关的问题。

合同和采购：证据

在第 3 章介绍的几个实证研究中，我分析了弱合同执行力对企业出口决定和国际贸易结构的意义。许多实证文献对全球采购中企业出现的合同摩擦进行了研究。如第 4 章证明的结果所示，与影响出口决定的方式不同，不完全合同会以另外一种方式影响生产的国际组织。因此，第 4 章中的全球采购模型发展了不同变形模式，并强调了在不同类型中间投入品进行贸易时，这些因素对预测弱的合同效应的重要性。

本章的目标是使用美国按产品和来源国进口的详细数据，对全球采购模型进行实证检验。首先，我会使用采购国家的进口汇总数据来探究美国企业在生产过程中，对国内生产投入品与国外投入品的依赖程度及其跨行业差异的决定因素。第 4 章式（4.12）正好解释了在某一个行业中，进口制造投入品支出与全部制造投入品支出的比例问题。同时，公式中包含了模型中所用到的参数：交易成本、生产率分布的离散度、需求弹性和合同执行水平 Γ，还有取决于制度的变量和模型中其他的一些原始参数。下面,在进行实证有效性分析前,我将对第 4 章中由模型得出的多个核心变量进行回顾。

我接下来将对美国的跨国进口数据方面进行探究,以便对模型进行更好的检验。在此之前,有必要构造一个多国模型来刻画在制度约束下,跨国差异对美国企业从不同国家采购不同产品倾向的影响。这个模型是在第 2 章章末所述的多国采购模型的基础上建立起来的,并且用一个清晰的公式将美国从 j 国进口的投入品 v 的数量与一些变量联系起来,比如美国与 j 国之间的交易成本,j 国的工资率,j 国劳动生产率的总体衡量,j 国的合同效率指数 Γ_j(类比第 4 章从两国采购模型中推导出的参数 Γ)。更重要的一点是,Γ_j(再)求导更加强调弱的合同执行对美国进口不同产品的不同影响,这取决于被交易的产品和购买这些投入品的行业的特定特征。沿着这条线索,Nunn(2007)和 Levchenko(2007)对其进行了实证检验,在控制产品和年份固定效应的前提下将美国从 j 国进口投入品 v 的数量和行业与国家的交互项相联系。

为了从直觉上理解双重差分方法(DID),可以考虑以下例子。智利和阿根廷这两个国家跟美国的地理距离十分相近,2000—2005 年,两国工人的人均实物资本水平和受教育程度十分相似。①然而,记录却显示智利的合同执行力明显比阿根廷高,考虑到在上述方法测算下"法治"得到的标准差为 1.90。事实上,2000—2005 年的"制度质量"指标排名,在 134 个国家中智利排名第 22,而阿根廷排名第 95。

可能是因为这个缘故,虽然阿根廷在统计期间的人口和 GDP 比智利高出两倍多,但智利制造业出口到美国的产品数量实际上却比阿根廷多(分别是 25.8 亿美元和 23.8 亿美元),在涉及某些重要初级产品制造业(如铜、石油、铝)的出口时,这一特征在两个国家的情况中体现得更为明显。相对阿根廷来说,智利在美国进口中占有更高的市场份额这一事实

① 在 134 个拥有这些变量数据的国家中,这两个国家在这些变量上的差异是距离的 0.09 个标准差,实物资本的 0.02 个标准差,平均受教育年限的 0.10 个标准差。

并不能明显说明合同执行力对贸易流量影响的重要性,因为可能有另外一些国家层面的特征使智利和阿根廷表现得很不一样,从而造成了两国对美国的出口情况截然不同。

为了更好地识别制度在贸易模式中扮演的角色,可以对数据中的跨行业变化作进一步研究,看看是否与理论结果一致,即不良制度对贸易产生的抑制性效应是否在一些理论预测应该较大的行业非常大。我们应当把这些行业称为"合同密集型",同时我们将使用第4章提出的模型来给出不同的合同强度指标。

举个例子,考虑两种投入品(Nunn,2007)关系专用性指标大小完全不同的制造行业。一方面,在6位数 NAICS 315222 行业(男士和男童裁剪套装、外套和大衣制造)中,Nunn(2007)估计行业中有75%的中间投入品是关系专用性的。另一方面,在6位数 NAICS 编码的 325212 行业中(合成橡胶制造),关系专用性的中间投入品只占19%。这证明了前者所在行业比后者所在行业更具合同密集型特征,因此,相比阿根廷来说,美国消费者更倾向于购买从智利进口前者所在行业的制造品。同时,比较优势学说逻辑又证明了阿根廷的低合同密集型商品比智利更具有吸引力,如合成橡胶制造。

从图5.1同样可以证实这一逻辑,图中显示了阿根廷和智利在两个行业中所占的市场份额,同时也统计了每个国家的市场总额在美国进口中所占的比重。从图中可清楚地看到,男士西服、外套和大衣在阿根廷对美国的出口中几乎为零,然而合成橡胶的市场份额几乎达到了阿根廷对美国的出口总份额的2.4倍。相反地,智利对美国的出口中合成橡胶几乎接近零,而男士西服、外套和大衣对美国出口所占的市场份额几乎是智利对美国的出口总份额的2.3倍。

当然,持怀疑态度的读者可能会认为这只是一个顺手拈来的例子,所以接下来,我利用所有可找到的美国进口数据,以更系统的方式利用识别策略来做实证检验。在确定检验之前,首先简要讨论一下利用美国进口数据检验全球采购模型的优点和缺点。

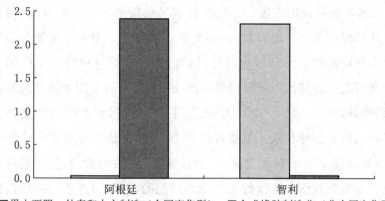

图 5.1 美国进口的行业市场份额与进口市场份额的比值

5.1 利用美国进口数据:优点和缺点

第4章提出的全球采购模型的变形侧重于企业关于中间投入品来源地的决策,因此,企业层面的数据是用来检验这些模型的理想工具。然而,企业层面的采购决策数据难以轻易获得,并且文献中用来研究此类问题的数据集并不能完全展现企业采购过程中不同投入品和地点的变化。①因此,我将在产品层面对美国国内不同类型的制造品从国外或国内生产商采购的情况进行检验。同时强调,这些实证分析是在很好的理论基础上开展的。正如第2章和第4章以及后文所进一步说明的,通过解决一系列不同类别的最终产品生产商作出采购决定的部门均衡问题,可以汇总这些生产商的决策,并且对所有国家(包括美国)在购买不同中间投入品的相对市场份额进行预测,其中这些中间投入品来源于总部设在美国的公司。总之,我将使用部门层面的数据对部门进行预测。

① 一些数据集,如本书其他部分中使用的西班牙商业策略调查数据库(Spanish Encuesta sobre Estrategias Empresariales, ESEE),只记录各投入品和外国来源的进口投入的企业层面数据。

虽然本章可以用多国产品层面的贸易数据来进行实证分析，但是我只从单国角度分析进口数据，即美国。这样做是为了方便和第8章企业内部贸易的实证分析作对比，同时，因为数据可得性将会限制我对下文所展示的其他国家数据的敏感性检验。我将使用美国海关和边境保护局整理的2000—2011年的美国进口数据，此数据可在美国人口普查网站上公开获取。虽然可以在10位数的统一分类税则表分类系统（以将近17 000种类目著称）上获得极其详细的数据，但是我将使用更能与贸易数据和其他行业变量相匹配的数据，而这些行业层面的变量数据只能在加总程度更高的情况下使用（下文将详细介绍）。①后面的回归将利用包含390个制造部门、232个国家12年的进口量变化，从而得出多达1 085 760个观测值。然而，由于数据缺乏一些关键解释变量，回归方程难以分析更多特征，这将会在后文有更加详细的解释。

用第4章中的模型和美国进口数据进行丰富的理论预测至少有其他三个困难。第一，理论证明，最终产品生产商（如其所面临的需求弹性）和所购买的投入品（如关系专用性）的特征与投入品采购地的选择是相关的。不幸的是，可公开获得的美国贸易数据仅仅建立在根据交易货物类别所划分的部门或行业分类的基础上，并不包括部门的商品采购信息。举一个更具体的例子，当美国从阿根廷进口一批合成橡胶（NAICS 325212）时，将进口量按照制造工厂的购买量细分成鞋子、塑料瓶或者轮胎，但是研究人员根本无法得到这类信息。然而，根据 Antràs 和 Chor（2013）的研究结果，我们可以根据美国投入产出表中的信息来对以上详细信息进行一个合理推理。

第二个关于美国产品层面进口数据的局限性是，无法准确识别进口商品的最终用途，因此，难以直接区分中间投入品的进口量和最终

---

① 但是，正如在数据附录中所描述的，我确实使用了10位数据来分离美国进口的中间投入品成分。

产品的进口量。例如，虽然美国进口的部分男士西服和外套（NAICS 315222）是从美国制造和服务企业购买的投入品（基于美国投入产出使用表的推测），但也可以认为，美国在这个部门的进口中有很大一部分是通过零售部门销售给消费者的成品。将后一种进口类型和第 4 章中的模型相匹配确实有点牵强，并且给分析这些采购部门特征造成了额外的麻烦。基于这个原因，下面的检验将采用 Wright（2014）提出的方法来试图剔除美国进口数据中的非中间投入品部分。

第三个关于美国进口数据的关键点是，即使美国进口量确实能反映出中间投入品的贸易情况，也并不能确保这样的进口量就和总部位于美国的公司的进口决定是一致的，这也是第 4 章模型关注的重点所在。尤其是，如果想象这些交易是和一个负责运输中间投入品到美国分公司的国际跨国公司的总部或母公司有关联，那也是很自然的。Nunn 和 Trefler（2013b）使用毕威迪的（Bureau van Djik）环球数据库进行了校正，认为此现象在一系列国家中有可能更为突出。下面我将进行稳健性检验，并给出更为具体的解释。

使用美国进口数据的另外一个局限性是，该数据只包含了那些需要将商品运回美国的采购决策。实际中，一些美国大型企业处于全球价值链中，能够将零部件先运至外国组装后再运回美国本土，正如第 1 章中讨论的 iPad 3 的案例情况一样。基于这个原因，美国进口通常并不能完全代表美国企业在全球采购战略中的参与度。我不会校正后文即将进行的实证检验中的第三方市场效应，但与此同时，我也不清楚这种现象会如何影响将要显示的结果。

到目前为止，我只是介绍了美国进口数据的一些局限性，因为这些数据可以用来分析美国企业从特定国家采购特定类型的投入品的相对倾向。第 4 章模型的实证检验，还要求构建与这些模型中影响相关决策的一些关键参数相关的变量。这自然会带来更多的挑战，但最好等到后文我们讨论主要理论分析时再说。

5.2 跨行业检验：完全合同模型

首先对第 4 章的两国采购模型的变形进行实证检验。虽然最终目的是为了分析导致企业作出全球采购决定的合同因素，但有必要花一些时间讨论关于完全合同的基准模型的实证分析。

根据第 2 章的内容，假设生产商之间遵循生产率帕累托分布，则我们需要解决的是行业均衡问题，某一行业的进口制造投入品支出与制造投入品总支出的比例可以表示为如下形式：

$$\Upsilon_O = \frac{\left(\frac{w_N}{\tau w_S}\right)^{(1-\eta)(\sigma-1)}}{\left(\frac{\widetilde{\varphi}_O}{\widetilde{\varphi}_D}\right)^{\kappa-(\sigma-1)} - 1 + \left(\frac{w_N}{\tau w_S}\right)^{(1-\eta)(\sigma-1)}}$$

其中：

$$\frac{\widetilde{\varphi}_O}{\widetilde{\varphi}_D} = \left[\frac{f_O/f_D - 1}{\left(\frac{w_N}{\tau w_S}\right)^{(1-\eta)(\sigma-1)} - 1}\right]^{1/(\sigma-1)}$$

根据第 2 章的讨论，进口投入品 Υ_O 的比例会随着工资的比例（w_N/w_S）、生产率离散度（$1/\kappa$）、替代弹性 σ 递增，随着贸易壁垒（f_O/f_D，τ）和总部密集度（η）递减。具体表达可简化为：

$$\Upsilon_O = \Upsilon_O(\underset{+}{w_N/w_S}, \underset{-}{\tau}, f_O/f_D, \underset{-}{\kappa}, \underset{+}{\sigma}, \underset{-}{\eta}) \tag{5.1}$$

假设现在有一种特定类型的投入品 v 在北方国中（在我们的实证运用中不妨看成美国）被不同部门的企业所购买。美国企业获得这项投入品来源于本国或外国采购的程度由模型式（5.1）中的关键参数决定。其他条件一样的情况下，只要投入品可以在国外拥有更低的生产成本，并且进口时面临相对较低的贸易壁垒，进口在该投入品的总销售中就占有较高的重要性。更进一步，式（5.1）说明，只要部门采购到的商品具备更高生产率离散度、更高需求价格弹性或更低的总部密集度等特征,进口投入品 v 的相对比重也会较高。

一种简单计算投入品 v 份额 Υ_o 的方法是,计算美国进口产品 v 的数量与美国总进口品数量的比例,其中美国总进口数量被定义为产品 v 的美国生产数量与进口部分之和,减去美国出口该产品的数量。这个测量方法和文献中提及的进口品市场占有率联系很紧密,但下面我将尝试改善测度方法,以便获得更准确的中间投入品运输量而非运输总量。

表 5.1 中左边一列数据代表 2000—2011 年平均离岸外包份额 Υ_o 最低的 10 个行业,右边一列数据则代表 2000—2011 年同期平均离岸外包份额最高的 10 个行业。这些份额是在结合美国人口普查网站上的进出口数据和 NBER-CES 制造业数据库 2000—2009 年数据,以及 2010—2011 年制造业年度调查数据的基础上计算得来的。虽然所有的数据均可用 6 位数 NAICS 形式表现,但为了处理跨时期行业分类(详见数据附录)问题,有必要作出一些细微调整。对某些行业和年份来说,Υ_o 比例或负或大于 1。这是因为,从其中观测值总量的 3.3% 来看(156/4 680),

表 5.1　离岸外包强度排名最低和最高的前十名行业

离岸外包强度排名最低的 10 个行业(Υ_o)		离岸外包强度排名最高的 10 个行业(Υ_o)	
0.000	预拌混凝土制造	0.899	行李箱制造
0.001	液体奶生产	0.905	男士和男童的裁剪和缝纫衬衫
0.002	多种商业表格印刷	0.919	男士和男童的裁剪和缝纫衬衫
0.002	轧钢型材制造	0.924	塑料,铝箔和涂层纸袋
0.002	移动板房制造	0.926	婴儿裁剪和缝制衣服生产
0.003	钣金加工	0.936	毛皮和皮革服装生产
0.003	导弹和太空飞行器制造	0.952	所有其他通用用途生产
0.004	家禽加工	0.959	珠宝的材料和宝石鉴定
0.005	冰淇淋和冷冻甜点生产	0.966	女鞋(运动鞋除外)
0.005	大豆加工	0.996	其他鞋类制造

资料来源:美国人口普查网站、NBER-CES 制造业数据库和制造业年度调查数据。

记录在案的总货运价值竟然低于美国的出口价值。①这些数据在计算表5.1中的平均值时被剔除掉了。

从表5.1可以清楚地看到,在左边序列的部门生产的商品在跨境运输时相对较难或成本很高。相反,在右边序列的部门都可以归类于服装部门,交易成本较低并且远比美国国内的生产成本低。同时还可看到,许多拥有高离岸外包份额的部门几乎不生产成品,这让我们在后文可以只分析中间投入品的进口情况。

在已经计算了2000—2011年离岸外包份额的基础上,表5.2展现了一组简单的基准回归结果,结果可用以下跨行业变量解释:(1)运输成本和造成贸易摩擦的美国关税;(2)不同的总部密集度参数;(3)行业内生产率离散度的测算;(4)需求弹性指标σ。为了更好地解释量化结果的重要性,回归表中所有的系数对应β系数。此外,因为行业控制变量不会因国家和年份的不同而改变,因此我将标准误差聚类在行业层面。在讨论结果之前,先对数据来源作简要的介绍,想要获得更多的细节请参考数据附录。

从彼得·肖特(Peter Schott)的网站处可下载以部门作为测量单位的运输成本数据(更多文献请参考Schott, 2010),关税方面的数据来源于由世界银行负责维护的世界综合贸易解决方案(WITS)数据库。这些可用的交易成本变量在2000—2011年根据出口国家计算了平均值。关于总部密集度,根据多数文献,用美国制造企业的资本密集度、技术密集度和R&D强度指标来表示。更进一步地说,资本密集度和技术密集度根据NBER制造业数据库计算而来,R&D强度是由Nunn和Trefler(2013b)根据环球数据库计算的R&D平均耗费与销售比率的对数值。生产率离散度的测度根据Nunn和Trefler(2008)得出,这一测度是基于HS编码制下某部门的10位数字子行业,由每日贸易流量对数的标准差

---

① 这反过来可以解释为,制造业年度调查如何分配多种类产品企业在不同行业类别之间的贸易,或解释为,一些制造业产品的出口是由非制造业企业生产的,这些企业在装运前增加了这些产品的价值。

表 5.2 美国离岸外包的影响因素

Dep. Var.: $\dfrac{Imp}{Imp + Shipments - Exp}$	(1)	(2)	(3)	(4)	(5)	(6)
运输成本	−0.217**	−0.271**	−0.280***	−0.275**	−0.025**	−0.052**
	(0.041)	(0.044)	(0.045)	(0.044)	(0.004)	(0.009)
关税	0.038	0.046	0.015	0.012	0.001	0.003
	(0.073)	(0.089)	(0.073)	(0.075)	(0.006)	(0.010)
(R&D/销售)对数	−0.027	−0.004	0.025	0.023	−0.001	−0.008
	(0.052)	(0.051)	(0.051)	(0.051)	(0.005)	(0.010)
(技能/非技能)对数	−0.000	−0.023	−0.043	−0.045	−0.002	−0.006
	(0.000)	(0.048)	(0.049)	(0.049)	(0.005)	(0.010)
(资本/劳动)对数	−0.049	−0.082				
	(0.042)	(0.053)				
(资本设备/劳动)对数			−0.484**	−0.466**	−0.037**	−0.074**
			(0.121)	(0.120)	(0.010)	(0.015)
(资本结构/劳动)对数			0.411**	0.393**	0.032**	0.067**
			(0.115)	(0.114)	(0.010)	(0.016)
生产率离散度				−0.002	0.003	0.007
				(0.086)	(0.006)	(0.020)
需求弹性				0.050	0.002	0.005
				(0.063)	(0.005)	(0.006)
样本约束	None	$\Upsilon_o \in [0,1]$	$\Upsilon_o \in [0,1]$	$\Upsilon_o \in [0,1]$	$\Upsilon_o \in [0,1]$	$\Upsilon_o \in [0,1]$
固定效应	Year	Year	Year	Year	Ctr/Year	Ctr/Year
观测值	4 680	4 524	4 524	4 524	1 085 537	312 929
R^2	0.063	0.092	0.140	0.142	0.203	0.196

注：标准分布在行业级别的所有列中。+、*、** 表示在 10%、5%、1% 水平上的显著性。

计算而得。最后，需求弹性是 Broda 和 Weinstein（2006）根据 HS 系统，利用美国进口需求弹性计算得到的。[①]

我们已经讨论了涉及的变量及其来源，现在可以来阐述表 5.2 中的结果。表中第（1）列进行了离岸外包份额与交易成本和总部密集度指标的简单回归，运用了可得的数据，包括 390 个行业和 12 个年份共计 4 680 个观测数值。如理论预测一样，第（1）列的结果证明，运输和保险成本越高的产业，其离岸外包份额越低。这个结果在统计学和经济学意义上都很显著：运输成本的标准差每增加一单位，就会减少 0.22 个标准差的离岸外包份额。相反，因为关税的系数为正，由人为制造的贸易壁垒所产生的负面影响并不明显，然而这在统计学和经济学意义上都不明显。这个谜一样的结果可能由反向因果偏差来解释，因为政治经济学理论中关于关税形成的部分强调了进口品市场占有率对部门期望保护水平的正面影响。按理应该尝试沿着 Trefler（1993b）提供的线索对产生的内生性偏差进行修正，但是我将其留到以后再去研究。这是因为，尽管有内生性偏差的存在，但是后文中一些修正参数将会显示关税存在显著的负面影响。表 5.2 第（1）列中其余的三个系数显示了总部强度指标的负向影响，但是其统计学意义并不大。

在表 5.2 的第（2）列，我对数据做了相同的回归分析，但是不会剔除在［0，1］之间的 156 个观测值的离岸外包份额 Υ_O。这提高了回归的适用性，但除了似乎接近标准置信区间的资本密集度之外，其余的参数受到的影响均较小。从现在起，我只处理 $\Upsilon_O \in [0，1]$ 的观察值样本。第（3）列将资本密集度效应分解成了独立的资本设备效应和资本结构效应。有意思的是，设备强度似乎对离岸外包份额有非常显著的负向效应，但结构效应对其有着正向效应。两种效应在经济学意义和统计学意

[①] 表 5.2 中回归所使用的所有变量都是在原始形式的国际贸易中下载或转换成 6 位数 NAICS 分类的，详见数据附录的详细说明。本章和第 8 章的实证分析中使用的整个数据集和 Stata 程序代码可以在 http://scholar.harvard.edu/antras/books 下载。

义上均非常显著。凭直觉可能会将总部密集度理解成代表资本投资类型的相对重要性，在这里"北方国"似乎有着最大的比较优势。确实，Mutreja(2013)表明，不同国家的资本设备离散度远比资本结构离散度要大，并且富裕国家的设备与结构比率也远高于贫穷国家。①表5.2第(4)列分析了生产率离散度和需求弹性效应对外包份额的影响。这些变量的系数偏小，估计不那么准确。

表5.2中的第(5)和第(6)列利用了进口数据中的跨部门和跨国家变量。首先，我计算了部门离岸外包在出口国水平上的份额，通过用来自特定国家 j 的部门进口代替 Υ_O 分子中的部门进口总额。然后，通过将不同来源—国家—年份的固定效应引入到回归中，研究了特定出口国的变量 Υ_O 中的跨产品变量。稍后在本章中，我将会更细致地介绍利用跨国数据来识别的好处。目前可以定论，第(1)—第(4)列所观察到的模式反映了某些国家作为资源进口国所具有的吸引性，并且这些地点在生产产品方面恰好具有运输成本低廉或者资本设备强度高的优点。通过引入不同来源—国家—年份的固定效应，可以更好地区分部门层面的特征对倾向于离岸外包或者本土生产采购的影响。

第(5)列包含了全部离岸外包份额的 1 085 760 个样本，除了参数 Υ_O 大于1或为负值的223个观测值之外(仅占 0.02%)。简单比较第(4)和第(5)列，表明结果从定性上并没有很大程度受到使用特定国家离岸外包份额的影响。然而需要注意的是，β 系数比只是使用跨部门回归分析的结果小10倍，极大可能地暗示了行业协变量的经济意义相当之小，部分原因是，71.1%的国家/行业/年份观测值在美国的进口中为零(意味着 $\Upsilon_O = 0$)，因此，所采用的普通最小二乘法(线性概率)模型并不能保证

---

① 利用制造业年度调查 2002—2010 年的数据，我进一步试验了将资本设备分解为：(1)用于高速公路的汽车和卡车，(2)计算机和周边数据处理设备，(3)所有其他机械和设备计算机。汽车和"其他设备"的影响是消极且显著的，而计算机的影响是积极且非常显著的。在更密集使用计算机的部门，似乎更倾向于进行离岸外包，这一事实很有趣，也很直观。

数据的最佳拟合。第(6)列将进口流量观测值限制为正数,因而系数大概是第(5)列的两倍。当然,这并不是经济学中正确处理数据中包含零时的办法,然而这种方法在诸多文献中算是相当普遍了。

总之,表5.2的结果为完全合同的全球采购基准模型提供了很多混合证据。一方面,我们可以确认,运输成本和一些总部密集度确定指标(最明显的是资本设备)对离岸外包份额具有负向影响。另一方面,其他代表总部密集度的参数所具有的负向影响不是那么准确。另外,生产率离散度和需求弹性会如理论预测那样对离岸外包份额产生正向影响,但是这些结果所具有的经济学意义和统计意义非常小。

5.3　跨行业检验:样本约束

在某种程度上,好坏参半的实证结果不应令人觉得太奇怪。毕竟,我在本章开始就强调了在使用美国进口数据构建离岸外包份额时的三个局限性。为了解决这些局限性,我将对如何修正以上检验做出简要概述。

首先考虑这个问题:进口数据仅从要交易的商品所属部门来识别。这使我在前文将产业部门商品的采购来自国外的程度(对比来自美国)与同一部门的特征相关联。我们所建立的全球采购模型,自然而然地将重点放在研究运输成本和关税的影响上,但是对于总部密集度来说有点牵强,甚至对于需求弹性会出现一些简单的误差,更具体一点,总部密集度参数 η 体现了由美国总部及其供应商提供原料的相对重要性,因此,有必要建立一个购买那些投入品的行业的总部密集度指标,甚至式(5.1)中用来界定 Υ_0 的参数 σ 与购买这些中间品行业的需求弹性相关,而非出售这些中间品的行业。不幸的是,美国人口普查局的贸易数据和一般性公开可获得的贸易数据都不包含进口企业的行业分类信息。所以,运用 Antràs 和 Chor(2013)的方法,可以使用美国投入产出表中的行业间流动数据来构建行业变量(如 η 和 σ 指标)，这与平均行业购买属于某一个特定类型的投入品有关。有兴趣的读者可以参考附录中有关于这些"买方"变量的构建来了解更多的细节。

虽然可以构建一个买方形式的生产率离散度的测量指标(Nunn and Trefler, 2008)，但将一系列离散度测度量进行加权不太可能准确测量买方行业的平均离散度。此外，正如 Nunn 和 Trefler(2013b)所指出的那样，与离岸外包份额相关的参数 κ 的比较静态，应用时不考虑规模差异是源于买方之间还是卖方之间的生产率离散度。虽然模型中缺少后一种异质性，但很容易被考虑进来。出于这些原因，我将基于 Nunn 和 Trefler(2008)的观点，密切关注进口部门的生产率离散度的测度。

使用投入产出表需要对数据进行筛选，因此我放弃使用 NAICS 6 位数行业划分数据(这些贸易数据是公开的)，而使用有点粗糙的 2002 年投入产出表行业分类(IO2002)。结果，我留下了 IO2002 中的 253 个制造行业数据，而非表 5.2 中的 390 个 NAICS 行业数据。[①]表 5.3 第(1)列和表 5.2 第(4)列均展示了跨行业结果，但不同的是前者使用了 IO2002 分类，后者使用的是 NAICS 分类。对比这两列我们可以发现，行业分类的改变对结果的估计影响较小。运输成本对离岸外包份额依然有着显著的负向影响，然而模型中其他参数的分析结果有正有负。这两列主要的差异在于，设备资本密集度的负向影响在统计上只有 7% 的显著性水平，R&D 强度效应在 10% 的水平上显著为正。[②]

表 5.3 第(2)列中，我引入了买方形式的需求弹性和总部密集度参数指标。前文的讨论可能会使读者认为，对离岸外包份额的一些关键决定

[①]　正如在本书后面的数据附录中所解释的那样，达文·乔(Davin Chor)提醒我一个事实：一个 IO2002 行业似乎有着不切实际的高 R&D 强度。幸运的是，当将该行业排除在分析之外时，结果几乎没有受到影响。这样的异常值不会出现在 NAICS 层面的数据集中。

[②]　观测值的总数(2 986)对应于 253×12＝3 036－50 个观测值(1.6%)，这 50 个观测值的 Υ_0 落在区间[0, 1]之外。

表 5.3　修正后的美国离岸外包份额的决定因素

Dep. Var.: $\dfrac{Imp}{Imp+Shipments-Exp}$	(1)	(2)	(3)	(4)	(5)	(6)
卖方行业运输成本	-0.315^{**} (0.058)	-0.295^{**} (0.056)	-0.269^{**} (0.058)	-0.273^{**} (0.053)	-0.025^{**} (0.005)	-0.054^{**} (0.012)
卖方行业关税	-0.025 (0.068)	-0.013 (0.068)	-0.083^{*} (0.031)	-0.088^{**} (0.029)	-0.007^{**} (0.002)	-0.012 (0.008)
(R&D/销售)对数	0.088^{+} (0.053)	0.095 (0.072)	0.033 (0.085)	0.034 (0.082)	0.006 (0.008)	0.007 (0.016)
(技能/非技能)对数	-0.021 (0.062)	-0.036 (0.073)	0.054 (0.073)	0.039 (0.072)	0.004 (0.007)	-0.009 (0.016)
(资本设备/劳动)对数	-0.293^{+} (0.161)	-0.221 (0.163)	-0.113 (0.152)	-0.141 (0.155)	-0.005 (0.014)	-0.048 (0.031)
(资本结构/劳动)对数	0.261^{+} (0.151)	0.108 (0.150)	0.085 (0.148)	0.113 (0.151)	0.003 (0.013)	0.037 (0.029)
生产率离散度	0.016 (0.071)	0.048 (0.064)	0.093 (0.069)	0.118^{+} (0.069)	0.016^{*} (0.007)	0.031^{*} (0.015)
需求弹性	-0.023 (0.072)	-0.042 (0.082)	-0.032 (0.080)	-0.045 (0.084)	-0.005 (0.005)	-0.004 (0.019)
样本约束	$\Upsilon_o\in[0,1]$	$\Upsilon_o\in[0,1]$	W	W+NT	W+NT	W+NT^{+}
固定效应	Year	Year	Year	Year	Ctr/Year	Ctr/Year
买方与卖方行业控制	Seller	Buyer	Buyer	Buyer	Buyer	Buyer
观测值	2 986	2 986	2 510	2 513	582 811	148 879
R^2	0.149	0.148	0.147	0.156	0.200	0.198

注：W 和 NT 代表 Wright(2014)及 Numm 和 Trefler(2013b)的样本集。标准误在行业层面聚集。+、*、** 表示在 10%、5% 和 1% 水平上的显著性。

因素的误测是造成表 5.2 中模型表现参差不齐的原因。然而，将买方行业变量引入回归对估计值的影响微乎其微。事实上，资本设备的系数只是轻微下降，但是缺乏更多的解释力度。总之，运输成本是唯一在统计学意义上能够影响离岸外包份额的变量。①

现在处理有关美国产品层面的进口数据的第二个局限性，该数据对成品和中间投入品的区分并不明显。目前为止，我在计算离岸外包份额时包含了所有的美国制造业产品的进口数据，但也可以选择包含购买中间投入品的样本量。部分原因是，所构建的模型假定在结合了生产条件后，美国最终产品生产商会选择最优的产品投入品生产地。因此，可能会有人认为，为了让模型更加适用于决定是否离岸外包制成品生产的美国零售商市场，不妨重新定义理论中的各个对象。然而，目前只有美国制造业企业的数据，在可用数据下建立买方形式的平均离岸外包份额的关键决定因素是不可能的。综合以上因素，不如剔除数据中最终产品的购买部分。

为了满足上述要求，我采用 Wright(2014)的方法，详情请参阅数据附录。简而言之，Wright(2014)的方法采用了美国人口普查行业 10 位数 HS 编码和 5 位数最终用途编码之间的一致性，来将产品分类为最终产品和中间投入品。有了这个信息，可以剔除与最终产品生产有关的 10 位数 HS 编码，然后利用 IO2002 分类重新汇总数据，为中间投入品的进出口建立一个参数。②

实施这种方法会大大减少各行业之间的贸易量，同时也导致完全由最终产品所构成的行业观测值的缺失。例如，IO2002 行业 335 222 家用冰箱和家用冷冻机制造。数据附录包括了所有未被使用的最终产品行

---

① 这些关键行业变量的买方和卖方形式之间的相关性很高，从资本建设的 0.74 到需求弹性的 0.89。反过来，这在一定程度上反映了投入产出表中行业内商品流动的极强重要性。

② 我也采用 Wright(2014)的做法，剔除了纯加工原材料的行业，这样我们就能更轻松地将投入品区分开来。

业名单。[1]这个方法可以用来计算中间投入品的进出口,但是离岸外包份额公式也要求调整美国的运输数据,目的在于使这些数据只反映美国中间投入品销售额。因此,我将美国每个行业的运输量与平均"Wright"因子相乘,然后应用于2000—2011年产业贸易流量。在讨论这种修正对估计值的影响之前,表5.4展示了2000—2011年使用Wright修正方法修正的平均离岸外包份额 Υ_O 最高和最低的10个部门。对比表5.1可以发现,大部分消费品部门在这张表中已经不存在。

表5.3中的第(3)列展示修正后的解释离岸外包份额的实证模型结果。第一个值得注意的是,关税的影响比第(2)列大了6倍,在5%的统计水平上显著。另外,生产率离散度的影响扩大了两倍,显著性水平接近10%。另一方面,据不准确估计,总部密集度和需求弹性的买方参数

表5.4　离岸外包强度修正后排名最低和最高的前十名行业

离岸外包强度排名最低的 10个行业(Υ_O)		离岸外包强度排名最高的 10个行业(Υ_O)	
0.000	预拌混凝土制造	0.651	计算机存储设备
0.004	印刷支持活动	0.661	金属切削机床
0.006	沥青路面混合和砖块制造	0.664	电子,电容器及其他电感器
0.007	纺织和织物整理厂	0.668	电子连接器
0.007	混凝土管/砖/砌块制造	0.748	光学仪器和透镜
0.008	标志制造	0.764	娃娃,玩具,游戏制造
0.015	沥青瓦及涂层材料	0.773	皮革,皮革鞣制及整理
0.015	装饰和建筑金属	0.831	其他通用机械
0.016	汽车车身制造	0.838	纸浆
0.017	纸板工厂	0.882	音视频设备制造

资料来源:与表5.1一样,并基于Wright(2014)方法进行样本调整。

---

[1] 只要某一部门每年中间投入品的进口总额为零,而其离岸外包份额为[0,1]时,该部门就应该被剔除。有39个行业是这样的(见数据附录中的表B.1)。表5.3的第(3)列去掉了526个观测值,远比39×12=468要多,因为有58个额外的观测值在区间[0,1]之外拥有离岸外包份额。

指标对外包份额仍然产生负向影响，甚至这些系数和模型所暗示的也是相反的。

在表 5.3 第（4）列中，我对实证检验进行了另一项改进。我们前文关于"买方"总部密集度、生产率离散度和需求弹性的影响的讨论依赖于将美国中间投入品进口解释为与美国总部从外国供应商进口商品有关。然而，这些进口中的一个重要的份额，包含了从外国总部到美国子公司或者独立子公司的运输量。值得讨论的是，这些交易的基本原因可能并不能最好地被第 2 章和第 4 章的模型阐述。因此，此处和 Nunn 和 Trefler(2013b)一样，第（4）列在选取更适合我们的全球采购模型的样本的基础上对结果采取稳健性检验。更具体一些，Nunn 和 Trefler(2013b)采用毕威迪的环球数据库来识别所有子公司的总部配对，这些子公司或总部中至少有一方是来自美国的。他们发现，只有 18 个国家和地区(见其文章的表 4)中美国企业所占的比例低于 75%。进一步说，18 个国家和地区中只有 5 个所占比例低于 50%，因此样本中移除这 5 个国家(冰岛、意大利、芬兰、列支敦斯登和瑞士)。我还尝试将所有 18 个国家和地区的份额都降至 75% 以下，结果并没有发生实质性的改变。[①]

从表 5.3 第（4）列中可以清楚地看到，Nunn—Trefler 修正和之前的修正结果影响相似。关税的负向作用和生产率离散度的正向作用比之前修正模型的结果(后者影响的显著性水平为 10%)有更显著的影响。但是相关证据证明了对于离岸外包份额，买方总部密集度效应的负向影响和需求弹性的正向影响均是不可否认的。

在表 5.3 的最后两列，离岸外包份额均使用了跨行业和跨国家变量，同时也将 Wright 和 Nunn—Trefler 修正应用到构造贸易流量和美国运输量的份额当中。再次强调，回归方程包括国家—年份固定效应，因而这里的目的是比较各个行业的离岸外包份额，同时控制随时间变化的未被

---

① 全部 18 个国家和地区包括冰岛、意大利、芬兰、列支敦士登、瑞士、瑞典、中国台湾、比利时、百慕大、挪威、丹麦、韩国、日本、西班牙、以色列、奥地利、法国和德国。

观察到的国家特征。值得讨论的是,即使对跨行业变量有兴趣,通过更好的方法来处理数据也还是明智的。和表5.2相同,第(5)列包括了所有的位于[0,1]之间的离岸外包份额(Wright和Nunn—Trefler修正),然而第(6)列剔除掉了第(5)列中美国进口和离岸外包份额为零的数据。①表5.2的结果和只研究跨行业维度的数据回归结果在性质上很相似,虽然这些影响的经济规模大大降低,但是它们的统计学意义却大大加强了。特别地,买方生产率离散度效应现在在第(5)和第(6)列中的显著性水平均为5%。②虽然第(6)列中设备资本效应是负的,且显著性水平接近10%,但需求弹性和总部密集度的结果依旧是表现不一的。

总而言之,表5.3的估计值,为完全合同基准模型中的一些关键性预测提供了强有力的事实证明。值得注意的一点是,运输成本低(由于交易成本低和关税低)和由生产率离散度较高的部门购买的货物的离岸外包份额似乎明显更高一些。我们也找到了一些证明"买方"总部密集度指标对离岸外包份额有着负向影响的证据,尽管这些效应并不非常稳健。令人失望的是,证明买方需求弹性对离岸外包份额有着正向影响的证据并不明显。下一步我们将对全球采购模型的不完全合同进行研究,看其是否能说明以上检验结果的混合效应,同时对合同摩擦模型中出现的不同预测做出正式检验。

5.4 跨行业检验:不完全合同模型

回到第4章的开始,我推导了式(4.12)和式(4.13),用以表示特定行

---

① 为了理解第(5)列中观察到的数量,请注意,该样本现在排除了5个国家和39个行业,其余离岸外包份额中有125个低于0或高于1。因此我们有 $(232-5) \times (253-39) \times 12 - 125 = 582\ 811$ 个观测值。

② 值得强调的是,这些回归方程中的标准误差在行业层面上呈现适当程度的集聚。

业发生合同摩擦时，进口制造投入品的支出与制造投入品的总支出之比。然而，为了推导这个公式，我做了些强假设：合同在北方国是完全的，在南方国是"完全"不完全的；单一投入品，对称的议价能力，没有融资约束。正如理论附录所展示的，这个方程可以扩展运用第4章模型中的所有变量。在从国内采购和离岸外包的情况下，企业利润可以分别表达成如下形式：

$$\pi_D(\varphi) = (w_N)^{1-\sigma} B\Gamma_D \varphi^{\sigma-1} - f_D w_N$$

和：

$$\pi_O(\varphi) = ((w_N)^{\eta}(\tau w_S)^{1-\eta})^{1-\sigma} B\Gamma_O \varphi^{\sigma-1} - f_O w_N$$

其中，Γ_D 和 Γ_O 分别表示国内采购与离岸外包情况下的合同效率水平。中间投入品的离岸外包份额一般公式可以表示如下：

$$\Upsilon_O = \frac{\dfrac{\Gamma_O}{\Gamma_D}\left(\dfrac{w_N}{\tau w_S}\right)^{(1-\eta)(\sigma-1)}}{\left(\dfrac{\tilde{\varphi}_O}{\tilde{\varphi}_D}\right)^{\kappa-(\sigma-1)} - 1 + \dfrac{\Gamma_O}{\Gamma_D}\left(\dfrac{w_N}{\tau w_S}\right)^{(1-\eta)(\sigma-1)}} \tag{5.2}$$

其中：

$$\frac{\tilde{\varphi}_O}{\tilde{\varphi}_D} = \left[\frac{f_O/f_D - 1}{\dfrac{\Gamma_O}{\Gamma_D}\left(\dfrac{w_N}{\tau w_S}\right)^{(1-\eta)(\sigma-1)} - 1}\right]^{1/(\sigma-1)} \tag{5.3}$$

类比完全合同的情形，可以将模型中的因变量参数 Υ_O 表达如下：

$$\Upsilon_O = \Upsilon_O(\underset{+}{w_N/w_S}, \underset{-}{\tau}, \underset{-}{f_O/f_D}, \underset{-}{\kappa}, \underset{+}{\sigma}, \eta, \underset{+}{\Gamma_O/\Gamma_D}) \tag{5.4}$$

其中相对于式（5.1）中的唯一新结果是 Υ_O 关于 Γ_O/Γ_D 正相关的。

虽然同样的式（5.2）和式（5.3）可以应用于全球采购模型中的所有参数，但是 Γ_D 和 Γ_O 的特定值（以及如何由参数定义）与扩展模型中的不同。这将在本章后面说明原因，第4章的讨论将围绕模型参数 Γ_D 和 Γ_O 的效应展开，而非 Γ_O/Γ_D 的比值。然而，理论附录包含了详细的推导和证明在离岸外包交易的合同化程度低于国内交易这一看似合理的假设

表 5.5　参数对 Γ_D、Γ_O 和 Γ_O/Γ_D 的影响

	σ	η	ϕ	μs	ϵ	ρ
Γ_D	—	不明确	0	0	—	+
Γ_O	—	不明确	+	+	—	+
Γ_O/Γ_D	—	不明确	+	+	—	+

下,不同参数对比率 Γ_O/Γ_D 的影响。

　　表 5.5 总结了其他相关参数对合同效率及其比值的影响结果。首先注意到,采购行业需求弹性 σ 越高,合同效率就越低,相对于国内采购,对离岸外包的影响更大。[1]因此,由不完全合同所造成的扭曲似乎因最终产品市场上的高度竞争而加剧。接下来,注意第 4 章中提过的推理,总部密集度 η 对这些合同化指标及其比值的影响是不确定的。[2]自然地,在评估需求弹性效应 σ 和总部密集度 η 对离岸外包份额 Υ_O 的影响时,如式(5.4)总结的,需要考虑式(5.2)和式(5.3)中这些参数的直接影响。两者对离岸外包份额的总体影响是不明确的,因为这是两种相反(或潜在相反)效应的平衡带来的结果。

　　这些理论上的不明确性可以解释,为什么表 5.3 中双参数的实证指标的回归结果似乎并没有如完全合同基准模型预测的那样,对离岸外包份额产生显著的影响。相反地,买方生产率离散度 $1/\kappa$ 和交易成本 τ 没有因合同摩擦的程度对离岸外包份额产生任何间接影响,因此如表 5.3 最后一列展示的那样,可以仍然通过模型预测,离散度起到正向影响,而贸易摩擦起到负向影响。

　　除了为表 5.3 中混杂的结果提供潜在合理的解释,全球采购模型的不完全合同证明,离岸外包份额应该受某些新变量影响,这些变量仅通

---

① 准确地说,在第 4 章中,我们展示了限制事前转移支付的扩展模型,这种负面影响需要做一个细微的参数假设。

② 例如,在基于广义纳什讨价还价模型的形式中,初始讨价还价能力参数 β 是决定合同效率相对于总部密集度 η 依赖程度的关键。

过对合同效率高低的影响进而影响盈利能力。如表 5.5 所示,该模型预测,离岸外包份额(Υ_O)应该会随着下列参数的增加而增加:如最终产品生产商从供应商那里榨取租金的能力(ϕ)、与离岸外包相关的合同化程度(μ_S)以及进口投入与生产中的其他投入的替代程度(ρ)。相反,只要采购的投入品具有相对较高的定制化水平(ϵ),离岸外包的份额就应该降低。

我接下来试图将这些变量效应纳入表 5.2 和表 5.3 的跨行业实证结果中。在这之前,首先需要对决定离岸外包份额的实证参数进行简要讨论(详见数据附录)。

在第 4 章中,参数 ϕ 和供应商所面临的融资约束程度有关,这些融资约束削弱了他们向最终产品生产商支付预付款的能力。关于融资约束的重要性,目前使用最广泛的行业层面指标是 Rajan 和 Zingales(1998)的外部融资依赖度指标及 Braun(2002)的有形资产指标。这些变量说明,在企业内部资金流动不充裕,或者有大量不能用于抵押的无形资产的部门,其面临的融资约束也将更严峻。

近来有关贸易和合同制度的实证文献针对合同摩擦造成生产效率降低的程度提出了不同的部门层面的代理变量。有趣的是,其中的三种方法均来源于三位国际贸易领域前途光明的年轻学者的博士学位论文。在第 3 章,我详细描述了 Nunn(2007)提出的有关投入品专用性的测量方法,我将在后文重点使用。在同期发表的论文 Levchenko(2007)中,基于企业在部门生产过程中使用多少中间投入品,作者提出了另一种测量合同依赖度的方法。更准确一点说,Levchenko(2007)的测度包含了由美国 1992 年投入产出表计算得来的 Herfindahl 指数,用来衡量部门中间投入品的使用程度。同时,在 21 世纪前十年的中期,Costinot(2009)设计了另一种衡量合同化程度的方法,它与生产复杂度相联系,通过在该部门工作所需的平均培训时间来衡量(基于 PSID 调查问题)。第四种也是最后一种我用来测量合同化程度的方法,是后文中由(同样年轻且有前途的)Bernard 等(2010)提出的,他们认为通过中间商(例如批发商)进行跨境运输的商品间接地反映出更加可合同化。更具体地说,他们的指数是根据美国人口普查数据计算的,这些数据是进口某一特定产品的企业的批发就业份额的加权平均值。现在我将这四种测量方法作为离岸外包合同化程度(μ_S)的实证指标并进行运算,同时后文将强调一些相关解释和说明。①

为了研究定制化程度ϵ在决定离岸外包份额时的重要性,我会以Nunn(2007)的方法为基础,但我将建立一种基于可贸易货物的平均专用性指标的方法,而不是基于货物生产过程中的投入品。更确切一点,依照Antràs和Chor(2013),对于每个IO2002的部门,我计算了由Rauch(1999)分类的10位数HS成分编码的比例,即既不参考定价也不在有组织的交易所交易[在Rauch(1999)的"自由"分类下]。

模型中也涉及与完全合同框架不相关、对离岸外包份额应该产生正向影响的投入品的替代程度ρ。因为我将样本严格控制在中间投入品的进口,所以一个衡量ρ的简单方法是Broda和Weinstein(2006)提出的用进口商品的需求弹性代替ρ,这个方法的优点在于更好地刻画了某项投入品相对于其他投入品的可替代性。为了更好地研究进口替代效应,后文将不按照原产国区分,而是采用Antràs和Chor(2013)根据3位数行业层面,而非10位数产品层面估计出的需求弹性(详见数据附录)。

最后,在第4章,我采用了依次生产的全球外包模型,探究了下游度在离岸外包决定中所起的作用。我并没有考虑表5.5中的比较静态,因为这种效应的正负取决于环境因素的程度并不明显,但是后文将分析下游度的影响。为此,我采用了Antràs和Chor(2013)对下游度的测量方法(可见数据附录)。

表5.6展现了将9个变量(2个ϕ指标,4个μ_S指标,还有ϵ、ρ,以及

① 如数据附录所述,这四个合同强度的部门参数都被标准化了,因此较高的水平意味着较高的合同强度或较低的对正式合同执行的依赖程度。

表 5.6 美国离岸外包份额的合同决定因素

Dep. Var.: $Imp/(Imp+Shipments-Exp)$	(1)	(2)	(3)	(4)	(5)	(6)
融资依赖度	−0.010 (0.078)	−0.004 (0.009)	−0.004 (0.018)	−0.037 (0.079)	−0.000 (0.009)	−0.002 (0.019)
资产有形性	−0.179** (0.069)	−0.009 (0.008)	−0.021 (0.017)			
Numn 合同化	−0.096 (0.060)	−0.005 (0.007)	−0.011 (0.016)	−0.037 (0.086)	−0.000 (0.008)	0.002 (0.016)
Levchenko 合同化	−0.118* (0.049)	−0.000 (0.009)	0.004 (0.021)			
Costinot 合同化	0.130+ (0.067)	0.008 (0.006)	0.018 (0.013)			
BJRS 合同化	0.078 (0.071)	0.006 (0.006)	0.022 (0.013)			
专用性	0.116* (0.055)	0.006 (0.006)	0.013 (0.014)	0.083 (0.080)	0.003 (0.008)	0.003 (0.016)
投入品可替代性	−0.019 (0.064)	−0.003 (0.005)	−0.012 (0.011)	0.008 (0.062)	−0.002 (0.006)	−0.010 (0.013)
下游度	0.096 (0.084)	0.009 (0.007)	0.031* (0.016)	0.055 (0.094)	0.009 (0.008)	0.032+ (0.017)
样本约束	W+NT Year	W+NT Ctr/Year	W+NT+ Ctr/Year	W+NT Year	W+NT Ctr/Year	W+NT+ Ctr/Year
观测值	2 513	582 811	148 879	2 513	582 811	148 879
R^2	≃0.15	≃0.19	≃0.20	0.168	0.200	0.199

注:标准误在行业层面聚集。+、*、** 表示在 10%、5% 和 1% 水平上的显著。符号 ≃ 表示此值大致为各个计量方程的平均 R^2。

下游度指标)纳入表 5.3 的结果。为了简单一点,我将集中分析表 5.3 第
(4)、第(5)和第(6)列的 Wright 修正回归和 Nunn—Trefler 修正回归。
我没有分析表中已包含变量的系数,事实上,这些系数并没有受到这些
合同因素变量的影响。[1]

在表 5.6 前三列中,我展示了将这 9 个新变量一次性纳入表 5.3 中
第(4)—(6)列后的回归结果。因此,虽然 9 个系数在每一列中均有出
现,但每一列的结果均是由不同的回归模型产生的。从表中可以清晰地
看到,这 9 个变量对离岸外包份额有较小且估计不准的影响。事实上,
在表 5.6 的前三列的 27 个系数当中,只有 4 个在 5% 的统计水平上显
著。此外,这些系数和理论预测值经常是背道而驰的,并且同一变量的
不同指标往往正负不一。举个例子,我们希望 μ_S 的 4 个指标的系数全
为正,但是近一半的估计结果却是负值。类似地,有形资产对离岸外包
份额有负向作用,然而根据模型的预测其影响却是正向的(因为有形资
产越多,融资约束 ϕ 越低)。

表 5.6 中第(4)列—第(6)列所展示的回归结果可类比第(1)列—第
(3)列得到,但是融资约束单个指标、合同化程度单个指标、还有 ϵ、ρ 和
下游度指标均包含在同样的回归方程中。我采用最广泛使用的 Rajan
和 Zingales 的融资依赖度指标及 Nunn 的投入品关系专用性指标,因为
它们是最广泛使用的关于融资约束和合同程度的实证指标代表。结果
展示如下:那些系数中只有一个系数[第(6)列中的下游度系数]是统
计显著的,同时将 9 个合同化变量均纳入回归模型的结果同样不尽如
人意。

总之,表 5.6 中的结果没有为全球采购合同模型提供任何有力的支
持。接下来我将讨论出现这样结果的原因,以及找出更好的替代方法来
估计模型。

---

[1] 感兴趣的读者可以通过访问 http://scholar.harvard.edu/antras/books 在线提
供的数据和程序来查阅整个回归系数集。

5.5 局限性和替代方法

目前来说,行业层面的检验并没有为合同因素的重要性提供支持,这种重要性指的是合同因素对美国企业的全球采购决策的决定作用。早期对完全合同基准模型的检验并未提供太多稳健的结果,但这表明部分原因可能归咎于我们一直所采用的检验方法。事实上,上述回归中过低的 R^2 表明,离岸外包份额的大部分变化被一些遗漏的变量解释。这些被忽略的特征可能与回归模型中所包含的行业变量有关,从而产生偏差,造成了结果解释性较差。

国际贸易的最新实证文献中已经意识到了这些潜在的偏差,并采用另一种策略来识别要素禀赋和制度因素在决定比较优势和国际贸易中所起的作用。Rajan 和 Zingales(1998)以他们开创性的工作为基础,提出了一种广泛使用的方法,指出了行业特征应该对各国的贸易流量(以及在我们的背景下中间投入品流量)产生不同的影响,这些影响取决于这些国家的特征。Romalis(2004)首先采用了 DID 方法分析贸易环境,利用赫克歇尔—俄林模型预测资本密集度对出口流量的影响,其中实物资本充足的国家出口量显著较大。正如第 3 章中所提到的,近期对制度和贸易展开研究的实证文献强调了国家间合同制度的差异性会对不同部门的贸易流动产生不同的影响,而差异取决于这些部门的特征。

在计量经济学方面,这种方法提倡在能够预测贸易流动的回归模型中同时包含国家和行业的固定效应,并通过检验行业与国家在某些特征上的交互效应来验证模型的有效性。从实证角度来看,尤其是在一些回归方程中采用了部门和国家变量的情况下,将这种方法论应用于全球采购环境相对来说是明确的。从理论角度来说,这个方法也是可行的,因为我们的全球采购模型的不同变体提供了将离岸外包份额与参数的相互作用联系到一起的比较静态数据,同时也可能包含国家或行业的特征。例如，第 4 章中，我提到只要买方需求弹性 σ 或定制化程度 ϵ 较高，或者是投入品替代性 ρ 较低，合同化程度 μ_S 对离岸外包份额的积极影响就会较大。若认为在上述回归模型中参数 σ、ϵ 和 ρ 具备行业特征，则可以自然地将离岸外包合同化程度，或者至少部分地，与出口国合同制度的质量相联系。因此，全球采购模型意味着来源国合同执行力度与指标 σ、ϵ 和 ρ 的交互作用对美国从特定来源国进口特定中间投入品有预测能力。

这种方法虽然看似可行，但在第 4 章的两国全球采购模型中并不能站住脚。在展示数据结果之前，我将会对多国采购模型进行简要描述，以为后文的检验提供半结构化的解释。

5.6 多国模型框架

在第 2 章结尾部分，我讨论了如何将两国完全合同全球采购模型扩展到多国情况。处理方法的关键是当 Fréchet 随机变量取得极值时，依照 Eaton 和 Kortum（2002）的方法对劳动生产率进行定义。为了描述全球采购的集约边际和扩展边际，可以考虑一个更丰富的场景，其中生产需要完成一个连续的阶段，每个阶段都可能在不同的国家生产。将这个框架应用到不完全合同环境上带来了更严峻的挑战，因此我将关注此模型的另一个版本，即每个最终产品生产商只采购一种中间投入品（和两国模型相同）。此外，我只对模型中的部分变量进行分析，不包括企业层面的离岸外包扩展边际。

以下对模型假设进行更详细的讨论。假设模型内有 $\mathcal{J}$ 个国家，其中每个国家的最终产品生产商的生产需要本地生产的总部服务及中间投入品，而这些中间投入品都可以从 $\mathcal{J}$ 个国家中的任何一个进行采购。为了更加直观地理解这个模型，首先考虑完全合同模型。如第 2 章式（2.24）所示，i 国企业使用 j 国生产的投入品所获得的利润为：

$$\pi_{ij}(\varphi) = ((a_{hi}w_i)^\eta (\tau_{ij}a_{mj}w_j)^{1-\eta})^{1-\sigma} B\varphi^{\sigma-1} - f_{ij}w_i \qquad (5.5)$$

其中参数 B 表示为:

$$B = \frac{1}{\sigma}\left(\frac{\sigma}{(\sigma-1)P}\right)^{1-\sigma} \beta \sum_{j \in \mathcal{J}} w_j L_j$$

P 代表各国最终产品种类的一般物价指数。参数 a_{hi} 和 a_{mj} 代表各国不同的总部服务提供和制造业生产相关的单位劳动需求。此外,a_{hi} 代表在 i 国的各企业的技术参数,对所有 j 制造业生产率参数 $1/a_{mj}$ 都是企业特定的,可以从 Eaton 和 Kortum(2002)中根据 Fréchet 分布得出,因此可得如下表达:$Pr(a_{mj} \geqslant a) = e^{-T_j a^\theta}$,其中 $T_j > 0$。假设各企业以及产地之间的 Fréchet 分布都是独立的,并且正交于核心生产率 φ。

正如第 2 章所示,一个企业在支付从 j 国采购的固定成本 f_{ij} 后,可以得到其生产率。我将简化与第 2 章有关的问题,假设 i 国的所有企业的固定采购成本 f_{ij} 很小,以至于所有来自 i 国的企业在支付这些成本之后,能够得到关于每个 j 国($j \in \mathcal{J}$)的参数 a_{mj}。这里的假设明显较为严格,但是有必要强调,这并不代表企业将会从世界上所有国家购买投入品。事实上,因为生产只需要一种投入品,因此企业会从单一市场购买。从企业层面来看,这将会使采购的扩展边际停止增长。

因为企业只有在投入所有的离岸外包沉没成本之后,才会知道关于每个 $j \in \mathcal{J}$ 的特定值 $1/a_{mj}$。单一制造投入品的生产选址将会使利润方程式(5.5)的第一项最大化,这等于选择 $j^* = \arg\min_{j \in \mathcal{J}}\{\tau_{ij}a_{mj}w_j\}$。重要的是,不管这些企业的核心生产率 φ 大小,它对于 i 国的所有企业都是正确的。利用 Fréchet 分布的特征,可以得出 i 国企业从 j 国采购投入品的概率是:

$$\chi_{ij} = \frac{T_j(\tau_{ij}w_j)^{-\theta}}{\sum_{l \in \mathcal{J}} T_l(\tau_{il}w_l)^{-\theta}} \qquad (5.6)$$

因为 i 国有许多企业,我们可以运用大数定律来得出结论,式(5.6)的 χ_{ij} 同样构成 i 国企业购买的投入品中,原产地为 j 国的投入品份额。再次根据 Eaton 和 Kortum(2002)的结果直接得到,投入品的实际支付价格分布与实际投入品采购国别 j 无关,因此 χ_{ij} 也可以代表 i 国企业所购买的制造投入品总量中从 j 国采购的比重。

有了这个方法,现在可以在多国模型当中重新考虑合同摩擦因素。注意,除了最初的采购沉没成本向量 f_{ij},最终产品生产商和供应商之间的所有生产决策和谈判都是在了解成本向量 a_{mj} 取值的情况下进行的。然后就可以直接验证在第 4 章提出的所有全球采购模型中,给定 j 国的投入品制造的营业利润(除去沉没成本)可以写成:

$$\pi_{ij}(\varphi) = ((a_{hi}w_i)^{\eta}(\tau_{ij}a_{mj}w_j)^{1-\eta})^{1-\sigma}\Gamma_{ij}B\varphi^{\sigma-1} \tag{5.7}$$

其中 $\Gamma_{ij} < 1$ 代表在不同模型中不完全合同的利润下降。例如,在部分合同模型中,我们利用式(4.22)构建了如下方程:

$$\Gamma_{ij} = \left(\frac{\sigma}{\sigma-(\sigma-1)(1-\mu_{ij})}+1\right)^{\sigma-(\sigma-1)(1-\mu_{ij})}\left(\frac{1}{2}\right)^{\sigma}$$

其中 μ_{ij} 代表了 i 国企业从 j 国采购投入品时的合同化程度。

尽管单一投入品模型的分析是重点,但是只要这些投入品在同一国家 j 以相同的劳动生产效率 a_{mj} 完成,这一多国投入品模型就更加适合一系列投入品的扩展情况。在这种情况下,合同效率指数 Γ_{ij} 可以表示成[见公式(4.28)]:

$$\Gamma_{ij} = \left(1+\frac{1}{\rho}\frac{(\sigma-1)(1-\eta)}{\sigma-(\sigma-1)(1-\mu_{ij})}\right)^{\sigma-(\sigma-1)(1-\mu_{ij})}\left(\frac{\rho\sigma}{\rho\sigma+(\sigma-1)(1-\eta)}\right)^{\sigma} \tag{5.8}$$

假定 Γ_{ij} 是非随机变量,正如交易成本 τ_{ij} 和工资率 w_j 那样,这对利润方程式(5.7)也会产生类似的影响。对于完全合同模型的情况,我们可以使用与上面类似的步骤,得出从 j 国采购中间投入品的份额为:

$$\chi_{ij} = \frac{T_j(\tau_{ij}w_j\Gamma_{ij}^{1/(1-\eta)(1-\sigma)})^{-\theta}}{\sum_{l\in\mathcal{J}}T_l(\tau_{il}w_l\Gamma_{il}^{1/(1-\eta)(1-\sigma)})^{-\theta}} \tag{5.9}$$

因此,以运输成本、技术生产率和工资成本为条件,从 i 国企业的观点来看,合同执行力较差的地方,i 国企业购买的中间投入品的相关销售份额较低。[①]

5.7　多国模型的实证检验

为了对模型进行实证检验,引入投入品下标 v 来表示和投入品 v 相关的外包份额 χ_{ijv}:

$$\chi_{ijv} = \frac{T_{jv}(\tau_{ijv} w_{jv} \Gamma_{ijv}^{1/(1-\eta_v)(1-\sigma_v)})^{-\theta}}{\sum_{l \in \mathcal{J}} T_{lv}(\tau_{ilv} w_{lv} \Gamma_{ilv}^{1/(1-\eta_v)(1-\sigma_v)})^{-\theta}} \tag{5.10}$$

其中 Γ_{ijv} 可以表示成:

$$\Gamma_{ijv} = \Gamma(\sigma_v,\ \eta_v,\ \epsilon_v,\ \rho_v,\ \phi_{ij},\ \mu_{ij}) \tag{5.11}$$

为了简化,我在全书中都省略了时间下标,不过请记住,该分析使用的是2000—2011 年度数据。注意式(5.10)中的绝对优势参数 T_{jv} 和工资率 w_{jv} 根据国家和产品的不同而不同。这些特点将会使模型的一般均衡更加复杂化,因此只关注行业均衡,这样可以花费较少成本引入跨部门变化量。同样,交易成本(或关税)τ_{ijv} 根据国家和部门的不同也是不同的。同时注意与 i 国企业从 j 国采购投入品 v 有关的合同效率指数 Γ_{ijv} 可以用式(5.11)来表示,其中(σ_v, η_v, ϵ_v, ρ_v)表示产品特征,(ϕ_{ij}, μ_{ij})表示国家对的特征。

这样的处理都不失一般性,而且容易讨论。自然地,可以假设总部密集度 η_v 和专用性 ϵ_v 是主要的部门特征,与投入品的出口国家无关。类似地,参数 σ_v 和 ρ_v 代表了最终产品和投入品之间的可替代性。接下来

[①]　就像在两国模型中一样,我们需要确定在一个不完全合同框架下投入品如何定价。为了推导式(5.9),我假设如第 4 章所述,在所有国家投入品支出构成经营利润的相同倍数。

要用到的指标（来源于 Broda and Weinstein，2006）基于美国进口数据视角，提供了一个独特的部门评估方法。同时，将大部分的融资约束程度参数 ϕ_{ij} 和合同参数 μ_{ij} 看作国家（或国家对）特征。但是，在某些计量方程中，融资约束和合同化的影响可以用部门特定的乘积和两国特定的乘积之间的交互项表示，因此可得 $\phi_{ijv}=\phi_v\times\phi_{ij}$ 和 $\mu_{ijv}=\mu_v\times\mu_{ij}$。

用式（5.10）和式（5.11）来解释本章前面部分的跨行业实证检验中存在的一些局限性是非常合适的。根据前文结果，我们认为，引入来源—国家—年份的固定效应很好地剔除了部门层面特征对离岸外包份额的影响。同时，假如包含国家—年份固定效应完全排除了国家层面的变量对离岸外包份额 χ_{ijv} 的影响，接下来需要对数据中的跨部门变量进行识别。式（5.10）很清楚地说明了在某些国家（和年份）里，离岸外包份额 χ_{ijv} 的下降并没有消除国家层面变量的影响，因为这些影响与行业层面的变量息息相关。对离岸外包份额进行对数变换后，式（5.10）可以重新写为：

$$\ln\chi_{ijv}=\ln T_{jv}-\theta\ln w_{jv}-\theta\ln\tau_{ijv}+\frac{\theta}{(1-\eta_v)(\sigma_v-1)}\ln\Gamma_{ijv}+\alpha_{iv}$$

$$(5.12)$$

其中进口商（或产品）固定效应 α_{iv} 可以表示为：

$$\alpha_{iv}=-\ln\Big(\sum_{l\in\mathscr{J}}T_{lv}\big(\tau_{ilv}w_{lv}\Gamma_{ilv}^{1/(1-\eta)(1-\sigma)}\big)^{-\theta}\Big)$$

只有当 T_{jv}、w_{jv}、τ_{ijv} 和 Γ_{ijv} 均可被分解为特定部门和特定国家的产品形式时，国家—年份固定效应才能部分有效地排除国家层面变量的影响。然而，从式（5.8）等中可以清楚地看到，合同化指数 Γ_{ijv} 的分解并非合理。如第 4 章所证和理论附录中所示，$\ln\Gamma_{ijv}$ 关于行业特征的偏导一般会受到国家层面变量（μ_{ij} 和 ϕ_{ij}）的影响。

鉴于这些交互项效应的存在，接下来，我将介绍包括产品和国家—年份固定效应在内的计量方程的结果，并基于预计的部门和国家特征交互作用的影响来判断我们的全球采购模型的有效性。为了更具体一点，我们列出方程：

$$\ln \chi_{ijv} = \alpha_{iv} + \alpha_{ij} + \beta \mathbf{Z}_{ij} \mathbf{z}_v + \gamma \ln \tau_{ijv} + \delta \ln \Gamma_{ijv} + \varepsilon_{ijv} \qquad (5.13)$$

因为在实证应用中，我们假设进口国家固定为美国，因此表达式中的 α_{iv} 和 α_{ij} 分别实际上代表了部门—年份和出口国—年份固定效应。$\mathbf{Z}_{ij} \mathbf{z}_v$ 代表具有比较优势的技术或要素禀赋差异效应，$\ln \tau_{ijv}$ 代表贸易摩擦（运输成本和关税），$\ln \Gamma_{ijv}$ 概括了模型的原始参数对合同效率指数 Γ_{ijv} 对数的交互作用的影响。基于第 4 章的结论和理论附录，$\ln \Gamma_{ijv}$（和预测的效应）可以表示成如下形式：

$$\ln \Gamma_{ijv} = \Phi(\underset{-}{\mu_{ij} \times \rho_v}, \underset{+}{\mu_{ij} \times \sigma_v}, \underset{+}{\mu_{ij} \times \epsilon_v}, \underset{\text{ambiguous}}{\mu_{ij} \times \eta_v}, \underset{+}{\phi_{ij} \times \eta_v})$$

$$(5.14)$$

虽然式（5.13）表示的对数线性方程在文献之中非常常见，但不足之处是剔除了进口量为零的观测值。我同时也检验了因变量 χ_{ijv} 不取对数的情况。回归结果与后文所展示的结果相似，但 R^2 比对数线性回归结果要小。鉴于我用来支持实证分析的模型不具有离岸外包的扩展边际，因此仅捕获正贸易流量的变化，我将重点讨论对数线性回归的结果。

5.8　浅谈以往的实证研究

在正式检验全球采购模型之前，我将简要讨论与式（5.13）中类似的计量方程的结果，以及近年来在文献中（而不是本书提出的全球采购模型所建议的）提出的一些制度性交互项。这项工作的目的是：记录那些其他作者得到的，却仍然适用于研究美国进口决定因素的结果，即使对于上述样本约束的前提下，只局限于美国进口中间投入品的情况，也同样适用。

后面讨论的计量方程与 Nunn（2007）和 Levchenko（2007）的工作密切相关。更具体地说，我沿用 Nunn（2007）研究的对数线性方程，其中贸易流是在加入部门和国家—年份固定效应后进行测算的,此外也加入了实物资本和熟练工人相关的 Heckscher-Ohlin 交互项以及一系列制度性交互作用。通过关注美国跨部门和国家的进口(而不是单个国家的全球出口),我沿用了 Levchenko(2007)的方法。以下分析的主要创新之处在于:(1)与 Chor(2010)类似,我尝试纳入一系列的制度交互项;(2)我试图分析这些变量对美国企业全球采购决策的影响,而不是对美国整体进口的影响。[1]

我在后文的检验中包括了与合同制度相关的四个交互项,其中两个与融资制度有关,一个则反映了劳动力市场制度的作用。虽然理论上我并没有给这些参数设定提出解释,但合同和融资的交互作用可以被认为是 ϕ_{ijv} 和 μ_{ijv} 在全球采购模型中的作用,只要这些作用能被表示成部门的乘积和两国的乘积的交互项($\phi_{ijv}=\phi_v \times \phi_{ij}$ 和 $\mu_{ijv}=\mu_v \times \mu_{ij}$)。

四种合同执行交互作用相当于出口国法治 2000—2005 的均值(来自全球治理指标数据)与以下四个合同强度指标的乘积,该测量方法由 Nunn(2007)、Levchenko(2007)、Costinot(2009)和 Bernard 等(2010)制定,所有这些都已在上文介绍。这些行业变量已经标准化,因而这些变量的较高值表明其对正式合同执行的依赖性较低(参见数据附录)。[2]依照 Manova(2012)的工作,这两个金融制度交互项分别是出口商在 2000—2005 年平均对数私人信贷与 GDP 比率(来自世界发展指标)和以下两个数值的乘积:Rajan 和 Zingales(1998)的外部融资依赖度量及 Braun(2002)资产有形性度量(也在前文讨论过)。最后,劳动力市场制度的交互项对应于 Cuñat 和 Melitz(2012)提出的,这是 Botero 等(2004)提出的劳动力市场灵活度和一个行业中企业层面平均销售波动水平的指标(这反映了一个行业内各企业之间劳动力再分配的需要)的乘积。此

---

① 关于贸易和制度的文献综述,请参阅 Nunn 和 Trefler(2013a)。

② 在包括 Costinot(2009)的产品复杂性度量的回归中,我按照 Costinot(2009)的做法,始终将该行业度量与 Heckscher—Ohlin 熟练劳动力交互项中使用的熟练劳动力丰裕度的交互项作为控制变量。

外,所有条件将包括两个赫克歇尔—俄林交互项,这些交互项由实物资本和熟练劳动力强度及相对丰裕度的标准度量构成,如数据附录所述。在表5.7中,我没有列出这些赫克歇尔—俄林交互项的系数,但在解释美国进口和离岸外包份额时,它们通常为正的,并表现出显著的统计学意义。

表5.7的第(1)列展示了将7种制度交互项逐次加入到简单OLS回归分析的结果,该回归将美国在给定行业从给定国家的进口量的对数作为因变量,并考虑了部门和国家—年份固定效应,以及两个Heckscher—Ohlin交互项。表中的所有系数都是β系数。由于数据的可得性问题,一些指标的观测值比其他的少,但这些差异很小(观测值的数量从180 653到196 584)。从第(1)列的结果可以清楚看出,所有7个制度交互项的正负都与预期一致,数值明显,在极低的显著性水平上具有统计意义。更确切地说,在对正式合同执行依赖程度较低的部门,法治的改善对出口美国的促进作用相对较小。此外,在对外部资本依赖程度较高或资产有形性较低的行业,金融发展程度的提高对出口美国的促进幅度更大,而在销售波动较大的行业,更灵活的劳动力市场促进对美国的出口。

在第(2)列中,我重新计算了这7个计量方程,但将Wright修正和Nunn—Trefler修正应用于美国进口,试图将分析局限在美国企业的中间投入品采购上。这导致与美国进口最终产品相关的观察数据损失了约35％,并且在跨部门和跨国家层面修正了美国进口的数值。尽管有这些修改,但第(2)列中的结果与第(1)列中的结果大致相同,表明7个制度交互项对于美国企业全球采购决策的重要性。在表格的其余部分,分析仅限于Wright修正和Nunn—Trefler修正的美国进口。

在第(3)列中,我遵循Chor(2010),在同一方程中包含7个制度交互项。这导致每个交互项的部分效应明显减少,但除了Rajan-Zingales交互项之外,所有其他关键解释变量仍然显著。

对于第(3)列中的结果,自然关注的一个点是,包含的交互项只是简单反映了计量方程中省略的其他交互效应的影响。例如,人们可能会担

表 5.7 美国离岸外包份额的制度性影响因素

Dep. Var.: $\ln\left(\dfrac{Imp}{Imp+Ship.-Exp}\right)$	(1)	(2)	(3)	(4)	(5)
Nunn×法治	-0.139** (0.012)	-0.175** (0.014)	-0.051** (0.019)	-0.152** (0.033)	-0.134** (0.033)
Levchenko×法治	-0.165** (0.009)	-0.166** (0.010)	-0.123** (0.013)	-0.076** (0.026)	-0.087** (0.026)
Costinot×法治	-0.242** (0.014)	-0.178** (0.018)	-0.038+ (0.021)	-0.015 (0.031)	-0.019 (0.032)
BJRS×法治	-0.270** (0.016)	-0.178** (0.022)	-0.118** (0.025)	-0.053 (0.045)	-0.048 (0.045)
Rajan-Zingales×信用/GDP	0.309** (0.025)	0.272** (0.029)	0.059 (0.037)	-0.200* (0.096)	0.041 (0.044)
Braun×信用/GDP	-0.392** (0.030)	-0.400** (0.035)	-0.185** (0.047)	-0.187** (0.054)	-0.169** (0.053)
企业波动率×劳动灵活性	0.123** (0.025)	0.119** (0.028)	0.076** (0.029)	0.100** (0.029)	0.101** (0.029)
样本约束	$\Upsilon_r>0$	W+NT+	W+NT+	W+NT+	W+NT+
国家/年份和独立固定效应	Yes	Yes	Yes	Yes	Yes
人均 GDP 交互项	No	No	No	Yes	No
行业效应×人均 GDP	No	No	No	No	Yes
观测值	≃190 000	≃125 000	120 034	120 034	120 034
R^2	≃0.610	≃0.607	0.622	0.623	0.637

注：标准误差聚集在国家/产业层面。+、*、** 表示在 10%、5%、1% 水平上的显著性。

心，合同强度变量与法治之间的交互项只是反映这样一个事实，即较富裕的国家（通常具有更好的法治）倾向于专门生产相对复杂的商品（通常记录为合同密集型商品），这显然不是出于合同方面的考虑。处理这一担忧的一种常用方法是包括所有 7 个行业层面的制度变量与整体发展测度（如人均 GDP）的交互项。在第（4）列中，我展示了与该计量方程相关的结果。这种稳健性检验对估计值的影响更为显著。从积极方面看，Nunn、Levchenko、Braun 和 Cuñat-Melitz 的交互项正符合他们预期的结果的经济和统计意义。Costinot 和 Bernard 等的交互项仍然具有预期的正负符号，但现在与零没有区别。更令人费解的是，加入人均 GDP 的交互项改变了 Rajan-Zingales 交互项的符号，从而表明，较好的金融发展促进了对外依赖程度较低的部门的出口。

最后，在第（5）列中，我进行了更为严格的稳健性检验，将人均 GDP 与部门虚拟变量［如 Nunn 和 Trefler（2013a）所倡导的］之间的交互项纳入其中。这与第（4）列有相同的考虑，但这些交互项使发展水平以不受限制的方式对美国每个部门的中间投入品进口产生不同的影响。这个检验的结果与第（4）列中的结果非常相似，除了 Rajan-Zingale 交互项重新变为正值（虽然在统计上并不显著）。

总的来说，表 5.7 中的结果表明，即使仅关注对美国中间投入品进口的跨国和跨行业决定因素，我们的发现也与以往研究比较优势的制度决定因素所得到的结果相似。这一事实增强了我们对使用非常相似的回归方程的信心，以检验我们的全球采购模型，这是我们下一步要做的任务。

5.9　回到多国采购模型的检验

根据我们的全球采购模型，我们得到了式（5.13）和式（5.14），现在我们回到这两个方程的设定上。为了过渡到一个更精确的估计方程，首先，让向量 $\mathbf{Z}_{ij}\mathbf{z}_v$ 包含资本强度和出口国资本相对充裕度之间的交互项 k_vK_j，以及基于熟练劳动力密集度和熟练劳动力相对充裕度的交互项 s_vS_j（劳动力的相关数据见数据附录）。其次，类似于上述跨行业的回归，我使用运输成本和关税来代表贸易摩擦 τ_{ijv}，这些变量都是基于美国国家和部门层面的进口数据计算的。最后，我假设式（5.11）中的函数 Γ 呈线性关系，所以我们可以简洁地将计量方程表示如下：

$$\ln \chi_{jv} = \alpha_v + \alpha_j + \beta_1 k_v K_j + \beta_2 s_v S_j + \gamma_1 freight_{jv} + \gamma_2 tariff_{jv}$$
$$+ \delta_1 \rho_v \mu_j + \delta_2 \sigma_v \mu_j + \delta_3 \epsilon_v \mu_j + \delta_4 \eta_v \mu_j + \delta_5 \eta_v \phi_j + \varepsilon_{jv}$$

$$(5.15)$$

如上所述，在构建制度交互项的时候，我们以跨行业检验的方式对 ρ_v、σ_v、ϵ_v 指标进行同样的计算，而 μ_j、ϕ_j 则分别对应于出口国法治和私人信贷占 GDP 比重的对数。此外，对 R&D、设备资本以及技术密集度等变量进行因子分析，总部密集度 η_v 就是这一因子分析中的第一主成分。根据后文的结果，我一直用指标 i 表示美国，因此我放弃了用指标 i 来表示进口国。还值得一提的是，由于式（5.10）中的分母 χ_{ijv} 适用于所有出口国 j，可以简单地用美国从 j 国某一部门 v 的进口数据取对数来代替之前的变量 $\ln \chi_{jv}$，这与表 5.7 中的结果是同样的解释变量。

就全球采购模型来看，根据公式（5.15），我们可能会期望系数 β_1、β_2、δ_2、δ_3、δ_5 均为正数，系数 γ_1、γ_2、δ_1 为负数。该模型还不能准确估计 δ_4 的正负方向［尽管该模型表明，这种交互项应该会影响贸易流量，进而在式（5.15）中加入了该交互项］。

表 5.8 的第（1）列展示了式（5.15）的估计结果，不过这是未考虑制度交互项的估算结果，但其中包含了交易成本变量，这是表 5.7 中未体现出来的。两种赫克歇尔—俄林交互项以显著正向的方式影响着美国的进口，并且这种影响在分析熟练劳动力交互项的情形下更加突出。运输成本和关税则对美国的进口产生了负面的影响，其中运输成本的统计显著性水平为 1% 左右，关税的显著性水平则是 10% 左右。在表 5.8 的第（2）

表 5.8 检验全球采购模型

Dep. Var.: $\ln\left(\dfrac{Imp}{Imp+Ship.-Exp}\right)$

	(1)	(2)	(3)	(4)	(5)	(6)
K强度×K充裕度	0.120* (0.058)	0.151* (0.069)		0.380** (0.078)	0.357** (0.081)	0.469 (0.294)
技能强度×技能充裕度	0.435** (0.028)	0.467** (0.031)		0.252** (0.034)	0.251** (0.038)	0.118* (0.046)
运输成本	−0.102** (0.018)	−0.085** (0.010)		−0.089** (0.010)	−0.089** (0.010)	−0.089** (0.010)
关税	−0.015+ (0.008)	−0.023* (0.011)		−0.018+ (0.010)	−0.018+ (0.011)	−0.015+ (0.009)
投入品替代性×法治			−0.037** (0.009)	−0.009 (0.009)	−0.026+ (0.016)	−0.012 (0.016)
需求弹性×法治			0.026** (0.008)	0.027** (0.008)	0.001 (0.012)	−0.002 (0.016)
Nunn专用性×法治			0.189** (0.015)	0.164** (0.016)	0.255 (0.161)	0.224** (0.030)
总部强度×法治			0.093** (0.010)	0.050** (0.012)	0.050** (0.013)	0.047** (0.012)
总部强度×信用/GDP			0.074** (0.007)	0.045** (0.009)	0.044** (0.012)	0.045** (0.012)
样本约束	$\Upsilon_o > 0$	W+NT+	W+NT+	W+NT+	W+NT+	W+NT+
国家/年份与独立固定效应	Yes	Yes	Yes	Yes	Yes	Yes
GDP交互项	No	No	No	No	Yes	No
行业效应×GDP	No	No	No	No	No	Yes
观测值	188 187	128 482	≈127 999	126 068	126 068	126 068
R^2	0.601	0.619	≈0.621	0.624	0.624	0.641

注：标准误差聚集在国家/产业层面。+、*、** 表示在10%、5%、1%水平上的显著性。

列,我重新计算之前的计量方程,不过这一次是尝试在 Wright 和 Nunn—Trefler 所作的对美国企业修正的基础上,减少了美国进口中间投入品中的样本量。除了关税影响,这个尝试对系数的影响程度不大,不过使目前关税效应的绝对值变大,并且统计显著性水平为 5%。

根据表 5.8 中的第(2)列,我在接下来的计算中加入了 5 个交互项。我首先在第(3)列逐一引入这些交互项后,这样即使所有的系数都出现在同一列中,我们也可以明白它们是通过 5 次回归后得到的。[①]有趣的是,这 5 个制度性交互项表现出来显著性高度一致,而且与前文所提出的理论保持一致。此外,更完善的法治对美国一些部门进口的促进作用较大,这些部门具有较低的投入品替代性、较高的买方需求弹性、较高的投入品专用性、较高的总部密集度。更进一步说,对于具有较高总部密集度的部门,高水平的金融发展能够促进美国的进口。

在表 5.8 的第(4)列,我列出了对 5 种交互项做同样的回归后联立的结果,包含了赫克歇尔—俄林交互项和交易成本指标。这与表 5.7 中的结果有点类似,联立之后进行回归,每一个变量对美国进口的部分影响程度都比单独纳入时要低。但是,除了投入弹性与法治交互项($\rho_v \times \mu_j$)以外,它仍旧表现出负向作用,但在统计意义上与零无差别,其他所有系数的正负性都与理论预测保持一致,并且具有高度的显著性。

最后,对于表 5.8 的第(5)列和第(6)列,我进行了跟表 5.7 中第(3)列和第(4)列一样的稳健性检验,首先包含了行业层面上各个变量与人均 GDP 之间的交互项,并且进一步控制了行业虚拟变量与人均 GDP 交互项的向量。控制变量的联立也减少了这些系数的统计显著性,尤其表现在需求弹性和法治之间的交互项($\sigma_v \times \mu_j$)上,但是总的来看,计算结果还是有力地支持了我们的全球采购模型的关键结论。

---

① 这也解释了为什么赫克歇尔—俄林和交易成本系数并不在第(3)列。这些省略系数及其标准误差在方程中略有不同,但与第(2)列相比较,它们在数值上和统计学意义上非常接近,除了实物资本赫克歇尔—俄林交互项正且显著的影响在加入总部密集度的交互项后并不稳健。

　　我还运算了回归方程，包括表 5.7 中之前文献的所有制度交互项，以及全球采购模型提出的新方程。与上述结果一致，运输成本、Nunn 专用性与法治的交互项、总部密集度与金融发展的交互项的结果非常稳健，并且对美国进口贸易额有较重要的影响，在统计上也具有较强的显著性。我们也可以发现关税对美国中间投入品进口的影响显著为负，以及对总部密集度与法治交互项的影响显著为正。相反地，投入品替代性的交互项、需求弹性与法治的交互项结果不那么稳健，尤其是当我们将行业变量的交互项或者人均 GDP 与行业固定效应的交互项加进来一起考虑的时候。与表 5.7 一致的还有，Nunn、Levchenko、Braun 以及 Cuñat—Melitz 的交互项，依旧与全球采购模型预计结果相一致，依旧保留预期正负符号以及经济学和统计学上的显著性。以上所说的结果可以从 http://scholar.harvard.edu/antras/books 这个网站的数据库中下载得到。

5.10　结语

　　总之，很难说本章的计算结果就可以为第 4 章中提出的全球采购模型的实证有效性（以及它的诸多变化）提供很有力的依据。不可否认的是，对于一些关键的框架性预测，例如对于跨行业的离岸外包份额的决定因素，就难以用美国的进口数据来证实。然而，我认为这可能部分是因为跨行业的计算公式在设定上存在一定的计量偏差。或许我们采用更加简洁的方法来处理行业间和国家间的相关数据，再用模型计算部门和国家—年份固定效应的时候，可以得到更有说服力的结果。例如，对于标准的赫克歇尔—俄林模型的影响，当美国的企业面临很高交易成本（尤其是运输成本和关税）的时候，它们会减少离岸外包。不同国家合同执行力的变化也会对美国企业进行离岸外包的决策产生重要影响，这些合同执行力差异在不同部门的影响往往会有所不同，影响程度更大的部门往往也会被模型预测有较大的影响。

　　本章的实证分析中的一个严峻挑战是,一些决定合同执行力对各部门离岸外包获利能力造成不同影响的重要行业特性(如专用性、投入可替代性、需求弹性、总部密集度等),难以通过已有数据测算出来。我尽最大可能利用已有可用数据来讨论在测算行业特性时所遇到的障碍。类似的挑战也出现在区分美国进口中间投入品的构成时。尽管我努力尝试跨越这些障碍,但是显然我的处理方式并不够完美,这或许能解释为什么当我试图验证模型有效性并进行分析时,我获得的一些计算结果并不令人满意。不过,未来新的数据和更巧妙的实证研究策略将最终验证或证伪本书所强调的观点:离岸外包的合同决定因素确实是企业全球采购决策的核心特征。

第三部分

内部化

交易成本方法

在前两章中,我们已经研究了不完全合同执行如何影响企业的全球采购决策。在前面章节的模型中我们已经解释了,在其他条件不变的情况下,极弱的制度环境会被视作影响外国企业在某一特定国家寻求离岸外包机会的决定性因素。此外,我们还研究了,何种类型的产品和行业特点往往伴随着弱合同对离岸外包盈利能力的更大不利影响。

正如第1章中所述,企业选择采购投入品的位置是制定企业全球生产战略诸多组织决策中的一项。在这一章以及接下来的一章中,我们关注企业决策的第二个关键的组织决策,即它们在价值链中对不同生产过程和不同生产要素的控制程度。在很多情况下,对投入品生产者实物资产的掌控是实现对生产环节控制的一大关键要素。因此,这一决策通常被称为内部化,因为都是企业内部通过控制股权来进一步控制中间投入品的生产环节的。但是如果当这种内部化发生在企业外部,这个投资主体便被称为跨国企业,并且在相关的经济主体间,任何实体产品的流动都属于企业内部的国际贸易。[①]

虽然有可能过度简化企业的全球组织决策,但为了方便理解,我们可以构建下列 2×2 的矩阵。矩阵中的行表示不同的选址决策(如国内或国外采购),而列则与不同内部化选择有关:

	内部采购	外部采购
国内采购	国内一体化	国内外包
国外采购	国外一体化	国外外包

值得一提的是,当区位选择与国外采购相关时,内部化将与外国直接投资和企业内部实体产品的国际贸易有关,而在国外外包的情况下,货物的任何交易也将由国际贸易统计,构成非关联方贸易。

为什么企业发现最优的是在企业边界内进行某些生产阶段,而以独立交易的方式进行其他生产阶段?与这个问题相关的研究开始于 Coase (1937),他在当时较早地回答了这一问题,他对这一问题的判定就是围绕企业边界或在企业边界内展开生产活动可以有效地使企业的交易成本最小化。此外,由于合同不完全性而导致的交易成本的概念已经为社会所广泛接受。事实上,在交易由全面合同管理的世界里,企业边界会变得不确定,甚至不重要,这些合同(以可执行的方式)规定在一方可能遇到的任何意外情况下采取任何措施。在这样的情况下,正式的合同对控制权的经济决策来说就不那么重要了。

因此,关于(跨国)企业边界的理论文献的统一主题放弃了完全合同或完备合同的经典假设。然而,内部化的不同理论强调不同类型的合同摩擦,它们还采用了不同的方法来研究交易的内部化如何影响这些摩

---

① 内部化决策是 John Dunning(1981)著名的跨国企业的 OLI 或"折中主义"(ecletic)理论的关键,其中 OLI 是所有权、区位和内部化的缩写。简单来说,跨国企业的出现是因为拥有源于企业特定资产的竞争优势,可以让公司在陌生的环境中保持优势,区位优势是有效利用不同国家的公司资产,内部化优势是企业通过形成自己的内部贸易体系,把公开市场交易转变为内部交易。

擦。在本书的第三部分,我将采用我认为的两个主要方法来对内部化决策展开分析。一方面,所谓的交易成本理论关注在独立交易中,由于合同不完全而自然产生的合同摩擦的类型,但对于内部化的交易成本的来源并不是特别准确。另一方面,产权理论假定与合同相关的交易成本的来源在内部交易和外部交易之间并无显著不同,因此研究的中心问题就是如何在不同的组织模式下,实现物质资产所有权的分配,降低交易成本。

交易成本理论由科斯(Coase,1937)提出,但其与威廉姆森(Williamson,1971,1975,1985)的诸多研究工作有关,是国际环境下关于内部化决策的主要理论。根据他们的理论,处理国际贸易中合同不完全问题比较有效的方式是垂直(或横向)一体化,但是这种做法不利于激励分销商。

举一个特别的例子,考虑一下波音公司近年来的组织决策,它正在努力完成新的 787 梦想飞机的生产线。据波音公司网站介绍,787 飞机的"生产团队"包括分布在 10 个国家的 50 余家供应商,并且国外供应商参与生产的零部件占据了飞机的 70%(Newhouse,2007,p.29)。①生产阶段一再出现延误,比计划晚了三年多,部分原因是多个供应商不履行合同义务。②波音公司应对这些延误的措施是部分地重组了其采购模式,并将一些有问题的上游生产阶段纳入企业边界内生产。例如,在 2008 年和 2009 年,波音公司先后收购了沃特飞机工业公司,该公司生产梦想飞机机身的后方部分,但已被确定为有问题的供应商。其中一宗收购涉及波音公司的另一家主要供应商——意大利阿莱尼亚航空公司,波音与该公司的子公司成立了一家合资企业,各占 50% 股份,波音从该子公司购买水平稳定器和梦想飞机的中心机身,并在过去几年中与该公司发生

---

① 截至 2014 年 6 月,完整的供应商名单可以在 http://www.boeing.com/commercial/787family/dev_team.html 找到。

② 更完整的解释参见 http://www.bloomberg.com/apps/news?pid=newsarchive&sid=aF6uWvMb9C08。

了纠纷。

波音公司的经验表明，企业在布局其价值链上的所有权结构时，往往试图尽量减少由于供应商不履行合同承诺而产生的摩擦。然而，正如产权理论所指出的那样，垂直一体化并非总是解决这些问题的"灵丹妙药"；当企业在内部采购投入品时，获得采购激励权的问题并不会简单地消失。企业没能够让自己的部门以低成本生产它们想要的东西，从而导致某些生产过程的外部化和在国际环境中的外商直接撤资，这种情况并不少见。这里有一个外部化的例子，2010年，索尼公司决定将其在斯洛伐克尼特拉的液晶电视组装厂90％的股份出售给中国台湾电子零部件制造商鸿海精密工业（其商标名称为富士康）。如索尼公司所承认的，这个决定主要是为了削减它面临亏损的电视业务。在这之前，索尼公司因为相似的理由撤回了在墨西哥蒂华纳的电视工厂的投资。①

在接下来的两章中，我将会详细地阐述与企业决策有关的两种主流理论的理论基础，并且会进一步研究如何将其应用到跨国企业的全球所有权决策中。在这一过程中，我将会推导出一系列可检验的方程，来区分这两种理论方法，并将它们应用到第8章的实证分析。

6.1 交易成本方法：非技术视角的概述

已故的罗纳德·科斯（Ronald Coase）是交易成本经济学之父，1937年，他在《经济学刊》（*Economica*）上发表的文章标志着这一经济学研究领域的诞生。他的论文是对新古典主义企业最优规模的一个代表性解释，而有关企业规模的最优化彼时已经有了诸多研究和解释。回过头看，维纳（Viner）仅仅在此五年前，即1932年发表了有关成本和供给曲线

① 更多详情请参见 http://www.reuters.com/article0/03/31/sony-honhaiidustoe 62u08020100331 和 http://www.pcworld.com/article/171181/article.html。

的论文。新古典主义方法本质上是技术性的，并认为最优经营规模是由企业的利润最大化决定的，即给定以成本最小化方式选择投入品而获得的成本函数。

相反，科斯认为，与经济系统运行有关的交易成本很高，而当某些交易可以在企业内部以较低的交易成本进行而不是通过市场机制进行时，企业才会存活下来。他在文献中的原话为"建立企业有利可图的主要原因是，似乎使用价格机制是有成本的"（Coase，1937，p.390）。在他的文章中，他提出了一些通过市场交易的交易成本的劣势，包括谈判的成本、订立单独合同的费用以及处理长期合同中所有可能突发事件的成本。科斯还提出，某些因素可能会限制企业规模，如企业收益递减和一些生产要素的供应价格上升，而他对一体化成本的论述在本质上与新古典主义思想提出的上升边际成本曲线是很接近的。

科斯的企业思想在最开始提出的时候并没有成为经济学的主流，文章因含糊其词和累赘表达而受到主流经济学家的批评。什么样的经验证据会支持科斯的理论？或者说如何去反驳科斯的理论？在1940—1970年，相关文献转而关注企业的技术理论。

奥利弗·威廉姆森通过提出更明确的市场交易低效的理论，使交易成本方法重新成为人们关注的焦点，从而使交易成本方法具有操作性。他在其1985年出版的专著《资本主义经济制度》中提出了他的理论，这些理论建立在三个概念的基础之上：(1)有限理性；(2)机会主义；(3)资产专用性。

威廉姆森提出将有限理性作为合同不完全的基础。特别是，在一个复杂且不可预测的世界中，有限理性的当事人将无法为可能发生的所有突发事件预先计划。此外，即使预见了突发事件，由于描述这些可能状态的能力有限，缔约方也可能难以就这些计划进行谈判。最后，即使当事人可以为这些突发事件做好计划和协商，第三方也可能难以证实它们并执行合同。结果，随着未来的发展，正式合同会变得不完全，并且双方将倾向于续签或重新谈判。

关于机会主义，威廉姆森指的是经济主体"以狡猾的方式谋求私利"（1985，p.47）。那些当事人是机会主义者，这是导致不完全合同效率低的必要条件。如果当事人可以一开始就可靠地保证有效执行合同，那么尽管合同存在漏洞，但是重新谈判总是会以共同利润最大化的方式进行。

最后，威廉姆森指出，某些资产或投资是关系专用性的，从某种意义上来说，相比于非专用性的关系，这些资产或投资的价值在专用性的关系内更高。这很重要，因为这意味着在重新谈判阶段，各方不能无代价地更换贸易伙伴，而且有的会被双边关系专用性投资套牢。这就是威廉姆森所说的从事前竞争状态到其中一方垄断的"根本性转变"。

接着，威廉姆森说明了合同不完全、机会主义和专用性是如何共同引起无效率的，这可以解释为均衡交易成本。在他的研究中，威廉姆森主要强调与谈判有关的事后低效率（即各方为了提高议价能力而浪费资源）——这可能导致无效的合同终止或执行。从 Klein、Crawford 和 Alchian（1978）的重要贡献开始，随后的研究主要关注事前或套牢低效率问题，而这些问题与关系专用性投资造成的次优供给有关。

到现在为止，读者可能会质疑威廉姆森有关交易成本低效率的概念，尤其是事前形式的交易成本低效率。这个概念与本书第 4 章所述的合同低效率密切相关。我将会简要证实这其中的联系。

交易成本方法的其中一个重要局限性在于，即使是威廉姆森最简练的模型，都无法解释与企业内部交易相关的交易成本的性质。在威廉姆森看来，不完全合同、机会主义和关系专用性在企业边界内是无关紧要的。这是因为企业内部的决定是由企业来决定的，因此当事人不会花超过收益的时间和资源来谈判。相反，威廉姆森呼吁采用广泛的治理成本概念来确定企业规模的界限。

尽管对内部化的成本描述不清，但威廉姆森对市场交易中的交易成本来源进行了仔细描述，并提供了一种可操作的理论，可将其映射到一些特定的可观察到的经济变量，例如关系专用性或者合同复杂度的度量。因此，继威廉姆森的开创性工作后，20 世纪 80 年代出现了大量关于内部化的决定因素的实证文献。Lafontaine 和 Slade(2007)是对其中涉及的关键文献进行了研究。一些实证的贡献与跨国公司在开放经济环境中的内部化决策有关,因此,我将在第 8 章中再讨论。

6.2 跨国公司边界的交易成本模型

正如许多读者将认识到的那样,对上述企业理论的交易成本方法的一般性描述,与第 4 章中拓展的考虑合同摩擦的全球采购模型之间有着明显的联系。特别是,在那一章中我说明了不完全合同、利己的各方进行议价以及关系专用性的投资如何共同导致生产效率低,而生产效率低又会降低全球采购的利润率。第 4 章的这一模型的一个重要的显著特征是,它强调合同执行力较弱(而不是有限的理性)是导致不完全合同的原因。正如我们将在第 8 章中探讨的那样,在模型中选择关键对象的代理变量时,就会存在一定的关联。第二个也许不太重要的区别是,第 4 章的模型将注意力集中在事前和套牢的低效率上(如 Klein et al.,1978),而不是事后低效率(在威廉姆森的研究中)。

然而从本质上来说,在第 4 章和第 5 章的某些方面,我没有运用交易成本方法。具体而言,无论是在讨论模型还是将其用于数据分析时,我都没有区分企业内部和跨企业的采购决策,而是在模型中考虑两个当事人——最终产品生产商 F 和制造工厂经理人 M,并假设当事人的保留效用为零,但是我并未阐明制造工厂是否被垂直一体化。换句话说,我没有指定 M 是 F 的雇员还是独立的分包商。在实证分析中,我研究了该模型对来自不同市场的进口中间投入品份额的含义,无论这些进口是在企业内部还是跨企业边界进行交易。

但是,交易成本理论认为,第 4 章中的低生产效率仅适用于市场交易,而不适用于在企业边界内进行的交易。企业在选择是否收购上游生产商时,会在较低的合同效率与企业内部采购时较高的治理成本之间进行权衡。

现在让我们更为正式地阐明跨国企业边界的交易成本模型。根据本章开始时介绍的 2×2 决策矩阵，我将首先按照第 4 章中的基准全球采购模型来考虑一个简单的两国模型。总部设在发达国家（称为北方国）的众多异质性最终产品生产商，将本地生产的总部服务与可以在国内或国外（称为南方国）生产的制造零件组合起来。离岸外包降低了北方国企业的边际生产成本，但是却产生了较高的固定成本，因此，一些最终产品生产商根据利润最大化选择从国外采购投入品。我继续使用下标 $\ell=D$ 或 $\ell=O$ 来表示选择国内采购或离岸外包。北方国的当事人 F 负责生产最终产品和提供总部服务，而制造生产由当事人 M 负责。

该框架的主要创新点在于，我加入了关于 M 是 F 的雇员还是独立分包商的决策。我假设第 4 章中推导的模型准确地反映了市场交易中遇到的合同困难的类型，因此，国内外包和国外外包的利润函数与该章中得出的模型相对应（后文将详细介绍）。相反，当 F 将制造组件的生产内部化时，他可以依靠命令作出所有相关决定，从而可以在不受合同环境限制的情况下选择利润最大化的投资。当 M 的生产被 F 内部化时，我用投入品供给的边际成本乘以 $\lambda>1$ 来表示治理成本。另外，我还假设在一体化情况下固定生产成本比非一体化情况下更高。

图 6.1 描述了模型中事件的时间顺序。它与第 4 章中的图 4.1 类似，但黑体字体部分包括有关内部化决策建模的新假设和新行为。值得注意的是，因为当事人 M 参与生产，F 仍然可以要求潜在的当事人 M 在事前进行转移支付。一体化和外包在合同方面的区别在于，重新谈判和议价仅发生在外包过程中；而在一体化中，F 的地位决定了 M 遵守初始

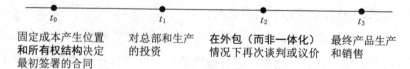

图 6.1　事件的时间线

合同中规定的任何内容。

我将使用第二个下标来表示内部化决策,$k=V$ 和 $k=O$ 分别指垂直一体化和外包。总而言之,当事人 F 将从以下四种潜在组织模式中选择一种:$(\ell, k) \in \{DO, DV, OO, OV\}$,分别表示国内外包、国内垂直一体化、离岸外包和离岸垂直一体化(或垂直外国直接投资)。假设不管所有权结构如何,离岸外包的固定成本都比国内采购的固定成本高,基于此,我们可以得出固定成本的排序:

$$f_{OV} > f_{OO} > f_{DV} > f_{DO} \tag{6.1}$$

这个顺序与 Antràs 和 Helpman(2004,2008)得到的结果相同,但我会进一步讨论理论预测对其他固定成本排序的稳健性。

现在让我们讨论北方国最终产品生产商不同组织形式下的均衡收益。在垂直一体化的情况下,当事人 F 的地位和不受限制的一次性转移支付使得利润方程在国内一体化的情况下可以表示为:

$$\pi_{DV}(\varphi) = (w_N)^{1-\sigma} B \varphi^{\sigma-1} \lambda^{1-\sigma} - w_N f_{DV} \tag{6.2}$$

在离岸一体化的情况下,利润可以表示为:

$$\pi_{OV}(\varphi) = ((w_N)^{\eta}(\tau w_S)^{1-\eta})^{1-\sigma} B \lambda^{1-\sigma} \varphi^{\sigma-1} - w_N f_{OV} \tag{6.3}$$

这里需要注意市场需求 B 被定义为:

$$B = \frac{1}{\sigma} \left(\frac{\sigma}{(\sigma-1)P} \right)^{1-\sigma} \beta(w_N L_N + w_S L_S)$$

值得注意的是,这些利润的表达式同样适用于第 4 章研究的全球采购模型的所有变体,后者考虑了纳入以下因素的情况:广义议价能力、事前转移支付的约束、关系专用性变化角度、部分合同化、多个供应商,以及依次生产。[1]

---

[1] 在第 4 章中,我对供应商在事前转移支付到潜在不良行为方面存在的限制进行了合理化处理。在交易成本理论的假设下,可以通过使用权威来避免这种不当行为,因此自然地关注那些对采购利润没有影响的情况。

国内外包和离岸外包的利润将随着合同和经济环境的变化而变化，但是与第 4 章相同，我们可以将这些利润方程写成：

$$\pi_{DO}(\varphi) = (w_N)^{1-\sigma} B\Gamma_{DO}\varphi^{\sigma-1} - w_N f_{DO} \qquad (6.4)$$

和

$$\pi_{OO}(\varphi) = ((w_N)^{\eta}(\tau w_S)^{1-\eta})^{1-\sigma} B\Gamma_{OO}\varphi^{\sigma-1} - w_N f_{OO} \qquad (6.5)$$

其中 $\Gamma_{DO} \leqslant 1$、$\Gamma_{OO} \leqslant 1$ 分别表示国内和离岸外包的合同效率。这些术语在第 4 章中进行了详细介绍，在此不再赘述。但是，在后文研究 Γ_{DO} 和 Γ_{OO} 对模型的深层参数的依赖性时，我将回顾第 4 章的一些重要结论。

6.3　均衡分类

根据利润函数式(6.2)至式(6.5)，我们现在可以研究生产的最优组织形式，这由区位选择 $\ell \in \{D, O\}$ 和所有权选择 $k \in \{V, O\}$ 决定。第一步，我将描述企业如何根据核心生产率参数 φ 自我选择不同的组织形式。为了更好理解并专注于第 8 章中实证研究的重要对象，我将首先考虑一个基本案例，即国内采购的合同是完全的，这意味着等式(6.4)中 $\Gamma_{DO} = 1$。该假设的直接含义是，对于所有 φ 而言，$\pi_{DO}(\varphi) > \pi_{VO}(\varphi)$。因此，在这种情况下，国内一体化是一种被占优策略，暂时可以忽略不计。稍后我们将介绍如何在国内一体化和外包之间作出明确选择的模型。然而，在关注美国案例时，这种简化的假设是符合实际的，因为 Atalay、Hortacsu 和 Syverson(2013)表明，企业内部的实体产品装运量仅占美国总装运量的很小一部分。

其余三个利润函数都随 $\varphi^{\sigma-1}$ 线性递增，在国外一体化情况下，其斜率与治理成本 λ 成反比；在离岸外包情况下，利润函数的斜率与合同效率指数 Γ_{OO} 成正比。图 6.2 反映了治理成本过高时的三种组织形式的利润函数。此时外国直接投资是严格被占优策略，因为它产生高额的固定成本和可变成本。图 6.2 还潜在地假设了,相对于离岸外包的低合同效率,各国之间的工资差异较高,因此,一个行业中生产率最高的企业会选择离岸外包策略,使利润最大化。这里的均衡分类与第 4 章类似,但离岸外包采取特定形式的分包合同。

在图 6.3 中,我简要回顾了另一种情况,即国外外包的合同效率非常低,而且没有企业在向国外采购投入品时认为这种策略为最优选择。根据图 6.3,上述情况并不排除某些生产率相对较高的企业认为在南方国进行离岸外包为最优策略的可能性,但这些交易不可避免地会在企业边

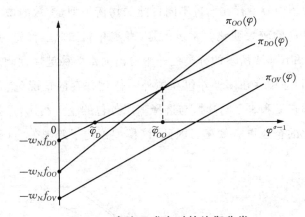

图 6.2   高治理成本时的均衡分类

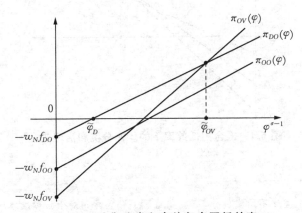

图 6.3   均衡分类和高外包合同低效率

界内发生。当然,要做到这一点,有必要使治理成本 λ 相对于各国之间的工资差异而言足够低。[①]

最后,在图 6.4 中,我说明了最有趣的情况,相对于市场交易成本和治理成本而言,工资差异较大。在这种情况下,可以很容易地构建出图中所描述类型的均衡,其中各企业采用三种候选组织形式中的一种,并且每类企业的数量大于零。生产效率最低的企业利用国内外包,生产效率最高的企业从事垂直外国直接投资(离岸一体化),而生产效率中等的厂商选择国外外包。

在该模型中似乎存在大量不同可能的均衡类型,参数的微小变化会导致均衡性质的较大变化。幸运的是,事实并非如此。首先,强调从图 6.2、图 6.3 和图 6.4 所示的分类模式中得出的重要稳健性预测。也就是说,当一个行业中存在国外外包和国外一体化并存的情况(企业内部贸易所占份额在 0 和 1 之间)时,与选择离岸外包的企业相比,选择国外供应商一体化的企业更有效率。因此,该模型预测了跨国公司(相对于选

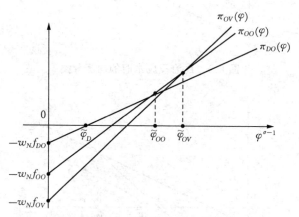

图 6.4 低合同低效率下的均衡分类和治理成本

---

① 为了避免描述不同案例分类,我忽略了工资差异相对于治理成本较低和与市场交易相关的合同低效率的情况。在这种情况下,所有活跃的企业都只会选择国内采购。

择离岸外包的企业)的绩效(业绩)优势,与第 2 章从数据中观察到的出口商(相对于非出口商)和离岸企业(相对于在国内进行采购的企业)的绩效(业绩)优势类似。

不受图 6.2、图 6.3 和图 6.4 展示的不同情况所困扰的第二个原因是,尽管参数的微小变化可能导致行业均衡中不存在某种类型的组织形式,但在大多数情况下,特定的组织形式仅占该行业采购活动的非常小的部分。换句话说,就像我后文要正式展示的那样,行业中不同组织形式的相对普遍程度随模型参数的变化而平稳变化。

6.4 相对普遍程度和企业内部贸易份额

现在,我们准备汇总一个行业中各个企业的决策,并研究在特定行业中不同组织形式(国内采购、国外外包、国外一体化)的相对重要性的决定因素。就像在第 2、第 4 和第 5 章中一样,我通过以某一组织形式下购买的中间投入品的相对数量来衡量这个组织形式的相对普遍性。原则上,可以汇总独立交易和企业内部的国外投入品购买,并使用上述框架重新研究特定行业中进口制造业投入品占制造业投入品总购买的份额的决定因素。我不会在这里这样做,因为这种方法的结果与在第 4 章中得出并在第 5 章中检验的结果相同。相反,我将着重描述企业内部与独立(准市场)交易的国外投入品采购决策的相对份额的决定因素,以企业内中间投入品进口占总投入品进口的份额来衡量。如第 1 章所述,第 8 章对此进行了更详细的描述,这是我们可以尝试使用可得数据进行测量的对象,因此自然而然地关注它。

为了追溯我们的交易成本模型对投入品购买的影响,需要再次假设这些投入品是如何在市场交易中定价的。与第 4 章一样,我采用直接假定的方法,即假设外国投入品的定价使这些投入品支出构成的经营利润的乘数 $(1-\eta)(\sigma-1)$ 与外国企业内部投入品的购买相同。在此假设下,

189

企业内部进口投入品占总进口投入品购买量的份额 Sh_{i-f} 由下式得出：

$$Sh_{i-f} = \frac{\lambda^{1-\sigma} \int_{\tilde{\varphi}_{OV}}^{\infty} \varphi^{\sigma-1} \, \mathrm{d}G(\varphi)}{\Gamma_{OO} \int_{\tilde{\varphi}_{OO}}^{\tilde{\varphi}_{OV}} \varphi^{\sigma-1} \, \mathrm{d}G(\varphi) + \lambda^{1-\sigma} \int_{\tilde{\varphi}_{OV}}^{\infty} \varphi^{\sigma-1} \, \mathrm{d}G(\varphi)} \tag{6.6}$$

其中 $\tilde{\varphi}_{OO}$ 满足：

$$\frac{(w_N)^{\sigma}(f_{OO} - f_{DO})}{B\left[\left(\frac{w_N}{\tau w_S}\right)^{(1-\eta)(\sigma-1)} \Gamma_{OO} - 1\right]} = (\tilde{\varphi}_{OO})^{\sigma-1} \tag{6.7}$$

且 $\tilde{\varphi}_{OV}$ 满足：

$$\frac{(w_N)^{\sigma}(f_{OV} - f_{OO})}{\left(\frac{w_N}{\tau w_S}\right)^{(1-\eta)(\sigma-1)} B[\lambda^{1-\sigma} - \Gamma_{OO}]} = (\tilde{\varphi}_{OV})^{\sigma-1} \tag{6.8}$$

对于有些企业，国外外包比国内采购更有利润，我们需要假设 $\Gamma_{OO} >$ $(w_N/\tau w_S)^{-(1-\eta)(\sigma-1)}$，而对于某些企业，比起国外外包，可能更倾向于国外一体化，同样假设 $\lambda^{1-\sigma} > \Gamma_{OO}$ 也是必要的。请注意，这两个条件保证 $\tilde{\varphi}_{OO}$ 和 $\tilde{\varphi}_{OV}$ 均为正，但不足以保证 $\tilde{\varphi}_{OV} > \tilde{\varphi}_{OO}$ 或式（6.6）中企业内部贸易的份额严格落在 0 和 1 之间（更多信息见后文）。目前，我们将回避这个问题，并假设我们处于行业均衡状态，其中所有组织形式的企业都存在，如前文的图 6.4 所示。

对式（6.6）、式（6.7）和式（6.8）的检查表明，在市场需求水平 B 不变的情况下，治理成本（更低的 λ）的递减降低了生产率水平的阈值 $\tilde{\varphi}_{OV}$，而 $\tilde{\varphi}_{OO}$ 则保持不变。结果，在治理成本较低的行业中，企业内部贸易的份额往往更高。另一方面，较高的国外外包合同效率 Γ_{OO} 会增加 $\tilde{\varphi}_{OV}$ 并降低 $\tilde{\varphi}_{OO}$，从而降低 Sh_{i-f}。但是，应谨慎对待这些预测，因为这些参数的变化也会影响剩余需求水平 B。

为了获得更清晰的比较静态分析，与前面章节相同，我们转而假设核心生产率 φ 满足形状参数为 $\kappa > \sigma - 1$ 的帕累托分布。这样的参数化是有必要的，可以更好地梳理较低的交易成本、较低的南方国工资或较低的总部密集度的影响 η，以上影响都伴随着较低的 $\tilde{\varphi}_{OO}$ 和 $\tilde{\varphi}_{OV}$。假设生

产率满足帕累托分布,式(6.6)、式(6.7)和式(6.8)可以简化为:

$$Sh_{i-f} = \frac{\lambda^{1-\sigma}}{\Gamma_{OO}\left[\left(\dfrac{\widetilde{\varphi}_{OV}}{\widetilde{\varphi}_{OO}}\right)^{\kappa-\sigma-1}-1\right]+\lambda^{1-\sigma}} \tag{6.9}$$

其中:

$$\frac{\widetilde{\varphi}_{OV}}{\widetilde{\varphi}_{OO}} = \left[\frac{f_{OV}-f_{OO}}{f_{OO}-f_{DO}}\times\frac{\Gamma_{OO}-(w_N/\tau w_S)^{-(1-\eta)(\sigma-1)}}{\lambda^{1-\sigma}-\Gamma_{OO}}\right]^{1/(\sigma-1)} \tag{6.10}$$

注意,企业内部进口投入品的份额现在是参数和$\widetilde{\varphi}_{OV}/\widetilde{\varphi}_{OO}$的函数,而$\widetilde{\varphi}_{OV}/\widetilde{\varphi}_{OO}$本身独立于剩余需求水平$B$。

这些特点大大简化了对Sh_{i-f}特征的描述。首先,我们直观地知道,较低的治理成本λ或较低的国外外包合同效率Γ_{OO}会伴随着较高的企业内部进口份额。其次,显而易见的是,较低的国外一体化固定成本f_{OV}或较高的离岸外包固定成本f_{OO}也将倾向于增加企业内部贸易的份额。在更一般的情况下,式(6.9)和式(6.10)也揭示出,企业内部进口投入品的份额关于$(w_N/\tau w_S)^{(1-\eta)(\sigma-1)}$递减,即关于总部密集度$\eta$、交易成本和南方国劳动力成本递增。离岸外包的扩展边际是了解这些影响的关键。直观地讲,这些参数的递减导致企业的决策由国内采购转向离岸外包,但是正如图6.4所示,这些新的外国投入品购买必定是在独立交易下进行的,因此降低了企业内部进口在总进口中的相对份额。出于同样的原因,份额Sh_{i-f}关于国内采购的固定成本f_{DO}递减。最后,与我们在第2章和第4章中得出的结果类似,从事国外一体化的企业比从事离岸外包的企业生产率更高,这会造成生产率离散度(κ较低)对企业内部贸易份额的正向影响。

到目前为止,我一直关注图6.4中所示类型的均衡,即企业根据利润最大化的原则来选择符合自身的组织类型。但是,需要指明的是,如果λ变得越来越高,不仅企业内部的贸易会下降,而且如果$\lambda^{1-\sigma}$逐渐减小到低于Γ_{OO},那么没有企业会选择国外一体化作为自己的最优决策,企业内部贸易也会为零(不论λ的具体值如何)。类似地,如果Γ_{OO}变得越来低,企业内部贸易的份额会单调递增,直到 Γ_{OO} 超过临界值 $\tilde{\Gamma}_{OO}$(同时 $Sh_{i-f}=1$),不管 $\Gamma_{OO}>\tilde{\Gamma}_{OO}$ 的值如何。[1]

6.5 国外外包效率的决定因素

随着离岸外包的交易成本增加,企业内部进口投入品采购的相对份额也不断增加,这一结果是直观的,但对于指导研究国外一体化相对份额的实证分析却没有多大用处。幸运的是,在第 4 章中,我们详细讨论了在不同环境特点下广义的议价能力、事前转移支付约束、不同关系专用性程度、部分合同化、多个供应商和依次生产过程下的独立交易合同效率 Γ_{OO}(第 4 章中为 Γ_O)。正如在表 5.5 中所总结的,例如,需要指出 Γ_{OO} 随需求弹性 σ、融资约束水平 $(1-\phi)$ 和投入品关系专用性程度 ϵ 递减,而随南方国合同化水平 μ_S 和投入品替代性 ρ 递增。相反,总部密集度 η 对交易成本的影响通常是不明确的。

当结合比较静态及上述讨论的关于式(6.9)中 Γ_{OO} 和其他参数对 Sh_{i-f} 的影响时,我们可以得出结论,企业内部进口份额是由我们的全球采购模型的不同"深层"参数所决定的,且满足以下公式:

$$Sh_{i-f}=Sh_{i-f}(\underset{-}{\lambda},\ w_N/w_S,\ \underset{-}{\tau},\ \kappa,\ \underset{-}{\phi},\ \mu_S,\ \underset{+}{\epsilon},\ \varrho,\ \underset{?}{\sigma},\ \underset{?}{\eta}) \quad (6.11)$$

在第 8 章,我会讨论这些预测的实证结果,但是全球采购的交易成本模型的一个普遍观点是,如果同样的参数类型提高第 4 章中的离岸外包份额(如,高 w_N/w_S、ϕ、u_S,或者 ρ 和低 τ、ϵ),那么这些参数类型会降低企业内部的贸易份额。[2]同样,正如我将在第 8 章中进一步阐述的那样,我

---

[1] 临界值是 $\tilde{\Gamma}_{OO}=\bar{\omega}\lambda^{1-\sigma}+(1-\bar{\omega})(w_N/\tau w_S)^{-(1-\eta)(\sigma-1)}$,其中 $\bar{\omega}=(f_{OO}-f_{DO})/(f_{OV}-f_{DO})$。

[2] 但是,由于 σ 对 Γ_{OO} 的负面影响通过它对 $\lambda^{1-\sigma}$ 的负面影响及式(6.9)和式(6.10)中的有关 σ 项的直接影响所抵消,因此 σ 的总体影响尚不明确。

们在第 4 章和第 5 章中展示的对离岸外包效率产生积极影响的行业和国家特征的交互项,现在被预测会对企业内部的贸易份额产生负面影响。

6.6　下游度和一体化

正如本书所示,在全球采购模型的各种变形中,我们较为容易从单个企业层面的组织决策推导到部门层面的企业内部进口投入品份额。但是,依次生产模型的变形处理起来更难,因为它可以预测所研究部门中企业整合不同生产阶段的不同激励。如 Antràs 和 Chor(2013)所示,处理这种复杂情况的一种自然方法是汇总所有部门中所有企业与单个生产阶段的最优采购相关的决策。举个具体的例子,这个想法是将所有购买特定投入品(比如橡胶)的企业的决策进行汇总,然后研究这些购买行为的内部化程度。

在投入品层面存在外包和整合的固定成本的情况下,Antràs 和 Chor(2013)表明,该模型可以将特定投入品一体化的相对普遍率合计地表达为一个关于投入品在价值链中的位置(即下游度)的函数。此外,假设一体化的投入品特定成本要比外包情况下高,模型表明,生产效率较高的企业往往会将它们在生产中频繁使用的投入品进行一体化,并且某一特定阶段进行一体化的企业比例随着这些投入品购买商的生产率离散度微弱增加。

投入品的下游度如何影响企业在交易成本模型中整合该投入品的动机?为了解决这个问题,我们可以参照第 4 章,那里我们讨论了如何在国内采购和离岸外包间作出选择,只要这两种模式中主要的合同区别在于其相关的合同化水平。在这里,我们认为(合同不安全的)国外采购在依次互补情况下的下游阶段特别有吸引力,但是在依次替代情况下的下游阶段并非如此。同样,在理论附录(A.3 节)中,我提出了一个可以确定企业边界的交易成本的依次生产模型。更具体地说，在外包情况下，生产和合同决策如第 4 章所述。相反，在一体化情况下，治理成本提高了边际成本，幅度为 $\lambda > 1$，但供应商投资水平可以通过最大化公式（4.29）中的边际贡献 $\Delta R(v)$ 来求得[而不是 $(1-\beta_O)\Delta R(v)$]，同时，最终产品生产商获得双方关系中所有的剩余。

如理论附录所示，这一依次模型预测，只要投入品是依次互补的，与离岸外包相比，下游度应该对国外一体化产生负面影响；而当投入品是依次替代的时候，它应该对国外一体化产生正面影响。直观地说，在依次互补的情况下，由于早期生产阶段高投资的正涓滴效应，（通过一体化）减少上游投资合同效率低的现象是非常重要的。相反，在依次替代的情况下，较高的上游产量现在是相对有害的，因此早期生产阶段内部化是最没优势的。

6.7　国内采购的合同摩擦

在我们的分析中，我们通过假设国内投入品采购的完全合同来简化研究问题，这使得国内一体化成为企业的被占优战略。但是，应当清楚的是，在国内交易中，当合同也是不完全的（因此 $\Gamma_{DO} < 1$），而且治理成本和工资差异都很小时，可能会有一部分公司发现国内一体化是最优的选择。根据我们在式（6.1）中对固定成本排序的假设，在任何均衡中，四种可能组织形式（国内外包、国内一体化、离岸外包和离岸一体化）的企业均存在，且都必须满足图 6.5 所示的分类排序。这种分类模式类似于图 6.4，但请注意，对于自身生产率水平高于选择国内外包、但低于选择离岸外包的企业，国内一体化成为对其最具吸引力的选择。

遵循 Antràs 和 Helpman(2004，2008)的方法，人们可以使用模型的变形来研究国内和离岸采购中企业内部投入品购买份额的决定因素。但是，我将继续关注在企业边界内购买离岸投入品份额的含义。假设生

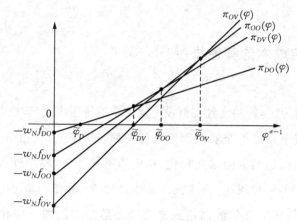

图 6.5 基于国内合同摩擦的均衡排序

产率呈现帕累托分布,这个份额仍然由式(6.9)给出,但是比率 $\tilde{\varphi}_{OV}/\tilde{\varphi}_{OO}$
稍微修改为:

$$\frac{\tilde{\varphi}_{OV}}{\tilde{\varphi}_{OO}} = \left[\frac{f_{OV}-f_{OO}}{f_{OO}-f_{DV}} \times \frac{\Gamma_{OO}-\lambda^{1-\sigma}(w_N/\tau w_S)^{-(1-\eta)(\sigma-1)}}{\lambda^{1-\sigma}-\Gamma_{OO}}\right]^{1/(\sigma-1)}$$

与式(6.10)相比,仅有的两个区别是 f_{DV} 代替了 f_{DO},以及在第二项的分
子上有一个额外项 $\lambda^{1-\sigma}$。这些修改对前文讨论的比较静态影响很小,特
别是,与式(6.11)中"深层"参数有关的影响仍然不变。

当治理成本 λ 或者国内一体化的固定成本足够大,该行业中可能没
有一家企业认为,垂直一体化是国内投入品供应商的最优选择,而且行
业内的均衡分类模式如图 6.4 所示。然而,请注意,现在国内外包的交易
成本大于零,这由合同化效率水平 $\Gamma_{OD}<1$ 所反映。在这种情况下,式
(6.10)的临界值比率 $\tilde{\varphi}_{OV}/\tilde{\varphi}_{OO}$ 在第二项的分子中包含了一个附加项 Γ_{OD}:

$$\frac{\tilde{\varphi}_{OV}}{\tilde{\varphi}_{OO}} = \left[\frac{f_{OV}-f_{OO}}{f_{OO}-f_{DO}} \times \frac{\Gamma_{OO}-\Gamma_{OD}(w_N/\tau w_S)^{-(1-\eta)(\sigma-1)}}{\lambda^{1-\sigma}-\Gamma_{OO}}\right]^{1/(\sigma-1)} \tag{6.12}$$

然而,如第 5 章所示,表 5.5 特别作了总结,该模型的深层参数以同样确
切的方式影响 Γ_{OO} 和 Γ_{OO}/Γ_{OD},因此,从这种均衡中产生的比较静态将再
次与式(6.11)中总结的预测结果相符合。

6.8 固定成本的其他排序

到目前为止,我们已经在假设固定成本的排序由式(6.1)中的不等式给出的情况下计算了企业内部贸易的份额。事实上,我相信,人们很自然地会假设:(1)与国内采购相比,给定所有权结构,离岸外包的固定成本更高;(2)与外包相比,给定投入品生产地点,垂直一体化的固定成本更高。然而,离岸外包的固定成本是否必然高于国内一体化的固定成本,那就不得而知了。有人可能会想,如果我们假设固定成本的排序如下,结果会发生怎样的变化:

$$f_{OV} > f_{DV} > f_{OO} > f_{DO}$$

注意,在这种情况下,行业中一些企业选择的所有组织形式均存在的唯一均衡类型如图 6.6 所示。从图中可以清楚地看出,生产率最高的企业继续从事国外一体化和企业内部贸易,而生产率最低的活跃企业利用国内外包。这种均衡的主要新特征是,从事国内一体化的企业现在的生产率水平高于选择国外外包的企业。这种新特征对于前面讨论的比较静

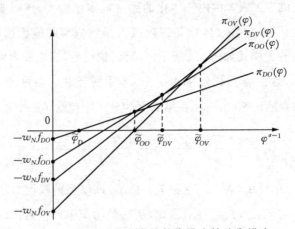

图 6.6 基于固定成本的替代排序的均衡排序

196

态有多重要？

在这种新型均衡中，企业内部投入品的进口量和购买投入品的总进口量之比 Sh_{i-f} 可以表示为：

$$Sh_{i-f} = \frac{\lambda^{1-\sigma} \int_{\tilde{\varphi}_{OV}}^{\infty} \varphi^{\sigma-1} \mathrm{d}G(\varphi)}{\Gamma_{OO} \int_{\tilde{\varphi}_{OO}}^{\tilde{\varphi}_{DV}} \varphi^{\sigma-1} \mathrm{d}G(\varphi) + \lambda^{1-\sigma} \int_{\tilde{\varphi}_{OV}}^{\infty} \varphi^{\sigma-1} \mathrm{d}G(\varphi)}$$

可以注意到，相比于式（6.6）的企业内部投入品的进口量份额，现在分母的第一个积分上限是 $\tilde{\varphi}_{DV}$，而不是 $\tilde{\varphi}_{OV}$。$\tilde{\varphi}_{OO}$ 和 $\tilde{\varphi}_{OV}$ 的定义也不同于前文图 6.5 中的排序。除了这些不同，我在理论附录中也表明，当企业生产率 φ 服从帕累托分布，该模型的变形仍然与式（6.11）中总结的比较静态完全相同。相反，在下一章中，产权模型中的结果证明对假设的各种固定成本排序更加敏感，所以考虑到这一点，在第 8 章中，我将研究最符合现有实证的排序。

6.9 交易成本方法的其他应用概述

前文所建立的跨国公司内部化决策的交易成本模型并不是来自文献中任何一篇特定的论文。相反，该模型借鉴了大量以往的研究，因此有必要简要概述其他国际贸易领域交易成本文献的贡献。我的目的不是提供一个百科全书式的文献综述，而是强调一些国际生产组织的关键要点，这些方面在文献中已经得到了研究，而我在前文的讨论中已从中提炼出来。

国际经济学中交易成本方法的早期应用是由 Ethier（1986）提出的。在他的论文中，Ethier 认为，在跨国企业的边界内交易和独立交易的区别在于，在后一种情况中，总部不能向下游生产商或分销商（而不是前述模型中的上游供应商）提供取决于质量状态的合同。结果是，总部不能总是设计出可以确保事后效率,并从合作伙伴那里获得所有利润的合同。在这种情况下,总部最好对下游生产者进行一体化。有趣的是,Ethier(1986)发现,当各国的生产成本差异很小时,一体化变得更受欢迎,这与我们在前文的研究结果一致,即 $w_N/\tau w_S$ 越大于 1,企业内部贸易份额越低。[①]

Grossman 和 Helpman(2002)的研究与前文提出的交易成本模型密切相关。事实上,他们的框架是本书研究基本全球采购模型的重要灵感来源。Grossman 和 Helpman(2002)提供了另一种一般均衡框架,它也强调了在套牢的低效率和治理成本之间的权衡。在他们的研究框架中,供应商承担关系专用性投资,以提高最终产品生产商销售的产品价值。他们的框架更简单,因为他们关注的是一个封闭经济模型,没有生产者异质性,也没有总部投资(或前文模型中的 $\eta=0$)。之后,两位作者将Grossman 和 Helpman(2002)的前提设定拓展到开放经济环境中,在Grossman 和 Helpman(2003,2005)中,投入品的合同化程度会发生跨国变化。

值得强调的是,Grossman 和 Helpman 的框架比本书中提出的框架更完善,因为它包括搜寻摩擦和定制化投入品的内生选择。更具体地说,在我们的交易成本模型中,我们假设当一个企业选择外包而不是一体化时,它可以只提出一个合同,然后从申请履行订单的企业集合中挑选一个经营商 M。Grossman 和 Helpman(2002)则假设,独立的当事人 F 和经理人 M 之间的匹配是随机的,并且取决于寻找合作伙伴或者订单的每种类型当事人的相对数量。此外,一旦匹配成功,当事人就不被允许在生产之前随意发生变化。在其他条件相同的情况下,很明显,这些特征将会使外包与一体化相比变得不那么受欢迎,甚至当供应商投资不变时候也如此。直觉上,搜寻摩擦和缺少转让抑制了最终产品生产者

---

① 在随后的研究中,Ethier 和 Markusen(1996)进一步探讨了合同摩擦、交易成本和规模经济在影响跨国企业横向一体化决策中的作用。

获取生产中创造的全部租金的能力,因为在另一种情况下,面对经营商 M 的完全弹性供给,他们可以提出"要么接受,要么放弃"的合同。当允许控制搜寻过程的匹配函数出现规模报酬递增的特征时,搜寻摩擦可以产生更多微妙和有趣的结果。在这种情况下,Grossman 和 Helpman(2002)表明,在事先相同的国家或行业中,可能存在具有不同组织形式(或行业体系)的多重均衡。此外,外包均衡的可能性通过市场规模的扩大而上升,在匹配函数中存在规模报酬递增的情况下,市场规模的扩大会提高匹配效率。

Grossman 和 Helpman(2002,2003,2005)的另一个显著特征是,他们包含了一个组织决策,该决策与供应商为其目标买家定制中间产品的程度有关。这与全球采购模型的参数 ϵ 有关,但是 Grossman 和 Helpman 是通过权衡较高定制水平相关的生产率收益及与此相关的合同摩擦的增加,来研究这种专用性水平的内生决定因素。在这方面,他们的框架与 Qiu 和 Spencer(2002)、Chen 和 Feenstra(2008)的框架具有相同的特点(同样见 Spencer,2005)。

实际上,在 Grossman 和 Helpman 的论文之前,McLaren(2000)也发表了一篇重要的论文,该论文还提出了一个框架,允许行业内企业组织决策中的相互依赖性。McLaren(2000)没有在 Grossman 和 Helpman 框架中引入这种类型的搜寻/拥挤外部性,而是关注于市场密度对 F 和 M 当事人之间利润的事后分配的影响。在他的框架中,投入品市场越大,M 个生产者获得的报酬就越大,因为他们所处的位置,可以为他们的个性化投入品找到另一个买家。因此,较密集的下游市场可以减少滞后的低效率现象。然而,至关重要的是,投入品的市场密度反过来又取决于最终产品生产商在采购决策中对外包和一体化的依赖程度,因为只有从事外包的企业才会占据这个市场。McLaren(2000)表明,这种情况也有产生多重均衡的可能性;并且通过扩大投入品市场,贸易开放可能导致全球走向更加去一体化的工业体系,从而增加全球福利,使贸易收益完全不同于那些在传统贸易理论中强调的理念。

在国际贸易领域的文献中,绝大多数交易成本方法的应用都将不完全合同产生的交易成本建模为事前的低效率,而这种低效率与关系专用性投资的次优供给有关。正如前面提到的,威廉姆森的研究,尤其是Williamson(1975),则是强调了与合同无效终止或执行有关的事后低效率的作用。例如,在不确定的环境中,当事人可能需要接受最初的(不完全的)合同中没有预见到的事后情况。在这些情况下,交易成本理论将假定,由于企业权威在降低机会主义和减少代价高昂的重新谈判方面发挥作用,不完全合同在企业边界内也比独立交易更高效。Costinot、Oldenski和Rauch(2011)基于这些想法提出了一个跨国企业边界的简单理论,并在理论上和实证上表明,更例行生产的部门,将外国供应商进行一体化的倾向较低。

7

产权分析方法

上一章回顾的企业边界交易成本理论,让我们从根本上对通过市场机制进行交易产生效率低下的原因和性质有了更深的认识。罗纳德·科斯开创性的工作和奥利弗·威廉姆森的可操作性强的著作为企业内部化决策的决定因素提出了一个成功的实证议题。

在实证研究进程蓬勃发展的同时,理论家开始质疑交易成本分析方法的一些基本原则。对该理论最值得注意的评论是,即便有人认可交易成本领域的文献已经正确界定了市场交易成本,也仍然存在着市场机制的益处究竟是什么的问题。换句话说,如果市场交易受合同不完全性、机会主义行为和议价的低效率干扰,那么企业为什么要使用市场呢?假如该企业不需要使用合同激励生产者进行关系专用性投资的话,为什么世界生产不在一个庞大的跨国企业边界内进行呢?

自然,这些不是科斯和威廉姆森在著作中忽视的问题。①

---

① 例如,科斯(Coase, 1937, p.394)写道:"一个相关的问题问似乎是[……],如果一个组织能够消除一定的费用并且在事实上减少了生产成本,为什么还会存在市场交易呢? 为什么所有的生产不在一个大的企业里进行呢?"

为了在内部化决策中获得一个有效的权衡,交易成本模型通常依靠一些模糊的"治理成本"的概念,但是这些治理成本往往作为外生参数处理,与市场交易中交易成本的来源无关。有时,这些成本与管理者有限的控制范围有关,但对这一理论仍然存在的批评是,在缺乏合同和激励措施的情况下,企业仍可以聘请越来越多的经理人来无限地扩大规模。

当然,在现实世界中,当那些经理人成为企业的雇员时,激励经理人参与生产过程的挑战才刚开始。在第 6 章开头提到的索尼公司近期资产剥离的例子,说明了企业通常(痛苦地)意识到,外部承包商比内部分工更有效率地完成生产过程中的某些部分。在许多情况下,员工绩效不佳的原因与缺乏高效的激励机制有关。

本章将集中研究企业的产权理论,该理论在一个统一的框架中解释了垂直一体化的利益和成本,可以说是最具说服力和影响力的企业理论。

7.1 产权分析方法:非技术性概述

企业产权理论最初是由 Grossman 和 Hart(1986)提出的,随后由 Hart 和 Moore(1990)以及 Hart(1995)进一步发展。首先,他们认为,在两个非一体化企业合并成为一个一体化实体后,两者之间的合同摩擦仍然会存在。毕竟,全方位的合同也不能保证企业内部贸易顺利进行,并且没有理由认为一体化组织的关系专用性比非一体化组织低。出于这些原因,市场交易中的机会主义行为和激励问题对于企业内部贸易而言是同样重要的。

如果接受企业内部贸易通常需要交易成本,并且这些交易成本的来源与市场交易里的交易成本没有明显差别,那么问题是:如何定义企业的边界呢? 为了回答这一问题,Grossman 和 Hart(1986)采用法定所有权的定义。从法律的角度来看,一体化与(通过收购或创立)非人力资产的所有权相关,包括机器、建筑、存货、专利、版权等。

产权分析法的核心思想是内部化很重要,因为当合同不完全时,非人力资产的所有权是企业权力的来源。更具体地说,当任一方遇到初始合同中没有预料到的意外情况时,资产所有者自然持有资产的剩余控制权,并且他可以决定使用这些资产,以被整合方利益为代价,来实现利益最大化。例如,资产所有者坚持或实施某些利己不利人的行为(例如被整合方产量升级)。

Grossman 和 Hart(1986)的重要论文说明,在关系专用性投资面前,这些思想提出了一体化的收益和成本同时内生的企业边界理论。特别是,垂直一体化需要内生(交易)成本,因为它减少了被一体化企业的部分专用性投资激励,而这种投资不足降低了关系专用性投资的总利润。

从我于 2003 年出版的博士论文 Antràs(2003)的第 1 章开始,企业产权理论在跨国企业边界的国际贸易领域的文献中占有重要地位。在上一章以及第 2 章和第 4 章,我已经提到了异质性企业全球采购模型,接下来我会提出与之密切相关的一种模型的变形。虽然它的框架与Antràs 和 Helpman(2004,2008)相关,但与这些文献中的简单模型不同,我们将讨论更加丰富的模型变形。

7.2　跨国企业边界的产权模型

让我们再回到全球采购的两国模型。我仍然假定第 4 章的模型很好地阐述了市场交易里合同低效的原因。因此,国内外包和离岸外包的获利水平仍然用式(6.4)和式(6.5)中的利润公式 $\pi_{DO}(\varphi)$ 和 $\pi_{OO}(\varphi)$ 表示如下:

$$\pi_{DO}(\varphi) = (w_N)^{1-\sigma} B \Gamma_{DO} \varphi^{\sigma-1} - w_N f_{DO}$$

$$\pi_{OO}(\varphi) = ((w_N)^{\eta} (\tau w_S)^{1-\eta})^{1-\sigma} B \Gamma_{OO} \varphi^{\sigma-1} - w_N f_{OO} \tag{7.1}$$

在这些等式中,Γ_{DO} 和 Γ_{OO} 表示国内、国际独立交易采购相关的合同效率水平。正如第 4 章推导出的和第 6 章概述过的,它们本身是模型中不同变量的原始参数的一个函数。暂且,简单来说,我将假设国内交易的合同是完全的,因此 $\Gamma_{DO}=1$,而国际采购贸易合同是完全不完全的。我还假设,只存在一个供应商,投资是完全关系专用性的,议价能力是对称的,并且事前转移支付是没有限制的。这实际上让我们想到第 4 章中所提到的"基本"模型,即:当 $\sigma>1$ 时,

$$\Gamma_{OO}=(\sigma+1)\left(\frac{1}{2}\right)^{\sigma}<1 \tag{7.2}$$

产权模型的重要创新点是我现在假设一体化交易也涉及交易成本。继 Grossman 和 Hart(1986)、Hart 和 Moore(1990)后,产生这些成本的原因与企业内部贸易也受合同不完全限制这一事实有关。[1]特别地,我认为当 F 决定了在 t_0 时它的组织形式,它将和制造商 M 进行一个类似的博弈,无论这个制造商是 F 的雇员还是独立的承包人。"外包"和"一体化"这两个方式都有事前合同订立阶段 t_0、投资阶段 t_1 和事后议价阶段 t_2。这两个方式之间唯一的区别是在 t_2 阶段,F 和 M 可用的外部选择是在 t_0 阶段所有权的决定函数。

所有权结构的决定是如何影响 t_2 阶段的外部选择的呢?记得在外包博弈的时候,我们假定在 t_2 时期,没有达成协议的情况下,F 没有收益(因为没有投入品 m,它不能创造产出;而它也没有时间找到另外一个 M 来提供投入品)。同样,M 的投资也完全按照 F 的要求定制化,因而 M 的外部选择也是零。

在一体化情形下,上述外部选择是不切实际的。相反,H 对 M 生产出的投入品 m 拥有产权,因此,F 有能力解雇一个坚持拒绝同意转让价格的制造商 M,而他还有能力获得 h 和 m 共同产生的收益部分,这个部

---

[1] 正如后面所讨论的,我们的框架可以轻松容纳跨组织形式合同化的变化,但我们会避免在产权分析法中这么做。

分 $\delta < 1$。δ 小于 1 的事实，反映了 F 利用投入品 m 的效率不像与其制造商 M 合作情况下的高。

在 t_2 事后议价阶段，每一方都会获得各自的外部选择加上事后均等份额的交易带来的盈余。用 β_k 代表在 t_2 时 F 在组织形式 $k=V, O$ 下的收入份额。基于假设，我们有：

$$\beta_V \equiv \frac{1}{2}(1+\delta) > \frac{1}{2} \equiv \beta_O \qquad (7.3)$$

它反映了产权的重要思想，在一体化情况下 F 拥有更多的收入份额。

因为合同化程度或关系专用性和模型的其他合同方面在外包和一体化博弈中是相同的，在一体化情形下的均衡和在外包情形下的均衡也是相同的，只是用 $\beta_V = (1+\delta)/2$ 代替了 $\beta_O = 1/2$。我们可以再参考第 4 章中提到的全球采购模型的一般化纳什讨价还价的变形，以及更具体的式(4.14)，求得国外一体化的盈利能力：

$$\pi_{OV}(\varphi) = ((w_N)^{\eta}(\tau w_S)^{1-\eta})^{1-\sigma} B \Gamma_{OV} \varphi^{\sigma-1} - w_N f_{OV} \qquad (7.4)$$

其中：

$$\Gamma_{OV} = (\sigma - (\sigma-1)(\beta_V \eta + (1-\beta_V)(1-\eta)))(\beta_V^{\eta}(1-\beta_V)^{1-\eta})^{\sigma-1}$$

$$(7.5)$$

基于在国内贸易完全合同的假设，实物资产的所有权对国内一体化的获利能力是不重要的，并且 $\Gamma_{DV}=1$。此外，由于 $\Gamma_{DO}=1$，而采购的固定成本在国内一体化情况下比在国内外包情况下更多，对于所有的 φ，我们一定有 $\pi_{DO}(\varphi) > \pi_{DV}(\varphi)$，行业中没有企业将国内的供应商进行一体化。在第 8 章讨论实证模型时，我将重新考虑国内贸易的合同摩擦，并且考虑存在国内一体化时一些企业的均衡问题。

7.3 离岸外包和国外一体化的选择

为了更加直观，让我们首先考虑离岸外包和国外一体化的选择。这相当于在比较利润公式(7.1)和式(7.4)。这两个利润公式仅在与这些策略相关的固定成本和交易成本上有些差别。我们继续认为国外一体化的固定成本高于离岸外包的固定成本($f_{OV}>f_{OO}$)。产权模型的一个重要方面是，用 Γ_{OV} 和 Γ_{OO} 的比例来表示一体化交易的合同效率在多大程度上高于非一体化交易。事实上，我们将在本章的后面部分和第 8 章进行展示，Γ_{OV}/Γ_{OO} 的比率是决定企业内部贸易份额的一个核心因素。

在我们的单一投入品的基本模型里，国际贸易中的合同完全不完全，没有融资约束和完全的关系专用性，这个比率公式为：

$$\frac{\Gamma_{OV}}{\Gamma_{OO}}=\frac{\sigma-(\sigma-1)(\beta_V\eta+(1-\beta_V)(1-\eta))}{\sigma-(\sigma-1)(\beta_O\eta+(1-\beta_O)(1-\eta))}\left(\frac{\beta_V}{\beta_O}\right)^{\eta(\sigma-1)}\left(\frac{1-\beta_V}{1-\beta_O}\right)^{(1-\eta)(\sigma-1)}$$

$$(7.6)$$

在对称的纳什讨价还价下，式(7.3)给出了 β_V 和 β_O。即使在一般化纳什讨价还价情况下，式(7.6)仍然会给出 Γ_{OV}/Γ_{OO} 的比率，只是 $\beta_V=\beta+(1-\beta)\delta>\beta=\beta_O$，其中 β 是 F 的初始议价能力。

在第 8 章中，当研究合同效率 Γ_{OO} 水平的性质时，我们展示了最终产品生产者的议价能力的增加或减少如何影响这个数值关键取决于总部密集度 η 的大小。这自然意味着比率 Γ_{OV}/Γ_{OO} 高于或低于 1 也会取决于 η 的数值。事实上，这是很容易验证的，当 $\eta\to 1$ 时，$\Gamma_{OV}>\Gamma_{OO}$，而当 $\eta\to 0$ 时，$\Gamma_{OV}<\Gamma_{OO}$。[①]换句话说，正如交易成本理论所假定的，当总部密集度水平足够高时，利用市场机制的交易成本高于企业边界内交易的成本。然而，当 η 足够低时，交易成本低于企业边界内贸易的成本，外包的合同效率高于一体化的合同效率。

通过这个结果，我们可以提供一个更加清晰的描述，即对于任何 $\beta_V>\beta_O$，Γ_{OV}/Γ_{OO} 比率必然关于 η 递增（证明参见理论附录）。这就意味着存在唯一的总部密集度临界值 $\hat{\eta}$，如果这两种组织形式的固定成本是相同的，当 $\eta>\hat{\eta}$，国外一体化的获利水平高于离岸外包；而当 $\eta<\hat{\eta}$，国外一体

---

① 注意，特别是，$(\sigma-(\sigma-1)x)x^{\sigma-1}$ 随 $x\in(0,1)$ 递增。

化的获利水平低于离岸外包。这一结果相当于 Antràs(2003)的第一个命题,与产权理论的核心结果产生共鸣:在不完全合同的情况下,资产所有权应该被分配给如下一方,其非合同投资对合同价值的贡献非常大。供应商 M 的投资的相对重要性在式(7.6)中由产出关于其投资的弹性得到,即 $1-\eta$,当 η 越小,在外包时,F 要放弃所有权给 M 的必要性就越大。

正如 Antràs 和 Helpman(2004,2008)所指出的,描述所有权结构的最优选择的另一种教学方面的有用方法是,考虑 F 能够在连续区间 $[0,1]$ 中自由选择 β,而不是从一对值 (β_V,β_O) 中选择。解决这一问题的正式方法为:

$$\max_{\beta_k \in [0,1]} \quad \beta_k R(h_k,m_k) - w_N h_k - w_N f_{Ok} - s_k$$
$$\text{s.t.} \quad s_k + (1-\beta_k)R(h_k,m_k) - \tau w_S m_k \geqslant 0 \tag{7.7}$$
$$h_k = \arg\max_h \{\beta_k(h,m_k) - w_N h\}$$
$$m_k = \arg\max_m \{(1-\beta_k)(h_k,m) - \tau w_S m\}$$

基于式(4.20)中提到的收益函数 $R(h_k,m_k)$,这个问题可以简化为:

$$\max_{\beta_k \in [0,1]} \Gamma(\beta) = (\sigma - (\sigma-1)(\beta\eta + (1-\beta)(1-\eta)))(\beta^\eta(1-\beta)^{1-\eta})^{\sigma-1}$$

正如第 4 章所提到的,交易成本最小化的 β^* 值[或最大化 $\Gamma(\beta)$]是由以下公式决定的:

$$\frac{\beta^*}{1-\beta^*} = \sqrt{\frac{\eta}{1-\eta} \frac{\sigma - (\sigma-1)(1-\eta)}{\sigma - (\sigma-1)\eta}} \tag{7.8}$$

这是 η 的递增函数。图 7.1 描述了这个函数及两个潜在的值 β_V 和 β_O。从图中清楚可见,当 η 很小时,β_O 相对于 β_V 更接近于 β^*。当 η 很大时,反之亦然。

7.4 产权模型中的均衡分类

在学习了不同组织形式之间选择的初步知识后,现在让我们关注不

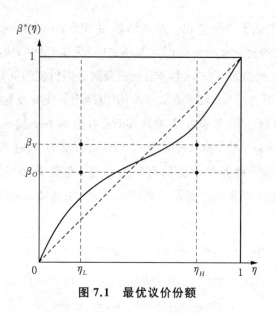

图 7.1　最优议价份额

同企业类型更正式的阐述，即根据不同的生产率水平 φ 将不同的企业分为不同的组织形式。正式地，我们试图描绘最优的组织形式 $(\ell, k) \in \{DO, DV, OO, OV\}$ 来求出 $\pi_{\ell k}(\varphi)$ 的最大值。此刻，我们要继续假设 $\Gamma_{DO} = \Gamma_{DV} = 1$，因此国内一体化是一个被占优策略。

根据我们前文关于离岸外包和一体化之间选择的讨论，第一个明显的结论是，当总部密集度 η 足够低时，国外一体化也将是一个被占优策略。更具体地说，我们在前文已经证明了，只要 η 低于一定的临界值水平，外包将带来更高的合同效率（即 $\Gamma_{OV} < \Gamma_{OO}$），再加上更高的一体化固定成本，这就一定意味着对于所有的 φ，$\pi_{OV}(\varphi) < \pi_{OO}(\varphi)$。当国外一体化是一个被占优策略时，企业的组织形式分类将类似于图 6.2，生产率最高的企业从事国外外包，生产率最低的企业（有生产活动的）选择国内外包。

对于较高水平的总部密集度 η，可以提出更丰富的分类形式。特别是，一体化情形下的有效边际成本比外包情况下要低（$\Gamma_{OV} > \Gamma_{OO}$），但外包仍然是一个与较低的固定成本相关的策略，从而生产率相对较低的企

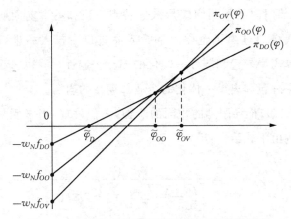

图 7.2　在总部密集度高的情况下的均衡排序

业可能会继续选择外包,而不是一体化。对于一定的参数配置,我们可以构建三个组织形式(国内外包的产业均衡、国外外包的产业均衡和国外一体化的产业均衡)共存的均衡,正如第 6 章的图 6.4 所描述的,由图 7.2 再次展示。在这样一个均衡里,生产率 $\varphi^{\sigma-1}$ 低于 $\tilde{\varphi}_D$ 的企业将不会生产,$\varphi^{\sigma-1} \in (\tilde{\varphi}_D, \tilde{\varphi}_{OO})$ 的企业将选择国内外包,$\varphi^{\sigma-1} \in (\tilde{\varphi}_{OO}, \tilde{\varphi}_{OV})$ 的企业将选择国外外包,$\varphi^{\sigma-1} > \tilde{\varphi}_{OV}$ 的企业将选择国外一体化,也就是说,它们参与国外直接投资。

当然,对于某些参数值的设置来说,它可能是这样的情况,即没有企业认为国外外包是最优的选择。在这种情况下,分类模式如第 6 章的图 6.3 中所示。然而,注意,在不同的组织形式并存的任何均衡中,它们在生产率上的排序不会受到影响。特别是,在任何一个企业内部贸易份额严格地控制在 0 和 1 之间的行业,国外一体化的企业必然比独立离岸外包的企业生产率要高。

7.5　对企业内部贸易比例的影响

接下来,我们将使用该模型汇总一个行业内所有企业的决策,来总结该行业或部门内的不同组织形式的特点。正如本章前面研究的交易成本模型,我将通过衡量企业内部投入品进口占投入品进口总量的比例,重点计算离岸外包和国外一体化的相对普遍性。我也将重点讨论国内外包、离岸外包和离岸一体化的企业都存在的均衡。

遵循式(6.9)推导用到的相同的步骤,人们发现,当 φ 服从帕累托分布时,该比例由下式给出:

$$Sh_{i-f} = \frac{\Gamma_{OV}/\Gamma_{OO}}{\left[\left(\dfrac{\widetilde{\varphi}_{OV}}{\widetilde{\varphi}_{OO}}\right)^{\kappa-\sigma-1}-1\right]+\Gamma_{OV}/\Gamma_{OO}} \tag{7.9}$$

其中:

$$\frac{\widetilde{\varphi}_{OV}}{\widetilde{\varphi}_{OO}}=\left[\frac{f_{OV}-f_{OO}}{f_{OO}-f_{DO}}\times\frac{1-(w_N/\tau w_S)^{-(1-\eta)(\sigma-1)}/\Gamma_{OO}}{\Gamma_{OV}/\Gamma_{OO}-1}\right]^{1/(\sigma-1)} \tag{7.10}$$

为了推导出这些方程,我再次假定,在所有组织形式下,外国投入品的定价是这样的:这些投入品支出有着相同的经营利润的乘数 $(1-\eta)(\sigma-1)$。这是一个限制性假定,但注意这并不意味着转移支付价格在企业内部和离岸外包情况下都是相同的。追溯这个框架对跨国企业的转移支付价格实际操作的影响是很有趣的,但在这里我将不会进行探讨。[①]

式(7.9)和式(7.10)可以用来研究企业内部贸易比例的决定因素。首先,注意保持合同效率指标 Γ_{OV} 和 Γ_{OO} 不变,企业内部进口的份额 Sh_{i-f} 关于 κ 递减(因为 $\widetilde{\varphi}_{OV}>\widetilde{\varphi}_{OO}$),且关于 $(w_N/\tau w_S)^{-(1-\eta)(\sigma-1)}$ 也递减。因为在式(7.2)和式(7.5)中,Γ_{OV} 和 Γ_{OO} 都独立于 κ 和 $w_N/\tau w_S$,因此,我们可以得出这样的结论:企业内部进口的份额关于生产率离散度、交易成本和南方国的劳动力成本递增。这些影响和我在交易成本模型中得到的影响是相同的,其背后的机制也是相同的。生产率离散度的影响取决于国外一体化企业的生产率高于国外外包的这一排序模型,而交易成

---

① 关于转移支付价格和跨国企业组织决定的最近的工作,请参考 Keuschnigg 和 Devereux(2013)、Bauer 和 Langenmayr(2013)。

本和工资差异的影响是因为离岸外包的扩展边际较大程度影响着外包。

在基本的单一投入品、对称纳什讨价还价、完全不完全合同的交易成本模型里,我们也从$(w_N/\tau w_S)^{-(1-\eta)(\sigma-1)}$的影响中推断出,企业内部贸易的份额随着总部密集度$\eta$增加而增加。这是因为治理成本$\lambda$和外包的合同效率$\Gamma_{OO}=(\sigma+1)/2^\sigma$都独立于$\eta$。在目前的产权模型下情况更复杂,因为在式(7.5)里Γ_{OV}取决于η的大小。然而,上述表明,对于任何的$\beta_V > \beta_O$,Γ_{OV}/Γ_{OO}的比率是关于η递增的。其结果是,出于与交易成本模型不同的原因,企业内部进口份额与η呈正相关。这些不同的影响有两种类型。首先,当η较高时,企业选择对外直接投资会产生边际扩展效应;其次,只要η较高时,与外包相比,一体化的合同效率(和企业规模)相对较高,存在着边际集约效应。

7.6 基本模型的扩展

为了解释第8章的实证分析,接下来我将放宽基本模型的强假设,转向研究更一般的环境。这将有助于扩大预测的企业内部贸易份额决定因素的范围,并将这些预测的影响与第6章中交易成本模型的影响进行对比。

当一般化交易成本模型时,我们仅利用第4章关于离岸外包合同效率Γ_{OO}的决定因素的结果,或第5章(和理论附录)关于Γ_{OO}/Γ_{DO}比率的决定因素的结果。这样做的原因是,一体化的成本是由"治理成本"产生的,而治理成本则被认为是独立于外包合同效率的决定因素。然而,正如我前文说明的,在产权模型中,影响离岸外包效率的参数,同样也影响着对外直接投资的效率(即离岸一体化)。而且,更具体而言,正如在交易成本模型里,企业内部贸易份额不仅受到Γ_{OO}的负面影响,而且Γ_{OV}/Γ_{OO}的比率对其产生正面影响。

简要来说,在本章的其余部分,我将重点关注全球采购模型的不同

原始参数对 Γ_{OV}/Γ_{OO} 比率的影响，计算一体化与外包的相对边际成本效率。在第 8 章解释实证方程时，我将重新考虑 Γ_{OV}/Γ_{OO} 比率连同 Γ_{OO} 的水平如何在多国家多行业的情况下影响企业内部的交易份额。出于教学原因，我也会忽略国内采购的合同摩擦和仍然使用固定成本的基本排序 $f_{OV} > f_{OO} > f_{DV} > f_{DO}$。在下一章中，当讨论模型的实证检验时，我们会运用在第 6 章提出交易成本全球采购模型时采用的方法来放宽这些假设。

为了节约篇幅，后文讨论的理论结果的所有证明将在理论附录里阐述。

7.7 广义议价与一般化函数形式

我用一个例子来讨论基本模型的拓展形式，当事人 F 的初始议价能力不等于 $1/2$，它是由一些一般数值 $\beta \in (0, 1)$ 得到的。前文已经提到，它对 Γ_{OV}/Γ_{OO} 比率几乎没有影响。表达式（7.6）仍然会得到这个比率，只是 $\beta_V = \beta + (1-\beta)\delta > \beta = \beta_O$。我也在前文预期（所有证明都在理论附录），对于任何的 $\beta \in (0, 1)$ 而不仅限于 $\beta = 1/2$，Γ_{OV}/Γ_{OO} 比率都随着总部密集度水平 η 增加。[1]

尽管相对于外包来说，总部密集度对一体化效率的积极作用，关于议价过程的设定是稳健的，但是人们可能会怀疑它是否由模型非常特殊的函数形式决定。为了研究这个问题，在 Antràs（2014），我设定了一般收入函数 $R(h_k, m_k)$ 而不是式（4.20）中的柯布—道格拉斯方程，来求解上述式（7.7）。在这种情况下，利润最大化的 β^* 是：

$$\frac{\beta^*}{1-\beta^*} = \frac{\eta_{R, h} \cdot \xi_{h, \beta}}{\eta_{R, m} \cdot (-\xi_{m, \beta})} \tag{7.11}$$

---

[1] 这一比率也是关于需求弹性 σ 的函数，但这种关系是复杂的，并且以并不浅显的方式依赖 β 和 δ 的数值。

其中，$\eta_{R, j} \equiv jR_j/R$ 是投入品 $j=h, m$ 时盈余对投资的弹性；$\xi_{j, \beta} \equiv \dfrac{dj}{d\beta}\dfrac{\beta}{j}$ 是 j 的投资对 β 分布变化的弹性。总之，分配给某个当事人的（假设的）最优收益份额随着此当事人投资收入弹性增加而增加，也随着其盈余分配的投资弹性增加。

这种描述是直观的，它用投资弹性 $\xi_{h, \beta}$ 和 $\xi_{m, \beta}$ 来表示，本来就是收入函数的细微特征函数（详见 Antràs, 2014）。但是，显而易见，只要收入函数是关于 h 和 m 的 $\alpha \in (0, 1)$ 齐次的，式（7.11）可以表示为：

$$\frac{\beta^*}{1-\beta^*} = \sqrt{\frac{\eta_{R, h}\alpha(1-\eta_{R, m}) + (1-\alpha)(\sigma_{h, m}-1)\eta_{R, m}}{\eta_{R, m}\alpha(1-\eta_{R, h}) + (1-\alpha)(\sigma_{h, m}-1)\eta_{R, h}}} \tag{7.12}$$

其中，$\eta_{R, h}$ 和 $\eta_{R, m}$ 再次分别表示总部服务和制造生产的收入弹性，$\sigma_{h, m}$ 是收入中总部服务 h 和投入品 m 之间的替代弹性。简单微分可以得出，对于任何常数 $\sigma_{h, m} > 0$，β^* 将继续关于 $\eta_{R, h}$ 递增且关于 $\eta_{R, m}$ 递减。因此，剩余控制权仍将分配给其投资在盈余上有较大影响力的一方。换言之，模型明显地预测了一体化在总部密集型部门比在制造密集型部门更具有吸引力。[1]

7.8　融资约束

接下来，我将探讨第 4 章讨论的模型的扩展，它描述了 F 和 M 之间事前一次性转移支付交换的约束条件。具体来说，唯一新的假设是当事人 M 将与 F 交易所有的净收入的最多份额 ϕ 抵押给其国内经济的外部融资者。因此，其对 F 的事前转移支付将不能大于其事后盈余的 ϕ，其

---

[1]　在什么情况下，收入函数是关于 h 和 m 的 $\alpha \in (0, 1)$ 齐次函数？例如，如果给定全书假设的 CES 偏好的类型，最终产品生产者面对的反需求函数是关于产出的 $\alpha_r - 1 < 0$ 齐次函数，且生产函数是关于 h 和 m 的任何 $\alpha_q \in (0, 1)$ 齐次函数。在这种情况下，我们会有 $\alpha = \alpha_r\alpha_q$。

中在组织形式 $k = \{V, O\}$ 下，有 $\phi[(1-\beta_k)p(q(\varphi))q(\varphi) - \tau w_S m(\varphi)]$。用这个外加的融资约束求解式(7.7)，我们会发现比率 Γ_{OV}/Γ_{OO} 将变成：

$$\frac{\Gamma_{OV}}{\Gamma_{OO}} = \frac{\beta_V(\sigma-(\sigma-1)\eta) + \phi(1-\beta_V)(\sigma-(\sigma-1)(1-\eta))}{\beta_O(\sigma-(\sigma-1)\eta) + \phi(1-\beta_O)(\sigma-(\sigma-1)(1-\eta))}$$
$$\times \left(\frac{\beta_V}{\beta_O}\right)^{\eta(\sigma-1)} \left(\frac{1-\beta_V}{1-\beta_O}\right)^{(1-\eta)(\sigma-1)} \tag{7.13}$$

可以直接证明该比率随着 ϕ 递减。因此，在交易成本模型里，只要供应商面临着更严苛的融资约束，国外一体化相对于国外外包的获利能力就特别高。直觉上，虽然降低 ϕ 也降低了企业内部离岸外包的生产效率，在外包情况下，当事人 M 的事后盈余的份额要比一体化情况下高，因而很自然地认为在外包的情况下融资约束更加地影响了 F 的利润。

在理论附录中，我还展示了 Γ_{OV}/Γ_{OO} 比率仍然关于 η 递增。这是两种效应共同作用的结果。一方面，总部密集度在产权理论中的标准作用在这里还是有效的；另一方面，η 越大，F 的融资约束带来的寻租损失也就越大，因此供应商更容易进行一体化。

7.9 部分合同化

现在研究国际贸易中部分合同化的模型变形，其中合同化程度因不同投入品和国家而不同，这与 Antràs 和 Helpman(2008)的模型思路一致。在第 4 章中，我们详细讨论了他们的框架，并推导了对称纳什讨价还价下外部选择权为零的离岸外包均衡利润（所以事后盈余由各当事人平均分配）。理论附录 A.2 部分表示，按照 Antràs 和 Helpman(2008)的方法可以对于任意事后收入分配(β_h, β_m)，推导出合同效率水平的公式。将此公式应用于案例(1)$\beta_h = \beta_V$，$\beta_m = 1-\beta_V$，(2)$\beta_h = \beta_O$，$\beta_m = 1-\beta_O$，我们可以得出 Γ_{OV}/Γ_{OO} 比率是在离岸外包情况下，关于议价份额、总部密集度、总部服务合同化程度 μ_{hS} 和制造生产合同化程度 μ_{mS} 的函数：

$$\frac{\Gamma_{OV}}{\Gamma_{OO}} = \left(\frac{\sigma - (\sigma-1)(\beta_V\eta(1-\mu_{hS}) + (1-\beta_V)(1-\eta)(1-\mu_{mS}))}{\sigma - (\sigma-1)(\beta_O\eta(1-\mu_{hS}) + (1-\beta_O)(1-\eta)(1-\mu_{mS}))}\right)^{\sigma - (\sigma-1)\mu_S}$$

$$\times \left(\frac{\beta_V}{\beta_O}\right)^{\eta(1-\mu_{hS})(\sigma-1)} \left(\frac{1-\beta_V}{1-\beta_O}\right)^{(1-\eta)(1-\mu_{mS})(\sigma-1)} \tag{7.14}$$

与产权理论的核心一致,我假设当事人在企业内部和跨企业贸易中可选择的合同范围是相同的,因此 μ_{hS} 和 μ_{mS} 的合同化水平在各种组织形式中是相同的。然而,该框架可以灵活地适用于不同所有权结构的合同化差异。

正如在理论附录中所示,Γ_{OV}/Γ_{OO} 比率是 η 和 μ_{mS} 的单调递增函数,且关于 μ_{hS} 单调递减。总部密集度的正面效应的原理和基准模型的原理是类似的,并再次说明了这一结果的稳健性。

与外包情况相比,μ_{mS} 和 μ_{hS} 对一体化吸引力的影响是呈相反方向的,这是更为新颖和有趣的结果。和我们之前讨论的交易成本模型不同(之前的模型是合同化程度增强会提高外包的相对盈利能力),而在我们的产权模型里,不同生产过程的相对合同化程度在一体化决策中起着关键作用。国际贸易中总部服务合同化程度的改善(较高的 μ_h)将继续提高外包的相对盈利能力,但离岸制造合同化程度的增加却会降低外包的相对盈利能力。后者结果的关键是,在产权理论中,每个当事人进行的非合同化投资的相对强度(或重要性)对一体化决策产生显著影响。总部密集度水平 η 和总部服务合同化程度 μ_h 保持不变,μ_m 的增长必然降低 M 进行的非合同化投资的相对重要性,因此相对于他们的成本来说独立合同的利润是下降的。

还有另一种方法解释这个结果,就是回顾(假设)最优盈余的事后分配决定,这个最优分配会带来最大限度地提高事前盈余的投资水平。在我们的基准模型中,这推导了式(7.8),并用图 7.1 描述。在当前的部分合同化模型的扩展中,可将式(7.8)略微修改成:

$$\frac{\beta^*}{1-\beta^*} = \sqrt{\frac{(1-\mu_h)\eta}{(1-\mu_m)(1-\eta)} \frac{\sigma - (\sigma-1)(1-\mu_m)(1-\eta)}{\sigma - (\sigma-1)(1-\mu_h)\eta}} \tag{7.15}$$

值得注意的是，当 $\mu_h = \mu_m = 0$ 时，上式可以还原到式(7.8)，F 和 M 再次进行的非合同化投资的相对强度等于 η 和 $1-\eta$，而不是 $(1-\mu_h)\eta$ 和 $(1-\mu_m)(1-\eta)$。图 7.3 描述了不同合同化类型的变化对这个最优值 β^* 的影响。在左边的图形中，μ_h 增加就会降低 β^*，使得外包更可能是最优的组织形式。相反，在右边的图形中，μ_m 增加就会提高 β^*，它扩大了一体化是最优组织形式的参数值范围。

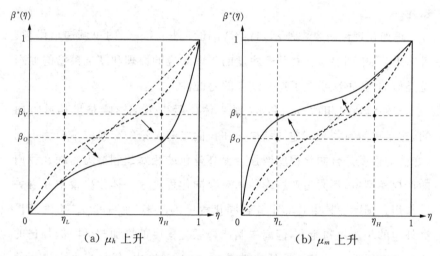

（a）μ_h 上升　　　　　　　（b）μ_m 上升

图 7.3　基于部分合同化的最优议价额度

在理论附录中，我也研究了合同化程度变动对 Γ_{OV}/Γ_{OO} 比率的影响是如何取决于生产的其他特点的。第一，我表明了总部密集度较高往往增强了 μ_h 对 Γ_{OV}/Γ_{OO} 的负面作用，以及削弱了 μ_m 对 Γ_{OV}/Γ_{OO} 的正面作用。因此，无论合同化程度提高的原因是什么，该模型都预测了总部密集度和合同化对一体化的相对吸引力的正向交叉偏导影响。第二，我表明了需求弹性 σ 较低会削弱 μ_h 和 μ_m 对 Γ_{OV}/Γ_{OO} 的影响，这表明，Γ_{OV}/Γ_{OO} 比率关于 σ 和合同化水平的交叉偏导数的符号取决于合同化程度增加的来源。这个交叉偏导数关于 μ_m 是正的，关于 μ_h 却是负的。

7.10 部分关系专用性

让我们考虑第 4 章提到的部分关系专用性模型的拓展。这里引入了一个投入品二级市场，其中，当结合了预期（主要）买方 F 的总部服务，每个投入品可能会定价为此投入品的边际产品价值的 $1-\epsilon$。因此，ϵ 的高数值与定制化程度或关系专用性程度高是相关的。在第 4 章，我们表明，在一个给定的组织形式下，该模型扩展的均衡和完全关系专用性基准模型的均衡在结构上是相同的，但每个当事人得到的事后收入是 $\beta_h=\beta_m=1-\epsilon/2$，而不是 $\beta_h=\beta_m=1/2$。自然，ϵ 越低，不完全合同的无效性的可能性就越低。虽然在第 4 章中我们没有这样做，但是将这个结果扩展到一般纳什讨价还价是简单的。在这样的情况下，均衡和完全关系专用性的均衡在结构上也是相同的，但 F 获得了收入的 $1-(1-\beta)\epsilon$，而 M 获得收入的 $1-\beta\epsilon$。[①]

将部分关系性纳入企业内部贸易模型中，会带来一些棘手的问题。读者可能还记得，当事人期待获得较高的收入份额，这反映了他们的预期情况，即在他们生产零部件的二级市场，他们的事前投资将会得到回报。尽管如此，为了合理化当事人 F 在关联交易中得到较高的议价份额，F 需要对 M 投资（即制造投入）的结果拥有产权，因此，M 能否进入该二级市场变得不太清楚。然而清楚的是，当事人 M 进行的投资并不能完全体现在制造投入品之中，因此即使在一体化的情况下，他们也很可能有正的外部选择。

与其尝试充分说明专用性和企业边界是如何相互作用的，我们不如考虑这种情况，企业内部贸易的均衡行为和我们完全关系专用性的基准

① 注意，对于 $\epsilon<1$，$1-(1-\beta)\epsilon+1-\beta\epsilon=2-\epsilon>1$。需要说明的是，在议价中，$F$ 和 M 从事后交易中获得的收益加起来正好等于 1，但他们的投资行为就好像他们获得的收益份额严格超过 1 一样。

模型的均衡行为在结构上是相同的，但 F 获得收入的 $1-(1-\beta_V)\epsilon$ 份额，而 M 获得 $1-\beta_V\epsilon$ 的份额，其中 $\beta_V>\beta_O=0$。无疑，这是一个明显的假设，但是不值得花太多的篇幅来阐述这个设定的微观基础，因为我即将讨论的这一结果，并不完全是一般或稳健的。

应用 Antràs 和 Helpman（2008）的一般公式（见理论附录 A.2），Γ_{OV}/Γ_{OO} 比率可以表达为：

$$\frac{\Gamma_{OV}}{\Gamma_{OO}}=\left(\frac{\sigma-(\sigma-1)((1-(1-\beta_V)\epsilon)\omega_h+(1-\beta_V\epsilon)\omega_m)}{\sigma-(\sigma-1)((1-(1-\beta_O)\epsilon)\omega_h+(1-\beta_O\epsilon)\omega_m)}\right)^{\sigma(1-\omega_h-\omega_m)}$$

$$\times\left(\frac{1-(1-\beta_V)\epsilon}{1-(1-\beta_O)\epsilon}\right)^{\omega_h}\left(\frac{1-\beta_V\epsilon}{1-\beta_O\epsilon}\right)^{\omega_m}$$

$$(7.16)$$

其中，$\omega_h=(\sigma-1)\eta(1-\mu_{hS})/\sigma$ 和 $\omega_m=(\sigma-1)(1-\eta)(1-\mu_{mS})/\sigma$。当研究这一比率时，我们不能简单地应用 Antràs 和 Helpman（2008）的比较静态分析结果，因为 F 和 M 的议价份额总和不等于 1。①事实上，首先令人失望的是，对于任何数值的 β_O、β_V 或者 ϵ，Γ_{OV}/Γ_{OO} 比率并不一定是关于 η 和 μ_{mS} 递增，且关于 μ_{hS} 递减的。此外，当研究 ϵ 对这个比率的影响时，我们发现这个影响是不明确的。

正如我在理论附录中更详细地表述，通过假设"不同投入品的关系专用性是不同的"，这个扩展模型得到一些进展。对总部服务和制造业投入，我们分别用 ϵ_h 和 ϵ_m 来表示关系专用性。在这种情况下，表达式（7.16）需要进行修改，用 $(1-(1-\beta_k)\epsilon_h)$ 代替 $(1-(1-\beta_k)\epsilon)$，用 $1-\beta_k\epsilon_m$ 代替 $(1-\beta_k\epsilon)$，其中 $k=V,O$。当研究更具一般性的 Γ_{OV}/Γ_{OO} 比率时，人们发现，它通常关于 ϵ_h 递增，且关于 ϵ_m 递减。然而，结果并不是完全通用的，因为人们可以找到一些数值例子，证实得出对于所有可能的参数值，这种相关性是不单调的，特别是当议价份额 β_O 和 β_V 非常高或者低的

---

① 正如第 4 章所述，对于任何 (β_h,β_m)，μ_{hS} 和 μ_{mS} 对 Γ_{OO} 的正向作用不变。他们关于 Γ_{OV}/Γ_{OO} 比率的结果运用了 $\beta_h=1-\beta_m$ 的事实。

时候。但在理论附录中，当 $\beta_O = 1/2$ 时，ϵ_m 对 Γ_{OV}/Γ_{OO} 比率产生显著的负面影响。同样地，我表明，当 $\beta_V = 1/2$ [因此 $\beta_O = (1/2-\delta)/(1-\delta)$] 时，ϵ_h 对 Γ_{OV}/Γ_{OO} 比率产生明显的正面效应。[①]

7.11 多项投入品和多边合同

到现在为止，我们已经把重点放在产权模型的各种变形上，在这些模型中，生产只需要一种制造投入品，合同在性质上只是双边的。接下来，我将关注在第 4 章中提出的多项投入品和多个供应商的模型变形，这是基于 Acemougle、Antràs 和 Helpman（2007）提出的方法所建立起来的。回忆一下我们在第 4 章的分析，一个关键参数 ρ 影响了离岸外包的合同效率，它在式（4.25）中影响了各投入品之间的替代程度。当 $\rho \to 1$，这些投入品就可以完全相互替代；而当 $\rho \to 0$，这些投入品都是产品必需的。我们采用 Shapley 值作为 F 与不同供应商之间多边合同的解决方案，第 4 章发现最终产品生产商最终会得到盈余份额 $\sigma\rho/((\sigma-1)(1-\eta)+\sigma\rho)$，而所有供应商总共获得了剩余份额 $(\sigma-1)(1-\eta)/((\sigma-1)(1-\eta)+\sigma\rho)$。然而，在 t_1 投资阶段的纳什均衡中，各供应商的相关收益保持对其他供应商的投资不变，这相当于对单个供应商模型带来了新的影响。更具体地说，供应商的收益 $M(v)$ 由下式给出：

$$P_m(v) = \frac{(\sigma-1)(1-\eta)}{(\sigma-1)(1-\eta)+\sigma\rho} R(\varphi) \left(\frac{m_n(v)}{m_n(-v)}\right)^\rho \qquad (7.17)$$

因此 ρ，而不是 $(\sigma-1)(1-\eta)/\sigma$，影响着各供应商的投资收益对其投资水平的弹性。这一结果的含义是，离岸外包模型中的均衡利润能力与

---

① 数值模拟也表明一个直观的结果，当合同化水平低时，ϵ_h 和 ϵ_m 特定水平的变化影响往往是放大的。然而，这些结果再次并不是对所有可能的参数值都成立。

我们的单个供应商的基准模型是相同的,即 $\beta_h = \beta_m = \rho\sigma/((\sigma-1)(1-\eta)+\sigma\rho)$。

在第 4 章模型的设定中,我们假定,在事后议价时,每个供应商都可以在生产过程中拒绝为无合同规定的制造活动提供服务。在这个意义上,它自然地解释了为什么所有供应商都是分包商。供应商的一体化如何影响企业与供应商之间的事后谈判呢?

简单起见,考虑极端的情况,即 F 将所有供应商进行一体化。[①]假设在这样的情况下,供应商不能获得他们对收入的边际贡献的全部价值[在式(4.26)中给出],但只是前文中基准模型给出的 $1-\delta$ 份额。[②]按照第 4 章的类似推导,在 t_1 时期供应商的收入为:

$$P_m V(v) = \frac{(1-\delta)(\sigma-1)(1-\eta)}{(\sigma-1)(1-\eta)+\sigma\rho} R(\varphi) \left(\frac{m_n(v)}{m_n(-v)} \right)^{\rho} \quad (7.18)$$

记住,在均衡中,对于所有的 v,$m_n(v)=m$,值得注意的是,F 得到了收入的 $(\sigma\rho+(\sigma-1)(1-\eta)\delta)/((\sigma-1)(1-\eta)+\sigma\rho)$。在产权理论的核心里,垂直一体化可以提高 F 当事人的议价能力(越是如此,δ 就越大),同时也可以削弱供应商的议价能力。

与外包情况一样,人们也可以轻松地验证这种多个供应商模型的均衡与具有适当重新定义的议价份额 β_m 的单供应商模型的均衡同构。在一体化的情况下,这个等价的议价份额是 $\beta_m = (1-\delta)\rho\sigma/((\sigma-1)(1-\eta)+\sigma\rho)$。有了这些等式,可以轻而易举地运用 Antràs 和 Helpman(2008)的一般公式来[见理论附录公式(A.10)]表示 Γ_{OV}/Γ_{OO} 比率:

[①] 如 Schwarz 和 Suedekum(2014)最近所示,这个假设是不失一般性的,如混合采购,有些供应商是垂直一体化的,另一些保持独立,这可能会出现在均衡中,只要运用技术和合同化上的对称性假设。关于混合采购策略的另一框架,参见 Du、Lu 和 Tao(2009),Van Biesebroeck 和 Zhang(2014)。

[②] Acemoglu、Antràs 和 Helpman(2007)考虑了另一种写法,供应商保留他们中间投入品(而不是他们的贡献)份额的 $1-\delta$。这会对投入如何替代影响一体化决策产生类似的预测,但在这种情况下,证据也较为烦琐。

$$\frac{\Gamma_{OV}}{\Gamma_{OO}} = \left(1 - \frac{(\sigma-1)(1-\eta)\delta\omega_h - \sigma\rho\delta\omega_m}{(\sigma-1)(1-\eta) + \sigma\rho(1-\omega_h-\omega_m)}\right)^{\sigma(1-\omega_h-\omega_m)}$$
$$\times \left(1 + \frac{(\sigma-1)(1-\eta)\delta}{\sigma\rho}\right)^{\sigma\omega_h} (1-\delta)^{\sigma\omega_m} \tag{7.19}$$

其中 $\omega_h = (\sigma-1)\eta(1-\mu_{hS})/\sigma$ 和 $\omega_m = (\sigma-1)(1-\eta)(1-\mu_{mS})/\sigma$。在理论附录中,我会表明,在式(7.19)中,$\Gamma_{OV}/\Gamma_{OO}$ 比率关于 ω_h 递增,且关于 ω_m 递减,这意味着,如同只有一个供应商的模型,这一比率关于总部合同化 μ_h 递减,且关于制造合同化 μ_m 递增。然而,这个结果并不意味着,Γ_{OV}/Γ_{OO} 比率必然随着总部密集度 η 增加而变大,因为此参数在式(7.19)中,与它如何影响 ω_h 和 ω_m 无关。事实上,不难举出一些数值例子,在 η 的一定范围内,可以使这个比率关于 η 递减。这与总部密集度影响了当事人有效的初始议价能力有关,并且随着 η 增加,供应商的有效议价能力下降。当其他条件保持不变,通过一体化降低供应商议价能力就愈发不那么有吸引力。

多个供应商模型得出的主要新结果是投入品的替代性可以用 ρ 表示,且会影响最终产品生产商的一体化决策。在第 4 章中我们发现,投入品的可替代性越高,外包合同效率就越高,在这个意义上 $\partial\Gamma_{OO}/\partial\rho > 0$。虽然较高的 ρ 也提高了国外一体化的合同效率,但这样的影响在一体化情况下没有在外包情况下明显。更确切地说,我在理论附录里提到,存在一个独特的临界值 $\hat{\rho} > 0$,使得对于所有 $\rho < \hat{\rho}$,国外一体化的合同效率是较高的(即 $\Gamma_{OV} > \Gamma_{OO}$),对于 $\rho \geqslant \hat{\rho}$ 来说,反之亦然(即 $\Gamma_{OV} < \Gamma_{OO}$)。① 总之,生产投入品的互补性越大,将供应商进行一体化的激励机制就越高。

这一结果背后的机理如下:当投入品的技术互补性很强时,F 在外包情况下的事后报酬往往是比较低的(注意,尤其是当 $\rho \to 0$ 时,F 的外

---

① 当阈值 $\hat{\rho}$ 大于 1 时,对于所有 $\rho \in (0, 1]$,都有 $\Gamma_{OV}/\Gamma_{OO} > 1$。

包收益为零),同时总部服务的选择也特别被扭曲了。在这种情况下,垂直一体化是特别受欢迎的,因为它有助于 F 恢复提供这些总部服务的动机。相反,当 ρ 高的时候,供应商面临着一个特别严重的套牢问题,因为其彼此的投入品之间具有高度的可替代性;在这些情况下,通过外包合同加强供应商的议价能力来形成利润最大化的组织模式。

7.12 依次生产

最后,我研究 Antràs 和 Chor(2013)模型的变形,其中生产过程实际上是依次的,上游阶段的供应商的关系专用性投资可以影响后面下游阶段各方参与的动机。在第 4 章中,我已经讨论过,如果最终产品生产商能够在每一阶段 $v \in [0,1]$ 选择利润最大化 $\beta(v)$,他们将等于:

$$\frac{\partial \beta^*(v)}{\partial v} = \frac{1 - \sigma_\rho / \sigma}{\sigma_\rho - 1} v^{\frac{-\sigma_\rho(\sigma-1)}{(\sigma_\rho-1)\sigma}} \tag{7.20}$$

当 $\sigma > \sigma_\rho$,最终产品生产商将有动力在下游阶段保留比上游阶段更多的盈余;而当 $\sigma < \sigma_\rho$,反之亦然。这么做的原因是,在前一种情况下,供应商的投资是依次互补的,因而上游阶段较高的 $\beta(v)$ 是代价很大的,因为它们将不仅削弱早期供应商的投资动机,也会削弱所有下游供应商的投资动机。与之相反,当 $\sigma < \sigma_\rho$ 时,供应商投资是依次替代的。

这一结果如何与沿着价值链将供应商进行一体化举措有关呢?要回答这个问题,考虑下面这个例子,当 $\beta^*(v)$ 不是从集合 $[0,1]$ 自由选择时,最终产品生产商不得不在两个潜在价值 β_V 和 β_O 之间选择,其中 $\beta_V > \beta_O$。从式(7.20)可知,当投入品是依次互补的(即 $\sigma > \sigma_\rho$)时,企业将选择放弃上游供应商的控制权来激励他们投资,因为这会对下游供应商的投资决策产生正的溢出效应。相反,当投资是依次替代(即 $\sigma < \sigma_\rho$)时,如果要将一些供应商进行一体化,那一定是那些处于上游生产的供应商。

Antràs 和 Chor(2013)通过下面的例子得到了一个直观的结果,在互补的情况下($\sigma > \sigma_\rho$),存在唯一的 $v_C^* \in (0, 1]$,使得:(1)所有生产阶段 $v \in [0, v_C^*)$ 都是外包的;(2)所有生产阶段 $v \in [v_C^*, 1)$ 都是在企业边界内进行的一体化。相反,在替代的情况下($\sigma < \sigma_\rho$),存在唯一的 $v_S^* \in (0, 1]$ 使得:(1)所有生产阶段 $v \in [0, v_S^*)$ 都是在企业边界内进行的一体化;(2)所有生产阶段 $v \in [v_S^*, 1)$ 都是外包的。

读者可能会回想起第 6 章,这些结果与交易成本模型类似,但该模型得到的预测结果实际上是相反的。在那个模型中,上游一体化在依次互补的情况下特别有利,下游一体化在依次替代的情况下也是非常受欢迎的。我们将在第 8 章中重新讨论这两者的区别。

到目前为止,我已经讨论过没有对总部服务进行投资以及 F 与他的供应商之间不受约束的事前转移支付的情况。如 Antràs 和 Chor(2013)所示,在这种情况下,对于所有的 v,只要 $\sigma > \sigma_\rho$,$\beta^*(v) < 0$,F 会发现沿着整个价值链,外包是最优选择。或者,就我们之前形式化的结果而言,$v_C^* = 1$。然而,我们可以表明,不管 σ 和 σ_ρ 的相对数值大小,一体化和外包都可以出现在价值链,只要 F 无法通过事前一次性转移支付从供应商处得到所有的盈余,或者模型中包含总部服务提供(详情见 Antràs and Chor,2013)。有趣的是,在这些情况下,Antràs 和 Chor(2013)表明,一体化阶段的范围(互补情况下的下游阶段,替代情况下的上游阶段)必然随总部密集度水平增加和随投入品替代程度减少,这和同时生产投资模型的变形得到的结论是相符合的。

概括地说,从这个扩展的模型中得到的主要新预测是,投入品在价值链中的位置构成了生产过程是否一体化的新决定因素。此外,这种依赖性主要是由最终产品生产商所面对的需求弹性的大小和生产投入品的替代弹性所决定的。有趣的是,在第 6 章的交易成本模型中,下游度的影响也与这些弹性的相对大小有关,但这个模型中关于这些交互作用的预测结果和产权理论推导出来的预测结果是完全相反的。

7.13 其他应用和扩展

我一直专注于研究异质性企业基本产权模型的各种扩展形式。这个模型与我和埃尔赫南·赫尔普曼（Elhanan Helpman）合作的研究非常相关，特别是 Antràs 和 Helpman（2004，2008）。在一些扩展形式中，我借鉴了其他研究，如 Acemoglu、Antràs 和 Helpman（2007），Antràs 和 Chor（2013）或者 Antràs（2014）。我希望在下一章说服读者，这个框架是一个非常有用的工具，可以推动跨部门和跨国家的企业内部贸易结构的研究。

然而，这个框架的一般均衡特征是有局限性的。有一个问题值得特别关注，该模型的特点是以一个外部部门决定了要素成本为特征，而不考虑形成差异化商品部门均衡的合同因素。同样，上述框架在技术上提出了严格的李嘉图假设，这些假设确定了提供总部服务的区位。

在 Antràs（2003）——我写的关于这个话题的第一篇论文里——我考虑了一个两部门受合同摩擦影响的贸易一般均衡模型，每个部门都会生产一系列差异化产品。在我们的基本模型中，制造业产品是在柯布—道格拉斯技术下，通过 F 提供的总部服务和 M 提供的制造服务生产出来的。我们进一步假设总部服务主要使用资本，而制造业生产只使用劳动力，这是该论文的核心假设，因为它考虑了总部密集度的抽象概念和一个可观察变量之间的正相关关系，即资本密集度。[1]这些投入品（或要素）的组合强度在各部门不同，而各国物质资本相对丰裕度不同。为了简化这个模型的一般均衡所固有的复杂性，我认为需要假设国家的相对要素禀赋不同。特别地，我假定了中间交易成本和不同国家之间合同不完全

---

[1] 在该论文中，我证明了基于经验理由的这一假设，认为跨国企业与独立分包商之间的成本分担实践的做法倾向于与实物资本投资相关联，而不是和劳动投入品选择相关联。

性的差异,还假设采购的固定成本与所有权结构无关,并且具有与可变成本相同的要素密集度特点(采购固定成本的生产需要 h 和 m,与企业运用一样的柯布—道格拉斯技术函数)。最后,我认为总部服务和制造生产是不可交易的,但这些生产环节的实体产出是完全可交易的。

综合这些假设条件可以特别容易地刻画出均衡,因为所有权结构和区位选择是彼此相互独立的。特别是,从我们的上述结果来看,在全世界范围内,如果总部(即资本)强度高于给定值 $\hat{\eta}$,那么当事人 F 选择将他们的供应商一体化。同时,区位选择归结为选择生产投入品的地址,从而最大限度地减少投入品供给的边际成本,因为共同的合同摩擦,这等同于最小化要素价格的柯布—道格拉斯生产函数。因此,该框架实现了将 Grossman—Hart—Moore 的所有权决策与 Helpman 和 Krugman (1985)的新贸易理论模型的区位决策分离开来。然而,这些力量相互影响,塑造了国家间的双边以及企业内部的贸易。正如我在该论文中表明的那样,该模型预测了企业内部进口占总进口的份额和在跨行业的生产中的资本密集度之间存在正相关关系,以及跨国企业内部进口占总进口的份额和出口国的总资本—劳动比率存在正相关关系(如劳动力丰富的国家往往出口少量的资本密集型产品)。[①]

产权理论的观点也被应用到国际贸易的一般均衡动态模型中,目的在于了解所有权决策在产品或投入品的生命周期中的变化。例如,Antràs(2005)提出了一个模型,在该模型中,影响国际贸易的合同不完全性限制了生产过程中跨国分工的程度,从而产生了弗农产品(Vernon-type)周期的出现。在这个周期里,新产品最初在北方国(产品的发源地)生产,只是后来(当产品进入成熟期时)在南方国进行制造。Antràs (2005)也划定了跨国企业的边界,并表明该模型提出了产品周期的新形式。在这个形式里,与经验证据一致,制造业首先在企业边界内向南方

---

① 我们的全球采购基准模型也可以在合理的情况下产生后面的结果,相对工资差异 w_N/w_S 关于总资本—劳动比率的差异递增,因而它不被其他部门的李嘉图差异决定。

国转移,然后才转移到南方国的独立企业。

之前,我已经讨论了融资约束对国外一体化和外包的相对合同效率的影响。讨论建立在 Antràs(2014)的基础上,这也是基于 Carluccio 和 Fally(2011)与 Basco(2013)提出的。这两篇论文都研究了开放型经济体模型,在这其中,与我们上面的研究结果一致,跨国公司更倾向于对位于金融制度薄弱国家的供应商进行一体化。此外,这两篇论文预测,当贸易涉及复杂的产品时,金融发展的影响应该是特别明显的。这两篇文章都提供了独立的实证证据来支持他们的观点。

正如 Legros 和 Newman(2010)所强调的,在融资约束下,均衡企业边界也将依赖于各方的相对事前议价能力和他们一次性转移支付的能力。这个想法已经被 Conconi、Legros 和 Newman(2012)成功地应用在开放经济环境下。他们表明,也许是因为进口贸易的保护政策,垂直一体化在价格(相对)高的行业比较普遍。直观地讲,他们的模型以 Hart 和 Holmstrom(2010)及 Legros 和 Newman(2013)为基础,其中所有权决策并不是事前决定的,而是基于权衡以下两种收益:一体化下协调生产所带来的收益,以及非一体化情形下经理人按照其偏好的经营方式而获得的私人收益。因此,行业价格越高,一体化的经济利益越高,选择一体化就越具有吸引力。Alfaro 等(2014)为进口关税和国内一体化决策之间存在正相关关系提供了证据。Diez(2014)在观察企业内部贸易时,在美国行业中的横截面数据中发现了类似的事实,但通过 Antràs 和 Helpman(2004,2008)模型来解释了这个结果。这正如前文提到的,这个模型也预测了进口关税对国外一体化的积极作用。

在本章中,我关注了在开放经济的环境中,那些采用产权分析法来划定企业边界的论文。存在不完全合同时,企业另一个重要的组织决策涉及员工决策权的分配。特别是,工人的努力程度是不可合同化的,经理人面临的是一种选择,是将决策权授予工人,还是将决策权留给自己。前一种选择有利于工人的"主动性",有助于他们付出更多努力,但工人的决策可能不一定是经理人的最优决策。收回决策权(即经理人"当权")往往会抑制工人的主动性,但在生产过程中拥有更多的控制权。这种权衡一开始是 Aghion 和 Tirole(1997)正式提出的,目前已经由 Marin 和 Verdier(2003,2008,2009,2012)以及 Puga 和 Trefler(2002,2010)应用到一般均衡框架分析。

内部化：实证证据

在前面两章，我回顾了关于企业边界的两种主要理论，并展示了如何将它们引入异质性企业的全球采购基本模型中。在本书的最后一章中，我将描述如何将这些内部化理论应用到数据分析中。关于这一主题的实证文献尚处于萌芽阶段，而且还没有对这些模型提供令人信服的实证检验结果。一些优秀的论文提供了不同的证据，其中实证检验的结果或多或少与模型一致，但还是缺乏一定的说服力，因此我将在本章做进一步解释。本章的目的不仅是对以往的研究进行概述，而且试图强调这些研究的局限性，并提出该领域的未来发展方向。

在很大程度上，目前关于跨国企业边界的实证研究的局限性是内部化理论的实证检验至少提出了两个重要的挑战。首先，关于企业一体化决策的数据并不容易获得，因此，研究者只能用特定行业或产品层面的数据来验证这些理论。其次，这些模型的预测结论与环境的一些不明显特征相关（例如非合同化关系专用性投资的边际报酬的相对价值），而这些特征就其本质而言，通常在数据中是无法观察到的(见 Winston,2003)。

如第 1 章所述,第一个局限性并不仅仅存在于对国际内部化决策的研究中。目前几乎没有什么详尽的数据库可以让研究者衡量企业可以在多大程度上控制其生产过程中涉及的不同当事人。事实上,在 20 世纪 80 年代,对交易成本理论进行检验的开创性实证文献是基于一些特定行业中少量企业的一体化决策记录的。例如,Monteverde 和 Teece(1982)采用了两家美国汽车制造商(通用和福特)购买的 133 个零部件的数据。Masten(1984)关注航空航天领域的一家企业,该企业采购了大量(精确地说是 1 887 种)投入品。Joskow(1985,1987)的经典研究分析了美国煤炭供应商和电力公司之间的所有权和合同关系。即使是最近对企业边界的其他理论进行检验的研究,也依赖于一些特殊的行业,例如 Baker 和 Hubbard(2003)或者 Gil(2007),他们分别研究了运输行业和电影行业。国际商务领域的文献也采用了这种方法,这些文献经常使用跨国企业在某些行业和国家的特定内部化决策的小样本数据来检验交易成本理论。①

关于企业边界的实证文献的第二个局限性,即学者在理论文献中对关键指标的设定问题,也一直是评价一体化决策文献时经常关注的问题。生产复杂度、合同不完全性、关系专用性在经济模型中都可能有准确的定义,但它们更难以数据的方式进行测量。不可否认的是,现有跨国企业边界的文献对第二个测量问题还没有提出解决方案。

然而,关于数据可得性的第一个挑战,国际贸易领域研究者可以获得海关办事处详细记录的跨国贸易的数据。举一个确切的例子,虽然很难想象,研究者会获得通用汽车每一笔国内投入品采购的信息——美国海关和边境保护局会保存每个美国企业的国际贸易记录——包括通用

---

① 例如,Davidson 和 McFetridge(1984)研究了 1945—1975 年 32 家美国跨国企业进行的涉及高科技产品的 1 376 宗内部交易和独立交易。另外,Mansfield、Romeo 和 Wagner(1979),Mansfield 和 Romeo(1980),以及 Kogut 和 Zander(1993)都有相关研究。

汽车购买的所有进口投入品。此外,每笔美国的进口交易包括各种信息,如向美国出口商品的外国企业的信息,以及该企业是否(在所有权意义上)与美国买家有关。总之,美国海关数据包含了大量本地企业的外国零部件供应商的一体化决策信息。

然而,获得这些企业层面的数据并不容易。[①]在实践中,大多数研究者(包括我自己)需要使用产品层面的数据,这需要进口国企业和消费者购买特定产品的数量。至关重要的是,在一些国家,这些产品层面的数据还包含了关联方之间或者非关联方之间总体进口交易的完成程度信息。在这一章,我将充分利用美国海关和边境保护局提供的美国贸易相关数据,该数据库也是由美国人口普查局管理的。这个数据库是可以从美国人口普查局网站公开获得(http://sasweb.ssd.census.gov/relatedparty/),并且提供了以 6 位数的 HS 分类编码表示的关联方和非关联方的美国进出口数据(超过 5 000 类品种),同时还提供了国家层面产品的来源地和目的地信息。这个数据库与我在第 5 章进行全球采购模型实证检验时运用的数据库是完全一样的,不过,我现在将利用数据中的关联方信息。[②]

本章其余部分的结构如下。首先,我将总结美国关联方贸易相关数据库的一些主要特点和局限性,并将探讨如何运用该数据库来构建跨国企业边界的交易成本和产权理论的实证检验。在这个过程中,我将说明如何将这些模型扩展到多国环境中,以更好地说明不同产品和不同国家之间的企业内部贸易份额的差异。在本章的最后,我将简要介绍过去和现在研究跨国企业内部化决策的其他数据来源。同时,我将特别强调

---

① 在美国,一个项目首先需要获得安全许可,然后才得到美国人口普查局数据管理员的批准。该领域的大多数年轻学者首先获得美国人口普查局和海关数据的方式是担任研究助理,然后获得使用该数据的许可。

② 事实上,美国的贸易相关数据库可以通过更细分的 6 位数 HS 的行业分类获得。此数据集不能免费下载,但可以从美国人口普查局付费购买。虽然我在本书的实证检验中没有使用这些更丰富的数据,但读者可以在 http://scholar.harvard.edu/antras/books 进行下载。

（具有不同的代表性）企业层面数据库的可得性,这些数据库包含不同国家企业采购战略的详细信息。最后,我将对该领域未来的实证研究提出一些想法。

8.1　美国的贸易相关数据库

由于在本章中美国的贸易相关数据库起重要作用,有必要讨论该数据库的主要优点和缺点。而且在某种程度上,这部分讨论会重述第1章和第5章的部分观点,但这是值得的。

美国的贸易相关数据库特别受到研究者的青睐,主要出于以下几点。第一,该数据库是可以公开获得的,研究人员可以轻松地从美国人口普查网站上下载。第二,这些数据具有较高质量并且没有抽样误差,因为:(1)数据收集过程中实施了一些质量保证程序,(2)这些数据提供了美国企业采购交易的全貌。第三,数据中有大量的差异:美国企业内部进口占美国总进口量的份额非常高(接近50％),但是在各产品和各来源国之间差异很大(在第1章,我通过各种图表反映了这种差异)。第四,这些数据包括所有产业部门信息,而不只是单个部门的,因此更容易发现决定国际贸易的内部化是否独立于所研究的部门的根本因素。这一点尤其重要,因为我在本书中构建的模型非常典型,并且不希望只是局限于一些特定部门。第五,该数据库广泛涵盖了各个部门、各个国家和各个时间段,提供了利用部门特征(可能是由于技术变化)或进出口国的制度特征(例如,由于制度改革)的外生变化的可能性,以更好地确定理论所预测的一些影响。在本章的最后,我将对这些数据的潜在用途进行探索。

接下来,让我们关注使用美国的贸易相关数据库的一些局限性。这些局限性很多也已经在第5章讨论过——当时我使用这个数据库来研究美国企业的全球区位选择。第一,在利用产品加总层面数据来检验企业边界理论的有效性时，存在着明显的矛盾。第二，这些数据都是根据所交易商品的部门或行业类别记录的，并不包含有关购买该商品的部门信息。第三，数据库不能区分中间投入品的进口和最终产品的进口。第四，在关联方贸易中，数据库无法披露企业的所有者信息，也就是说，一体化究竟是前向的还是后向的，以及贸易是否发生在美国本土企业内还是国外的跨国公司之间，这些信息无从得知。第五，数据库无法提供各交易方的关联程度，例如，母公司在子公司中的股份。第六，也是最后一点，美国数据只能分辨那些需要将货物运回美国总部或子公司的采购决策，然而在实际中，一些大企业会在国外生产地之间运输生产部件（企业内部和跨企业边界之间），然后运回到美国进行产品组装（正如第 1 章提到的 iPad 3 的例子）。

我将会在之后的实证检验中进一步解释局限性中第二到第四点的含义，但接下来我会简单讨论其他三点。关于第一点局限性，第 5 章的实证分析也曾提到过，最重要的是指出下面讨论的计量方程是通过将单个生产者的所有权决策加总到产品层面企业内部贸易份额的模型推导出来的。因此，产品层面的数据适用于检验产品层面的预估结果。当然，就像我们在本章后面强调的那样，这并不是说企业层面的数据在检验这些模型时就没有用处。第五点关于缺失股权信息的问题尤其令人担忧，因为将一笔交易记录为涉及关联方的股权比例为 6% 的门槛非常低。然而，在第 1 章也已经提到，根据美国经济分析局收集的机密外国直接投资数据库表明，超过 90% 的企业内部贸易似乎涉及拥有多数股权的子公司。第六点也是最后一点关于全球价值链的局限性表明，美国企业内部进口产品通常不能充分反映美国跨国企业在全球生产网络中的参与程度。这其中的原因确实值得关注，但这一点令使用这些数据的实证研究的结果产生多大的偏差还不是很清楚。国际贸易领域的现有文献正尝试通过使用最近编制的世界投入产出表来解释全球价值链（见 Timmer, Erumban, Los, Stehrer and de Vries, 2014）。不幸的是，该数据库是一个综合性数据库，无法与本书使用的其他数据库来源进行互补,而且它们不包含关于全球价值链在企业边界内或跨企业边界货物贸易程度的信息。

8.2 跨行业检验:模型预测

在讨论了美国企业内部贸易数据的利弊之后,我们就可以对此充分运用,首先我将对第 6 章和第 7 章中提出的两国交易成本和产权模型的一些跨行业影响进行实证检验。由于我不知道美国企业在何种程度上选择在企业边界内或独立交易来采购国内投入品,因此我将重点关注这些模型对企业边界内购买进口的国外投入品份额的预测分析。此外,我会关注国内贸易中合同摩擦相对较小的情况,以及忽略国内一体化作为一种均衡的采购模式。我这样做是出于以下三点。第一,因为在国内经济为美国的情况下,美国的法律体系确保了合同的高度执行,因此这样假设是合理的。第二,Atalay、Hortacsu 和 Syverson(2013)的发现指出,企业内部的实体商品运输量确实只占美国企业整个国内运输量的很小一部分。第三,因为排除国内一体化将大大简化我们对这些模型得出的实证预测的概述。无论如何,在本章结尾,我会讨论重新考虑国内一体化框架的影响。

从第 6 章和第 7 章的结果来看,我们可以用一个简洁的方式来表达企业边界内购买进口的所有国外投入品份额:

$$Sh_{i-f} = \frac{\Psi_{OV}/\Gamma_{OO}}{\left[\left(\frac{\widetilde{\varphi}_{OV}}{\widetilde{\varphi}_{OO}}\right)^{\kappa-\sigma-1} - 1\right] + \Psi_{OV}/\Gamma_{OO}} \tag{8.1}$$

其中:

$$\frac{\widetilde{\varphi}_{OV}}{\widetilde{\varphi}_{OO}} = \left[\frac{f_{OV} - f_{OO}}{f_{OO} - f_{DO}} \times \frac{1 - (w_N/\tau w_S)^{-(1-\eta)(\sigma-1)}\Gamma_{DO}/\Gamma_{OO}}{\Psi_{OV}/\Gamma_{OO} - 1}\right]^{1-/(\sigma-1)} \tag{8.2}$$

以及:

$$\Psi_{OV}=\begin{cases}\lambda^{1-\sigma} & \text{在交易成本模型中}\\[2mm]\Gamma_{OV} & \text{在产权模型中}\end{cases} \qquad (8.3)$$

更具体地说,在交易成本模型中,该式对应的是式(6.9)和式(6.12),而在产权模型中,该式是由式(7.9)和式(7.10)的变形得到,其中包含了国内合同摩擦(即带有一个附加项 $\Gamma_{DO}<1$)。式(8.1)、式(8.2)和式(8.3)非常有助于强调交易成本和产权模型之间相同和不同的预测。在讨论证明之前,有必要详细说明这些预测结果。

我们从共同预测开始。首先要注意的是,在这两个模型中,企业内部进口的份额随着系数 κ 和 $w_N/\tau w_S$ 递减的,且随着 Γ_{DO}/Γ_{OO} 递增的。这是因为这些项与按生产率划分的企业采购模式紧密相关,根据这种划分模式,从事企业内部贸易的企业比从事离岸外包的企业生产率更高。一方面,这种分类模式意味着,$\tilde{\varphi}_{OV}>\tilde{\varphi}_{OO}$,$\kappa$ 对式(8.1)的企业内部贸易份额产生负面影响(或者对生产率和规模离散度产生正面影响)。正如第2章和第4章所述,这一结果背后的机理与任何异质性企业和生产率的帕累托分布模型是一致的。另一方面,均衡分类模式还意味着:当国外采购的有效边际成本降低时(由于交易成本下降,工资差异增加或离岸外包合同相对摩擦减少),会导致一些企业选择离岸生产,但这些企业必定是通过离岸外包,进而企业内贸易的份额就会减少。为了确定这个想法,我将该机制称为选择离岸外包的渠道,并且由式(8.2)中的 $(w_N/\tau w_S)^{-(1-\eta)(\sigma-1)}$ 和 Γ_{DO}/Γ_{OO} 表示。

除了这些共同特点以外,两种模型的关键区别在于 Ψ_{OV}/Γ_{OO} 比率,这个比率表示了企业内部和离岸外包的相对组织效率。这个比率非常重要,因为这决定了:(1)企业采取内部贸易的选择;(2)企业进行一体化和外包对投入品的相对需求量。[①]在交易成本模型中,分子 Ψ_{OV} 是外生给定的治理成本 λ 的函数,即 $\Psi_{OV}=\lambda^{1-\sigma}$。相反,在产权模型中,$\Psi_{OV}$ 取决于企业内部的国外采购合同效率的决定因素 Γ_{OV},企业内部贸易的份额取决

---

① 第一个效应表示为式(8.2)的 Ψ_{OV}/Γ_{OO} 项,第二个效应为式(8.1)的 Ψ_{OV}/Γ_{OO} 项。

表 8.1　各参数对 Ψ_{OV}/Γ_{OO} 和 Γ_{DO}/Γ_{OO} 的影响

交易成本模型	σ	η	ϕ	μ_{hS}	μ_{mS}	ϵ_h	ϵ_m	ρ
Ψ_{OV}/Γ_{OO}	不明确	不明确	−	−	−	+	+	−
Γ_{DO}/Γ_{OO}	+	不明确			+	+		

产权模型	σ	η	ϕ	μ_{hS}	μ_{mS}	ϵ_h	ϵ_m	ρ
Ψ_{OV}/Γ_{OO}	不明确	+	−	−	+	−	−	
Γ_{DO}/Γ_{OO}	+	不明确			+	+		

于国外一体化与外包的相对合同效率。正如我在第 4 章、第 6 章和第 7 章中详细讨论的，可以将 Γ_{OV} 和 Γ_{OO} 映射到模型的几个基本特性，比如说，总部密集度的水平、合同不完全性和关系专用性程度，需求和投入品替代弹性，等等。

为了实证分析以及区分这两种模型，有一个关键问题就是，$\lambda^{1-\sigma}/\Gamma_{OO}$ 比率以及 Γ_{OV}/Γ_{OO} 比率是如何受模型的深层参数影响的？在表 8.1 中，我总结了在第 6 章和第 7 章中讨论的一些关键的比较静态分析。为了补充说明，我还加上了与选择离岸外包的 Γ_{DO}/Γ_{OO} 比率相关的比较静态分析结果，这在第 5 章的实证检验中有详细的讨论，并且对于交易成本模型和产权模型都是相同的。

表 8.1 表示两种模型的这 5 个参数含义相同：需求弹性 σ，融资合同水平 ϕ，合同化程度 μ_{hS}，总部服务的关系专用性程度 ϵ_h，以及各投入品的替代弹性 ρ。因此，实证检验这些预测对于这两种模型的有效性是有帮助的，而不是用于区分它们。

两种模型的第一个区别在于总部密集度对 Ψ_{OV}/Γ_{OO} 比率的影响。在交易成本模型中，这种影响程度是不确定的，往往很微妙地取决于环境；而在产权模型中，预测的符号是明确且稳健的正值。[1]当分析总部密集度

---

[1]　确切地说，在第 7 章中，在某些参数值下，当处理关系专用性和广义纳什谈判的扩展模型，我们遇到了一个与这个结果相悖的情况。

对企业内部贸易额的整体影响 Sh_{i-f} 时，不能忘记总部密集度是通过选择离岸外包方式来影响的。这种选择影响主要由两个部分构成。一方面，式(8.2)中较高的 η 值的直接影响，降低了跨国工资差异与利润的相关性，因此会降低离岸外包选择的可能性，以及增加 Sh_{i-f}。另一方面，η 通过 Γ_{DO}/Γ_{OO} 影响相对离岸外包合同摩擦。从表 8.1 可以看到这种影响一般是不明确的。这些不同的影响到底说明了什么？总结以上讨论，人们可以将公司内部贸易份额对总部密集度正的依赖性解释为产权模型的(弱)支持证据，但是没有这种依赖性的话，我们有必要拒绝交易成本模型的有效性。

两个模型间的第二个主要不同点是关于 μ_{mS} 和 ϵ_m 对 Ψ_{OV}/Γ_{OO} 比率的影响。在第 6 章提到过，在交易成本模型中，无论是合同化程度的增加还是制造业投入品专用性的下降都会降低一体化的相对获利能力。相反，在第 7 章中我们看到，在产权模型中，μ_{mS} 的增加或者 ϵ_m 的减少实际上提高了垂直一体化的相对效率。只是选择离岸外包的影响渠道使该过程复杂化，因为参数的相同变化也会提高离岸外包与国内外包相对效率的比值，从而减少企业内部贸易额。不过，我需要讨论的是，投入品合同化对企业内部贸易份额的正影响，或投入品专用性对该份额的负影响就能证明产权模型优于交易成本模型。

8.3 跨行业检验：数据和基准结果

接下来我们运用数据进行实证检验。这里使用的实证方法是很简单的。我会为表 8.1 中的关键参数找到合理的实证指标，并用美国的贸易相关数据分析它们如何影响企业内部贸易进口份额。首先我用原始的 6 位数 NAICS 的数据，这些数据包含 390 个制造行业和 12 个年份。虽然包括 4 680 个观测值，但其中有 29 个观测值显示美国进口总额是零。因此，企业内部贸易份额，定义为关联方的进口值与关联方和非关联方进口总额的比值,只包含 4 651 个产业—年份观测值。①如果有更完善的计量模型来共同解释进口量大于零,以及把这些值区分为企业内部贸易和独立交易的进口量,那会更加令人满意,但是在这本书中我不会这么做。我认为在使用行业—年份层面数据进行回归分析时,这不应该是一个值得关注的大问题。但是我也承认,在后文设定的计量方程中,它可能不太重要,这些计量方程利用了美国的贸易相关数据库中的来源国变量,其中包含了许多贸易流量为零的观测值。

在进行计量分析之前,表 8.2 左边一栏列出了 2000—2011 年企业内部平均进口份额 Sh_{i-f} 最低的 10 个行业,右边一栏列出了 2000—2011 年企业内部平均进口份额最高的 10 个行业。左边一栏的行业总体上看起来比右边的行业制造工艺复杂。但是也有例外,如左边的"导弹和太空交通工具制造",右边的"沥青瓦/镀膜原料制造"。更重要的是,列表中的许多部门似乎只生产最终产品。如第 5 章所述,我们将会在后文改进样本,将分析限制在中间投入品的进口。

表 8.2　企业内部贸易额最低和最高的 10 个行业

内部贸易额排名最低的 10 个行业		内部贸易额排名最高的 10 个行业	
0.012	导弹和太空交通工具制造	0.794	医药制剂制造
0.022	汽车房屋制造	0.797	计算机存储设备制造
0.026	移动房屋制造	0.799	其他铝材轧制制造
0.037	橡胶和塑料鞋类制造	0.805	医药的和植物学制造
0.038	其他鞋类制造	0.807	电子的电容器制造
0.039	琢石和石头生产制造	0.814	沥青瓦/镀膜原料制造
0.043	帆布和相关产品制造	0.844	照射装配制造
0.053	婴儿衣物制造	0.854	胶片和化学品制造
0.053	家禽加工制造	0.945	重型卡车制造
0.058	女性鞋类制造	0.949	汽车制造

资料来源:2000—2011 年美国的贸易相关数据库。

① 正如第 1 章所指出的,只有很小一部分进口被归类为"未报告"。将企业内部进口的份额定义为关联方进口与总进口的比率,对本章给出的结果几乎没有影响。

我们暂时不考虑这些特例。表 8.3 展示了一系列基准回归结果，其中企业内部进口份额与不同行业层面的变量相关。计量方程的标准和变量几乎与第 5 章中表 5.2 的相同，除了现在因变量是企业内部进口份额而不是离岸外包份额。

表 8.3 的前三列表示了总部密集度对企业内部贸易份额的影响程度。我将总部密集度量化为一些标准的指标：美国制造业企业的研发、技能和物质资本密集度。这些变量在第 5 章已经讨论过，感兴趣的读者可以在数据附录查阅细节。利用物质资本密集度来量化总部密集度的做法来源于我之前在 Antràs(2003) 中的想法。在这篇文章中，我假设总部投资的物质资本密集度比供应商的更高。另外，我还假设所有的投资都是无法合同化的，且具备完全关系专用性，因此，模型在无法观测的总部密集度和可观测的物质资本密集度之间产生了正相关性。建立这种联系需要很强的假设，所以接下来可以适当放松这些假设。

表 8.3 的第(1)列展示了总部密集度三个基准指标和企业内部贸易份额之间的正向关联。研发和物质资本密集度对企业内部贸易份额的形成尤其重要。这些系数在统计意义上都很显著，系数值都很大。表中列出了 β 系数。由此，当研发密集度或物质资本密集度增加一个单位时，内部贸易份额将分别增加 0.385 或 0.274。技术密集度的效应在 10% 的置信水平下是显著的，但是数值很小。在 Antràs(2014) 中，我列出了企业内部进口份额和这些总部密集度指标每一数值变化之间的部分相关性的散点图，说明它们不受一些异常值所影响。

早期的论文使用企业内部贸易数据反映了跨国企业边界的决定因素，通常将第(1)列展示类型的相关性解释为产权理论。例如，在 Antràs(2003)、Yeaple(2006)，以及 Nunn 和 Trefler(2008) 中这一解释是明确的。然而，我们应该谨慎用这种解释来说明结果。第一，正如之前提到的，这些结果的统计学意义是较弱的，这些正相关结果与产权理论相一致，但它们与企业边界的相关理论不一定是不一致的，如交易成本理论。第二，美国物质资本、技能和研发强度的数值只是总部密集度不完美的

表 8.3 美国企业内部贸易份额的决定因素

Dep. Var.企业内部进口总进口	(1)	(2)	(3)	(4)	(5)	(6)
（研发）对数	0.385** (0.047)	0.361** (0.046)	0.328** (0.052)	0.301** (0.048)	0.085** (0.015)	0.337** (0.057)
（技能/非技能）对数	0.091+ (0.051)	0.097* (0.049)	0.192** (0.064)	0.061 (0.055)	0.006 (0.015)	−0.146* (0.074)
（资本/劳动）对数	0.274** (0.042)					
（资本结构/劳动）对数		−0.256** (0.076)	0.007 (0.069)	−0.253** (0.078)	−0.060** (0.023)	−0.126+ (0.074)
（资本设备/劳动）对数		0.529** (0.073)		0.554** (0.076)	0.106** (0.022)	0.303** (0.082)
（汽车/劳动）对数			−0.250** (0.050)			
（计算机/劳动）对数			−0.012 (0.049)			
（其他设备/劳动）对数			0.290** (0.066)			
运输成本				−0.173** (0.055)	−0.104** (0.014)	−0.076** (0.038)
关税				0.007 (0.028)	−0.010* (0.004)	−0.049 (0.041)
生产率离散度				−0.019 (0.050)	−0.013 (0.016)	−0.059 (0.055)
需求弹性				0.036 (0.060)	−0.021+ (0.011)	0.136+ (0.073)
加权	None	None	None	None	None	None
固定效应	Year	Year	Year	Year	Ctr/Year	Ctr/Year
观测值	4 651	4 651	4 651	4 651	312 884	312 884
R^2	0.312	0.343	0.344	0.369	0.170	0.585

注：标准误差在产业水平集聚。+、*、** 表示在 10%、5%、1%水平上显著。

代理变量,因为它们不能完全反映总部及其供应商的不可合同化、关系专用性投资的相对重要性。例如,Nunn 和 Trefler(2013b)指出,资本密集度的标准测度反映了一些容易合同化或者不是关系专用性的投资。如果产权理论是正确的,那么我们将认为该理论在解释专用设备投资的一体化决策方面比解释结构投资或非专用设备(比如汽车或电脑)更加贴切,因为如果不将关系专用性投资用于预定的生产过程,这些设备的价值往往会减少。

在表 8.3 中的第(2)列和第(3)列中,当使用资本密集度更为细分的指标时,我会阐述思路且证实 Nunn 和 Trefler(2013b)的发现。具体而言,在表 8.3 第(2)列中,我发现实物资本对企业内部贸易的正向影响主要集中在设备资本上,而资本结构实际上对一体化有显著的负向影响。使用制造业年度调查(见数据附录)得出的数据揭示了设备资本密集度效应不是由计算机和数据处理设备消费或汽车和卡车消费所影响的,这相对理论而言是有问题的。事实上,汽车和卡车的消费效应对企业内部贸易份额表现为统计意义上的显著负相关,这一结果很容易映射为较高的总部服务密集度合同化(或更低的总部服务关系专用性)对交易成本模型和产权模型的一体化决策影响为负。Antràs(2014)中提供的散点图再一次证实了偏相关系数不是由一些离群值所驱动的。

表 8.3 中的第(4)列又回到了资本设备为复合类别,没有细分的计量方程,但使用了以下的代理参数:(1)运输成本和美国关税,用来衡量贸易摩擦 τ;(2)产业间生产率离散度 $1/\kappa$;(3)需求弹性参数 σ。如第 5 章和数据附录所示,这些变量分别来源于彼得·肖特的网站、世界综合贸易方案(WITS)网站、Nunn 和 Trefler(2008)、Broda 和 Weinstein(2006)。[①] 我们第一组结果中包含这些变量的原因是:它们可以影响交易成本模型和产权模型的基准形式中的企业内部贸易进口的份额,体现了完全不完

---

① 和第 5 章一样,本章实证分析中使用的整个数据集和 Stata 程序代码可以在 http://scholar.harvard.edu/antras/books 上下载。

全合同、完全关系专用性及与单个供应商双边合同的特征。

在这四个额外变量中,预计只有运输成本对企业内部贸易份额产生影响,但是这一因变量的影响方向却与一开始预测得到的结果相反。选择离岸外包的机制中,较高的运输成本一般伴随企业较少的离岸外包行为和更高的企业内部进口份额,然而该变量的系数却是负的,显著性较强,数值也较大。再加上生产率离散度的负面影响(尽管在统计学意义上不显著),这一结果对第 6 章和第 7 章建立的跨国企业边界模型中均衡分类实证的正确性提出质疑。我们将在本章的结尾讨论这一问题,届时将使用企业层面数据分别对企业内部和外部的全球采购策略进行研究。

表 8.3 中的第(5)列和第(6)列展示了企业内部进口数据的完全跨部门和跨国家变量。首先,我通过计算一个特定国家 j 国关联方进口占关联方和非关联方进口总量的比值,测算出口国各部门的企业内部贸易份额。接着,我通过将来源—国家—年份的固定效应纳入回归分析中,继续分析各产品变量,但是该回归方程通过控制不可观测的国家特征来忽略部门层面特征的影响,这些特征可能影响美国从这些国家进口的产品类型,以及这些交易是否内部化。因为在国家—行业层面上,零进口量的观测值数量比在跨部门的数量要多,因此第(5)列和第(6)列的观测值数量远远少于 1 085 760 个,这相当于 390 个部门、232 个国家和 12 年的数据。特别地,这些观测值中只有 312 884 个关联方与非关联方的进口额总和大于零。这个数字与表 5.2 第(6)列中的观测值非常接近。在该表中,我们将离岸外包份额的样本量限制为正的数值,小的差异可以通过一些观测值来解释,其中只有未报告相关性的进口量为正。

第(5)列和第(6)列的唯一区别在于,在第(6)列中,我按照 Antràs 和 Chor(2013)的观点,对每个数据按该行业—国家—年份的进口总值加权。这是由一部分企业内部贸易份额引起的测量误差所造成的,这部分贸易数据没有被美国人口普查局所记录,但是对于分析小规模贸易量尤其重要。事实上,“没有公布”出来的贸易份额与总进口的对数形式之间的相关性是负的，而且数值较大（－0.52）。同时注意，加权回归方程的 R^2（0.585）比非加权回归方程得到的 R^2（0.170）要高得多。

第（5）列和第（6）列结果中的定性特征与综合跨行业数据的回归相类似。未对第（5）列中的观测值进行加权时，高研发水平和设备资本密集度与较高的企业内部贸易份额呈显著相关，但是其影响在数值上也较小。运输成本对企业内部贸易份额的影响为负，而这一结果在使用国家层面关联方信息的时候也是稳健的，尽管按进口量对观测值进行加权会大大降低其统计意义。另外，在第（5）列中，我发现美国关税对企业内部贸易份额的影响为负，尽管这一影响在第（6）列加权回归中不再显著。[①]最终，技能强度效应在第（6）列中是显著的，或许表明这一变量并非是衡量总部密集度的合理参数。

8.4　跨行业检验：修正基准检验

如在第 5 章和本章之前提到的，使用美国进口数据构建将国外供应商进行一体化的相对倾向指标，至少存在六个局限性问题。早前，我已讨论过第一、第五和第六个问题，因此我现在可以关注第二、第三和第四个问题。幸运的是，这里处理这些问题的方法和我在第 5 章处理它们的方法极为类似，因此可以快速计算出结果。

回忆一下，我们关于产品层面的美国进口数据的第二个问题是，这些数据无法区分购买进口品的行业或部门。与大量文献一致，表 8.2 在行业层面的控制变量对应的是进口产品行业数据。当研究运输成本和关税的影响时，这看起来是合理的，但是，当研究最终产品生产商的需求

---

① 值得注意的是，这一结果与 Díez（2014）的结果形成了对比，后者使用类似的数据发现，企业内部贸易的普遍程度与美国关税之间存在正相关。他还发现，美国企业内部进口与外国关税之间存在负相关，并表明这可以与 Antràs 和 Helpman（2004）框架的一个变形相一致。

弹性σ的作用时,这明显是无效的。此外,构建总部密集度指标的方法
与在限制性假设下构建跨国企业边界模型的方法一致。①如在第5章讨
论的,更理想的方法是利用投入产出表信息,建立总部密集度和购买那
些投入品的平均行业需求弹性的指标,这种方法也是由 Antràs 和 Chor
(2013)首次提出的。尽管现有学者支持构建买方的生产率离散度指标,
但是我在第5章提到过,这种方法不适合应用于离散度的测量。

第5章提到,一些变量的买方形式让我从原来使用 NAICS6 位数行
业分类(公布了原始数据)转向使用 2002 年投入产出行业代码
(IO2002)。总计有 3 036 个观测值,样本中的部门数量因此减少至 253
个。当使用 IO2002 分类而不是 NAICS 分类时,表 8.4 第(1)列的结果和
表8.3第(4)列的结果相似。行业分类的变动导致结果在定性上甚至定
量上出现较小变动。和表 8.3 的第(4)列相比,当资本结构的影响变成
正向的时候(之前是负向的影响),技能强度对企业内部进口份额有显著
的正向影响。但是,正如后文一些推论将会证明的,这两个指标对修正
后的样本的影响不强。表 8.4 第(1)列展示了较好的结果,运输成本和
美国关税对企业内部贸易份额的影响显著为负。

表8.4第(2)列展示了买方的需求弹性和总部密集度指标。这些自
变量变化有三个主要的特征。第一,不存在技能强度和资本结构的积极
影响,这与表 8.3 关于 NAICS 的结果一致。第二,研发和资本设备的强
度系数为正,且幅度显著提高。第三,生产率离散度和需求弹性的正向
影响的置信水平显著。尽管正如之前提到的,交易成本理论和产权理论
无法明确需求弹性的影响,但是这两个影响与这些理论模型一开始的预
测分析一致。

在表 8.4 第(3)列,我解决了早前提到的关于美国产品层面进口数据
的第三个局限性问题,即合并中间投入品和最终产品进口问题。尽管上

①　对于资本密集度的情况,可以在 Antràs(2003)的框架中得到解释,由于生产
　　要素在国际不能流动的不现实假设,总部的资本投资位于供应商部门或者企
　　业的位置,并体现在进口商品中。

表 8.4　美国企业内部贸易份额的修正决定因素

Dep. Var.	企业内部进口 / 总进口					
	(1)	(2)	(3)	(4)	(5)	(6)
(研发/销售)对数	0.164** (0.058)	0.222** (0.064)	0.240** (0.072)	0.251** (0.072)	0.052** (0.017)	0.246** (0.068)
(技能/非技能)对数	0.174* (0.072)	0.009 (0.081)	0.036 (0.082)	0.025 (0.082)	−0.031 (0.023)	−0.182 (0.113)
(资本结构/劳动)对数	0.199** (0.066)	−0.105 (0.105)	−0.027 (0.121)	−0.031 (0.121)	−0.013 (0.038)	−0.032 (0.089)
(资本设备/劳动)对数	0.144** (0.046)	0.392** (0.099)	0.232** (0.117)	0.235* (0.118)	0.071* (0.032)	0.149+ (0.077)
卖方运输成本	−0.231** (0.069)	−0.221** (0.075)	−0.254** (0.089)	−0.240** (0.087)	−0.131** (0.020)	−0.081 (0.068)
卖方关税	−0.076* (0.031)	−0.070** (0.025)	−0.104* (0.021)	−0.102* (0.021)	−0.022** (0.006)	−0.079+ (0.044)
卖方离散度	0.039 (0.077)	0.120+ (0.073)	0.043 (0.081)	0.046 (0.082)	0.035+ (0.018)	0.060 (0.038)
需求弹性	0.105 (0.078)	0.163* (0.065)	0.186* (0.080)	0.184** (0.081)	−0.011 (0.011)	0.085** (0.025)
样本约束	None	None	W	W+NT	W+NT	W+NT
加权	None	None	None	None	None	Imports
固定效应	Year	Year	Year	Year	Ctr/Year	Ctr/Year
买方与卖方控制	Seller	Buyer	Buyer	Buyer	Buyer	Buyer
观测值	3 036	3 036	2 480	2 478	148 947	148 947
R^2	0.348	0.359	0.322	0.313	0.194	0.526

注：标准误聚集在行业水平。+、*、** 分别代表在 10%、5%、1%水平上显著。

244

述模型与总部从国外进口完全组装产品不符合，但是尝试将最终产品从数据中剔除是很重要的，这其中至少有两个原因。第一，本书提出的模型强调投入品交易，因此，当关注那些投入品交易类型时，最起码需要确认结果是否成立。第二，我猜测，极大一部分进入美国的最终产品是通过批发商和零售商进口的，并且行业层面的制造业数据库没有涵盖这些企业，而我使用该数据库来构建买方的总部密集度和需求弹性。

与第 5 章一样，我采用 Wright(2014)提出的方法，尝试将中间投入品的企业内交易和独立交易的进口区别开来。这个方法在第 5 章已作简要介绍，并在数据附录中有详细描述，因此我不再赘述。简单而言，这种修正方法会让我们剔除掉专门生产最终产品的 39 个行业，但是，它也有差别地对不同部门数据进行修正，因为运用到数据中的折现系数被用来构建严格分类（HS 10 位数）的产品和国家层面的进口数据。与通过独立交易的进口相比，企业内部进口份额将在行业层面上有所减少，其中，关联方进口的产品来源于倾向出口最终产品到美国的国家，这是由产品层面的分类数据推断得出的。然而，在实际情况中，虽然这些平滑调整是非常小的，但是 Wright 调整的企业内部贸易份额和原始数据之间的相关性非常高(0.919)。因此，Wright 调整对回归分析中企业内部贸易份额的最大影响是从样本中剔除了 39 个行业。[①]然而，对比表 8.4 中的第(2)列和第(3)列，明显的是，样本量的变化对估计值的影响较小，最重要的结果是，生产率影响在标准置信水平上不再是显著的。

关于使用美国贸易相关数据库的第四个问题是，它没有区分美国跨国企业内部贸易（反映后向一体化）和在美国运营的外国跨国企业之间的贸易（反映前向一体化）。根据这种想法，在表 8.4 的第(4)列，我按照 Nunn 和 Trefler(2013b)的做法，检验结果的稳健性，并为了更好地适应全球采购模型将结果缩小为一个更小的样本。此外，我从样本中剔除了

---

① 第(3)列减少了超过 39×12＝468 个观测值数量，因为对于 88 个额外的行业—年份观测值，Wright 调整设定总的中间投入品进口为零。

来自 5 个国家（冰岛、意大利、芬兰、列支敦士登、瑞士）的美国进口产品，因为相对于从这些国家/地区的外国子公司向美国母公司的出口，从外国总部出口到其美国子公司更可能占主导地位。更多关于如何找出这些国家和替代剔除国家的稳健性，详见第 5 章和数据附录。表 8.4 第（4）列展现了这个样本限制的运行结果，该结果明显对估计值的影响很小。

尽管 Wright 和 Nunn-Trefler 的样本修正方法对估计系数没有产生一定程度上的影响，但考虑到数据模型的性质，我仍然认为这些修正是有必要的。而且，为了说明它们的重要性，在表 8.5 我展示了 2000—2011 年 Wright 和 Nunn-Trefler 修正的平均企业内部进口份额最高和最低的 10 个行业。通过比较表 8.2 的排名，表 5.1 的一些问题行业（如"导弹和空间飞行器制造"）不再出现。有趣的是，这些修正对相当一部分企业内部进口份额的影响是举足轻重的，以"汽车制造"部门为例，该部门的企业内部进口份额从 0.949 减少至 0.800。

在表 8.4 的最后两列中，当将 Wright 和 Nunn-Trefler 的修正方法应用到贸易流数据时，我利用产品和国家层面的企业内部贸易数据的全部变量。运算过程包括国家—年份固定效应，因此被利用的变量也是跨部

表 8.5　调整后的企业内部进口份额最低和最高的 10 个投入品行业

企业内部贸易份额最低的 10 个行业		企业内部贸易份额最高的 10 个行业	
0.019	鞋类制造	0.734	轮胎制造
0.047	切割石材和石材产品制造	0.737	旅行拖车和露营制造
0.058	其他皮革制造	0.750	电子医疗和治疗应用制造
0.063	初级冶炼/精炼铜制造	0.765	医药制剂制造
0.066	机构设备制造	0.797	计算机存储设备制造
0.078	预制木材建筑制造	0.800	汽车制造
0.080	纤维、纱和线工厂制造	0.809	照明设备制造
0.084	家庭和机构设备制造	0.832	沥青瓦/镀膜原料制造
0.094	海产品制剂	0.845	辐照装置制造
0.112	纸袋和处理纸制造	0.901	重型卡车制造

资料来源：基于 Wright（2014）统计的美国关联方数据库和样本调整。

门的，但是我现在控制了随时间变化的不可观测的国家特征。第（5）列和第（6）列的区别仅在于，在后一个回归方程中，我用美国进口总量给观测值赋予权重，以解决测量误差的问题。第（6）列中的最后一组估值在定性和定量上与第（4）列中的跨行业汇总运算结果大体一致。其中最重要的不同点在于，两个交易成本变量的消极影响幅度大大降低，尤其是运费成本系数不再显著。类似地，生产率离散度的影响是正向的，但是仅在 12％ 的水平上显著。

8.5 跨行业检验：合同的作用

目前，在第 6 章和第 7 章，我关注了基本交易成本和产权模型预测的实证分析。我们已经证明，研发和设备资本密集度稳健的积极影响通常为产权模型提供实证支持，因为在模型中 η 是一个产权最优分配的关键性决定因素。但是，在处理产品层面数据时，这些数据汇总了单个企业决策信息，企业内部贸易份额也受到离岸外包选择的影响，在两种模型中离岸外包选择的影响都使企业内部贸易份额与总部密集度测量呈正相关关系。

接下来我将进行更详细的检验，这些检验符合一些新预测的结果，这些预测是在研究不同基准模型的扩展形式的时候出现的。更具体的是，在表 8.6 和表 8.7 中，我将基于第 6 章和第 7 章的分析——以及表 8.1 的结果——将融资约束参数（ϕ）、合同化程度（μ_{hS}，μ_{mS}）、关系专用性程度（ϵ_h，ϵ_m）、投入品可代替性 ρ 和下游度考虑到表 8.4 的回归方程中。

第一步，在表 8.6 中，我展示了和表 8.4 相似的结果，但是表 8.6 包括8 个新的回归因子：2 个衡量特定产业融资约束重要性的指标，4 个与合同化程度有关的指标，一个衡量投资关系专用性程度的指标，最后一个指标和生产中投入品的可替代性相关。这些变量与第 5 章中表 5.6 的一样，因此，我建议读者参考第 5 章（和数据附录）对数据基本来源的讨论。

所有这些变量都是完全基于美国进口产品的信息,因此,用指标 μ_{mS} 和 ϵ_m 衡量合同化程度和关系专用性比 μ_{hS} 和 ϵ_h 更贴切。

在表 8.6 前三列中,我展示了用表 8.4 第(4)—(6)列的 Wright 和 Nunn-Trefler 修正回归方程运算以上 8 个变量的结果。尽管每一列都出现了这 8 个系数,但是这些系数是通过运行 8 个单独的回归方程获得的。为节约篇幅,我不会展示表 8.4 中变量的系数,因为这 8 个变量对这些系数的影响有限。[①]

该表的前三列说明较大的融资摩擦(即融资依赖性较高或资产有形化较低)与较高的企业内部贸易份额相关。当利用国家间数据,并同时按总进口量对观测值进行加权时,这些结果的大小和统计显著性水平特别高。同样地,4 种衡量产品合同化的方法与国外投入品购买的内部化程度都是负相关的,并且将这些方法运用到我们偏好的加权回归时,采用国家—行业—年份数据,这些效应在统计学意义和显著性上都是最高的。最后,有证据表明,即使专用性和投入品可替代性对企业内部进口份额的影响分别为正和为负,但除了第(3)列我们偏好的方程的情况外,这些系数大体上也都是不显著的。

在表 8.6 最后三列中,我做了与第(1)—(3)列相似的回归分析,但是其中的融资约束指标、合同化指标,以及专用性和投入品可替代性指标都在同一个计量方程中考虑。在第 5 章的表 5.6,我采用了 Rajan 和 Zingales 的融资依赖性方法和 Nunn 的合同化程度方法,因为他们的测算方法在以往的文献中尤其受欢迎。从表格中可清楚得到,同时包含这些变量会分别降低每个变量的影响,但是这些影响的符号与第(1)—(3)列中的相同。在第(6)列的最终偏好的回归中,融资依赖性和 Nunn 合同化程度继续呈现显著影响。

如果参考表 8.1,可以迅速地发现,表 8.6 系数的符号与交易成本模

---

① 访问网站 http://scholar.harvard.edu/antras/books 上的数据和程序可以得到回归系数的全部结果。

表 8.6 美国企业内部贸易份额的合同决定因素

Dep. Var. 企业内部进口 / 总进口	(1)	(2)	(3)	(4)	(5)	(6)
融资依赖性	0.186* (0.087)	0.028 (0.019)	0.206** (0.045)	0.182* (0.088)	0.029 (0.019)	0.196** (0.041)
资产有形性	−0.124 (0.078)	−0.015 (0.019)	−0.256** (0.062)			
Nunn 合同化	−0.084 (0.070)	−0.012 (0.019)	−0.166* (0.070)	−0.073 (0.076)	0.000 (0.021)	−0.121+ (0.073)
Levchenko 合同化	−0.124+ (0.073)	−0.054** (0.019)	−0.176** (0.055)			
Costinot 合同化	−0.131+ (0.071)	−0.001 (0.018)	−0.131* (0.063)			
BJRS 合同化	−0.191* (0.078)	−0.056** (0.021)	−0.085+ (0.046)			
专用性	0.044 (0.070)	0.020 (0.019)	0.180* (0.074)	0.006 (0.074)	0.017 (0.021)	0.055 (0.067)
投入品可替代性	−0.014 (0.042)	−0.016 (0.017)	−0.078+ (0.047)	−0.000 (0.043)	−0.014 (0.017)	−0.014 (0.028)
样本约束	W+NT	W+NT	W+NT	W+NT	W+NT	W+NT
固定效应	Year	Ctr/Year	Ctr/Year	Year	Ctr/Year	Ctr/Year
加权	None	None	Imports	None	None	Imports
观测值	2 478	148 947	148 947	2 478	148 947	148 947
R^2	≃0.322	≃0.194	≃0.548	0.336	0.195	0.582

注:标准误差聚集在行业水平。+、*、**分别代表在10%、5%、1%水平上显著。

型预测的结果一致。然而，我们不能仅仅依靠这些结果就否定了产权模型，因为，如果选择离岸外包的效应是足够强的，产权模型也可以得出同样的结果（参见表 8.1）。

8.6　模型的区分

是否可以区分跨国企业边界的产权理论和交易成本理论？在表 8.7，我采用了两种可选的方法进行检验。首先，我采用两个模型中丰富但截然相反的含义，来探讨下游度对一体化决策的影响。读者可能还记得，我在第 6 章中提到，在交易成本模型中，只要投入品是依次互补的，下游度对一体化的影响就为负，而只要投入品是依次替代的，下游度对一体化的影响就为正。然而，在第 7 章的产权模型中，情况恰恰相反：在依次互补的情况下，下游度对一体化的影响为正；在依次替代的情况下，下游度对一体化的影响为负。

这两种预测哪个与现有的数据最相符呢？为了回答这个问题，我们首先需要明确两个问题：(1)如何测量下游度；(2)用什么指标来表示一体化决策是依次互补还是依次替代情况。在表 8.7 的前两列中，基于 Antràs 和 Chor(2013)的方法，我的研究取得了一定的进展。首先，他们将进口到美国的产品的下游度定义为在价值链平均位置的加权指数，价值链中使用了一个行业的产出权重（即作为最终消费，作为直接投入品投入其他行业，作为直接投入品投入行业中充当其他行业的直接投入品，等等），该权重是行业产出的使用与该行业的总产出的比重。[①]其次，为了区分依次互补和依次替代的情况，他们使用 Broda 和 Weinstein(2006)计算的美国进口需求弹性以及美国投入产出表数据来计算进口

---

① 这个方法是由 Fally(2012)单独提出的，并被 Antràs 等(2012)进一步研究。关于这个方法的细节见数据附录。

表 8.7 美国公司内部贸易份额的深层次的合同决定因素

Dep. Var. 企业内部进口／总进口	(1)	(2)	(3)	(4)	(5)	(6)
下游度×高 σ	0.291+ (0.150)	0.330** (0.060)	0.296+ (0.150)	0.344** (0.058)	0.291* (0.148)	0.321** (0.052)
下游度×低 σ	−0.159 (0.138)	0.099 (0.078)	−0.155 (0.139)	0.100 (0.077)	−0.165 (0.137)	0.040 (0.074)
卖方 Nunn 合同化	−0.059 (0.068)	−0.026 (0.057)	−0.027 (0.092)	0.138 (0.085)	−0.046 (0.070)	0.033 (0.053)
买方 Nunn 合同化			−0.051 (0.096)	−0.185* (0.075)		
卖方 Nunn 专用性	−0.015 (0.078)	−0.011 (0.061)	−0.028 (0.083)	−0.038 (0.064)	−0.090 (0.092)	−0.176** (0.068)
买方 Nunn 专用性					0.124 (0.116)	0.284** (0.060)
样本约束	W+NT	W+NT	W+NT	W+NT	W+NT	W+NT
固定效应	Year	Ctr/Year	Year	Ctr/Year	Year	Ctr/Year
加权	None	Imports	None	Imports	None	Imports
观测值	2 478	148 947	2 478	148 947	2 478	148 947
R^2	0.357	0.614	0.358	0.620	0.362	0.632

注：标准误聚集在行业水平。+、*、** 分别代表在 10%、5%、1% 水平上显著。

到美国的产品的买方需求弹性加权平均数。这个想法是对于较高的平均需求弹性来说的,我们认为对投入品的可替代性低于需求弹性;相反,对于较低的平均需求弹性来说,投入品的可替代性高于需求弹性。

在表 8.7 第(1)列中,我在表 8.6 的第(4)列的跨行业方程中加入了两个下游度与 σ 数值高和低的部门虚拟变量的交互项。如果购买进口产品部门的行业平均值表现为 Broda-Weinstein 需求弹性高于样本中位数,那么"高 σ"虚拟变量取值为 1,而如果购买进口产品部门的行业平均值表现为 Broda-Weinstein 需求弹性低于样本中位数,那么"低 σ"虚拟变量取值为 1。在表 8.7 的第(2)列,我将相同的交互项引入表 8.6 第(6)列的跨国和跨部门方程的加权方程中。①从这两个表的结果可知,下游度对高 σ 部门(如在互补情况)比低 σ 部门的一体化的正向影响更显著。这与产权模型得出的结论一致,但是与交易成本模型不一致。实际上,在第(1)列,这些系数的正负与产权模型推断的一样,而与交易成本模型推断的相反,尽管第二个交互项的系数在统计意义上与零没有区别。

Antràs 和 Chor(2013)表示,下游度对高 σ 部门的一体化不同的正向影响,对于下游度的其他测算指标和不同方程来说是稳健的。而且,当观察 σ 分布的不同五分位数影响时,正向影响始终出现在 σ 的最高五分位数,而负向影响却出现在 σ 的最低五分位数。正如图 8.1 所示,即使不控制其他因素,这种不同的效应也会更明显。在图中,对高于买方需求弹性中值的行业(称为"互补行业"),2005 年美国企业内部进口平均份额随着下游度增加而增加。对低于买方需求弹性中值的行业(称为"替代行业"),结果完全相反,企业内部贸易份额关于下游度递减。这些结果与全球采购的产权模型得出的结果完全相同,但与交易成本模型得出的结果不同。

---

① 在每一行,我都加入了平均买方部门 σ 是否大于中间数的虚拟变量,以更好地解释交互影响系数。

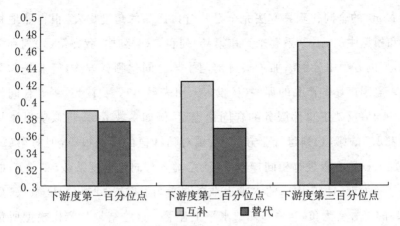

图8.1 企业内部贸易的下游度和份额

区分产权理论和交易成本理论的第二种有效方法是,利用这些理论的含义来研究合同化程度和关系专用性对企业内部贸易份额的影响。尤其是在产权模型中,这些变量对一体化份额的影响关键取决于:合同不完全性在多大程度上来源于最终产品生产商,或者其供应商控制的投入品非合同化程度,或者专用性程度。如果受到总部专用性投资的影响,特定部门的生产过程是非合同化的或专用性程度特别高的,产权模型则认为,这些部门的合同化程度对企业内部贸易份额的影响为负,专用性程度对企业内部贸易份额的影响为正。相反,如果非合同化程度或者专用性程度正是来源于供应商活动的属性,产权模型则认为,企业内部贸易份额合同化程度之间可能具有正相关性,与专用性程度具有负相关性。[①]产权模型的结果将难以与跨国企业边界的交易成本理论相符合。

尽管产权理论准确预测了非合同化或专用性的来源如何影响企业内部贸易份额,但是实证研究面临的一个自然的挑战是为这些不同类型的非合同化和专用性寻找合适的代理变量。在表8.7的最后四列,我利用一个简单的方法进行检验,来尝试区分这些影响。特别是我认为,因

---

① 在前一句中限定词"可能"是必要的,因为通过选择离岸外包机制,制造业投入品合同化的改善可能降低该账户企业内部贸易份额。

为 Nunn 的合同化测算方法完全是从进口产品的角度出发，很自然地将它和模型中的 μ_{mS} 联系起来。在第（3）列和第（4）列中，我在第（1）列和第（2）列的方程中分别添加了买方部门平均合同化测算方法，行业是购买进入美国市场的产品的那些（从投入产出表得出）。我认为，买方合同化的平均值反映了总部服务的合同化程度，例如参数 μ_{hS}。将该变量添加到表 8.7 的第（1）列跨行业方程中，则对估计值的影响很小，但对第（2）列加入权重方程进行相同操作后，注意卖方合同化程度系数（如 μ_{mS}）的符号变为正，且在 10％ 的水平上非常显著，而买方合同化程度系数（如 μ_{hS}）的符号变为负，且在 5％ 的水平上显著。这些结果与产权模型所预测的一样。

在第（5）列和第（6）列，我重复了同样的操作，但是这次关注专用性的分析方法。这种情况下的结果更加支持产权模型。在两个方程中，买方和卖方的专用性决定了不同角度下的企业内部贸易份额。买方专用性与一体化正相关，但是与卖方专用性相反，结果与交易成本模型不一致，而与产权理论预测的一致（至少在不同参数值情况下如此）。此外，在第（6）列偏好的加权回归中，两个系数都在统计学上相当显著。

8.7 局限性和其他方法

目前本章展示的实证结果在很大程度上验证了第 6、7 章的内部化模型的关键特征。尤其是产权模型在数据方面表现得特别好。我们发现，总部密集度对企业内部贸易份额的影响为正，尤其是区分了供应商提供的非合同化和关系专用性投资的相对强度。而且，结果也证明了生产率离散度和融资约束对一体化决策的影响为正，投入品替代性对企业内部贸易份额的影响为负，尽管这些影响的统计显著性绝大多数较为不显著。最后，下游度对 σ 高低的部门的不同影响，以及买卖双方合同化程度和关系专用性对一体化决策的不同效应，已经准确证明了产权理论和交易成本理论的明显区别。

尽管这些结果可能支持产权理论,但是仍有理由去质疑这些结果。在很大程度上,很明显,实证分析中的自变量仅仅是初始的关键参数的不完美代理变量,这些参数影响了模型中企业的内部化决策。例如,第(4)列和第(6)列的结果表明 μ_{mS} 和 μ_{hS}、ϵ_m 和 ϵ_h 对一体化决策的影响具有差异性,但是它们还无法准确识别那些影响。谨慎对待这些合同化结果的原因是:买方和卖方的合同化、专用性变量彼此高度相关;买方和卖方(Nunn)合同化和专用性测量的相关性分别为 0.834 和 0.814。[①]

对产权模型实证的有效性保持怀疑态度的第二个原因是,我们发现一些不符合模型推导的结论。最明显的是,运输成本和美国关税与企业内部进口交易份额呈现负相关,除了采用跨国和跨行业数据的加权方程(与表 8.4 的结果一致),这种负相关影响在标准置信水平上是统计显著的。记住,这种贸易壁垒的负影响与两个模型的推断结果是不一致的,至少在推导出的按企业生产率排序的组织形式均衡分类下是这样的。但是,关键问题是,均衡的分类是否和企业层面的证据一致。我将在后文继续讨论这个问题。

目前关于检验的第三个问题是,即使按照我的方式为模型中的关键变量找到指标,也很难相信这些检验有力地识别了这些参数在影响企业内部化决策过程中所起的作用。例如,读者会担心,我省略了一些部门特征,这些特征对一体化非常重要,并且可能与前文的回归分析中包含的行业变量相关。读者可能会想起在第 5 章中,在解释离岸外包份额的跨部门变化中判断合同变量的不良表现时,我提到了一个类似的结论。这反过来促使我去探索其他方法,这些方法利用行业特征对特定国家的企业离岸外包倾向有不同的影响,这主要取决于这些国家的特征。

下面我将类似的策略应用到回归分析中,去解释企业内部贸易份额,但是在此之前需要强调两点。第一,尽管我仍担心遗漏变量偏差,但

①　这是由于投入产出表对角线(行业内)元素比重不成比例。

是我相信，与解释离岸外包份额的回归相比，这种顾虑在解释企业内部贸易份额的回归中会大大降低。这样做的原因是，人们较容易构想出在国内和国外投入品购买上具有不同影响的被忽略因素，但与企业边界内或企业之间的进口投入品的相对趋势有关的被忽略因素，人们就不那么容易构想出来了。为了证实这一推断，在表 8.6 或表 8.7 跨行业回归中得到的 R^2 比在第 5 章表 5.6 类似的回归中得到的 R^2 大两倍以上。类似，使用跨行业和跨国数据的加权回归的 R^2 是很大的［在表 8.7 第（6）列中达到 0.632］，并且是表 5.6 离岸外包份额回归中最大的 R^2 的三倍多。

第二个值得重视的地方是，正如我将很快回顾的，第 7 章的产权模型无法准确推断出国家和行业特征的交互项如何影响企业内部贸易份额。因此，尽管探索其他策略是值得的，但在目前的情况下，就实证验证或拒绝本书中发展的理论模型方面而言，它们是否会像第 5 章中那样有用，还不太清楚。

与第 5 章的情况一样，反过来进行这些更丰富的检验之前，我简单地描述如何将交易成本模型和产权模型扩展到多国环境，旨在对之后的检验提供半结构化的解释。

8.8 多国世界的内部化理论

接着我们回到在第 2 章结尾首次引入的并在第 5 章进一步扩展的多国框架，该框架包括了合同摩擦。正如之前在第 5 章分析的，我通过建立一个模型使问题简化，其中每个最终产品生产商只利用一种投入品（与两国模型一样），企业层面的离岸外包扩展边际是不可行的。

在多国全球采购模型中，最终产品生产商得知其生产率之后，只有在支付了从某个国家 $j \in \mathcal{I}$ 采购的固定成本 f_{ij} 之后，才能从 j 国采购投入品。我将生产率为 φ 的企业的全球采购策略 $\mathcal{I}_i(\varphi) \subseteq \mathcal{I}$ 定义为生产率

为 φ 的 i 国企业支付了离岸外包的固定成本 f_{ij} 的国家集合。一个简单的将企业内部采购和独立交易采购之间的选择纳入考虑框架的方法是,重新定义全球采购模型为选择新的集合 $\tilde{\mathcal{J}}_i(\varphi) \subseteq \mathcal{J} \times K$,其中 $K = \{V, O\}$ 是一个指示函数,表示投入品供给是垂直一体化(V)还是外包的(O)。简单来说,企业不仅要决定是否投资使有能力从任一国家 $j \in \mathcal{J}$ 进行采购,还要决定中间投入品是要从 j 国的一体化子公司还是从 j 国市场上任意一家供应商进行采购,或者是两者都有。对一般模型来说,不同决策带来的固定成本往往也会不同,而且在两国模型中我们假设一体化和外包的固定成本的关系是 $f_{ijV} > f_{ijO}$。在这种情况下,规模相对较大的企业会选择企业内部贸易,这也解释了(当考虑多种投入品的情况时)为什么企业经常在企业边界内和跨企业边界从国外采购投入品。

然而,正如之前提到的,我通过忽略这些选择效应将问题简单化,并且假定采购的固定成本 f_{ijV} 和 f_{ijO} 足够低,以至于即使在发生这些固定成本的情况下 i 国的所有企业也都可以盈利,并且对于每个国家 $j \in \mathcal{J}$ 和每个组织形式 $k = \{V, O\}$ 都可以得到一个生产率参数 $1/a_{mjk}$。虽然 $1/a_{mjV}$ 和 $1/a_{mjO}$ 的数值都是企业特定的,但是我随后将假设它们都是相互独立的(在其他国家也是如此),根据 Fréchet 分布:

$$P_r(a_{mj} \geq a) = e^{-T_{ja\theta}}, \ T_j > 0 \ 且 \ \theta > \sigma - 1$$

很明显,这些都是强且不现实的假设,但是在这里如果放松假设将会使研究不符合主题。

在该情况下,很容易严格按照第 5 章的步骤来验证企业在 i 国购买的所有中间投入品的份额,该投入品来自国家 $j \in \mathcal{J}$,并且在所有权结构 $k = \{V, O\}$ 的情况下进行交易,因此表示为:

$$\chi_{ijk} = \frac{T_j(\tau_{ij} w_j \, \Psi_{ijk}^{1/(1-\eta)(1-\sigma)})^{-\theta}}{\sum_{l \in \mathcal{J}} \sum_{k' \in \{V, O\}} T_l(\tau_{il} w_l \, \Psi_{ilk'}^{1/(1-\eta)(1-\sigma)})^{-\theta}} \ \text{对} \ j \in \mathcal{J} \ \text{和} \ k \in \{V, O\} \ \text{成立}$$

这里 Ψ_{ijk} 总结了在组织形式 k 的情况下 j 国采购的交易成本效率。Ψ_{ijk} 的数值在离岸外包的情况下,即 Ψ_{ijO},表示 i 国的企业可以从 j 国进行离岸外包的合同效率。在简单的两国模型中,这相当于产权模型和交易成本模型里面的国内外包和离岸外包的 Γ_{DO} 和 Γ_{OO}。在交易成本模型中,$\Psi_{ijV} = \lambda^{1-\sigma}$,$\lambda > 1$ 表示采用一体化结构的治理成本。参数 λ 在不同国家匹配的情况下都是不同的。在产权模型中,Ψ_{ijV} 表示垂直一体化的合同效率,这在两国模型中我们定义为国内和离岸外包采购关系的 Γ_{DV} 和 Γ_{OV}。

在附加的经常性假设下,无论何种所有权结构,投入品购买都是如此定价的,以至于在所有国家和所有组织形式它们有着经营利润的相同倍数。中间投入品从 j 国进口,在企业边界内交易的进口份额可以表示为:

$$Sh_{i-f} = \frac{(\Psi_{ijV}/\Psi_{ijO})^{\theta/(1-\eta)(\sigma-1)}}{1 + (\Psi_{ijV}/\Psi_{ijO})^{\theta/(1-\eta)(\sigma-1)}} \qquad (8.4)$$

因此,来源国层面企业内部进口份额主要由 Ψ_{ijV}/Ψ_{ijO} 比率组成,这在第6章和第7章已进行了研究。很明显,式(8.4)比我们之前的式(8.1)、式(8.2)和式(8.3)简单多了。尤其需要注意的是,这不是工资比率或者贸易摩擦的方程,它仅仅取决于两个与特定采购国家 j 一体化和离岸外包相关的效率指标,而不是包括母国的多个国家的指标。这种简化的原因自然是我们已经忽略了企业的扩展边际,当然,这也不是变形模型的优点,确切地说是一种局限性。因此,在以下一些方程中,我将考虑一些变量(特别是运输成本和关税),如果企业面临重要的抉择,这些抉择关于是否有能力使投入品从特定国家采购,或者是从企业边界内和跨边界采购,又或者是从这两者进行采购,这些变量必然都会影响企业内部进口份额。

8.9 多国模型的实证分析

除了这些重要的前提以外,下面我将利用式(8.4)的简单形式来开展实证分析,该方程研究了部门和国家特征之间的相互作用对企业从事内部贸易的倾向的影响。考虑到这一点,首先要注意如果不关注企业内部进口份额 Sh_{i-f},而是计算企业内部进口和独立交易进口的比率,式(8.4)会成为对数线性模型。通过考虑下标 v 和取对数,我们可以将式(8.4)表示为:

$$\ln(M_{ijv}^{if}/M_{ijv}^{nif}) = \frac{\theta}{(1-\eta_v)(\sigma_v-1)}\ln(\Psi_{ijVv}/\Psi_{ijOv}) + \varepsilon_{ijv} \qquad (8.5)$$

其中 ε_{ijv} 是一个误差项,假定要满足所有必要的正交条件。很明显,Ψ_{ijVv}/Ψ_{ijOv} 不是我们在数据中观察得到的,但是可以按照第 6 章和第 7 章的模型——正如表 8.1 总结的——将该比率设定为那些模型基本参数的代理变量。

在进行匹配时,出现了一个棘手问题,就是确定模型的某些参数是否:(1)行业特定但在各国间是相同的;(2)国家特定但在跨行业是相同的;(3)行业特定且国家特定。在第 5 章我认为,从概念上以及由于数据的局限性,可以很自然地将需求弹性 σ、总部密集度 η、关系专用性 ϵ 和投入品可替代性 ρ 作为行业基本参数,这些参数不受美国企业从哪个特定国家进行采购的影响。相反,我将融资约束程度 ϕ 和合同化程度 μ 作为行业特征(见表 5.6),或者国家特征(见表 5.8),或者是某个特定部门因素和某个特定国家配对因素的交互项(见表 5.7)。通过保留这些假设,我们可以将式(8.4)变为更一般的形式:

$$\ln(M_{ijv}^{if}/M_{ijv}^{nif}) = \frac{\theta}{(1-\eta_v)(\sigma_v-1)}\Phi(\sigma_v, \eta_v, \epsilon_v, \rho_v, \mu_v, \phi_v, \mu_{ij}, \phi_{ij}) + \varepsilon_{ijv}$$

$$(8.6)$$

注意,这个公式和我们前文使用跨产品和跨国变量回归紧密相关。更具体来说,假设这些方程中包含的国家—年份固定效应已经对 μ_{ij} 和 ϕ_{ij}(以及其他未观察到的特定国家—体化的决定因素)进行了适当控制。在这样的情况下,我们可以借助式(8.6),估计行业特定变量 σ_v、η_v、ϵ_v、ρ_v、μ_v 和 ϕ_v 对 $M_{ijv}^{if}/M_{ijv}^{nif}$ 比率的部分效应时,该比率与企业内部进口份额紧密相关。①

不幸的是,从第 6 章和第 7 章获得的 $\Psi_{ijv_v}/\Psi_{ijO_v}$ 比率可以清晰看出,国家层面的变量和行业层面的变量的效应是相互影响的,因此国家内/年度内降低的企业内部贸易份额或 $\ln(M_{ijv}^{if}/M_{ijv}^{mif})$ 不会吸收这些国家层面变量的效应。这正是与我们在第 5 章所使用的推理方法相同,在解释离岸外包水平时,要包括国家/年份和行业固定效应。我们现在应当在实证方程中按照相似的方法尝试求出离岸外包企业内部贸易的相对份额。

在回到实证分析前,有一个问题值得我们讨论。读者可能特别疑惑,为什么在前文按照式(8.6),企业内部进口份额——而不是 $\ln(M_{ijv}^{if}/M_{ijv}^{mif})$ ——是因变量。然而,需要强调的是,为了得到式(8.6),我不得不放弃选择效应,这在两国模型中对于产生某些相对静态的结果是重要的,比如与贸易壁垒 τ 相关的结果或者生产率分散度 κ 对企业内部贸易份额的影响。这些选择效应都是数据的主要特点。在 NAICS 原始数据中,总共 1 085 760 个产品—国家—年份观测值中,仅有 313 152 个(28.8%)观测值的进口量大于零,并且 189 340(17.4%)个观测值的企业内部进口量大于零。此外,对于另外 13 816 个观测值(1.27%)来说,企业内部进口大于零,但是非关联方的进口情况并非如此。因此,回归中左边的变量是 $\ln(M_{ijv}^{if}/M_{ijv}^{mif})$,除去了相当一部分企业内部贸易份额不是严格地在 0 和 1 之间的样本。因此我选择在本章给出公司内部进口份额水平的解释。这正是为什么需要谨慎对待后文用来解释 $\ln(M_{ijv}^{if}/M_{ijv}^{mif})$ 的结果。以同样的方式,我认为应该谨慎地对待把进口对数在第 5 章当成一个因变量的结果。②

① 与之前的回归相比,主要的不同是贸易壁垒和最终产品生产者生产率离散度在式(8.6)中不起作用。这必然是在多国模型中选择效应被抵消了的缘故。
② 我不得不实验线性对数回归,其中企业内部进口份额在表 8.8 和表 8.9 中的回归是独立变化的,并且我得到的结果是非常相似的。不仅如此,以 $\ln(M_{i-f}/M_{mi-f})$ 为因变量的回归具有更高的 R^2。

8.10 双重差分法方程的结果

与第 5 章一样,我现在构建方程,这包括部门和国家固定效应以及部门和国家特征的交互项。我将式(8.6)特别表示为:

$$\ln(M_{USjv}^{if}/M_{USjv}^{nif}) = \alpha_v + \alpha_j + \beta \mathbf{Z}_j \mathbf{z}_v + \varepsilon_{jv} \tag{8.7}$$

其中 $\mathbf{Z}_j$ 和 $\mathbf{z}_v$ 是来源国家和行业变量的向量,而 α_v 和 α_j 是行业和国家—年份的固定效应(与第 5 章一样简化问题,我删除了时间下标)。

我从表 8.8 开始,包含了与第 5 章的表 5.7 相同的一组交互项。再次声明,加入这些变量并非出于理论形式上的考虑(至少不是基于本书提出的模型),而是因为这些变量在有关贸易和制度的文献中表现突出。更具体来说,表 8.8 包括 9 个交互项:2 个与物质资本、熟练劳动强度和相对丰裕度有关的 Heckscher-Ohlin 交互项,4 个行业层面合同强度和国家层面合同执行力的交互项,2 个融资"依赖性"和融资发展的交互项,1 个体现跨部门劳动力市场刚性不同作用的交互项。我建议读者回到第 5 章和数据附录,可以了解更多关于这些变量的来源。

在表 8.8 第(1)列中,我先展示一个最基本的方程,该方程仅包括 2 个赫克歇尔—俄林交互项,在第 5 章,该交互项对美国企业选择离岸外包倾向的影响显著为正。表格展示了物质资本交互项的影响为正,但不显著;以及熟练劳动交互项的影响显著为负。后一项结果表明,在熟练劳动要素较为丰裕的国家,将技能密集型生产过程进行一体化的倾向较低。在表 8.8 的其他列中,我引入了 7 个"制度性"交互项,在第(2)列中一次考虑一项,然后在其余各列中连同其他交互项一起考虑。所有列都使用了 Wright 和 Nunn—Trefler 修正的数据,最后三列仅在回归中包含的附加控制变量组有所不同。与表 5.7 一样,第(3)列不包含附加控制变量(除了行业和国家—年份固定效应),第(4)列包括 7 个制度性行业

表 8.8　美国企业内部份额的合同决定因素

Dep. Var.: $\ln(M^{if}_{USjv}/M^{nif}_{USjv})$	(1)	(2)	(3)	(4)	(5)
劳动密集×劳动丰裕	0.019 (0.183)		−0.215 (0.213)	−0.205 (0.257)	−3.518** (0.708)
技能密集×技能丰裕	−0.344* (0.175)		−0.426+ (0.230)	−0.207 (0.265)	0.203 (0.322)
Nunn×法治		0.134* (0.067)	0.068 (0.066)	−0.044 (0.118)	−0.098 (0.103)
Levchenko×法治		0.060+ (0.032)	0.057 (0.035)	0.064 (0.070)	0.027 (0.059)
Costinot×法治		−0.046 (0.071)	−0.184* (0.075)	−0.341* (0.144)	−0.294* (0.146)
BJRS×法治		0.083 (0.079)	0.159* (0.066)	0.137 (0.125)	0.069 (0.123)
Rajan-Zingales×信用/GDP		0.102* (0.145)	0.302+ (0.167)	0.874** (0.288)	0.238 (0.152)
Braun×信用/GDP		0.220 (0.154)	0.290+ (0.156)	0.318* (0.152)	0.301* (0.131)
企业波动率×劳动灵活性		−0.275+ (0.154)	−0.374* (0.171)	−0.332+ (−0.188)	−0.344+ (0.161)
样本约束	W+NT+	W+NT+	W+NT+	W+NT+	W+NT+
国家/年份和行业固定效应	Yes	Yes	Yes	Yes	Yes
人均GDP交互项	No	No	No	Yes	No
行业效应×人均GDP	No	No	No	No	Yes
观测值	89 669	≈88 000	84 738	77 307	77 307
R^2	0.732	≈0.73	0.738	0.745	0.769

注：标准误聚集在行业水平。+，*，**分别代表在10%、5%、1%水平上显著。

变量与人均 GDP 的交互项,第(5)列包括部门虚拟变量与人均 GDP 的交互项。第 5 章清楚解释了这些方程不同的含义,并且同样的论点也适用于现有内容。

由于表 8.8 中的方程不是由前文的模型得出的,我们无法从结果中得出更多结论。不过应该注意的是,在某种程度上,所包含的制度交互项说明了交易成本的不同来源,人们可以根据交易成本理论,期望这些交互项的符号与第 5 章的那些交互项符号相反。直觉上来说,如果企业内部贸易可以避免所有合同效率低的情况,任何准确预测的与离岸外包的总体水平正相关的合同化交互项必然会降低在企业边界内进行的离岸外包份额。以这个标准来判断,交易成本模型与证据的对比情况如何?

首先考虑与合同执行力有关的交互项。在表 5.7,我们发现了这些交互项对美国中间投入品进口的影响为负的稳定证据。换句话说,投入品的合同化程度越高,来源国的合同执行力对美国企业购买投入品的正影响就比较小。基于交易成本模型,可以预期同样是这些交互项对企业内部进口份额的影响为正。尽管单独在第(2)列中引入 Nunn 和 Levchenko 合同化交互项的效应实际上是显著为正,但它们的显著性在同时包含所有交互项的列中消失了。而且,唯一可以保留其显著性的交互项是 Costinot 交互项,但它与表 5.7 中出现的符号相同(为负)。

从积极的方面来看,表 8.8 表明 Braun 和 Cuñat-Melitz 的交互项对企业内部进口份额的影响确实与其对整体离岸外包水平的影响相反。也就是说,这些结果表明,来源国融资或劳动力市场制度的改善,将会极大程度削弱美国企业在那些难以融资的行业和对企业间劳动力重新分配有更高需求的行业进行内部化交易的意愿。最后,值得注意的是,Heckscher-Ohlin 交互项在大多数方程中符号为负,但是它们的大小和显著性在不同方程中表现不同,例如第(5)列反映的物质资本交互项为负,系数也较大。

在表 8.9,我回到与第 6 章和第 7 章全球采购模型更相关的方程。表

8.8 基本上复制了表 5.7 的结果，但使用了不同的因变量，在表 8.9 中，我以表 5.8 的方程为基础。该方程也是式(8.7)，但是交互项的向量包括：(1)前文提到的 2 个 Heckscher-Ohlin 交互项；(2)部门间和国家间不同的运输成本和美国关税数值；(3)全球采购模型支持的 5 个制度交互项。除了后一种制度回归量之外，全部构成了来源国层面的合同执行力水平 μ_j（指标由其法治指数表示）与该模型的某些关键"行业"参数的实证指标的交互项：投入品替代性(ρ_v)，需求弹性(σ_v)，专用性(ϵ_v)，以及总部密集度(η_v)。最后一项交互项是总部密集度 η_v 和融资程度 ϕ_{ij} 的乘积结果。数据来源和第 5 章一样（参考数据附录），根据买方对研发、设备资本和技能密集度变量的因子分析，将总部密集度 η_v 作为第一主成分进行计算。

在讨论实证结果之前，我们简单回顾本书两个内部化模型对这些不同交互项影响正负性的预测。之前章节和本章进行了详细讨论得到，交易成本模型和产权模型都会预测贸易壁垒（运输成本和美国关税）对企业内部贸易份额的影响为正。记住，选择离岸外包渠道是产生这些影响的关键，因此，贸易壁垒在式(8.6)里的多国方程就没有体现出来，这也不足为奇。我也相信在实证分析中包含这些贸易壁垒是合理的。正如本章之前的结果，表 8.9 将证明，这些贸易壁垒的指标对企业内部进口份额的影响为负，这个发现很难与模型中假定的基准均衡分类排序相一致。

选择离岸外包渠道的实证分析也解释了为什么要包含这两个赫克歇尔—俄林交互项。更准确地说，如果我们打算以相对工资成本受相对要素禀赋影响的方式结束模型，来源国的物质资本和熟练劳动力更丰裕，相对工资 w^N/w^S 就较低。因此，我们预计，由于投入品来自资本和熟练劳动力更加丰富的国家，企业内部贸易份额会更高，而对于总部密集型程度较低的部门而言，这种影响将更大。总之，我们的模型更现实的一般均衡形式将预测两个赫克歇尔—俄林交互项为负值。这与表 8.8 的结果一致，尽管我们观察到那些系数不是特别稳定。表 8.9 的交互项的系数变化幅度与表 8.8 非常一致，所以此处不再赘述（感兴趣的读者可以查阅 http://scholar.harvard.edu/antras/books 上的数据组合模型）。

剩下的是五个体现制度因素的交互项。在第 6 章和第 7 章的模型中预测这些交互项的符号是什么？为了在交易成本模型情况下回答这个问题，只需要参考美国中间投入品进口的独立交易情况下的模型，并简单改变那些预测值的正负项。在式（5.14）的基础上，我们可以用简洁的形式表达为：

$$\ln(M_{USjv}^{if}/M_{USjv}^{nif}) = \Phi_{TC}(\underset{+}{\mu_{ij} \times \rho_v}, \ \underset{-}{\mu_{ij} \times \sigma_v}, \ \underset{-}{\mu_{ij} \times \epsilon_v}, \ \underset{\text{不确定}}{\mu_{ij} \times \eta_v}, \ \underset{-}{\phi_{ij} \times \eta_v})$$

$$(8.8)$$

在产权模型情形下，准确预测这些交互项对企业内部进口份额的影响更具挑战性。在理论附录中，我会详细讨论这些比较静态分析。不过重要的是，尽管在一些情况下数值例子根据不同影响有特定的正负号，但是通常可以建立数值例子，使其中不同的正负项适用于参数空间的某个区域。附录分析的结果可以表示为：

$$\ln(M_{USjv}^{if}/M_{USjv}^{nif}) = \Phi_{PR}(\underset{\text{不确定}}{\mu_{ij} \times \rho_v}, \ \underset{\text{不确定}}{\mu_{ij} \times \sigma_v}, \ \underset{\text{不确定}}{\mu_{ij} \times \epsilon_v}, \ \underset{-}{\mu_{ij} \times \eta_v}, \ \underset{\text{不确定}}{\phi_{ij} \times \eta_v})$$

$$(8.9)$$

这意味着只有交互项 $\mu_{ij} \times \eta_v$ 的正负号的预测是确定的。不过需要注意的是，在多数数值例子中，我发现交互项 $\mu_{ij} \times \rho_v$ 对企业内部贸易份额的影响为负；而在 j 国的合同执行力只影响总部服务的合同化程度的情况下，交互项 $\mu_{ij} \times \sigma_v$ 对一体化的影响为负；在合同执行力影响制造业生产的合同化程度的情况下，交互项对一体化的影响为正（参考理论附录）。

对比在式（8.8）和式（8.9）中推断的正负号，明显的是，基于双重差分法区分这两种理论是非常困难的。特别是，对于我所试验过的任何一种交互作用，都不能说这种交互作用对相对整合倾向的影响符号在两种理论中是明确相反的。因此，即使为其中一个模型的某些预测值找到了有力的证据，同样的证据也可能无法用来反驳另一种理论。总之，为了区别模型，我认为表 8.6 和（尤其是）表 8.7 中跨行业的结果特别有用。

考虑到这些问题，让我们回到表 8.9 来研究这些不同的交互项是如何影响数据中企业内部进口的相对份额。第（1）列采用和表 8.8 第（1）列相同的方程，但是现在扩展至包括运输成本和美国关税的测算（为节约篇幅没有列出赫克歇尔—俄林交互项）。与之前预期的和本章发现的一样，贸易壁垒的系数为负且呈现显著性，这是对该模型的一种挑战。

在第（2）列，我引入了模型所提出的 5 个交互项，每次引入一个，但是为了节约篇幅，我将 5 个系数单独成列。注意，对于 5 个系数中的 4 个，系数的符号与交易成本模型的预测一致，除了 $\phi_{ij} \times \eta_v$，其系数虽大于零但不显著。然而，这 5 个交互项中仅有 2 个对 $\ln(M_{USjv}^{if}/M_{USjv}^{nif})$ 的影响显著。

在表 8.9 的最后三列，我展现了 5 个制度交互项被包含在相同的回归中的结果，还包括赫克歇尔—俄林交互项和交易成本。这三列的区别在于，第（4）列包含行业水平的制度变量和人均 GDP 的交互项，而第（5）列包含部门虚拟变量与人均 GDP 交互项的整体向量。

第（3）列的结果和第（2）列的结果非常相似。尽管现在制度交互项的所有系数都与交易成本模型的一致，但是在 5% 置信水平的情况下，其中只有两个系数是显著的。在第（4）列中，引入与人均 GDP 的交互项对系数有更大的影响，特别是对专用性和法治的交互项，从在 5% 的水平上显著为负转为在 10% 的水平上非常显著且为正值。在第（5）列中，控制部门虚拟变量与人均 GDP 的交互项，也以较为明显的方式影响估计值。运输成本系数不再显著，而只有美国关税和总部密集度与法治的交互项在标准水平下保持显著。不过，这些系数的正负与产权模型预测的恰好相反。

总之，运用表 8.8 和表 8.9 的双重差分法得到的结果比不上第 5 章中相同方法解释离岸外包份额的结果。第 5 章的结果较为符合理由的部分原因是，在这些方程中包括了国家—年份和行业固定效应，但美国中间投入品进口的变化仍有较大部分无法被解释；而将它们包含在表 8.8 和

表 8.9　交易成本模型和产权模型的检验结果

Dep. Var.: $\ln(M^{if}_{USjv}/M^{mif}_{USjv})$	(1)	(2)	(3)	(4)	(5)
运输成本	-0.201** (0.058)		-0.162** (0.059)	-0.142** (0.055)	-0.086 (0.059)
关税	-0.156* (0.067)		-0.197** (0.059)	-0.185** (0.055)	-0.168** (0.048)
投入品替代性×法治		0.036 (0.028)	0.033 (0.024)	0.073 (0.048)	0.057 (0.048)
需求弹性×法治		-0.062** (0.012)	-0.062** (0.012)	-0.109* (0.043)	-0.060 (0.073)
Nunn专用性×法治		-0.196** (0.063)	-0.150* (0.060)	1.697+ (0.906)	-0.005 (0.115)
总部强度×法治		0.015 (0.030)	-0.006 (0.027)	0.069 (0.053)	0.105* (0.051)
总部强度×信用/GDP		0.018 (0.042)	-0.003 (0.050)	-0.004 (0.044)	-0.007 (0.041)
样本约束	W+NT+	W+NT+	W+NT+	W+NT+	W+NT+
国家/年份和行业固定效应	Yes	Yes	Yes	Yes	Yes
GDP交互项	No	No	No	Yes	No
行业效应×GDP	No	No	No	No	Yes
观测值	89 393	≃88 000	87 298	79 654	79 654
R^2	0.737	≃0.74	0.744	0.749	0.770

注：标准误差聚集在行业水平。+、*、**分别代表在 10%、5%、1%水平上显著。

表 8.9 中，企业内部进口份额的变化较少需要解释。事实上，$\ln(M_{USjv}^{if}/M_{USjv}^{mf})$ 对国家—年份和行业固定效应的简单回归的 R^2 系数是 0.731，而在美国离岸外包份额的对数形式作为因变量的回归中类似的 R^2 系数是 0.616。这将成为判断第 5 章回归系数显著性更高的一个因素，但是它不能解释以下事实：我们的全球采购模型可以准确预测制度交互项系数的正负。

表 8.9 的结果不仅在统计学上解释力度薄弱，而且不能支持内部化模型的定性预测，尤其是在产权模型的情况下。然而，正如前文说的，产权模型无法准确预测国家和行业特征的交互项如何影响企业内部贸易份额。即使可以获得一些分析结果，也需要花费时间好好推导，进而担心这些结果可能严重依赖于所选的函数形式。因此，我认为表 8.3、表 8.4、表 8.6 和表 8.7 的计量方程具有一定的局限性，需要对跨国企业边界模型有更清晰的检验。

8.11 产品层面数据的其他来源

到目前为止，我只严格关注了利用美国关联方贸易数据库进行的产品层面企业内部进口的分析。许多文献利用该数据库进行了许多问题研究，提供了很多重要贡献。这些文献包括 Numm 和 Trefler（2008，213b），Bernard 等（2010），Costinot、Oldenski 和 Rauch（2011），以及 Diez（2014）的研究，而对该数据库更早的运用是 Helleiner 和 Lavergne（1979）。[1]

即使关注美国贸易的情况，许多学者他已经转而利用美国经济分析局（BEA）提供的直接投资数据来分析企业内部贸易，该数据可从 http://

---

[1] 准确来说，Bernard 等（2010）有关于关联方贸易的美国公司层面的统计数据，但是他们的回归分析是在部门层次进行的。

www. bea. gov/iTable/index_ MNC. cfm 下载得到。Zeile(1997)和 Ruhl (2013)对这个数据库进行了详细描述,该数据库包括美国国外子公司和外国公司在美国子公司的企业内部进出口数据。BEA 数据库的优势在于提供更多信息,说明进口商和出口商之间的所有权联系在多大程度上足以表达有效的公司控制权,这与之前的章节讨论的内部化理论一致。该数据库的另一个优势在于,可以区分美国跨国企业内部贸易与在美国运营的外国跨国企业内部贸易。读者会记得,我充分利用了 BEA 数据的这个特点,来重新定义上面的估计,这与 Nunn 和 Trefler(2013b)的方法是一致的。BEA 数据来源的主要缺点在于,它不如美国关联方贸易数据库全面:它仅涵盖有限数量的相当汇总的部门,并且它只统计了一些基准年份,从而使研究者只能从那几年的数据推导出美国企业内部进口的年度序列。该数据库的另一个局限性是,BEA 将外国母公司的美国子公司的企业内部进口品记录为来源于所有权国家(即母公司),而不是来源于实际货物装运的国家。该数据库目前已经被 Antràs(2003)和 Yeaple(2006)用来检验产权理论,它也被 Lall(1978)、Siddharthan 和 Kumar(1990)用来检验交易成本模型。

据我所知,美国是唯一一个收集详细的海关层面贸易数据的国家,来区分关联方贸易(企业内部贸易)和非关联方贸易(独立交易)。在这个意义上,美国关联方贸易数据库是独一无二的。[①]对于其他国家来说,我们可以采用类似的方法,正如 BEA 数据库基于跨国公司和子公司的贸易调查信息来建立企业内部贸易数据。例如,OECD 外国子公司的活动(AFA)数据库包含了九个国家的企业内部数据(加拿大、以色列、意大利、日本、新西兰、波兰、斯洛文尼亚、瑞典和美国),但是正如 Lanz 和 Miroudot(2011)提到的,覆盖面远远不够完整。可能由于这个原因,这个数据来源目前还未被应用于分析企业内部化决策的决定因素。

---

① 这个在未来将有希望被改变,因为联合国统计部门已明确地建议在基于海关商品贸易统计中收集公司内部贸易数据(参见 United Nations, 2010)。

关于跨国企业边界的一部分实证研究的创新点在于采用中国海关总署提供的产品层面的进口数据。这些数据没有区分企业内部贸易和独立交易，但是它们包含进口商是否是外商独资企业的具体信息。因此，这些数据适合于分析中国供应商的外国所有权的决定因素，而与其商品的购买者的身份无关。中国数据非常有趣的特点是，这些数据不仅区分一般贸易和加工贸易，而且加工贸易按不同的海关制度类型进行分类，分类的依据是进口品投入是由中国工厂负责还是国外生产商负责。前一种被称为"进料加工"，而后一种被称为"来料加工"。Feenstra 和 Hanson(2005)、Fernandes 和 Tang(2010)利用该数据的这个特点来检验跨国企业边界的产权理论的很多变量(也可参考 Feenstra，2011)。近年来，Li(2013)也利用中国加工贸易数据来检验企业边界的交易成本模型，强调交易成本在阻碍离岸外包交易中的作用。

8.12 来自企业层面的实证证据

交易成本理论和产权理论都是企业边界理论，因此企业层面数据是验证这些理论的最理想的实验数据。举个确切的例子来说，由第 6 章和第 7 章的交易成本模型和产权模型推导出的一些比较静态分析结果，与根据生产率划分组织形式的企业均衡分类模式密切相关。分类模式是否与可得到的数据相一致？为了回答这个问题，我们明显需要充分利用企业层面的数据。

遗憾的是，关于企业全球采购决策的企业层面数据不容易获得。尽管大部分国家拥有经济中企业运行的普查数据，但是很少有数据库可以提供这些企业全球采购决策的详细信息，以及具体到关于这些企业是否从企业边界内或跨边界进口中间投入品的信息。接下来我会详细说明近几年来学者经常使用的五个企业层面的数据库，分别介绍其各自的主要优缺点，以及利用这些数据库获得的研究结果。

早期使用企业层面数据来阐释跨国公司的企业边界决策的是Tomiura(2007),这篇文章使用了日本商业和制造业结构与活动(Basic Survey of Commercial and Manufacturing Structure and Activity)的基本调查数据。这个调查覆盖了日本 118 300 家制造业企业,可以说非常准确地展示了日本制造业部门的全貌。遗憾的是,这个调查仅在 1998 年这一年进行。这个调查包含了许多关于企业运营的信息(销售、雇佣、资本支出、出口,外国直接投资),并且重要的是还调查了这些企业是否"将制造或加工任务外包给海外企业"。因此,这个调查可以明确区分企业是从事国外外包还是参与外国直接投资。该数据库的不足之处在于无法提供国外整合和外包的数量(例如集约边际)。Tomiura(2007)运用该数据库说明,参与外国直接投资和企业内部贸易的企业的生产率明显比国外外包的企业的生产率要高,这与交易成本模型和产权模型的均衡分类一致(参考图 6.4 和图 7.2),而参与国外外包的企业的生产率又要比仅仅进行国内采购的企业的生产率要高。该数据的一个有趣特点是(或许其他数据库也有这个特点),大部分企业并非"完全是外国直接投资"或者"完全是外包",这表明企业与多种全球采购策略的模型相关〔如Antràs 和 Chor(2013)的模型〕。

第二种类型的文献,最著名的是 Carluccio 和 Fally(2011)、Defever 和Toubal(2013)、Corcos 等(2013),利用 EIIG(Échanges Internationaux In-traGroupe)的法国企业层面数据。[①]EGII 是 SESSI(Servicedes Études et des Statistiques Industrielles)在 1999 年调查的数据,记录了企业在多大程度上从关联方或者非关联方进口国外投入品。有趣的是,这些数据可以区分那些与合同制造(定义为"基于规划的生产")相关的投入品采购,并且 Defever 和 Toubal(2013)重点分析了这些投入品采购,因为它们能更好地反映全球采购模型。EGII 调查数据的另一个特点是,它从企业层面

① 这个数据组目前也被 Carluccio 和 Bas(2014)用于研究公司内部贸易与劳动力市场制度的关联。

按照来源国和 4 位数 HS 投入产品编码区分了企业内部和市场离岸外包的数据。因此，该数据库在范围上与美国关联方贸易数据库非常相似，不过 EIIG 这个数据库是企业层面的，而且更好地记录了进口品的中间投入品部分。该数据库的主要缺点则在于，其只调查了 1999 年贸易量超过 100 万欧元的法国企业，而且仅局限于制造业集团拥有的企业，这些制造业集团至少控制着其法国以外子公司的股权资本的 50%。尽管并非所有企业都参与到该数据调查，但是在 1999 年，调查的 4 305 家企业涵盖了法国跨国公司 80% 以上的进出口总量。不过，至少关联一家在法国以外的子公司才能成为样本——这一筛选标准很容易引起人们对样本选择性偏差的关注。Corcos 等（2013）解决了这个问题，并且补充了法国海关的数据。文章记录了 1999 年企业、来源国和产品层面的年度进出口数据，从而能够全面反映法国企业的国外外包运营情况。[①]

这些使用 EEIG 数据库分析的论文的目标和内容有一些不同，但是它们都认为总部密集度和企业内部贸易的相对重要性之间呈正相关，这是 Corcos 等（2013）基于进口商运营数据从企业层面测算的总部密集度数据（如资本密集度、技术密集度和附加值与进口企业销售的比率）。不过，Defever 和 Toubal（2013）、Corcos 等（2013）找到了关于从事国外外包和国外一体化企业的相对生产率不一致的数据。更具体来说，Defever 和 Toubal（2013）发现在至少拥有一家国外子公司的法国企业的样本中，参与离岸外包的企业比参与外国直接投资的企业平均来说具有更高的生产率。他们通过以下观点来证明这个发现的合理性：对于属于一个跨国企业网络的主体单位来说，外部网络市场交易的供应商生产投入品的固定成本比网络内部的供应商的固定成本要高。这种固定成本的排序与我们模型中假设的相反，自然会导致均衡分类不同，从事离岸外包的企业的平均生产率要高于从事国外整合的企业的平均生产率。不过，

---

① EEIG 研究可以继而与其他 SESSI 数据库相匹配，EAE（Enquête Annuelle Entreprise）提供至少 20 个员工的制造业企业的资产负债表数据。

Corcos 等(2013)表明,在数据库中加入那些在海外没有子公司的法国企业之后,外国直接投资企业的生产率会高于离岸外包的企业,这就回到了全球采购模型预测的结果(参见其文章的图1)。

第三个可以用来检验跨国企业的边界模型的企业层面数据库是 Fundación SEPI 统计的西班牙制造业企业面板数据。ESEE(Encuesta sobre Estrategias Empresariales)统计了将近 2 000 家自 1990 年以来员工至少有 10 个的企业的年度数据,提供了关于企业收入和资产负债表统计资料的信息,以及许多企业层面的组织变量。样本初始年份使用的详细统计标准以及在随后几年中考虑不同规模的企业进入和退出市场的特殊情况,确保了 ESEE 数据库极具代表性的重要特征。[①]为了检验全球采购理论,数据的一个特别相关的特征是,允许人们计算企业在中间投入品上的总支出,并且将其分解为:(1)从国内独立供应商的采购;(2)从国内子公司的采购;(3)从国外独立供应商的进口;(4)从国外子公司的进口。因此,人们可以很容易地将调查中的一些变量映射到第 6 章和第 7 章模型所强调的四种关键组织形式中。该西班牙数据库的一个重要缺点在于,它仅仅区分国内和国外投入品采购,而对于国外投入品采购并没有区分具体来源国。

Kohler 和 Smolka(2009,2014)使用 ESEE 数据库发现,以采购地点(国内或者国外)为条件,从一体化供应商处购买投入品的企业比那些从市场上的供应商处购买投入品的企业有更高的生产率。这符合了 Tomiura(2007)对日本的研究结论和 Corcos 等(2013)对法国的研究结论,进一步表明,一体化企业的卓越表现也适用于专注于国内采购的情况。这与第 6 章和第 7 章模型假定的分类模式一致。然而,关于国外外包的公司和在西班牙国内一体化的公司的相对生产力,Kohler 和 Smolka

---

① 研究特征的细节可以在以下网站下载:http://www.fundacionsepi.es/esee/sp/ presentacion.asp。无论国籍,任何研究者都可以花费相当少的费用得到数据。此外,它已被 Delgado、Fariñas 和 Ruano(2002)以及 Guadalupe、Kuzmina 和 Thomas(2012)用于其他内容。

(2009)却发现了相互不一的证据。

　　与 Kohler 和 Smolka(2009)使用的数据库相同,图 8.2 根据企业采购过程中所采取的组织形式刻画了企业的(Olley—Pakes)全要素生产率的分布。图 8.2 的概率密度函数证实国内外包商(通常)是生产率最低的企业,而离岸一体化企业(通常)是生产率最高的企业。更有趣的是,从事国内一体化的企业的生产率分布处在国外外包的企业的生产率分布的右边。这种分类模式与全球采购模型的基本形式所假定的不一致,但是与第 6 章讨论的固定成本的另外一种排序 $f_{OV} > f_{DV} > f_{OO} > f_{DO}$ 相符。如第 6 章所述,这个替代分类模式提供了和交易成本模型基本形式一致的比较静态分析。可能令人惊讶,在理论附录中,我表明了这种一致的情况在产权模型中并不存在。事实上,基于产权模型的角度,图 8.2 说明的分类模式可能有助于证明贸易摩擦对企业内部贸易份额的影响稳定为负,这在本章之前的实证工作中已经提到过。贸易壁垒的消除不仅在直观上导致国内采购的企业选择离岸外包,而且会导致生产率最高的国内一体化企业选择国外一体化。结果是,贸易壁垒的消除对企业内部贸易份额的总体影响可能为负,这至少在产权模型中是成立的。在理论附录中,我还提到,当与离岸外包相关的合同不安全性很大程度上是由于投入品制造的合同化程度较低时,贸易壁垒的总体影响也可能为负。

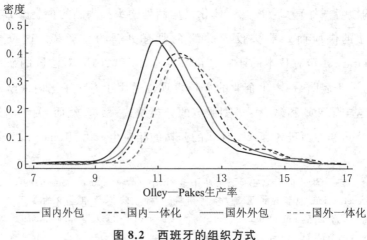

图 8.2　西班牙的组织方式

我们可能会担心，图 8.2 表示的分类模式是只适用于西班牙数据的。不过 Federico(2010)的研究表明，当使用意大利的企业层面数据时也会获得类似的分类模式，这也是我在这里将要介绍的第四个数据库。Federico(2010)使用对意大利制造业企业进行调查的企业层面数据，该数据库由 Mediocredito Capitalia(MCC)每三年进行一次调查。MCC 的调查结合了一些法国 EEIG 数据库和西班牙 ESEE 数据库的优点。一方面，调查提供了意大利企业在多大程度上利用合同制造的信息，因此不包括购买标准化投入品。①另一方面，研究人员可以区分四种类型的供应商，同样对应的是模型和西班牙数据中的四种组织形式。这个数据库的主要缺点在于其覆盖面相比上述其他调查远远不够完整，并且严重地缺乏小企业样本。Federico(2010)在使用这些数据库时，找到了与图 8.2 性质相似的分类模式，生产率位于中低水平的企业选择国外外包，生产率在中高水平的企业选择国内一体化。

第五个国际企业层面的数据库是邓白氏世界数据库(DB)，该数据库用于分析跨国企业的边界问题。这种大型数据库提供了关于超过 200 个国家和地区的数十万计的企业信息。与上述四种调查数据库不同的是，DB 数据库没有全面提供这些企业的运营信息，但是全面展示了跨国企业边界。尤其是 DB 数据库包含具体的区位信息、所有权信息(例如其母公司位于本国还是全球)，以及全球工厂的行业分类信息。Alfaro 等(2014)使用该数据库来证明对最终产品征收更高关税(根据所有 WTO 成员国在 4 位数 SIC 行业级别的最惠国待遇关税衡量)与国内垂直一体化指数的正相关关系，垂直一体化指数是根据 DB 数据库中的所有权信息和投入产出表构建的。他们的实证分析利用了贸易政策的跨部门和时间序列变化，还将中国在 2001 年加入 WTO 考虑为准自然实验。作者

---

① 合同制造被定义为"通过合同，企业家代表采购公司从事半成品或原材料的加工，或提供产品或服务以用于采购公司的经济活动，或用于复杂产品的生产，以符合购买公司的项目、技能、技术、模型或原型"(参见 Federico，2010)。

们认为这些结果从实证方面验证了 Legros 和 Newman(2013)，以及 Conconi、Legros 和 Newman(2012)中组织设计的模型。

8.13　结论与未来研究方向

本章讨论的实证结果为第 6 章和第 7 章的内部化模型的一些重要预测结果提供了广泛的支持。尤其是产权模型，在证据面前表现得特别好。不过，将这个证据定为结论是过于草率的，因为在大多数情况下，迄今为止的实证检验统计学解释力度不够。在我看来，该理论的成功检验需要基于以下三个方法之一。

第一种方法是尽可能利用美国关联方贸易数据库或者上述企业层面的数据库的一体化相对份额的变量。特别是，我认为，在本章进行分析的跨部门和跨国家计量方程是有趣的，而且提供了大量信息，但是这些方程不能有说服力地说明总部密集度或者产品合同化程度（甚至是近似测量时）与企业内部进口的因果效应。未来研究的一个潜在方向是使用数据的一小部分，可能：(1)关注单一行业的模式，但是充分利用技术或者需求冲击影响部门特征的外生变化，可参考 Baker 和 Hubbard(2003)；(2)利用国家制度特征变化的国家内部变量进行分析，例如这些国家制度质量的明显变化或对外资所有权的限制变化。

第二个方法是使用现有企业层面的数据库来更好地说明，合同因素通过不同方式影响企业集约和扩展的全球采购决策。许多在第 6 章和第 7 章详细描述的比较静态结果是根据选择渠道和投入品需求渠道的组合得出来的。当处理产品层面的数据时，确实只能测试这些影响平衡的结果。然而，企业层面的数据库在原则上可以使研究人员有效地区分这些渠道，这反过来可能有助于更好地区分现有理论。Corcos 等(2013)利用法国 EEIG 数据库所作的实证分析在某些方面沿着该方向实现了第一步尝试，但是在这方面还需要更多的工作。同样地，还有许多关于企业全球采购策略的企业层面数据来源还未被挖掘。例如,Fort(2014)及 Antràs、Fort 和 Tintelnot(2014)的全球采购实证研究充分利用了美国人口普查局的 2007 年经济普查数据(EC)、纵向业务数据库(Longitudinal Business Database,LBD)和进口交易数据库。进口交易数据库是美国关联方贸易数据库的基础,包括企业层面的进口交易是否一体化的信息。Fort(2014)发现,该数据库还有一个有趣的特点,可以区分美国公司与国内还是国外供应商签订制造服务合同的决定,与本书提出的模型相比,比投入品购买总量更适合。

未来研究的第三个方向将围绕对现有企业层面的数据库的结构性使用。目前,很少有人致力于在结构上评价本书中讨论过的模型。这在一定程度上是因为这些理论模型程式化的特点,也有部分是因为在国际贸易领域里面这类型的实证方法运用起来还不是很普遍。除此之外,Antràs、Fort 和 Tintelnot(2014)的研究从结构上提出了本书中多国全球采购模型的一种形式,但只是关注于它的在第 2 章中完全合同的形式。我预计未来这个领域的理论发展将会产生更丰富的跨国企业内部化决策的体系。这些体系对结构化工作更经得住检验。结构技术自然有它们自身的局限性,但是,它们主要的优点在于为定量评价模型的研究打开了大门。跨国企业的组织决策如何影响整个企业的表现? 这些决策如何影响劳动力市场、产品市场和社会福利? 这些是迄今为止文献中尚未充分探讨的关键问题。

第四部分

附　录

A 理论附录

考虑到本书的流畅性,本书的正文部分里只简要证明了小部分理论结果。在这个附录里,我将提供这些证明的细节,或者一些相关文献。读者们可以在这些文献里找到相关的证明过程。

A.1 第 2 章的多国全球采购模型的最优采购策略

在附录中,我正式地提供了一些与第 2 章的多国全球采购模型的最优采购策略特征相关的证明。

记住,选择最优采购策略的问题可以这样表示:

$$\max_{\mathcal{J}_i(\varphi)} \pi_i(\varphi, \mathcal{J}_i(\varphi))$$

$$= (a_{hi}w_i)^{-\eta(\sigma-1)} \left(\gamma \sum_{k \in \mathcal{J}_i(\varphi)} T_k(\tau_{ik}w_k)^{-\theta}\right)^{(\sigma-1)(1-\eta)/\theta} B\varphi^{\sigma-1}$$

$$- w_i \sum_{k \in \mathcal{J}_i(\varphi)} f_{ik}$$

当我们考虑位置的离散形式后,我们可以将该式重新写为:

$$\max_{I_1, I_2, \cdots, I_J \in \{0, 1\}^J} \pi_i(\varphi, I_1, I_2, \cdots, I_J) \tag{A.1}$$

$$= (\sum_{k=1}^{J} I_k T_k (\tau_{ik} w_k)^{-\theta})^{(\sigma-1)(1-\eta)/\theta} \tilde{B} \varphi^{\sigma-1} - w_i \sum_{k=1}^{J} I_k f_{ik}$$

其中，$\tilde{B} = (a_{hi} w_i)^{-\eta(\sigma-1)} \gamma^{(\sigma-1)(1-\eta)} B$。因此，当 $j \in \mathcal{J}_i(\varphi)$，虚拟变量 I_j 取值为 1，否则为 0。

要注意的关键问题是，如果 $(\sigma-1)(1-\eta) > \theta$，式（A.1）的修正目标函数会表现出关于 (I_j, I_k) 的差异增加，$j, k \in \{1, \cdots, \mathcal{J}\}$ 而且 $j \neq k$；以及在 $j \in \{1, \cdots, \mathcal{J}\}$ 的情况下表现出关于 (I_j, φ) 的差异增加。通过单调比较静态分析得出的标准结果，我们可以得出结论：当 $\varphi_1 \geqslant \varphi_0$，必须有 $(I_1^*(\varphi_1), I_2^*(\varphi_1), \cdots, I_{\mathcal{J}}^*(\varphi_1)) \geqslant (I_1^*(\varphi_0), I_2^*(\varphi_0), \cdots, I_{\mathcal{J}}^*(\varphi_0))$。自然地，这排除了 $I_j^*(\varphi_1) = 0$ 而不是 $I_j^*(\varphi_0) = 1$ 这种情况，因此我们可以得出当 $\varphi_1 \geqslant \varphi_0$ 时，$\mathcal{J}_i(\varphi_0) \subseteq \mathcal{J}_i(\varphi_1)$ 的结论。

A.2　第 4 章的全球采购模型的比较静态分析

在本附录中，我会说明第 4 章和第 5 章提到的比较静态分析的部分证明过程。如果在现有文献中可以找到相关的证明过程，我也会在本部分提及该文献。

A.2.1　离岸外包份额一般公式的推导过程

在第 5.1 节，我研究了离岸外包份额横截面数据的决定因素。在第 4 章，我对该份额的公式进行了推导，但是强假设的情况下，即北方国的完全合同，南方的"完全"不完全合同，单一投入品和对称的议价。在第 5 章，我采用了一个通用公式，其适用于第 4 章中所有两国模型的扩展形式。现在根据该推导过程提出更多细节。

如第 4 章解释的一样，投入品采购总量的国外投入品采购份额一般取决于不完全合同和重新议价的情况下这些投入品该如何定价。接下来,我在文中的假设依然成立,即投入品费用与销售收入的比例对国内和离岸外包采购的企业都是相同的。因此,离岸外包份额与企业将中间投入品离岸外包所获得的行业销售份额相同。当需求的恒定价格弹性 $\sigma > 1$ 时,企业收入则是运营利润乘以 σ。运营利润等于总利润加上固定成本,或者是:

$$\pi_D(\varphi) + f_D w_N = (w_N)^{1-\sigma} B \Gamma_D \varphi^{\sigma-1}$$

$$\pi_O(\varphi) + f_O w_N = ((w_N)^{\eta} (\tau w_S)^{1-\eta})^{1-\sigma} B \Gamma_O \varphi^{\sigma-1}$$

假设选择离岸外包,就像第 2 章的条件式(2.21),我们可以确定关键值 $\tilde{\varphi}_O > \tilde{\varphi}_D$ 满足 $\pi_D(\tilde{\varphi}_D) = 0$ 和 $\pi_O(\tilde{\varphi}_O) = \pi_D(\tilde{\varphi}_O)$。直接证明可得:

$$\frac{\tilde{\varphi}_O}{\tilde{\varphi}_D} = \left[\frac{f_O/f_D - 1}{\dfrac{\Gamma_O}{\Gamma_D}\left(\dfrac{w_N}{\tau w_S}\right)^{(1-\eta)(\sigma-1)} - 1} \right]^{1/(\sigma-1)} \qquad (A.2)$$

离岸外包企业的收益份额(以及投入品采购的份额)的计算公式如下:

$$\Upsilon_O = \frac{\displaystyle\int_{\tilde{\varphi}_O}^{\infty} ((w_N)^{\eta}(\tau w_S)^{1-\eta})^{1-\sigma} B \Gamma_O \varphi^{\sigma-1} \, dG(\varphi)}{\displaystyle\int_{\tilde{\varphi}_D}^{\tilde{\varphi}_O} (w_N)^{1-\sigma} B \Gamma_D \varphi^{\sigma-1} \, dG(\varphi) + \int_{\tilde{\varphi}_O}^{\infty} ((w_N)^{\eta}(\tau w_S)^{1-\eta})^{1-\sigma} B \Gamma_O \varphi^{\sigma-1} \, dG(\varphi)}$$

假设生产率为帕累托分布,即当 $\varphi \geq \underline{\varphi} > 0$,有 $G(\varphi) = 1 - (\underline{\varphi}/\varphi)^{\kappa}$,该表达式可以进一步简化为:

$$\Upsilon_O = \frac{\dfrac{\Gamma_O}{\Gamma_D}\left(\dfrac{w_N}{\tau w_S}\right)^{(1-\eta)(\sigma-1)}}{\left(\dfrac{\tilde{\varphi}_O}{\tilde{\varphi}_D}\right)^{\kappa-(\sigma-1)} - 1 + \dfrac{\Gamma_O}{\Gamma_D}\left(\dfrac{w_N}{\tau w_S}\right)^{(1-\eta)(\sigma-1)}}$$

这里的 $\tilde{\varphi}_O/\tilde{\varphi}_D$ 是由公式(A.2)给出的。这相当于第 5 章式(5.2)的一般离岸外包份额。上面的公式与完全合同的情况相同,除了 Γ_O/Γ_D。

通过这个公式,接下来我们可以研究第 4 章提出的全球采购模型,研究该模型不同形式下的比较静态分析。下面,我会集中解释模型中不同参数如何影响 Γ_O/Γ_D 的比率,该比率在模型不同的变形下都是不同的。如正文所述，先不考虑 Γ_O/Γ_D，Υ_O 随着 w_N/w_S 和 σ 的增加而增加，随着 τ、f_O/f_D、κ 和 η 的下降而下降（这些结果都可以利用 $\kappa \geqslant \sigma - 1$ 通过简单微分证明可得）。

A.2.2 对称的纳什讨价还价模型

首先考虑一个基本模型，该基本模型的条件是北方国的完全合同，南方国的"完全"不完全合同，单一投入品和对称性议价。这意味着 $\Gamma_D = 1$，因此［见式（4.10）］：

$$\frac{\Gamma_O}{\Gamma_D} = (\sigma + 1)\left(\frac{1}{2}\right)^{\sigma}$$

但注意：

$$\frac{\partial(\Gamma_O/\Gamma_D)}{\partial \sigma} = -\left(\frac{1}{2}\right)^{\sigma}((1+\sigma)\ln 2 - 1) < 0$$

因此，由于合同摩擦的影响，离岸外包份额在弹性较高的部门中数值较低。这种效应与完全合同情况下的"标准"效应相反，因此 σ 对离岸外包份额 Υ_O 的总体影响是不明确的。

A.2.3 广义的纳什讨价还价模型

现在我们来看广义的纳什讨价还价基本模型。我们再次有 $\Gamma_D = 1$，因此：

$$\frac{\Gamma_O}{\Gamma_D} = \Gamma_\beta \equiv (\sigma - (\sigma - 1)(\beta\eta + (1-\beta)(1-\eta)))(\beta^\eta(1-\beta)^{1-\eta})^{\sigma-1}$$

这正如式（4.14）所揭示的一样。

如正文所述，β 和 η 对 Γ_β 的影响是不明确的，而且彼此之间会相互影响。更具体来说，接下来我们证明 Γ_β 在 $\beta < 1/2$ 的情况下随着 η 递减，在 $\beta > 1/2$ 的情况下随着 η 递增。首先注意：

$$\left.\frac{\partial \ln \Gamma_\beta}{\partial \eta}\right|_{\eta=0} = (\sigma - 1)\left(\frac{1-2\beta}{1-\beta+\sigma\beta} + \ln\left(\frac{\beta}{1-\beta}\right)\right)$$

以及：

$$\frac{\partial \ln \Gamma_\beta}{\partial \eta}\bigg|_{\eta=0} = (\sigma-1)\left(\frac{1-2\beta}{\sigma(1-\beta)+\beta}+\ln\left(\frac{\beta}{1-\beta}\right)\right)$$

证明以上两个表达式在 $\beta<1/2$ 的情况下是负值，而在 $\beta>1/2$ 的情况下是正值，并不难。特别地，人们可以利用 $1-x+\ln x \leqslant 0$ 和 $\ln 1/x-(1-x)\geqslant 0$，其中 $x=\beta/(1-\beta)$，重新表达上述公式，这样可以使公式更加清晰。[①] 如下公式所列：

$$\frac{\partial^2 \ln \Gamma_\beta}{\partial \eta^2} = -\frac{(\sigma-1)^2(1-2\beta)^2}{(\sigma-(\sigma-1)(\beta\eta+(1-\beta)(1-\eta)))^2}<0$$

总之，当 $\beta<1/2$，在 $\eta=0$ 上取值时，$\partial \ln \Gamma_\beta/\partial \eta<0$；当 $\beta>1/2$，在 $\eta=1$ 上取值时，$\partial \Gamma_\beta/\partial \eta>0$。连同 Γ_β 的凹性，我们可以得出，对于所有 η 来说，$(\partial \ln \Gamma_\beta/\partial \eta)(\beta-1/2)\geqslant 0$，其中对于 $\beta\neq 1/2$ 来说有严格不等式。该结果与实际情况相关的是，关于 η，该结果会使离岸外包份额 Υ_O 的比较静态分析复杂化（记住，在完全合同的情况下，Υ_O 随着 η 明确递减）。

接下来我们分析 β 变化的不明确效应如何与 η 相互影响。首先，简单微分的公式为：

$$\frac{\partial \ln(\Gamma_O/\Gamma_D)}{\partial \beta} = (\sigma-1)\frac{\eta(1-\eta)+\sigma\eta^2-((\sigma-1)\eta+1)2\eta\beta+\sigma(2\eta-1)\beta^2}{\beta(1-\beta)(\sigma-(\sigma-1)(\beta\eta+(1-\beta)(1-\eta)))}$$

以及：

---

① 为了完整性，请注意 $\dfrac{1-2\beta}{1-\beta+\sigma\beta}+\ln\left(\dfrac{\beta}{1-\beta}\right)=(2\beta-1)\dfrac{\sigma\beta}{(1-\beta)(1-\beta+\sigma\beta)}+\left(1-\dfrac{\beta}{1-\beta}\right)+\ln\left(\dfrac{\beta}{1-\beta}\right)=(2\beta-1)\dfrac{(\sigma-2)\beta+1}{\beta((\sigma-1)\beta+1)}+\ln\left(\dfrac{\beta}{1-\beta}\right)-\left(1-\dfrac{\beta}{1-\beta}\right)$，以及 $\dfrac{1-2\beta}{\sigma(1-\beta)+\beta}+\ln\left(\dfrac{\beta}{1-\beta}\right)=(2\beta-1)\dfrac{\sigma-1-(\sigma-2)\beta}{(1-\beta)(\sigma+\beta-\sigma\beta)}+\left(1-\dfrac{\beta}{1-\beta}\right)+\ln\left(\dfrac{\beta}{1-\beta}\right)=\sigma(2\beta-1)\dfrac{1-\beta}{\beta(\sigma+\beta-\sigma\beta)}+\ln\left(\dfrac{\beta}{1-\beta}\right)-\left(1-\dfrac{1-\beta}{\beta}\right)$。

$$\frac{\partial^2 \ln(\Gamma_O/\Gamma_D)}{\partial \beta^2} = -(\sigma-1)^2 \left(\frac{(2\eta-1)^2}{(\sigma-(\sigma-1)(\beta\eta+(1-\beta)(1-\eta)))^2} \right.$$

$$\left. + \frac{\eta(1-\beta)+\beta(\beta-\eta)}{(\sigma-1)\beta^2(1-\beta)^2} \right) < 0$$

因此,当 β 的取值满足 $\partial \ln(\Gamma_O/\Gamma_D)/\partial \beta$ 分子中的二次式值,就可以使 Γ_O/Γ_D 最大化。实际上,在满足 $\beta^* \in [0, 1]$,该二次式最大化只有一个 β^* 解。通过重新整理该解,我们发现了第 4 章的式(4.15),并且 β^* 随着 η 的增加而增加。

最后,我们分析需求弹性如何影响 Γ_O/Γ_D 比率。首先,简单(虽然冗长)的微分证明:

$$\frac{\partial^2 (\ln(\Gamma_O/\Gamma_D))}{\partial \sigma^2} = -\frac{(\beta+\eta-2\beta\eta)^2}{(\sigma-(\sigma-1)(\beta\eta+(1-\beta)(1-\eta)))^2} < 0$$

因此,当 σ 的取值最低时,即 $\sigma=1$,导数 $\partial \ln(\Gamma_O/\Gamma_D)/\partial \sigma$ 的取值就是它的上界。但是注意:

$$\left. \frac{\partial \ln(\Gamma_O/\Gamma_D)}{\partial \sigma} \right|_{\sigma=1} = \beta+\eta-2\beta\eta+\ln(\beta^\eta(1-\beta)^{1-\eta})$$

为了求这个表达式的值,当 $\beta > 1/2$ 时,该表达式随着 η 递增;当 $\beta < 1/2$ 时,该表达式随着 η 递减。[1]此外,当 $\eta=0$ 时,该表示等于 $\beta+\ln(1-\beta) \leqslant 0$;当 $\eta=1$ 时,该表示等于 $1-\beta+\ln(\beta) \leqslant 0$;当 $\beta=1/2$ 时,该表示等于 $\frac{1}{2}+\ln\left(\frac{1}{2}\right) < 0$。从而得出结论,对于 $\sigma > 1$,$\partial \ln(\Gamma_O/\Gamma_D)\partial \sigma < 0$。

A.2.4 事前转移支付的限制:融资约束

考虑这样一种情况,M 无法提前给 F 转移超过他事后收益 ϕ 比例的

---

① 这又可以通过应用不等式 $1-x+\ln x \leqslant 0$ 和 $\ln 1/x-(1-x) \geqslant 0$ 来证明,其中 $x=\beta/(1-\beta)$,分解 $1-2\beta+\ln \frac{\beta}{1-\beta} = \beta \frac{2\beta-1}{1-\beta}+1-\frac{\beta}{1-\beta}+\ln \frac{\beta}{1-\beta} = (2\beta-1)\frac{1-\beta}{\beta}-\left(1-\frac{\beta}{1-\beta}\right)+\ln \frac{\beta}{1-\beta}$。

金额,可以得到:

$$\frac{\Gamma_O}{\Gamma_D} = \Gamma_\phi \equiv (\sigma + \phi - (\sigma-1)(1-\phi)\eta)\left(\frac{1}{2}\right)^\sigma$$

因为我们再次假设 $\Gamma_D = 1$。很明显,从这个公式可以看出来,Γ_ϕ 随着 ϕ 和 η 的增加而增加,而且这些效应彼此之间产生积极的交互影响,或者说 $\partial^2 \Gamma_\phi / (\partial\phi\partial\eta) > 0$。$\eta$ 对 Γ_ϕ 的积极影响再次使总部密集度对离岸外包份额 Υ_O 的总体影响变得不明确(在完全合同情况下,Υ_O 随着 η 递减)。

接下来考虑需求弹性 σ 的效应。简单微分表示:

$$\frac{\partial\ln\Gamma_\phi}{\partial\sigma} = \frac{(1-\eta+\phi\eta)}{(\sigma+\phi-(\sigma-1)(1-\phi)\eta)} - \ln 2$$

同样有 $\partial^2\ln\Gamma_\phi/\partial\sigma^2 < 0$。当 σ 足够高时,我们必须有 $\partial\ln\Gamma_\phi/\partial\sigma < 0$。事实上,不管 η 的取值是多少,弱条件 $\sigma+\phi > (\ln 2)^{-1} = 1.4427$ 对于该不等式的成立都已经足够了。

A.2.5 部分合同化

在两个国家同时存在部分合同化时,我曾提到过 Antràs 和 Helpman (2008) 的结果,从而引出下面的公式,在国内采购和离岸外包的情况下,合同化变形的指数可以表示为:

$$\Gamma_D = \left(\frac{\sigma}{\sigma-(\sigma-1)(1-\mu_N)}+1\right)^{\sigma-(\sigma-1)(1-\mu_N)}\left(\frac{1}{2}\right)^\sigma \quad (A.3)$$

$$\Gamma_O = \left(\frac{\sigma}{\sigma-(\sigma-1)(1-\mu_S)}+1\right)^{\sigma-(\sigma-1)(1-\mu_S)}\left(\frac{1}{2}\right)^\sigma \quad (A.4)$$

其中,$\mu_N \equiv \eta\mu_{hN} + (1-\eta)\mu_{mN}$;$\mu_S \equiv \eta\mu_{hS}(1-\eta)\mu_{mS}$。

事实上,这些表达式都是 Antràs 和 Helpman(2008)框架应用的一个特例。因为我将在下面重复地引用这些比较一般的结果,这可能对于推导这些过程更有益处,并且可以由此推出更多的一般公式。

考虑到这一点,在替换了限制事前转移支付的参与约束后,考虑式

(4.19)问题的一般化：

$$\max_{h_c, h_n, m_c, m_n} \quad R - w_N(\mu_{hj}h_c + (1-\mu_{hj})h_n) - c_j(\mu_{mj}m_c + (1-\mu_{mj})m_n)$$

$$\text{s.t.} \quad h_n = \arg\max_h \{\beta_h R - w_N(1-\mu_{hj})h_n\}$$

$$m_n = \arg\max_m \{\beta_m R - c_j(1-\mu_{mj})m_n\} \tag{A.5}$$

其中，收入被表示为：

$$R = B^{1/\sigma}\sigma(\sigma-1)^{-(\sigma-1)/\sigma}\varphi^{(\sigma-1)/\sigma}$$

$$\times \left(\frac{(h_c)^{\mu_{hj}}(h_n)^{1-\mu_{hj}}}{\eta}\right)^{(\sigma-1)\eta/\sigma}\left(\frac{(m_c)^{\mu_{mj}}(m_n)^{1-\mu_{mj}}}{1-\eta}\right)^{(\sigma-1)(1-\eta)/\sigma} \tag{A.6}$$

其中，当 $j=N$ 时，$c_j=w_N$；当 $j=S$ 时，$c_j=\tau w_S$。以上问题涵盖了对称性和一般性纳什讨价还价模型，但是，这也包括部分关系专用性的情景，在该情境下，F 和 M 在事后只针对一小部分营收进行议价，因此 $\beta_h + \beta_m < 1$。正如下文所述，该公式也有助于证明存在多个供应商时的均衡情况。

为了得到更多与一般问题相关的利润公式，首先我们考虑这个问题的两个约束条件，有：

$$h_n = \frac{\beta_h(\sigma-1)\eta}{\sigma w_N}R$$

$$m_n = \frac{\beta_m(\sigma-1)(1-\eta)}{\sigma w_j}R$$

将以上公式代入式(A.6)可得：

$$R = (B^{1/\sigma}\sigma(\sigma-1)^{-(\sigma-1)/\sigma}\varphi^{(\sigma-1)/\sigma})^{\frac{\sigma}{\sigma-(\sigma-1)(1-\mu_j)}}\left(\frac{h_c}{\eta}\right)^{\frac{(\sigma-1)\eta\mu_{hj}}{\sigma-(\sigma-1)(1-\mu_j)}}\left(\frac{m_c}{1-\eta}\right)^{\frac{(\sigma-1)(1-\eta)\mu_{mj}}{\sigma-(\sigma-1)(1-\mu_j)}}$$

$$\times \left(\frac{\beta_h(\sigma-1)}{\sigma w_N}\right)^{\frac{(\sigma-1)\eta(1-\mu_{hj})}{\sigma-(\sigma-1)(1-\mu_j)}}\left(\frac{\beta_m(\sigma-1)}{\sigma w_j}\right)^{\frac{(\sigma-1)(1-\eta)(1-\mu_{mj})}{\sigma-(\sigma-1)(1-\mu_j)}}$$

$$\tag{A.7}$$

考虑到柯布—道格拉斯结构，我们可以令合同化投资的选择满足以下条件：

$$h_c = \frac{(\sigma-1)\eta\left(1-\dfrac{(\sigma-1)}{\sigma}(\beta_h\eta(1-\mu_{hj})+\beta_m(1-\eta)(1-\mu_{mj}))\right)}{(\sigma-(\sigma-1)(1-\mu_j))w_N}R$$

$$(A.8)$$

$$m_c = \frac{(\sigma-1)(1-\eta)\left(1-\dfrac{(\sigma-1)}{\sigma}(\beta_h\eta(1-\mu_{hj})+\beta_m(1-\eta)(1-\mu_{mj}))\right)}{(\sigma-(\sigma-1)(1-\mu_j))w_j}R$$

$$(A.9)$$

因而,运营利润可以表示为:

$$\left(\frac{\sigma-(\sigma-1)(\beta_h\eta(1-\mu_{hj})+\beta_m(1-\eta)(1-\mu_{mj}))}{\sigma-(\sigma-1)(1-\mu_j)}\right)\frac{R}{\sigma}$$

其中,将式(A.8)和式(A.9)代入式(A.7)中便可求得 R 的解。在经过简单处理后,可以表示为:

$$R=\sigma B((w_N)^\eta(w_j)^{1-\eta})^{1-\sigma}\varphi^{\sigma-1}(\beta_h)^{(\sigma-1)\eta(1-\mu_{hj})}(\beta_m)^{(\sigma-1)(1-\eta)(1-\mu_{mj})}$$

$$\times\left(\frac{\sigma-(\sigma-1)(\beta_h\eta(1-\mu_{hj})+\beta_m(1-\eta)(1-\mu_{mj}))}{\sigma-(\sigma-1)(1-\mu_j)}\right)^{(\sigma-1)\mu_j}$$

因此:

$$\pi_D(\varphi)+f_Dw_N=(w_N)^{1-\sigma}B\Gamma_D\varphi^{\sigma-1}$$

$$\pi_O(\varphi)+f_Ow_N=((w_N)^\eta(\tau w_S)^{(1-\eta)})^{1-\sigma}B\Gamma_O\varphi^{\sigma-1}$$

其中:

$$\Gamma_\ell=\left(\frac{\sigma-(\sigma-1)(\beta_h\eta(1-\mu_{hj})+\beta_m(1-\eta)(1-\mu_{mj}))}{\sigma-(\sigma-1)(1-\mu_j)}\right)^{\sigma-(\sigma-1)(1-\mu_j)}$$

$$\times(\beta_h)^{(\sigma-1)\eta(1-\mu_{hj})}(\beta_m)^{(\sigma-1)(1-\eta)(1-\mu_{mj})}$$

$$(A.10)$$

表示与采购选择 $\ell=D$ 和 $\ell=O$ 有关的合同摩擦,分别对应在国家 $j=N$ 和 $j=S$ 从事制造业活动。假设 $\beta_h=\beta_m=1/2$,可以直接验证式(A.10)简化为前文的式(A.3)和式(A.4)。

推导出这些方程后，接下来讨论一些比较重要的比较静态分析结果。我将重点分析一般公式（A.10），当然我们知道下面推导的结果也可以运用到 $\beta_h = \beta_m = 1/2$ 这样的特例里。首先考虑合同化指数 μ_{hj} 和 μ_{mj} 的效应，以及它们的加权平均 μ_j。Antràs 和 Helpman（2008）表明（见其文章命题 1 的证明过程），在每个参数里 Γ_ℓ 必然都是非递减的。因为这篇论文里的证明是非常复杂的，所以在这里可以给出一个相对简单的证明。考虑增加 μ_{hj} 的情况（与 μ_{mj} 变化相关的推导过程是类似的），取式（A.10）的对数形式，进行微分和重新排列，可得：

$$\frac{\partial \ln \Gamma_\ell}{\partial \mu_{hj}} = \eta(\sigma-1)(-\ln \mathcal{Q} - (1-\mathcal{Q}) - \ln \beta_h - (1-\beta_h)) + \mathcal{W} \quad (A.11)$$

其中：

$$\mathcal{Q} = \frac{\sigma - (\sigma-1)(1-\mu_j)}{\sigma - (\sigma-1)(\beta_h \eta(1-\mu_{hj}) + \beta_m(1-\eta)(1-\mu_{mj}))}$$

且：

$$\mathcal{W} = \eta(\sigma-1)^2(1-\beta_h)\frac{(1-\eta)(1-\mu_{mj})(1-\beta_m) + \eta(1-\mu_{hj})(1-\beta_h)}{\sigma - (\sigma-1)(\beta_h \eta(1-\mu_{hj}) + \beta_m(1-\eta)(1-\mu_{mj}))}$$

很明显，第二项 $\mathcal{W}$ 在式（A.11）里是正的，而第一项是非负的，并且对于所有 x 来说，$-\ln x - (1-x) \leqslant 0$。因此，$\partial \ln \Gamma_\ell / \partial \mu_{hj} \geqslant 0$。

同样观察式（A.10）可知，如同正文中所述，合同化程度的改善效应与生产过程的总部密集度相互影响，这取决于合同化程度发生这些变化的来源。当 η 很高时，μ_{hj} 增加会特别有益，而对于 μ_{mj} 则会相反。同理，在完全不完全合同和广义纳什讨价还价模型中，总部密集度的变化对 Γ_ℓ 的影响是不明确的。

现在我们分析需求弹性 σ 对 Γ_ℓ 的影响。Γ_ℓ 较为复杂的微分得到：

$$\frac{\partial^2 \ln \Gamma_\ell}{\partial \sigma^2} = -\frac{(1-\mu-\eta(1-\mu_h)\beta_h - (1-\eta)(1-\mu_m)\beta_m)^2}{(1-\mu+\sigma\mu)(\sigma - (\sigma-1)(\beta_h \eta(1-\mu_h) + \beta_m(1-\eta)(1-\mu_m)))^2} < 0$$

以及：

$$\left.\frac{\partial \ln \Gamma}{\partial \sigma}\right|_{\sigma=1} = 1 - \mu + \eta(1-\mu_h)(\ln \beta_h - \beta_h) + (1-\eta)(1-\mu_m)(\ln \beta_m - \beta_m) \leqslant 0$$

为了证明第二个公式里的符号为负,注意当 $\beta_h = \beta_m = 1$ 时,该公式取最大值,在该水平下,$\partial \ln \Gamma / \partial \sigma|_{\sigma=1} = 1 - \mu - \eta(1-\mu_h) - (1-\eta)(1-\mu_m) = 0$。根据这些结果,我们可以得出结论,对于 $\sigma > 1$,$\partial \ln \Gamma / \partial \sigma < 0$,因此合同摩擦会再次因为在这个模型里需求弹性较高而恶化。

接下来我们分析合同化效应如何与需求弹性相互影响。关于 σ 对式 (A.11) 中的 $\partial \ln \Gamma_\ell / \partial \mu_{hj}$ 进行微分,我们发现:

$$\frac{\partial^2 \ln \Gamma_\ell}{\partial \mu_{hj} \partial \sigma} = \frac{1}{(\sigma-1)} \frac{\partial \ln \Gamma_\ell}{\partial \mu_{hj}} + \eta(\sigma-1)\frac{\partial(-\ln Q - (1-Q))}{\partial \sigma} + \frac{\partial W}{\partial \sigma}$$

之前我们已经求出第一项是非负的。对第二项和第三项进行微分,我们发现:

$$\frac{\partial(\ln Q^{-1} - 1 + Q)}{\partial \sigma} = \frac{(\sigma-1)\left(\frac{(1-\eta)(1-\mu_m)(1-\beta_m) + \eta(1-\mu_h)(1-\beta_h)}{\sigma - (\sigma-1)(\beta_h \eta(1-\mu_h) + \beta_m(1-\eta)(1-\mu_m))}\right)^2}{(\sigma - (\sigma-1)(1 - \eta\mu_h - (1-\eta)\mu_m))}$$

且:

$$\frac{\partial W}{\partial \sigma} = (1-\beta_h)\frac{(1-\eta)(1-\mu_m)(1-\beta_m) + \eta(1-\mu_h)(1-\beta_h)}{(\sigma - (\sigma-1)(\beta_h \eta(1-\mu_h) + \beta_m(1-\eta)(1-\mu_m)))^2}$$

所以这些项也是非负的。总之,正如正文里提到的,我们得出 $\dfrac{\partial^2 \ln \Gamma_\ell}{\partial \mu_{hj} \partial \sigma} \geqslant 0$ 的结论。以上的结果在 $\beta_h = \beta_m = 1/2$ 和 $\beta_h + \beta_m = 1$ 的情况下也是适用的。值得指出的是,考虑 Γ_ℓ 的对数形式的偏导数是很重要的。通过计算 $\dfrac{\partial^2 \Gamma_\ell}{\partial \mu_{hj} \partial \sigma}$,我们发现该式在一些参数值的情况下会取负值。正如在正文中所讨论的那样,这证明在第 5 章的一些计量方程中使用进口流量的对数是合理的。

关于第 4 章结果的正式证明过程我已经详细阐述清楚了,这对于解释第 5 章第二部分的跨国和跨行业结果也是非常重要的。第 5 章第一部分集中分析离岸外包份额 Υ_O 的决定因素,这反过来取决于 Γ_O/Γ_D 比率:

$$\frac{\Gamma_O}{\Gamma_D}=\frac{\left(\frac{\sigma-(\sigma-1)(\beta_h\eta(1-\mu_{hS})+\beta_m(1-\eta)(1-\mu_{mS}))}{\sigma-(\sigma-1)(1-\mu_S)}\right)^{\sigma-(\sigma-1)(1-\mu_S)}}{\left(\frac{\sigma-(\sigma-1)(\beta_h\eta(1-\mu_{hN})+\beta_m(1-\eta)(1-\mu_{mN}))}{\sigma-(\sigma-1)(1-\mu_N)}\right)^{\sigma-(\sigma-1)(1-\mu_N)}}$$

$$\times(\beta_h)^{(\sigma-1)\eta(\mu_{hN}-\mu_{hS})}(\beta_m)^{(\sigma-1)(1-\eta)(\mu_{mN}-\mu_{mS})}$$

从以上结果可知,很明显,Γ_O/Γ_D 随着 μ_S 及其组成部分 μ_{hS} 和 μ_{mS} 递增,随着 μ_N 及其组成部分 μ_{hN} 和 μ_{mN} 递减。我们也可以用以上结果表明,只要国内交易的合同执行力高于离岸外包交易,Γ_O/Γ_D 就随着需求弹性 σ 递减。尤其要注意:

$$\frac{\partial\ln(\Gamma_O/\Gamma_D)}{\partial\sigma}=\frac{\partial\ln(\Gamma_O)}{\partial\sigma}-\frac{\partial\ln(\Gamma_D)}{\partial\sigma}$$

只要 $\mu_{hN}\geqslant\mu_{hS}$ 和 $\mu_{mN}\geqslant\mu_{mS}$,我们就可以通过以上结果 $\frac{\partial^2\ln\Gamma_\ell}{\partial\mu_{hj}\partial\sigma}\geqslant0$ 和

$\frac{\partial^2\ln\Gamma_\ell}{\partial\mu_{mj}\partial\sigma}\geqslant0$ 得出 $\partial\ln(\Gamma_O/\Gamma_D)/\partial\sigma\leqslant0$。

最后,需要重点强调的是,以上结果并不意味着,离岸外包份额对于"合同化"程度更高的产品就会更高。为了证明这一点,假设南方国的合同化程度是北方国的一个固定比例,这个比例为 $\delta<1$,我们可以写成 $\mu_{hS}/\mu_{hN}=\mu_{mS}/\mu_{mN}=\delta$。对于这种特殊情况,$\beta_h=\beta_m=1/2$,我们有:

$$\frac{\Gamma_O}{\Gamma_D}=\frac{\left(\frac{\sigma}{\sigma-(\sigma-1)(1-\sigma\mu_N)}+1\right)^{\sigma-(\sigma-1)(1-\sigma\mu_N)}}{\left(\frac{\sigma}{\sigma-(\sigma-1)(1-\mu_N)}+1\right)^{\sigma-(\sigma-1)(1-\mu_N)}}$$

μ_N 的增加可以理解为产品合同化程度的整体提高,因为不管生产过程在哪个国家进行,产品都会相应地影响自身的合同化程度。不过,要证明 μ_N 对以上表达式的影响是非单调性的并不难。例如,如果设定 $\sigma=10$,$\delta=0.9$,Γ_O/Γ_D 的数值在 $\mu_N=0.7$ 的情况下比在 $\mu_N=0.5$ 或者 $\mu_N=$

0.9 的情况下都要低。

A.2.6 关系专用性

正如在正文中讨论的,这是 Antràs 和 Helpman(2008)更一般框架下的特殊情况,该情况的前提是 $\beta_h = \beta_m = 1 - \epsilon/2$,其中 $\epsilon \in [0,1]$。因此,对于部分合同化的情况,上面导出的结果仍然适用。合同化程度提高与 Γ_ℓ 数值更高相关,需求弹性 σ 对 Γ_ℓ 产生消极影响,$\partial(\partial \ln \Gamma_\ell/\partial \mu_j)/\partial \sigma > 0$ 的积极"交互"效应仍然适用。类似地,通过 Γ_O/Γ_D,需求弹性 σ 对离岸外包份额会产生消极影响(请记住,即使在完全合同的情况下,也存在一个积极的平衡效应)。

我们现在关注当引入关系专用性后出现的新的比较静态分析结果。首先考虑专用性参数 ϵ 的直接效应。对式(4.24)的简单微分可得:

$$\frac{\partial \ln \Gamma_\ell(\mu_j, \epsilon)}{\partial \epsilon} = \frac{\sigma \epsilon (\sigma - 1)(1 - \mu_j)}{(2 - \epsilon)(2(1 - \mu_j) + (2 - \epsilon)\sigma \mu_j + (\sigma - 1 + \mu_j)\epsilon)} < 0$$

且:

$$\frac{\partial^2 \ln \Gamma_\ell(\mu_j, \epsilon)}{\partial \epsilon \partial \mu_j} = \frac{2\sigma^2 \epsilon (\sigma - 1)}{(2 - \epsilon)(2(1 - \mu_j) + (2 - \epsilon)\sigma \mu_j + (\sigma - 1 + \mu_j)\epsilon)^2} > 0$$

这在正文中也已提到。因此,盈利能力随着专用性递减,合同化的改善在更高的专用性水平上增加盈利。此外,我们利用后一结果得出:

$$\frac{\partial \ln(\Gamma_O/\Gamma_D)}{\partial \epsilon} = \frac{\partial \ln(\Gamma_O)}{\partial \epsilon} - \frac{\partial \ln(\Gamma_D)}{\partial \epsilon} \leqslant 0$$

这对于 $\mu_{hN} \geqslant \mu_{hS}$ 和 $\mu_{mN} \geqslant \mu_{mS}$ 都是成立的。换言之,当合同执行力在国内交易要比在离岸外包交易更高时,专用性水平更高伴随着更低的离岸外包份额 Υ_O。

A.2.7 多种投入品和多边合同

如正文所述,只要 $\beta_h = \beta_m = \sigma \rho/((\sigma - 1)(1 - \eta) + \sigma \rho)$,模型变形的均

衡表达式与 Antràs 和 Helpman(2008)的模型类似。将这些数值代入式 (A.10)就会得到式(4.28)。因为式(4.28)是式(A.10)的一个特例，我们 再次得出结论：$\partial \Gamma_\ell(\mu_j, \rho)/\partial \mu_j \geqslant 0$。此外，我们也可以利用之前的结果 来建立 $\partial \Gamma_\ell(\mu_j, \rho)/\partial \sigma < 0$。由于 β_h 和 β_m 现在是 σ 的函数，后者的比较静 态分析结果就会更复杂。但是因为式(A.10)里的 $\Gamma_\ell(\mu_j, \rho)$ 随着 β_h 和 β_m 递增，而且这两个数值随着 σ 递减，我们可以再次得出结论：$\partial \Gamma_\ell(\mu_j, \rho,$ $\beta_h(\sigma), \beta_m(\sigma))/\partial \sigma < 0$。此外，尽管 β_h 和 β_m 取决于 σ，但交叉偏导数 $\partial(\partial \ln \Gamma_\ell(\mu_j, \rho)/\partial \mu_j)/\partial \sigma$ 仍然为正。为了证明这一点，我们可以利用式 (A.11)，并注意该公式的每一项都随着 β_h 递减，反过来也随着 σ 递减。 更准确地说：(1)只要 $Q<1$，$-\ln Q - (1-Q)$ 就随着 Q 递减；(2)Q 确实低 于1，并且随着 β_h 递增；(3)对于 $\beta_h < 1$，$-\ln \beta_h - (1-\beta_h)$ 随着 β_h 递减； (4)W 随着 β_h 递减。

接下来我们可以分析 ρ 的效应，ρ 是模型变形新引入的参数。对式 (4.28)进行简单微分可得：

$$\frac{\partial \ln \Gamma_\ell(\mu_j, \rho)}{\partial \rho}$$

$$= \frac{(\sigma-1)^3(1-\eta)^2(1-\mu_j)}{\rho(\rho\sigma+(\sigma-1)(1-\eta))((\sigma(\sigma-1)(1-\mu_j))\rho+(\sigma-1)(1-\eta))} > 0$$

且：

$$\frac{\partial^2 \ln \Gamma_\ell(\mu_j, \rho)}{\partial \rho \partial \mu_j}$$

$$= -(\sigma-1)^3 \frac{(1-\eta)^2}{\rho((\sigma-(\sigma-1)(1-\mu_j))\rho+(\sigma-1)(1-\eta))^2} > 0$$

这是正文中最重要的两个新的比较静态分析模型。最后一个交叉偏导 数在推导离岸外包份额 Υ_O 时更有帮助，因为对于 $\mu_{hN} \geqslant \mu_{hS}$ 和 $\mu_{mN} \geqslant \mu_{mS}$ 来说，这个结果意味着 $\dfrac{\partial \ln(\Gamma_O/\Gamma_D)}{\partial \rho} = \dfrac{\partial \ln(\Gamma_O)}{\partial \rho} - \dfrac{\partial \ln(\Gamma_D)}{\partial \rho} \geqslant 0$。总之，只要 合同执行力在国内交易要比在离岸外包交易更高，投入品替代程度越

高,就会有越高的离岸外包份额 Υ_O。

A.3 第 6 章部分结果的推导

A.3.1 不同固定成本排序下的企业内部贸易份额

在第 6 章,基于固定成本的大小排序 $f_{OV} > f_{OO} > f_{DV} > f_{DO}$,我计算了企业内部贸易份额的大小。这是文献中一种规范的假设(例如 Antràs and Helpman,2004,2008)。然而,第 8 章讨论的西班牙的例子表明,固定成本的大小更应该按照以下顺序排列:

$$f_{OV} > f_{DV} > f_{OO} > f_{DO}$$

在本附录中,我研究了该结果的稳健性,假设了这种固定成本排序。在第 6 章也提到,企业内部进口投入品占进口投入品采购总量的份额 Sh_{i-f} 应该表示为:

$$Sh_{i-f} = \frac{\lambda^{1-\sigma} \int_{\widetilde{\varphi}_{OV}}^{\infty} \varphi^{\sigma-1} \, dG(\varphi)}{\Gamma_{OO} \int_{\widetilde{\varphi}_{OO}}^{\widetilde{\varphi}_{DV}} \varphi^{\sigma-1} \, dG(\varphi) + \lambda^{1-\sigma} \int_{\widetilde{\varphi}_{OV}}^{\infty} \varphi^{\sigma-1} \, dG(\varphi)}$$

这里假设生产率的帕累托分布包括形状参数 $\kappa > \sigma - 1$,因此上式可以简写为:

$$Sh_{i-f} = \frac{\lambda^{1-\sigma}}{\Gamma_{OO} \left[\left(\frac{\widetilde{\varphi}_{OV}}{\widetilde{\varphi}_{OO}} \right)^{\kappa-\sigma-1} - \left(\frac{\widetilde{\varphi}_{OV}}{\widetilde{\varphi}_{DV}} \right)^{\kappa-\sigma-1} \right] + \lambda^{1-\sigma}}$$

根据图 6.6 的分类,以上公式的阈值的比率满足:

$$\frac{\widetilde{\varphi}_{OV}}{\widetilde{\varphi}_{OO}} = \left[\frac{f_{OV} - f_{DV}}{f_{OO} - f_{DO}} \times \frac{\Gamma_{OO}}{\lambda^{1-\sigma}} \times \frac{1 - (w_N/\tau w_S)^{-(1-\eta)(\sigma-1)} \Gamma_{DO}/\Gamma_{OO}}{1 - (w_N/\tau w_S)^{-(1-\eta)(\sigma-1)}} \right]^{1/(\sigma-1)}$$

$$\frac{\widetilde{\varphi}_{OV}}{\widetilde{\varphi}_{DV}} = \left[\frac{f_{OV} - f_{DV}}{f_{DV} - f_{OO}} \times \frac{\lambda^{1-\sigma} (w_N/\tau w_S)^{-(1-\eta)(\sigma-1)} - \Gamma_{OO}}{\lambda^{1-\sigma} - \lambda^{1-\sigma} (w_N/\tau w_S)^{-(1-\eta)(\sigma-1)}} \right]^{1/(\sigma-1)}$$

注意,$\widetilde{\varphi}_{OV}/\widetilde{\varphi}_{OO}$ 随着 Γ_{OO} 和 λ 递增,随着 Γ_{DO}/Γ_{OO} 和 $(w_N/\tau w_S)^{-(1-\eta)(\sigma-1)}$ 递减(对于自然的情况下有 $\Gamma_{OO}<\Gamma_{DO}$)。相反,$\widetilde{\varphi}_{OV}/\widetilde{\varphi}_{DV}$ 随着 Γ_{OO} 和 λ 递减,随着 $(w_N/\tau w_S)^{-(1-\eta)(\sigma-1)}$ 递增。因此可以得出结论:Sh_{i-f} 一定随着 Γ_{OO} 和 λ 递减,随着 Γ_{DO}/Γ_{OO} 和 $(w_N/\tau w_S)^{-(1-\eta)(\sigma-1)}$ 递增。

我们可以运用交易成本模型推导得出的比较静态分析(例如参见表 5.5),从而得出各个参数对 Sh_{i-f} 的影响方式与固定成本按照 $f_{OV}>f_{OO}>f_{DV}>f_{DO}$ 的排序方式下对 Sh_{i-f} 的影响方式一致,因此有:

$$Sh_{i-f}=Sh_{i-f}(\underline{\lambda},\ w_N/w_S,\ \underline{\tau},\ \underline{\kappa},\ \underline{\phi},\ \underline{\mu_S},\ \underline{\xi},\ \underline{\varrho},\ \overset{?}{\sigma},\ \underline{\eta})$$

接下来我们分析这种固定成本排序和与西班牙数据一致的分类模式如何影响产权模型的含义。在这种情况下,企业内部贸易份额如下:

$$Sh_{i-f}=\frac{\Gamma_{OV}/\Gamma_{OO}}{\left[\left(\frac{\widetilde{\varphi}_{OV}}{\widetilde{\varphi}_{OO}}\right)^{\kappa-\sigma-1}-\left(\frac{\widetilde{\varphi}_{OV}}{\widetilde{\varphi}_{DV}}\right)^{\kappa-\sigma-1}\right]+\Gamma_{OV}/\Gamma_{OO}}$$

其中:

$$\frac{\widetilde{\varphi}_{OV}}{\widetilde{\varphi}_{OO}}=\left[\frac{f_{OV}-f_{DV}}{f_{OO}-f_{DO}}\times\frac{1-(w_N/\tau w_S)^{-(1-\eta)(\sigma-1)}\Gamma_{DO}/\Gamma_{OO}}{\Gamma_{OV}/\Gamma_{OO}-(w_N/\tau w_S)^{-(1-\eta)(\sigma-1)}\Gamma_{DV}/\Gamma_{OO}}\right]^{1/(\sigma-1)}$$

$$\frac{\widetilde{\varphi}_{OV}}{\widetilde{\varphi}_{DV}}=\left[\frac{f_{OV}-f_{DV}}{f_{DV}-f_{OO}}\times\frac{(w_N/\tau w_S)^{-(1-\eta)(\sigma-1)}\Gamma_{DV}/\Gamma_{OO}-1}{\Gamma_{OV}/\Gamma_{OO}-(w_N/\tau w_S)^{-(1-\eta)(\sigma-1)}\Gamma_{DV}/\Gamma_{OO}}\right]^{1/(\sigma-1)}$$

很明显,企业内部贸易份额仍然是随着 Γ_{OV}/Γ_{OO} 这一关键比率递增。此外,Sh_{i-f} 仍然随着 Γ_{DO}/Γ_{OO} 递增,反映了离岸外包的选择效应。

这些方程的一个重要的新特征是,它们的值也可以取决于 Γ_{DV}/Γ_{OO} 的比率,而且企业内部贸易份额对该项的总体相关性是不明确的。只要 $\Gamma_{OV}=\Gamma_{DV}$,$\widetilde{\varphi}_{OV}/\widetilde{\varphi}_{OO}$ 和 $\widetilde{\varphi}_{OV}/\widetilde{\varphi}_{DV}$ 的等式就可以简化,这还可以表明在基准模型下企业内部贸易份额随着 Γ_{OV}/Γ_{OO} 和 Γ_{DO}/Γ_{OO} 递增。然而,当国内采购和国外采购之间的合同化存在差异时,我们可以假设 $\Gamma_{OV}<\Gamma_{DV}$,单这样就会使得问题复杂化了。

另一点值得注意的是,$(w_N/\tau w_S)^{-(1-\eta)(\sigma-1)}$ 的整体效应已经明确了,因为,尽管 $\tilde{\varphi}_{OV}/\tilde{\varphi}_{DV}$ 是递增的,但是 $(w_N/\tau w_S)^{-(1-\eta)(\sigma-1)}$ 对 $\tilde{\varphi}_{OV}/\tilde{\varphi}_{OO}$ 的影响还要取决于 Γ_{OV}/Γ_{OO} 和 Γ_{DV}/Γ_{DO} 的相对值。尤其是当 $\Gamma_{OV}/\Gamma_{OO} < \Gamma_{DV}/\Gamma_{DO}$ 时,我们有 $\tilde{\varphi}_{OV}/\tilde{\varphi}_{OO}$ 随着 $(w_N/\tau w_S)^{-(1-\eta)(\sigma-1)}$ 递增,从而通过该机理,企业内部贸易份额可能与贸易摩擦 τ 呈负相关,这与第 8 章的回归分析结果一致。相反,当 $\Gamma_{OV}/\Gamma_{OO} > \Gamma_{DV}/\Gamma_{DO}$,我们回到一个类似于交易成本模型的场景,其中 $\tilde{\varphi}_{OV}/\tilde{\varphi}_{OO}$ 随着 $(w_N/\tau w_S)^{-(1-\eta)(\sigma-1)}$ 递减,τ 对企业内部贸易份额的整体效应也必然是正向的。$\Gamma_{OV}/\Gamma_{OO} < \Gamma_{DV}/\Gamma_{DO}$ 和 $\Gamma_{OV}/\Gamma_{OO} > \Gamma_{DV}/\Gamma_{DO}$ 哪一个不等式更加合理呢?基于部分合同化的扩展模型,我们可以得出,如果离岸外包较高的合同不安全性很大程度上源于较低的总部服务合同化程度,那么 $\Gamma_{OV}/\Gamma_{OO} > \Gamma_{DV}/\Gamma_{DO}$。相反,当投入品制造较低的合同化程度是离岸外包合同不安全性的重要来源时,反而有 $\Gamma_{OV}/\Gamma_{OO} < \Gamma_{DV}/\Gamma_{DO}$。

总之,在这个新的固定成本的排序情况下,交易成本模型的比较静态分析与基本模型分类一样,而产权模型的比较静态分析则更复杂。这是因为离岸外包和国外一体化的扩展边际是由几个阈值的大小决定的。Γ_{OV}/Γ_{OO} 仍然是企业内部贸易份额的关键决定因素。更大的扩展边际影响,意味着我们不能因为交易成本对第 8 章估计的比率的负面影响而拒绝产权模型。

A.3.2 下游度和一体化

在这一部分附录中,我提供了更多关于第 6 章中依次生产的交易成本模型的细节。该分析类似于 Antràs 和 Chor(2013)的产权模型。

在第 4 章中,我关注的情况是生产不使用总部服务,并且离岸外包与完全不完全合同相关。如第 4 章所讨论的,给定无约束的事前转移支付和每个状态 v 的议价份额是 $\beta(v)$,式(4.30)给出离岸外包的合同效率,这里可以重新写为:

$$\Gamma_\ell(\{\beta(v)\}_{v=0}^1) = \frac{(\sigma-1)}{(\sigma_\rho-1)}\left(\frac{\sigma_\rho}{\sigma}\right)^{\frac{\sigma-\sigma_\rho}{\sigma_\rho-1}}\int_0^1\left\{\left(\frac{\sigma_\rho}{1-\beta(v)}-(\sigma_\rho-1)\right)\right.$$

$$\left.\times(1-\beta(\mu))^{\sigma_\rho}\left[\int_0^v(1-\beta(u))^{\sigma_\rho-1}\mathrm{d}u\right]^{\frac{\sigma-\sigma_\rho}{\sigma_\rho-1}}\right\}\mathrm{d}v$$

(A.12)

如同在第4章,可以求出议价份额的最优解 $\beta^*(v)$,并看看它是如何作为模型其他参数的函数与 v 联系起来的。从这一章我们可知的重要一点是,当 $\sigma>\sigma_\rho$, $\beta^*(v)$ 随着 v 递增;当 $\sigma<\sigma_\rho$, $\beta^*(v)$ 随着 v 递减。

正如第7章所述,Antràs 和 Chor(2013)考虑一种情况,其中企业在任何阶段 v 都不能够自由选择任意值 $\beta(v)$,而是要决定是否将不同的供应商一体化,与外包时的议价份额(β_O)相比,一体化与更高的议价份额(β_v)有关。他们的结果在第7章中有说明,具体推导可以翻阅他们的论文和补充附录。

相反,考虑该模型的交易成本形式,其中,在同样的契约环境下,一体化与较高的议价能力并不相关,而是与一些以"治理成本"为代价规避合同和议价的能力相关。更具体地说,假设当供应商是归最终产品生产商所有,企业有权要求供应商在阶段 v 选择一种投资标准,最大化其边际收入贡献与(由于治理成本提高的)投资成本的差值。更正式地说,假设在一体化情况下,$m(v)$ 被设定为使 $\Delta R(v)-\lambda c_j m(v)$ 最大化,而不是 $(1-\beta_O)\Delta R(v)-c_j m(v)$,其中式(4.29)给出了 $\Delta R(v)$ 的表达式。因此,一体化解决了阶段 v 的套牢问题,但是与较高的治理成本相关(因为 $\lambda>1$)。

关键问题是:哪一个阶段对于解决套牢问题很关键呢?我们关于最优议价份额 $\beta^*(v)$ 的结果表明,通过一体化解决套牢问题对于 $\sigma>\sigma_\rho$ 的上游阶段和 $\sigma<\sigma_\rho$ 的下游阶段非常有帮助。换句话说,只要投入品都是依次互补($\sigma>\sigma_\rho$),相对于离岸外包,下游度本应该对国外一体化有负面影响;当投入品是依次替代($\sigma<\sigma_\rho$),下游度应该对国外一体化有积极影响。

　　这个结果可以按照 Antràs 和 Chor(2013)中对命题 2 的证明来变得更形式化。以 $\sigma > \sigma_\rho$ 为例,假设存在阶段 $\tilde{v} \in (0,1)$,常数 $\varepsilon > 0$,在$(\tilde{v} - \varepsilon, \tilde{v})$阶段选择外包,在$(\tilde{v}, \tilde{v} + \varepsilon)$阶段选择一体化。这种情况为我们的观点提供了一个反例,即只有最上游阶段才可能存在一体化。然后我们将说明这个反例会存在一定的矛盾。在这种情形下令企业利润表示为 Π_1。另外,考虑其他的组织模式,其中在$(\tilde{v} - \varepsilon, \tilde{v})$将生产阶段进行一体化,在$(\tilde{v}, \tilde{v} + \varepsilon)$进行外包,同时在其他所有阶段保留相同的组织决策。令这种组织模式的利润表示为 Π_2。这两种利润都自然地与每一种情形相关的合同效率指数 Γ_ℓ 成比例关系。

　　利用式(A.12)的 Γ_ℓ 表达式,可以证明,基于一个正的常数乘子:

$$\Pi_1 - \Pi_2 \propto \int_{\tilde{v}-\varepsilon}^{\tilde{v}} \Big(1 - \frac{(\sigma_\rho - 1)}{\sigma_\rho}(1 - \beta_O)\Big)(1 - \beta_O)^{\sigma_\rho - 1}\big[B + \varepsilon\lambda^{1-\sigma_\rho}$$

$$+ (j - \tilde{v})(1 - \beta_O)^{\sigma_\rho - 1}\big]^{\frac{\sigma - \sigma_\rho}{\sigma_\rho - 1}} \mathrm{d}j$$

$$+ \int_{\tilde{v}}^{\tilde{v}+\varepsilon} \frac{1}{\sigma_\rho}\lambda^{1-\sigma_\rho}\big[B + (j - \tilde{v} + \varepsilon)\lambda^{1-\sigma_\rho}\big]^{\frac{\sigma - \sigma_\rho}{\sigma_\rho - 1}} \mathrm{d}j$$

$$- \int_{\tilde{v}-\varepsilon}^{\tilde{v}} \frac{1}{\sigma_\rho}\lambda^{1-\sigma_\rho}\big[B + \varepsilon(1 - \beta_O)^{\sigma_\rho - 1} + (j - \tilde{v})\lambda^{1-\sigma_\rho}\big]^{\frac{\sigma - \tilde{\sigma}_\rho}{\sigma_\rho - 1}} \mathrm{d}j$$

$$- \int_{\tilde{v}}^{\tilde{v}+\varepsilon} \Big(1 - \frac{(\sigma_\rho - 1)}{\sigma_\rho}(1 - \beta_O)\Big)(1 - \beta_O)^{\sigma_\rho - 1} \cdot$$

$$\big[B + (j - \tilde{v} + \varepsilon)(1 - \beta_O)^{\sigma_\rho - 1}\big]^{\frac{\sigma - \sigma_\rho}{\sigma_\rho - 1}} \mathrm{d}j$$

其中,我们定义 $B \equiv \int_0^{\tilde{v}-\varepsilon} \lambda^{1-\sigma_\rho} \mathrm{d}k$(因为那些上游阶段都是基于 $1 - \beta^*(0) \rightarrow +\infty$ 进行一体化)。利润的差异只取决于$(\tilde{v} - \varepsilon, \tilde{v} + \varepsilon)$区间的利润,而不受下游决策的影响,因为我们选择了宽度 ε 在两个区间是相同的。针对 j 对上式的区间进行求积分和简化,经过复杂的运算后,可得:

$$\Pi_1 - \Pi_2 \propto \beta_O \frac{\sigma_\rho - 1}{\sigma_\rho}\Big[(B + \varepsilon\lambda^{1-\sigma_\rho})^{\frac{\sigma - \sigma_\rho}{\sigma_\rho - 1}} + (B + \varepsilon(1 - \beta_O)^{\sigma_\rho - 1})^{\frac{\sigma - \sigma_\rho}{\sigma_\rho - 1}}$$

$$- (B + \varepsilon\lambda^{1-\sigma_\rho} + \varepsilon(1 - \beta_O)^{\sigma_\rho - 1})^{\frac{\sigma - \sigma_\rho}{\sigma_\rho - 1}} - B^{\frac{\sigma - \sigma_\rho}{\sigma_\rho - 1}}\Big]$$

为了展示矛盾之处，即 $\Pi_1 - \Pi_2 < 0$，充分条件是表明方括号中的表达式是负的。为了证明这一点，考虑函数 $f(y) = y^{\frac{\sigma-\sigma_\rho}{\sigma_\rho-1}}$。简单微分后，对于 y，$a > 0$ 和 $b \geqslant 0$，当 $\sigma > \sigma_\rho$，$f(y+a+b) - f(y+b)$ 是 b 的一个增函数。因此，$(y+a+b)^{\frac{\sigma-\sigma_\rho}{\sigma_\rho-1}} - (y+b)^{\frac{\sigma-\sigma_\rho}{\sigma_\rho-1}} > (y+a)^{\frac{\sigma-\sigma_\rho}{\sigma_\rho-1}} - (y)^{\frac{\sigma-\sigma_\rho}{\sigma_\rho-1}}$。假设 $y = B$、$a = \varepsilon(1-\beta_O)^{\sigma_\rho-1}$ 和 $b = \varepsilon\lambda^{1-\sigma_\rho}$，方括号中的最后一项是负的，且 $\Pi_1 - \Pi_2 < 0$。这产生了想要的矛盾，因为改变其组织形式，利润严格地增加了，达到 Π_2。证明只要 $\sigma < \sigma_\rho$，一体化会发生在最下游阶段，可以用类似的反证法推导出来。

A.4　第 7 章 Γ_{OV}/Γ_{OO} 比率的决定因素

A.4.1　基本模型

首先我们会证明 Γ_{OV}/Γ_{OO} 比率在基本模型中 [参见式(7.6)] 是关于 η 单调递增的。为了能够将该证明过程应用到部分合同化的情境里，我从式(7.6)开始提出一个更一般的公式：

$$\frac{\Gamma_{OV}}{\Gamma_{OO}} = \left(\frac{1-\beta_V\omega_h-(1-\beta_V)\omega_m}{1-\beta_O\omega_h-(1-\beta_O)\omega_m}\right)^{\sigma(1-\omega_h-\omega_m)}\left(\frac{\beta_V}{\beta_O}\right)^{\sigma\omega_h}\left(\frac{1-\beta_V}{1-\beta_O}\right)^{\sigma\omega_m} \quad (A.13)$$

为了从式(A.13)求出式(7.6)，只需要设定 $\omega_h = (\sigma-1)\eta/\sigma$ 和 $\omega_m = (\sigma-1)(\eta-1)/\sigma$。

接下来我会展示，式(A.13)的 Γ_{OV}/Γ_{OO} 比率随着 ω_h 单调递增，随着 ω_m 单调递减。很明显，这反过来意味着该比例随着 η 递增。这个证明基于 Antràs 和 Helpman（2008）中的证明，但大大简化了该文章的推导过程。

让我们从 ω_m 的效应开始。对式(A.13)的 Γ_{OV}/Γ_{OO} 比率的对数形式直接进行微分，可得：

$$\frac{1}{\sigma}\frac{\partial \ln(\Gamma_{OV}/\Gamma_{OO})}{\partial \omega_m} = \ln\left(\frac{1-\beta_V}{1-\beta_O}\right) - \ln\left(\frac{1-\beta_V\omega_h-(1-\beta_V)\omega_m}{1-\beta_O\omega_h-(1-\beta_O)\omega_m}\right)$$
$$+ \frac{(1-\omega_h)(1-\omega_h-\omega_m)(\beta_V-\beta_O)}{(1-\beta_O\omega_h-(1-\beta_O)\omega_m)(1-\beta_V\omega_h-(1-\beta_V)\omega_m)}$$

$$(A.14)$$

接下来针对 β_O 进一步微分可得：

$$\frac{1}{\sigma}\frac{\partial^2 \ln(\Gamma_{OV}/\Gamma_{OO})}{\partial \omega_m \partial \beta_O} = (1-\omega_h)\frac{\beta_O(1-\omega_h)+\omega_h(1-\beta_O)}{(1-\beta_O)(1-\beta_O\omega_h-(1-\beta_O)\omega_m)^2} > 0$$

因为 $\beta_V \geqslant \beta_O$，所以 $\partial \ln(\Gamma_{OV}/\Gamma_{OO})/\partial \omega_m$ 可以求得的最大值是当 $\beta_O=\beta_V$ 时。但是在这种情况下，$\partial \ln(\Gamma_{OV}/\Gamma_{OO})/\partial \omega_m$ 等于 0。对于 $\beta_O<\beta_V$，我们必定有 $\partial \ln(\Gamma_{OV}/\Gamma_{OO})/\partial \omega_m<0$。因此，$\Gamma_{OV}/\Gamma_{OO}$ 随 ω_m 单调递减。

$\partial \ln(\Gamma_{OV}/\Gamma_{OO})/\partial \omega_h>0$ 的证明过程也是类似的。令 $\beta_{mV}=1-\beta_V$ 和 $\beta_{mO}=1-\beta_O$，我们可以将式（A.13）写为：

$$\frac{\Gamma_{OV}}{\Gamma_{OO}} = \left(\frac{1-\beta_{mO}\omega_m-(1-\beta_{mO})\omega_h}{1-\beta_{mV}\omega_m-(1-\beta_{mV})\omega_h}\right)^{-\sigma(1-\omega_h-\omega_m)} \times \left(\frac{\beta_{mO}}{\beta_{mV}}\right)^{-\sigma\omega_m}\left(\frac{1-\beta_{mO}}{1-\beta_{mV}}\right)^{-\sigma\omega_h}$$

重要的是，现在有 $\beta_{mO}>\beta_{mV}$，因此，除了负的指数外，这个表达式与式（A.13）在结构上是相同的。如果 Γ_{OV}/Γ_{OO} 随 ω_m 是单调递减的，那么该比率一定随 ω_h 单调递增。

在交易成本模型中，我们得出，Γ_{OO} 随需求弹性 σ 递减，因而基于此，一体化的相对吸引力随该参数递增。在产权模型中，σ 对 Γ_{OV}/Γ_{OO} 比率的影响是复杂的，而且非单调地依赖于模型的其他参数。加上 σ 对企业内部贸易份额的其他决定因素的各种影响，这一参数的总体影响是不明确的。

A.4.2　融资约束

接下来是包括融资约束的模型，Γ_{OV}/Γ_{OO} 比率可以通过式（7.13）得出。出于某些原因（之后会解释），我将表达式改写为：

$$\frac{\Gamma_{OV}}{\Gamma_{OO}} = \left(\frac{\beta_V(1-\omega_h) + \phi(1-\beta_V)(1-\omega_m)}{\beta_O(1-\omega_h) + \phi(1-\beta_O)(1-\omega_m)} \right)^{\sigma(1-\omega_h-\omega_m)} \times \left(\frac{\beta_V}{\beta_O} \right)^{\sigma\omega_h} \left(\frac{1-\beta_V}{1-\beta_O} \right)^{\sigma\omega_m}$$

$$(A.15)$$

其中 $\omega_h = (\sigma-1)\eta/\sigma$，$\omega_m = (\sigma-1)(\eta-1)/\sigma$。

首先证明正文讨论的，融资约束越紧，供应商进行一体化的意愿就越高，在这个意义上，Γ_{OV}/Γ_{OO} 随着 ϕ 递减。简单微分后可得：

$$\frac{1}{\sigma} \frac{\partial \ln(\Gamma_{OV}/\Gamma_{OO})}{\partial \phi}$$

$$= \frac{-(1-\omega_h)(1-\omega_m)(1-\omega_h-\omega_m)(\beta_V-\beta_O)}{(\beta_O(1-\omega_h) + \phi(1-\beta_O)(1-\omega_m))(\beta_V(1-\omega_h) + \phi(1-\beta_V)(1-\omega_m))}$$

$$< 0$$

$$(A.16)$$

我们现在证明了这一点，即使是在有融资约束的情况下，$\ln(\Gamma_{OV}/\Gamma_{OO})$ 比率仍然关于 η 单调。这一证明与上述基本模型的证明密切相关。首先取对数和对式（7.13）进行微分，可以发现：

$$\frac{1}{\sigma} \frac{\partial \ln(\Gamma_{OV}/\Gamma_{OO})}{\partial \omega_m} = \ln\left(\frac{1-\beta_V}{1-\beta_O} \right) - \ln\left(\frac{\beta_V(1-\omega_h) + \phi(1-\beta_V)(1-\omega_m)}{\beta_O(1-\omega_h) + \phi(1-\beta_O)(1-\omega_m)} \right)$$

$$+ \frac{\phi(1-\omega_h)(1-\omega_h-\omega_m)(\beta_V-\beta_O)}{(\beta_O(1-\omega_h) + \phi(1-\beta_O)(1-\omega_m))(\beta_V(1-\omega_h) + \phi(1-\beta_V)(1-\omega_m))}$$

当 $\beta_O = \beta_V$，该式再次变为 0。为了完善证明过程，有必要注意的是：

$$\frac{1}{\sigma} \frac{\partial^2 \ln(\Gamma_{OV}/\Gamma_{OO})}{\partial \omega_m \partial \beta_O}$$

$$= (1-\omega_h) \frac{\beta_O(1-\omega_h) + \phi\omega_h(1-\beta_O)}{(1-\beta_O)(\beta_O(1-\omega_h) + \phi(1-\beta_O)(1-\omega_w))^2} > 0$$

以及对于 $\beta_O < \beta_V$，从而有 $\partial \ln(\Gamma_{OV}/\Gamma_{OO})/\partial\omega_m < 0$。$\partial \ln(\Gamma_{OV}/\Gamma_{OO})/\partial\omega_h > 0$ 的证明过程是完全类似的，这里就不再赘述。

接下来，我们也注意到，式（A.16）的 $\partial \ln(\Gamma_{OV}/\Gamma_{OO})/\partial\phi$ 的直接微分形式表示为：

$$\frac{\partial^2 \ln(\Gamma_{OV}/\Gamma_{OO})}{\partial \phi \partial \omega_h} > 0 \text{ 和} \frac{\partial^2 \ln(\Gamma_{OV}/\Gamma_{OO})}{\partial \phi \partial \omega_m} > 0 \tag{A.17}$$

因此,ω_h 和 ω_m 越高,融资约束对一体化的吸引力的积极影响就越低。[1] 这些结果意味着,与基本的交易成本模型不同的是,融资约束质量的改善(高 ϕ)在产权模型中不再对总部密集度高的生产过程中的外包获利能力有更加积极的影响[例如,$\partial(\partial(\Gamma_{OV}/\Gamma_{OO})/\partial\phi)/\partial\eta < 0$]。尤其是,因为 η 对 ω_h 和 ω_m 的影响是不同方向的,所以找到 $\partial(\partial(\Gamma_{OV}/\Gamma_{OO})/\partial\phi)/\partial\eta > 0$ 的数值例子来说明并不困难。因此,我们的产权模型并不能清晰地预测 ϕ 和 η 的实证指标的相互作用对企业内部贸易份额的影响。

A.4.3 部分合同化

现在考虑在国际交易中部分合同化的模型,假设合同化程度在各种投入品间和各国间都是不同的。如正文所述,根据式(7.14)可以给出这种情况的 Γ_{OV}/Γ_{OO} 比率。但是,注意定义 $\omega_h = (\sigma-1)\eta(1-\mu_{hS})/\sigma$ 和 $\omega_m = (\sigma-1)(\eta-1)(1-\mu_{mS}/\sigma$,可以将式(7.14)写为:

$$\frac{\Gamma_{OV}}{\Gamma_{OO}} = \left(\frac{1-\beta_V\omega_h-(1-\beta_V)\omega_m}{1-\beta_O\omega_h-(1-\beta_O)\omega_m}\right)^{\sigma(1-\omega_h-\omega_m)} \left(\frac{\beta_V}{\beta_O}\right)^{\sigma\omega_h} \left(\frac{1-\beta_V}{1-\beta_O}\right)^{\sigma\omega_m}$$

显然,这个表达式与我们先前在讨论基本模型的比较静态分析时研究过的式(A.13)相同。因此,我们可以参考早先的结果来证明 Γ_{OV}/Γ_{OO} 随着总部服务的合同化程度 μ_{hS} 递减,随着制造业生产的合同化程度 μ_{mS} 递增。同样明显的是,Γ_{OV}/Γ_{OO} 比率仍然随任何合同化水平的总部密集度 η 递增。最后,从先前的分析中,我们也得出,σ 对 Γ_{OV}/Γ_{OO} 的影响还是不明确的。

接下来我们讨论合同化水平的变化如何基于生产的其他特性对 Γ_{OV}/Γ_{OO} 比率产生不同的影响。第一个结果由 ω_h 和 ω_m 的定义得出。尤

---

[1] 更具体而言,在每一种情况下,$\partial\ln(\Gamma_{OV}/\Gamma_{OO})/\partial\phi$ 可以被分解为两个比率的乘积,这两个比率都随着 ω_h 和 ω_m 递增

其是，μ_{hS} 对 Γ_{OV}/Γ_{OO} 的消极影响随着 η 的提高而不断加剧，然而 μ_{mS} 对 Γ_{OV}/Γ_{OO} 的积极影响随着 η 递减。或者更正式地说，$\partial(\partial\ln(\Gamma_{OV}/\Gamma_{OO})/\partial\mu_{hS})/\partial_\eta < 0$，以及 $\partial(\partial\ln(\Gamma_{OV}/\Gamma_{OO})/\partial\mu_{mS})/\partial_\eta < 0$。第二个结果也是由 ω_h 和 ω_m 的定义得出，以及合同化的影响总是随着 σ 的提高而不断加剧。尤其注意的是式（A.13），合同化体现在以下几项中：ω_h，ω_m，$\sigma\omega_h = (\sigma-1)\eta(1-\mu_{hS})$，$\sigma\omega_m = (\sigma-1)(1-\eta)(1-\mu_{mS})$，以及 $\sigma(1-\omega_h-\omega_m) = 1 + (\sigma-1)\eta\mu_{hS} + (\sigma-1)(1-\eta)\mu_{mS}$。因此可以得出，较低的 σ 必然减弱了 μ_{hS} 和 μ_{mS} 的影响，这意味着 $\partial(\partial\ln(\Gamma_{OV}/\Gamma_{OO})/\partial\mu_{hS})/\partial\sigma < 0$，$\partial(\partial\ln(\Gamma_{OV}/\Gamma_{OO})/\partial\mu_{mS})/\partial\sigma > 0$。

A.4.4　部分关系专用性

如正文所述，在部分关系专用性的拓展模型中，很难去获得准确的比较静态分析结果。让我们考虑以下这种情况，这样有利于我们找到解析的结果。假设纳什讨价还价是对称的，因此有 $\beta_O = 1/2$ 和 $\beta_V = (1+\sigma)/2$，定义 $\omega_h = (\sigma-1)\eta(1-\mu_{hS})/\sigma$，$\omega_m = (\sigma-1)(\eta-1)(1-\mu_{mS})/\sigma$，考虑到总部服务（$\epsilon_h$）和制造业投入品（$\epsilon_m$）不同的专用性，我们发现，式（7.16）的 Γ_{OV}/Γ_{OO} 比率可以表示为：

$$\frac{\Gamma_{OV}}{\Gamma_{OO}} = \left(\frac{1 - \left(1 - \frac{1}{2}(1-\delta)\epsilon_h\right)\omega_h - \left(1 - \frac{1}{2}(1+\delta)\epsilon_m\right)\omega_m}{1 - \left(1 - \frac{1}{2}\epsilon_h\right)\omega_h - \left(1 - \frac{1}{2}\epsilon_m\right)\omega_m}\right)^{\sigma(1-\omega_h-\omega_m)}$$

$$\times \left(\frac{1 - \frac{1}{2}(1-\delta)\epsilon_h}{1 - \frac{1}{2}\epsilon_h}\right)^{\sigma\omega_h}\left(\frac{1 - \frac{1}{2}(1+\delta)\epsilon_m}{1 - \frac{1}{2}\epsilon_m}\right)^{\sigma\omega_m}$$

直接微分可得：

$$\frac{1}{\sigma}\frac{\partial\ln(\Gamma_{OV}/\Gamma_{OO})}{\partial\epsilon_h} = \frac{1}{2}\delta\frac{\omega_h}{\left(1 - \epsilon_h + \frac{1}{2}(1+\delta)\epsilon_h\right)\left(1 - \epsilon_h + \frac{1}{2}\epsilon_h\right)}$$

$$-\frac{1}{2}\delta\frac{\omega_h(1-\omega_h-\omega_m)(1-\omega_h-\omega_m+\epsilon_m\omega_m)}{\left(1-\left(1-\frac{1}{2}\epsilon_h\right)\omega_h-\left(1-\frac{1}{2}\epsilon_m\right)\omega_m\right)\left(1-\left(1-\frac{1}{2}(1-\delta)\epsilon_h\right)\omega_h-\left(1-\frac{1}{2}(1+\delta)\epsilon_m\right)\omega_m\right)}$$

很明显,该推导结果随着 ϵ_h 递增,因此该结果不能小于 $\epsilon_h=0$ 时的值。在这种情况下,我们有:

$$\frac{1}{\sigma}\frac{\partial\ln(\Gamma_{OV}/\Gamma_{OO})}{\partial\epsilon_h}\bigg|_{\epsilon_h=0}$$

$$=\frac{\frac{1}{8}\delta\omega_h\omega_m\epsilon_m(2\delta(1-\omega_h-\omega_m)+\omega_m\epsilon_m(1+\delta))}{\left(1-\omega_h-\left(1-\frac{1}{2}\epsilon_m\right)\omega_m\right)\left(1-\omega_h-\left(1-\frac{1}{2}(1+\delta)\epsilon_m\right)\omega_m\right)}>0$$

这证明了 Γ_{OV}/Γ_{OO} 比率在纳什讨价还价对称和 $\beta_O=1/2$ 的情况下随 ϵ_h 递增。如果不考虑对称的纳什讨价还价假设前提,那么导数 $\partial\ln(\Gamma_{OV}/\Gamma_{OO})/\partial\epsilon_h$ 在 $\epsilon_h=0$ 的水平上仍然是最小的,但是当 β_O 和 β_V 数值较低时,在 $\epsilon_h=0$ 的水平上导数为负值。更具体地说,关键条件是 $\beta_V\beta_O\epsilon_m\omega_m>(1-\beta_O-\beta_V)(1-\omega_h-\omega_m)$,这对于 $\beta_O=1/2$ 和 $\beta_V=(1+\delta)/2$ 也是满足的,但对于这些参数值足够低的情况就不一定了。

根据以下类似的步骤,也是有可能表明 Γ_{OV}/Γ_{OO} 比率随 ϵ_m 递减的。只要 $\beta_V=1/2$,因而 $\beta_O=(1/2-\delta)/(1-\delta)$ 时,该参数的影响明确是负的。

A.4.5 多种投入品和多边合同

如正文所述,多种投入品和多边合同的扩展均衡与只有当事人 F 和 M 的模型类似,但是议价能力 β_{hO}、β_{mO}、β_{hV} 和 β_{mV} 为:

$$\beta_{hO}=\beta_{mO}=\frac{\sigma\rho}{(\sigma-1)(1-\eta)+\sigma\rho}$$

$$\beta_{hV}=\frac{(\sigma-1)(1-\eta)\delta+\sigma\rho}{(\sigma-1)(1-\eta)+\sigma\rho}>\frac{\sigma\rho(1-\delta)}{(\sigma-1)(1-\eta)+\sigma\rho}=\beta_{mV}$$

然后将这些值代入与式(A.13)相似的一般公式,可以得出:

$$\frac{\Gamma_{OV}}{\Gamma_{OO}} = \left(\frac{1-\beta_{hV}\omega_h-\beta_{mV}\omega_m}{1-\beta_{hO}\omega_h-\beta_{mO}\omega_m}\right)^{\sigma(1-\omega_h-\omega_m)} \left(\frac{\beta_{hV}}{\beta_{hO}}\right)^{\sigma\omega_h} \left(\frac{\beta_{mV}}{\beta_{mO}}\right)^{\sigma\omega_m}$$

其中再次有 $\omega_h = (\sigma-1)\eta(1-\mu_{hS})/\sigma$ 和 $\omega_m = (\sigma-1)(\eta-1)(1-\mu_{mS})/\sigma$。如正文所述，经过运算之后，该替代结果是在以下公式里：

$$\frac{\Gamma_{OV}}{\Gamma_{OO}} = \left(1-\frac{(\sigma-1)(1-\eta)\delta\omega_h-\sigma\rho\delta\omega_m}{(\sigma-1)(1-\eta)+\sigma\rho(1-\omega_h-\omega_m)}\right)^{\sigma(1-\omega_h-\omega_m)}$$

$$\times \left(1+\frac{(\sigma-1)(1-\eta)\delta}{\sigma\rho}\right)^{\sigma\omega_h}(1-\delta)^{\sigma\omega_m} \tag{A.18}$$

首先，在该表达式中，Γ_{OV}/Γ_{OO} 比率仍然随 ω_h 递增，随 ω_m 递减。为了证明这一点，式（A.18）取对数且进行微分，可得：

$$\frac{1}{\sigma}\frac{\partial\ln(\Gamma_{OV}/\Gamma_{OO})}{\partial\omega_h} = -\ln\left(1-\frac{(\sigma-1)(1-\eta)\delta\omega_h-\sigma\rho\delta\omega_m}{(\sigma-1)(1-\eta)+\sigma\rho(1-\omega_h-\omega_m)}\right)$$

$$+\ln\left(1+\frac{(\sigma-1)(1-\eta)\delta}{\sigma\rho}\right)$$

$$-\frac{\delta((\sigma-1)(1-\eta)+\sigma\rho)((\sigma-1)(1-\eta)-\sigma\rho\omega_m)(1-\omega_h-\omega_m)}{((\sigma-1)(1-\eta)+\sigma\rho(1-\omega_h-\omega_m))^2\left(1-\frac{(\sigma-1)(1-\eta)\delta\omega_h-\sigma\rho\delta\omega_m}{(\sigma-1)(1-\eta)+\sigma\rho(1-\omega_h-\omega_m)}\right)}$$

其中 $(\sigma-1)(1-\eta)-\sigma\rho\omega_m = (\sigma-1)(1-\eta)(1-\rho(1-\mu_{mS}))>0$。接下来，再次对 δ 进行微分，我们发现：

$$\frac{1}{\sigma}\frac{\partial\ln(\Gamma_{OV}/\Gamma_{OO})}{\partial\omega_h\partial\delta} = \frac{((\sigma-1)(1-\eta)+\sigma\rho)((\sigma-1)(1-\eta)-\sigma\rho\omega_m)}{((\sigma-1)(1-\eta)+\sigma\rho(1-\omega_h-\omega_m))^2}$$

$$\times \frac{((\sigma-1)(1-\eta)(1-\delta+\delta\omega_m)+\sigma\delta\rho\omega_m)}{((\sigma-1)\delta(1-\eta)+\sigma\rho)\left(1-\frac{(\sigma-1)(1-\eta)\delta\omega_h-\sigma\rho\delta\omega_m}{(\sigma-1)(1-\eta)+\sigma\rho(1-\omega_h-\omega_m)}\right)^2}>0$$

于是就出现了这样的结果，即 $\partial\ln(\Gamma_{OV}/\Gamma_{OO})/\partial\omega_h$ 不可能低于在 $\delta=0$ 水平上的取值，从上面的表达式可以清楚地看出，这个导数是 0。总之，对于所有 $\delta>$，都有 $\partial\ln(\Gamma_{OV}/\Gamma_{OO})/\partial\omega_h>0$。

接下来，微分得出：

$$\frac{1}{\sigma}\frac{\partial \ln(\Gamma_{OV}/\Gamma_{OO})}{\partial \omega_m} = -\ln\Big(1-\frac{(\sigma-1)(1-\eta)\delta\omega_h-\sigma\rho\delta\omega_m}{(\sigma-1)(1-\eta)+\sigma\rho(1-\omega_h-\omega_m)}\Big)+\ln(1-\delta)$$

$$+\frac{(1-\omega_h-\omega_m)(1-\omega_h)\sigma\delta\rho((\sigma-1)(1-\eta)+\sigma\rho)}{((\sigma-1)(1-\eta)+\sigma\rho(1-\omega_h-\omega_m))^2\Big(1-\frac{(\sigma-1)(1-\eta)\delta\omega_h-\sigma\rho\delta\omega_m}{(\sigma-1)(1-\eta)+\sigma\rho(1-\omega_h-\omega_m)}\Big)}$$

以及：

$$\frac{1}{\sigma}\frac{\partial \ln(\Gamma_{OV}/\Gamma_{OO})}{\partial \omega_m \partial \delta} = -\frac{(1-\omega_h)((\sigma-1)(1-\eta)+\sigma\rho)}{((\sigma-1)(1-\eta)+\sigma\rho(1-\omega_h-\omega_m))^2}$$

$$\times \frac{((\sigma-1)(1-\eta)(1-\delta\omega_h)+\sigma\delta\rho(1-\omega_h))}{(1-\delta)\Big(1-\frac{(\sigma-1)(1-\eta)\delta\omega_h-\sigma\rho\delta\omega_m}{(\sigma-1)(1-\eta)+\sigma\rho(1-\omega_h-\omega_m)}\Big)^2} < 0$$

因此，$\partial\ln(\Gamma_{OV}/\Gamma_{OO})/\partial\omega_m$ 不可能高于在 $\delta=0$ 水平上的取值，从上面的表达式可以清楚地看出，这个导数是 0。总之，对于所有 $\delta>0$，都有 $\partial\ln(\Gamma_{OV}/\Gamma_{OO})/\partial\omega_m<0$。

式（A.18）中的 Γ_{OV}/Γ_{OO} 随 ω_h 递增，随 ω_m 递减，这直接意味着同样的比率随总部合同化 μ_h 递减，随制造业合同化 μ_m 递增，与单个供应商的模型一样。不过，如正文所述，这并不意味着 Γ_{OV}/Γ_{OO} 比率必然随着总部密集度 η 递增，因为该参数在公式（A.18）里与如何影响 ω_h 和 ω_m 无关。

接下来，我们的研究表明，如果由 ρ 决定的投入品替代程度是唯一的确定阈值 $\hat{\rho}>0$，那么 Γ_{OV}/Γ_{OO} 比率只能低于 1。当该阈值大于 1，那么对于所有的 $\rho\in(0,1]$，都有 $\Gamma_{OV}/\Gamma_{OO}>1$。为了证明这一点，首先要注意，当 $\rho\to 0$，式（A.18）的 Γ_{OV}/Γ_{OO} 接近 $+\infty$，因此该比率大于 1。当 $\rho\to+\infty$，Γ_{OV}/Γ_{OO} 比率等于：

$$\frac{\Gamma_{OV}}{\Gamma_{OO}} = \Big(1+\frac{\delta\omega_m}{1-\omega_h-\omega_m}\Big)^{\sigma(1-\omega_h-\omega_m)}(1-\delta)^{\sigma\omega_m}<1$$

这是由于表达式随 δ 递减，当 $\delta=0$ 时，表达式等于 1。因此，对于 ρ 足够低时，就有 $\Gamma_{OV}/\Gamma_{OO}>1$；对于 ρ 足够高时，就有 $\Gamma_{OV}/\Gamma_{OO}<1$。为了阐明唯一使得 $\Gamma_{OV}/\Gamma_{OO}=1$ 的 $\hat{\rho}>0$ 存在，微分可得：

$$\frac{1}{\sigma}\frac{\partial \ln(\Gamma_{OV}/\Gamma_{OO})}{\partial \rho} = \frac{\delta(\sigma-1)(1-\eta)}{((\sigma-1)(1-\eta)+\sigma\rho(1-\omega_h-\omega_m))}$$

$$\times \left[\frac{(1-\omega_h-\omega_m)\sigma(1-\omega_h)(\omega_h+\omega_m)}{(\sigma-1)(1-\eta)+\sigma\rho(1-\omega_h-\omega_m)-(\sigma-1)(1-\eta)\delta\omega_h+\sigma\rho\delta\omega_m} \right.$$

$$\left. -\omega_h \frac{(\sigma-1)(1-\eta)+\sigma\rho(1-\omega_h-\omega_m)}{\sigma\rho^2\left(1+\frac{(\sigma-1)(1-\eta)\delta}{\sigma\rho}\right)} \right]$$

这表明,$\partial \ln(\Gamma_{OV}/\Gamma_{OO})/\partial\rho=0$ 的条件可以表示为一个二次方程:

$$\rho^2+b\rho+c=0$$

其中:

$$c=-\frac{\omega_h(\sigma-1)^2(1-\eta)^2(1-\delta\omega_h)}{\sigma^2\omega_m(1-\omega_h-\omega_m)(1-\delta\omega_h)}<0$$

然而,c 为负值意味着,该公式只有一个正解($\rho>0$)。根据极限值 $\lim\limits_{\rho\to 0}(\Gamma_{OV}/\Gamma_{OO})=+\infty$ 和 $\lim\limits_{\rho\to+\infty}(\Gamma_{OV}/\Gamma_{OO})<1$,我们可以得出存在唯一值 $\hat{\rho}>0$ 时,$\Gamma_{OV}/\Gamma_{OO}=1$。

需要强调的是,该结果并不意味着对于所有 $\rho\in(0,1)$,Γ_{OV}/Γ_{OO} 一定会随着 ρ 递减。事实上,在参数值的范围内,举出 Γ_{OV}/Γ_{OO} 随着 ρ 递增的例子并不困难。基于同样的原因,研究 $\ln(\Gamma_{OV}/\Gamma_{OO})$ 关于 ρ 与合同化水平 μ_h 和 μ_m 的交叉偏导数时,我们可以用数值例子说明这些导数是正的或是负的。

B 数据附录

在这个附录中,我提供了关于数据来源和数据改进的更多细节,以及在第 5 章和第 8 章中与实证工作相关的估计方法的更多细节。整个数据库和 Stata 程序代码可以在 http://scholar. harvard. edu/antras/books 上找到。我经常把这个网址称为"本书的参考网站"。

B.1 美国进出口的原始数据

本书所进行的实证工作的基础是由美国海关和边境保护局收集并由美国人口普查局管理的美国关联方贸易数据库。该数据库可从以下美国人口普查网站下载: http://sasweb. ssd. census. gov/relatedparty/。这些数据可在不同层面的行业加总中获得,但目前分类最明确的是 6 位数 NAICS。在撰写本附录时,该数据库已经更新到 2002—2012 年。在实证研究中,我使用了 2000—2011 年的数据。2000 年和 2001 年的数据作为整个数据库的一部分，可以在本书的参考网站上下载。

在整个数据构建过程中，非制造业部门被排除在外。此外，关联方贸易数据库中未记录的行业也被排除。在美国关联方贸易数据库，有5个制造业是以5位数NAICS记录的：31131X（氧化铝和铝生产加工）、31181X（面包和烘焙产品制造）、31511X（针织品和袜子加工）、33631X（机动车汽油发动机和发动机部件制造）和33641X（航空航天产品和零部件制造）。最后这个行业33641X与其他行业有些不同。首先，它是唯一一个无进口的5位数行业。此外，它是这些行业中唯一一个在数据库中前5位数相同的6位数行业（特别是336411、336412、336413、336414、336415和336419）。由于这些原因，本书不考虑该5位数行业33641X。下面描述的所有其他NAICS级别的行业变量也是为四个现有的合成5位数行业构建起来的。

美国关联方贸易数据库记录了233个国家的进出口情况。然而，南苏丹的数据只有2011年，因此从样本中剔除南苏丹数据。本书将缺失值处理为0，原始数据进行矩阵处理。总的来说，我们使用了390个行业、232个国家和12年的数据，总计达到1 085 760个观测值。

该数据定义了关联方进口交易，涵盖各方"各种类型的关系，包括直接或间接拥有、控制或持有投票权的任何人，拥有6%的流通股或任何组织的股份"。另一方面，关联方出口交易是指"美国出口商和外国收货人之间的交易，其中一方直接或间接拥有另一方10%或以上的股份"。虽然这些所有权要求非常低，但我在第1章中指出，BEA数据表明，企业内部贸易通常与一个实体在另一个实体中拥有控股权有关。数据库还包括有关非关联方的进出口数据，涉及关联方贸易中"彼此没有联系或不符合相关权益要求"的各方。虽然在原则上，美国海关和边境保护局记录的所有进出口交易都需要有一项指标，即表明一项交易是否涉及关联方，但实际上，在某些情况下，这种信息并不存在。数据库将这些交易额标注为"未报告"。

表 B.1 NAICS 关联方贸易数据库的部分描述性统计结果

变量（除了份额其他为美元）	均值	标准差	最小值	最大值	数量
总进口	14 712 628	282 669 054	0	44 917 394 621	1 085 760
(a) 关联方	7 587 177	220 242 612	0	44 134 184 241	1 085 760
(b) 非关联方	7 119 158	112 745 454	0	20 981 735 046	1 085 760
(c) 未报告	6 294	567 136	0	269 396 613	1 085 760
(d) 关联方份额 a/(a+b)	0.238 0	0.326 5	0	1	312 884
总出口	8 594 996	113 419 707	0	19 996 871 796	1 085 760
(a) 关联方	2 736 289	61 075 666	0	13 174 432 899	1 085 760
(b) 非关联方	5 539 536	67 292 534	0	14 757 989 972	1 085 760
(c) 未报告	319 172	7 736 500	0	1 574 623 834	1 085 760
(d) 关联方份额 a/(a+b)	0.103 9	0.215 0	0	1	565 145

表 B.1 给出了美国关联方贸易数据库中关键变量的描述性统计。该表的一些特点值得强调。第一，2000—2011 年，关联方进口占美国制造业进口总额的 51.6%，占美国制造业出口总额的 31.8%。第二，平均（未加权）关联方进出口份额要低得多（进口 23.8%，出口 10.4%）。第三，数据中大量的 0 意味着具有明确定义的企业内部进口份额的观测值小于观测值总量的三分之一（即数据中的国家和 6 位数 NAICS 组合）。相反，在出口方面，超过 50% 的观测值的出口值为正，具有明确定义的企业内部进口份额。第四，未报告的进口交易在美国进口中只占微不足道的 0.04%（这一比例在出口中升至 3.71%，但在本书的实证分析中，我没有使用这一数据）。

美国关联方贸易数据库也可在更精准的 6 位数 HS 行业分类中获得。此数据库不是公开的，但可以从美国人口普查局购买。虽然我在本书的实证检验中没有使用它，但我在 http://scholar.harvard.edu/antras/books 上提供了下载渠道。在 2000—2011 年，这个更详细的数据库包含了 5 705 种产品及 238 个国家和地区的美国进口信息（关联方、非关联方和未报告）。尽管这种细微的分类产生了超过 1 600 万份关于美国进口的潜在观测值，但只有大约 10% 的案例（确切地说是 1 572 949 例）的美国进口值为正。这进而导致数据中总共有 1 568 711 个企业内部贸易份额，超过了使用公开的 NAICS 数据库 312 884 个观测值的 5 倍。[1]尽管如此，企业内部贸易份额的均值和方差与表 B.1 中 6 位数 NAICS 数据的报告值非常相似。

B.2 IO2002 的美国进出口数据

在本书提出的许多实证检验中，离岸外包与一些变量相关，由于它

---

[1] 4 238 项观测值的数据显示完全作为"未报告"记录的正进口。由于我将企业内部贸易的份额定义为关联方进口除以关联方进口和非关联方进口的总和，因此我无法计算在这些情况下定义明确的企业内部贸易份额。

们的性质和特征,这些变量只能通过投入产出数据计算(后文将详细介绍)。因此,自然行业分类在这种情况下使用的是 I-O 商品代码分类。更具体地说,我使用 2002 年投入产出表行业分类,简称 IO2002。

根据 Antràs 和 Chor(2013),NAICS 行业代码的原始数据根据 BEA 提供的规则对应到 6 位数 IO2002 行业,作为 2002 年美国投入产出表的补充。[①]对于制造业来说(NAICS 第 1 位=3),这种对应程度是直接的多对一。两个行业需要不同的处理方法,因为 NAICS 数据分类较为粗糙,不能对应到 6 位数的 IO2002 代码。一个合成代码 31131X 是用来合并 IO311313(甜菜制糖)和 31131A(甘蔗制造和精炼),而一个单独的代码 33641X 合并 IO336411、336412、336413、336414、33641A(所有与飞机和相关部件的制造有关)。这种方法与我在 NAICS 数据库中处理这些飞机制造子部门时使用的方法有些不同。在 NAICS 数据库中,我只是剔除了 33641X,而不是将它与开头是 33641 的其他 5 位数部门合并到一个单独的类别中。由于 NAICS 部门 33641X 没有记录美国进口数据,这个细微差异应该不会对结果产生什么影响。下面描述的其他所有行业变量也是基于这两个合成的 IO2002 代码 31131X 和 33641X 构建起来的。

总的来说,IO2002 列出了美国进出口(关联方、非关联方和未报告)的 253 个行业、232 个国家和 12 年的数据,包括 704 352 项观测值,其中很多数据都是 0。表 B.2 提供了关联方 IO2002 贸易数据的一些基本描述性统计。

B.3 区分美国进出口的中间投入品

在本节中,我将提供更多关于 Wright(2014)方法的细节,该方法用

---

① 例如,详情可见 http://www.bea.gov/industry/xls/2002DetailedItemOutput.xls。

表 B.2　IO2002 相关的贸易数据库的部分描述性统计结果

变量（除了份额其他为美元）	均值	标准差	最小值	最大值	数量
总进口	22 679 545	376 502 066	0	44 917 395 456	704 352
(a) 关联方	11 695 648	281 267 307	0	44 134 184 241	704 352
(b) 非关联方	10 974 196	166 941 030	0	20 981 735 046	704 352
(c) 未报告	9 702	749 284	0	269 396 613	704 352
(d) 关联方份额 a/(a＋b)	0.243 8	0.326 5	0	1	227 829
总出口	13 549 842	175 761 983	0	27 862 790 144	704 352
(a) 关联方	4 259 789	86 715 148	0	13 174 432 899	704 352
(b) 非关联方	8 797 599	103 436 155	0	15 297 237 562	704 352
(c) 未报告	492 455	12 228 037	0	2 585 156 012	704 352
(d) 关联方份额 a/(a＋b)	0.106 8	0.212 1	0	1	416 933

于区分贸易流的中间投入品成分。这一数据修正的重要投入品是 BEA 提供的一份最终使用行业类别清单。BEA 使用这些最终使用代码在国民收入和产品核算范围内将货物分配给其最终用途。重要的是,10 位数 HS 层面的美国进出口也同样被分配拥有最终使用代码。对外贸易统计区分了六种 1 位数的最终使用类别:(0)食品、饲料和饮料;(1)工业用品、材料;(2)资本品,汽车除外;(3)汽车、零部件和发动机;(4)消费品(非食品),汽车除外;(5)其他商品。除了这六种主要的最终使用产品分类外,还进一步细分为大约 140 种广泛的商品类别。Wright(2014)建议剔除所有最终使用代码等于 0、4 或 5 的产品,以及其他三个最终使用代码中商品分组的子集。完整的 BEA 商品分组列表可以在 Wright(2014)的表 7 中找到。

数据修正的实际实施包括四个步骤:

第一步:我们首先将每个 10 位数 HS 产品对应到 BEA 最终使用的编码。为了最大限度地匹配到从属的编码,我们把美国人口普查局多年来公布的索引表放在一起。人口普查局网站提供了从 2008 年到 2013 年的数据表。我们还从乔恩·哈夫曼(Jon Haveman)的贸易数据网站(http://goo.gl/5pyijB)下载了 1993—1997 年的历史性表格。从技术上讲,进出口 HS 代码由不同的联邦机构管理[出口代码称为附表 B,由人口普查局管理;进口代码称为协调关税系统(HTS),由美国国际贸易委员会(USITC)管理]。因此,完整的匹配过程需要将进口品的代码和出口品的代码索引表放在一起。我们首先使用 2013 年发布的最新索引表将每个 HS 产品匹配到最终使用代码,如果匹配过程还不完整,则参考前一年的索引表。

第二步:我们使用耶鲁大学彼得·肖特的网站提供的 2000—2011 年国外详细的 10 位数 HS 美国进出口数据,并按照第一步构建的索引要求,删除所有由最终产品组成的 10 位数据流。请参阅 Schott(2008)以获得更多关于 10 位数美国进出口数据的详细信息。

第三步:接下来,我们使用 BEA 网站 http://www.bea.gov/industry/xls/HSConcord.xls 提供的 10 位数 HS 编码和 IO2002 代码一致的索引表,将美国的 10 位数 HS 进出口数据汇总到 IO2002 层面上。我们不仅对贸易总量这样做,而且只对这些贸易量的中间投入品成分(在剔除最终产品之后)这样做。比较这两种贸易流,我们得到了一个特定于 IO2002—国家—年份的"折现系数",通过这个折现系数,需要将进出口总额乘以系数才能得到中间投入品的进出口。

第四步:然后,我们将这些折现系数应用于基于 NAICS 关联方贸易数据构建 IO2002 关联方贸易数据。请注意,使用的折现系数在 IO2002 代码、国家和年份中各不相同,并且对于进出口也是不同的。当折现系数为 0 时,这意味着特定的 IO2002—国家—年份观测值不包含任何中间投入品。只要一个 IO2002 部门每年中间投入品的进口总额为 0,我们就将该部门视为最终产品部门,并在所有 Wright 调整的回归分析中将其从样本中剔除。我们还剔除了 IO2002 行业的 325411(医药和植物制造)和 33299B(武器、军备物资和附件),因为它们的投入品进口量非常低,而且仅在 2000 年和 2001 年有数据,数据库记录的离岸外包额为负。总的来说,我们总共剔除了 39 个行业,都列在表 B.3 中。

除了这些被剔除的部门外,许多其他行业的中间投入品总量很小,许多特定国家的进口流量为 0。即使没有剔除这些观测值,它们的相关折现系数也将会很小或等于 0(在后一种情况下,它们将从对数线性规范中剔除)。表 B.4 展示了美国进出口总额和中间投入品的基本描述性静态分析。从表中可以看出,总体而言,中间投入品总量占美国进口总额的 53.1%,占美国出口总额的 67.8%。虽然表中没有记录,但也可以计算关联方进出口中间投入品的份额。这只比总体贸易略高,相当于 54.4% 的企业内部进口总量和 68.4% 的企业内部出口总量。

表 B.3　Wright(2014)修正样本中排除的 IO2002 行业

311111	狗和猫的食品制造	314110	窗帘与亚麻制品厂
311119	其他动物的食品制造	315100	服装针织厂
311210	面粉和麦芽加工制造	315230	女士和女童服装的裁剪和缝纫
311230	早餐食品制造	321991	手机制造
31113X	糖制造	322291	卫生纸产品制造
311320	巧克力和糖果制造	325411	药用和植物制造
311340	非巧克力糖果制造	325620	盥洗用品制造
311410	冷冻食品制造	331314	铝的二次冶炼和合金化
311513	奶酪制造	33299B	武器、军备物资和附件制造
31151A	液体牛奶和黄油制造	33461A	软件，音频和视频媒体制造
311520	冰淇淋和冷冻甜点制造	335221	家用灶具制造
311615	家禽加工厂	335222	家用冰箱和冷冻机制造
311820	饼干和意大利面制造	336213	家用汽车制造
311910	休闲食品制造	336991	摩托车，自行车及其配件制造
311920	咖啡和茶制造	336992	军用装甲车辆、坦克制造
311930	调味糖浆和浓缩物制造	337110	木制厨房柜台制造
312110	软饮料和冰制造	337121	家用装饰家具制造
312120	啤酒制造	33721A	办公室家具制造
312130	葡萄酒厂	337910	床垫制造
312140	(蒸馏)酿酒业		

表 B.4　关于 Wright(2014)修正效果的描述性统计

变量(美元)	中间值	标准差	最小值	最大值	样本个数
总进口	22 679 545	376 502 066	0	44 917 395 456	704 352
Wright 调整投入品进口	12 042 991	216 171 921	0	44 206 174 208	704 352
总出口	13 549 842	175 761 983	0	27 862 790 144	704 352
Wright 调整投入品出口	9 180 273	140 980 583	0	27 860 740 096	704 352

除了这个 Wright(2014)修正方法，这本书中的一些实证检验我按照 Nunn 和 Trefler(2013b)限制样本集的国家，因为美国中间投入品的购买与美国总部从国外采购中间投入品(而不是外国总部向美国供应商出口中间投入品)相关更加合理。这一修正的细节出现在第 5 章的正文中，

所以我不在这里重复。从数量上看，这一修正剔除了样本中仅占美国进口 3.18% 的五个国家。如正文中提到的，我还根据 Nunn 和 Trefler (2013b)的数据进行了更广泛的修正，其中从 18 个国家的进口量占美国进口量的 32.52%。这些修正流程可以从本书参考网站的文件中找到。

B.4 计算离岸外包份额

离岸外包份额的构建不仅需要美国进出口数据，还需要美国国内出货量的数据。忽略 Wright 对中间投入品的调整，行业层面的离岸外包份额被简单计算为该行业的美国进口除以美国出货量加上美国进口量减去美国出口量。对于特定的国家来说，类似的离岸外包份额可以计算为美国从该特定国家的进口量除以同样的行业层面分母，所以国家—行业层面的离岸外包份额的总和相当于行业层面的离岸外包份额的总和。

美国出货量的数据来自 2000—2009 年的 NBER-CES 制造业数据库和 2010 年与 2011 年年度制造业调查（ASM）。这些数据源都是 6 位数 NAICS 代码，这有利于它们和以 6 位数 NAICS 代码表示的美国进出口数据的合并。贸易数据和 NBER-CES 数据库的匹配过程是很容易的，但 ASM 数据合并需要一些微小的调整来处理以下问题，即 ASM 数据库里 88 个行业以更全面的 5 位数 NAICS 代码记录的问题。在添加最后这两年数据时，为了最大程度地减少行业类别的损失，我们总计了贸易和 NBER 数据中所有 6 位数行业的出货量数据，因为 ASM 数据中只有更综合的 5 位数行业。这种汇总方式是根据在 2005—2009 年 NBER-CES 数据里不同 6 位数分段的相对权重，把 2010 年与 2011 年 ASM 的 5 位数行业出口量总值分解到 6 位数行业。

正如第 5 章所述，对于小部分行业和年份，出货总量的记录值低于美国出口值。2009 年之前的情况也是如此，所以前一段所描述的调整并不能解释这一点。通常，本书的实证检验剔除了这些观测值。

　　到目前为止,我已经针对 NAICS 的情况构建了离岸外包份额,并且对中间投入品的贸易没有作出任何调整。为了计算 IO2002 层面的离岸外包份额,我们简单重复了上面的步骤,但以美国在 IO2002 水平上的进出口以及美国在同一个行业分类上的出货量为基础。后一个序列是通过使用与从 NAICS 到 IO2002 贸易流转换相同的 BEA 索引表筛选出上面描述的构造的 NAICS 装运序列得到的。Wright 调整的离岸外包份额是和 Wright 调整美国进口量、出口量和出货量类似的方式计算的。为了区分美国出货的中间投入品部分,我对出货总量应用了一个折现系数,即该行业的出货总量,等于 2000—2011 年使用了"Wright"折现系数的贸易流的进口量和出口量的平均值。在某些情况下,投入品装运量低于投入品进口量,而大部分回归分析会剔除这部分观测值。

　　这就结束了本书关于实证检验的主要因变量的讨论。现在我将介绍本书实证检验中使用的解释变量。

B.5　行业—国家的协变量

　　运费成本。与美国进口相关的部门和特定出口商的运输成本测算是从彼得·肖特的网站下载的(更详细的内容见 Schott, 2010)。更具体地说,2000—2005 年,特定产品和国家的运费成本是,CIF 进口与 FOB 进口的比例。虽然这个变量逐年变化,但为了利用 2006—2011 年的观测值,我们构建了一个时间不变的运输成本指标,它等于在 2000—2005 年,对于特定国家和产品,到岸价格(CIF)进口值与离岸价格(FOB)进口值的比例的平均值。之后,我们将这一平均值分配给与特定出口国和部门相关的所有 12 个观测值。这些数据最初是 6 位数 NAICS 代码,但我们使用了贯穿本书的相同 BEA 索引表构造了 IO2002 层面的数据。

　　美国关税。美国关税采用由世界银行维护的全球一体化贸易解决方案(WITS)数据库的美国实施的关税。我们再次根据多个年份间该变量的平均值，构建了一个在出口商—行业层面的指标。在这种情况下，该变量的平均值是2000—2010年可得数据的平均值。这些数据最初是6位数HS代码。我们使用Pierce与Schott(2009)索引表将6位数HS代码转换成6位数NAICS代码。为了构建IO2002关税水平，当使用Wright方法校正中间投入品时，我们使用相同的BEA索引表从HS6转换成IO2002，正如前文的B.3节第3步所描述的那样。

B.6 行业层面的协变量

交易成本。行业层面的运费和关税是根据我们刚刚在B.5节介绍的行业—国家序列，但是需要对所有出口国取平均值计算得出。在NAICS和IO2002情况下，运输成本和关税的数据在一些行业是缺失的。对于这些行业，我们计算的值等于与该行业拥有相同前四位数字的行业的运输成本和关税的加权值，或者（如果第四位数字仍然缺失）相同的前三位数字，使用行业装运值作为权重。

研发强度。我们在Nunn与Trefler(2013b)基础上建立了研发强度。Nunn与Trefler(2013b)运用1998—2006年毕威迪的环球数据库的美国企业数据计算了年度研发支出与年度销售总额的比值。这些原始数据是IO1997行业的数据。为了获得IO2002的数据，我们按照Antràs和Chor(2013)的方法，通过NAICS行业代码，提出了根据IO1997得到IO2002数据的方式。更具体地说，2000—2005年，每个IO2002行业的研发强度计算为构成的IO1997行业的log(0.001+研发/销售)加权平均值，其中权重为在1997年美国投入产出表的行业产出值。经过上述计算方法以后，还剩下13个IO2002行业缺少研发强度值。我们使用上述交易成本的类似计算方法求出剩下13个IO2002代码的研发强度（基于相同前4位数或者3位数的IO2002代码的研发强度）。这为"销售"部门的研发强度得到了一个完整序列。在许多方程中，我们改用行业商品的"买方平均"研发强度作为衡量标准。这个变量的买家形式表示为购买该商品(称这个商品为 v)的行业研发强度的加权平均值,其权重等于 2002 年美国投入产出表里的这些购买部门对产品 v 的投入品购买程度。6 位数 NAICS 代码的研发强度的构建方法是类似的,虽然在估算缺失值时我们也使用了邓希炜(Heiwai Tang)提出的 4 位数和 3 位数研发强度衡量标准。在写本书的后期,达文·卓尔(Davin Chor)提醒我,在 IO2002 数据库里,只有一个行业(IO334411,"电子管制造")的研发支出与销售的比例较高。这个比例等于 660,和其他部门相比,它是一个明显的异常值,因此需要谨慎对待。幸运的是,当从分析中剔除该行业时,本书提到的所有结果几乎不受影响。

资本和技能密集度。这些数据是从 NBER-CES 制造业数据库(Becker et al.,2009)中获得的。技能密集度是非生产工人除以总就业人数的对数。物质资本密集度是每个工人的实际资本存量的对数。设备资本密集度和工厂资本密集度分别为每个工人的设备和工厂的资本存量的对数。NBER-CES 数据最初是 6 位数 NAICS 代码,所以与关联方贸易数据库的匹配只需要对五个以 5 位数 NAICS 代码记录的制造行业的贸易数据进行轻微的调整(如前面 B.1 节所解释的)。对于关联方贸易数据,我们运用在 B.2 节中描述的方法,将这些行业匹配到 IO2002 代码。对于每个要素强度变量,取 2000—2005 年的年度数值的简单平均值,我们可以得到卖方行业的衡量标准。而买方的平均要素强度是用前文介绍的买方平均研发强度的相同方法来计算的。

详细的设备资本密集度。在一些方程中,我们将资本设备强度分为费用对不同行业的影响:(1)汽车和卡车的高速公路使用;(2)计算机和附属数据处理设备;(3)所有其他机械和设备计算机。这些数据是从以 6 位数 NAICS 代码记录的制造业年度(2002—2010)调查数据得到的。如前文所述,当讨论 2010—2011 年装运量(这也来源于 ASM)数据时,我们发现 88 个行业的资本支出是以合并的 5 位数 NAICS 代码来记录的。为了使这些行业也是 6 位数代码形式,对于 88 个行业的每一个行业,我们运用与行业装运量同样的方法，其中以从 NBER-CES 数据库得到的整体设备支出作为权重。汽车、计算机和其他设备强度的最终衡量标准是将这些类型的资本支出除以工资再取对数。IO2002 的这些变量的数值是通过按照上面描述的 BEA 索引表筛选这些变量得到的，而这些变量的"买方平均"形式是运用与研发强度及资本与技术强度的相同方法得到的。

生产率离散度。正如 Antràs 与 Chor（2013）所述，我们在 Nunn 与 Trefler（2008）的基础上建立了生产率离散度。Nunn 与 Trefler（2008）为每一个 HS6 编码建立了离散度，该数据等于 2000 年美国各港口地点和目的国 HS10 子编码对数出口的标准差，这些数据来自美国商务部。我们将每个 HS6 编码的离散值关联到每个 HS10 子编码。本书使用 IO-HS 索引表，求出在 HS10 组成编码上离散度的贸易加权平均值，将这些数值匹配到 IO2002 行业；而这里用到的权重等于 1989—2006 年每个 HS10 编码的美国进口总值，这种方法来自 Feenstra、Romails 和 Schott（2002）。运用上面描述的交易成本和研发强度的类似方法，我们可以求出剩余 13 个 IO2002 代码的离散度。6 位数 NAICS 代码的生产率或规模离散度衡量的构建方法与研发强度的构建方法是类似的，它使用涵盖 5 位数或者 4 位数行业的数值来推测那些缺失值。

需求弹性。IO2002 层面的美国需求弹性是按照 Antràs 和 Chor（2013）计算的。我们一开始使用的是 Broda 和 Weinstern（2006）计算的 HS10 产品的美国进口需求弹性。这与 Pierce 和 Schott（2009）的每个 HS10 编码合并在一起。对于每一个缺失弹性值的 HS10 编码，我们赋予它的数值为前 9 位数编码相同的 HS10 编码的贸易加权平均弹性。依次处理前两位相同的 HS10 编码，求出尽可能多的 HS10 的需求弹性。我们使用 BEA 提供的 IO-HS 索引表和 2002 年美国投入产出表，在每一个 IO2002 类别里，求出 HS10 弹性贸易加权平均值。根据 Feenstra 等（2002）的计算，在每一个阶段，使用的权重等于 1989—2006 年 HS10 编码的美国进口总额。基于同样的 HS10 弹性，6 位数 NAICS 代码的美国需求弹性是根据类似的 HS10 弹性方法来计算的,运用了 Pierce 与 Schott(2009)的 HS-NAICS 索引表来计算 6 位数 NAICS 代码的平均值。在这两种情况下,经过以上处理方法后,还剩下一些没有弹性数值的行业。这些部门的数值是按照与上述其他变量相同的方法推算的,使用的数据包括 5 位数或 4 位数的部门。最后,为了计算"买方平均"的需求弹性,我们取购买投入品的行业的弹性加权平均值,其中权重等于 2002 年美国投入产出表中得到的投入品购买的价值。这和用来构建研发、资本和技能强度的买方形式的方法是一样的。

投入可替代性。我们从 Broda 和 Weinstein(2006)计算的进口需求弹性开始,但这次我们使用他们在 SITC 第 3 次修订的 3 位数层面(而不是 10 位数 HS 层面)的计算方法。正如他们的论文中所记录的(尤其是其脚注 22),这些弹性部分是根据 HS10 产品编码中(位于每个 SITC3 位数标题下)所看到的替代来估计的。在假设每个 SITC 3 位数类别中的 HS10 产品作为生产投入品一起使用的情况下,这些数值也提供了各投入品之间替代程度的信息。3 位数 SITC 弹性是通过以下这个方法匹配到 IO2002 代码的:首先运用 Feenstra、Romails 和 Schott(2002)的索引表将他们匹配到 HS 代码,然后运用 BEA 提供的索引表将 HS 代码匹配到 IO 代码。

专用性。该指标的测算借鉴了 Antràs 和 Chor(2013),而他们的研究基于 Rauch(1999)和 Nunn(2007)。对于每个 IO2002 行业,根据 Rauch(1999)的"自由"分类,HS10 的组成编码被划分为既不参照定价也不在有组织的交易所进行交易。一开始的 Rauch(1999)分类适用于 SITC 第 2 次修订的产品,通过使用从 Feenstra、Romalis 和 Schott(2002)的美国进口中获得的匹配方法,将这些产品与 HS10 编码相关联。这一份额的值越高,就意味着行业生产更多差异化的产品,而在投入品背景下,我们认为该程度和专用性相关。

合同化。我们实证检验了 IO2002 行业层面的四项合同化标准。"Nunn 合同化"是 Antràs 和 Chor(2013)按照 Nunn(2007)的方法,从

2002年美国投入产出表中计算出来的。我们从上述专用性的 Rauch-Nunn 部门衡量开始。然后，对于每个 IO2002 行业，我们计算该行业使用投入品的专用性加权平均值，其中权重对应着每种投入品占行业总投入品采购的份额。我们用 1 减去这个份额作为每一个 IO2002 行业的"Nunn 合同化"指数。Levchenko 和 Costinot 的合同化是从 Chor(2010) 得到的，他们是分别按照 Levchenko(2007) 和 Costinot(2009) 的方法建立的。统一这两种测算使得在正式合同的执行中，数值较高意味着较高的合同化或者较低的依赖性。特别地，Levchenko 合同化计算成中间投入品使用的 Herfindahl 指数 [而不是像 Levchenko(2007) 那样减去 Herfindahl 数值]，而 Costinot 合同化等于 Costinot(2009) 中复杂度测量的负值。Chor(2010) 根据 1987 年标准行业分类(SIC) 计算了 Levchenko 和 Nunn 的指标。我们使用美国人口普查地图索引表将他们转换成 NAICS 代码，之后使用 NAICS-IO2002BEA 索引表将上述指标转换成 IO2002 层面的变量。[①]最后，BJRS 合同化对应的是 Bernard 等(2010) 中的中介指标，该指标是从美国编制的数据中，求出 1997 年批发业的企业就业率的加权平均值，其中使用每个企业的进口份额作为权重。本书使用的是 Antràs 和 Chor(2013) 建立的该变量的 IO2002 版(更多细节见他们的数据附录)。

我们也运用了与前文计算买方平均研发密集度、资本和技能密集度相同的方法，测算了这四种合同化指标中每种买方的平均合同化指数。

融资和劳动力合同化。Rajan 和 Zingales(1998) 外部依赖度测算，Braun(2002) 有形资产测算，以及 Cunat 和 Melitz(2012) 销售波动测算都借鉴了 Chor(2010)，他是在 1987 年 SIC 水平上求出这些指标。和前面讨论的 Levchenko 和 Costinot 合同化变量一样，我们按照美国人口普查局的索引表将以上这些指标匹配成 NAICS 代码，然后使用 NAICS-IO2002 BEA 索引表将前文这些指标转换成 IO2002 层面的变量。

---

① 见 http://www.census.gov/eos/www/naics/concordances/concordances.html。

　　下游度。如 Antràs 和 Chor(2013)所介绍的,这个变量是根据 2002 年美国投入产出表的数据计算得来的,表示在价值链中,行业产出被使用(即,作为最终消费者、作为其他行业的直接投入、作为服务于其他行业的直接投入的行业的直接投入等)的平均位置的加权指数,其中权重是在该位置下该行业产出使用与行业总产出的比率。接下来,我将为感兴趣的读者提供更多细节。回顾投入产出的基本性质:

$$Y_i = F_i + Z_i$$

其中,Y_i 是在行业 i 中的总产出,F_i 是 i 的产出投入到最终消费和投资的总和("最终使用"),Z_i 是 i 的产出作为其他行业的投入(或者该行业的总使用作为投入)。世界上总共有 N 个行业,这个恒等式可以扩展如下:

$$Y_i = F_i + \underbrace{\sum_{j=1}^{N} d_{ij} F_j}_{i\text{作为投入的直接使用}} + \underbrace{\sum_{j=1}^{N}\sum_{k=1}^{N} d_{ik} d_{kj} F_j + \sum_{j=1}^{N}\sum_{k=1}^{N}\sum_{l=1}^{N} d_{il} d_{lk} d_{kj} F_j + \cdots,}_{i\text{作为投入的间接使用}}$$

$$(B.1)$$

其中 d_{ij} 表示 (i,j) 一对行业,$1 \leqslant i, j \leqslant N$,表示为了生产价值 1 美元的行业 j 的产出,用于投入的 i 的数值。在建立这个恒等式时,Antràs 和 Chor(2013)建议通过将公式(B.1)中的每一项乘以它们与最终使用的距离加 1,再除以 Y_i 来计算在价值链中行业产出的(加权)平均位置:

$$U_i = 1 \cdot \frac{F_i}{Y_i} + 2 \cdot \frac{\sum_{j=1}^{N} d_{ij} F_j}{Y_i}$$

$$+ 3 \cdot \frac{\sum_{j=1}^{N}\sum_{k=1}^{N} d_{ik} d_{kj} F_j}{Y_i}$$

$$+ 4 \cdot \frac{\sum_{j=1}^{N}\sum_{k=1}^{N}\sum_{l=1}^{N} d_{il} d_{lk} d_{kj} F_j}{Y_i} + \cdots \qquad (B.2)$$

显而易见,$U_i \geqslant 1$,U_i 越高,行业 i 的使用的上游度水平就越高。虽然计算式(B.2)可能需要计算一个无穷级数,但是注意到,如果对于所有 (i,j),

都有 $d_{ij} < 1$（一个自然假设），上述的分子等于 $N \times 1$ 维矩阵 $[1-D]^{-2}F$ 的第 i 个元素，其中，D 是一个 $N \times N$ 维矩阵，它的 (i, j) 个元素等于 d_{ij}；F 是一个列向量，F_i 在第 i 行。[①] 为了得到下游度（而不是上游度），Antràs 和 Chor（2013）只是求了 U_i 的倒数，这个倒数必然落在区间 $[0, 1]$ 上。Antràs 等（2012）讨论了这个下游度其他有趣的特点。

B.7　国家层面的协变量

要素相对充裕度。物质资本丰裕度等于 2000—2005 年平均每个工人物质资本的对数。物质资本是达文·卓尔根据佩恩表（Penn World Table）（7.1 版）使用永续盘存法计算的。技能充裕度是由所有受教育水平（初等、中等和高等）的平均受教育年限来衡量的，该指标是基于 Barro 和 Lee（2013）数据库，取 2000 年和 2005 年的平均值。

法治。法治国家是从世界治理指标获得的（见 Kaugmann et al., 2010）。年度指数范围是从 −2.5 到 2.5，取 2000—2005 年的平均值。

金融发展。银行业提供的个人信贷是由 GDP 的百分比来衡量的，它是根据世界银行的世界发展指标数据，取 2000—2005 年的平均值。

劳动力市场灵活性。这相当于 Cuñat 和 Melitz（2012）用到的 2004 年国家劳动力市场灵活性指数。它最初是由世界银行根据 Botero 等（2004）开发的。

人均 GDP。根据佩恩表（7.1 版），以 2005 年美元不变值，由实际人均 GDP 的对数来计算的，取 2000—2005 年的平均值。

---

① 因为 $Y = [1-D]^{-1}F$，这个分子也等于 $N \times 1$ 矩阵 $[1-D]^{-1}Y$ 第 i 个元素，其中 Y 是一个列矩阵，Y_i 位于第 i 行。

参考文献

Acemoglu, D., Antràs, P., and Helpman, E. (2007). "Contracts and Technology Adoption," *American Economic Review* **97**(3), 916 – 943.

Aghion, P., Dewatripont, M., and Rey, P. (1994). "Renegotiation Design with Unverifiable Information," *Econometrica* **62** (2), 257.

Aghion, P. and Tirole, J. (1997). "Formal and Real Authority in Organizations," *Journal of Political Economy* **105**(1), 1 – 29.

Ahn, J. (2011). A Theory of Domestic and International Trade Finance, IMF Working Paper 11/262, International Monetary Fund.

Albornoz, F., Calvo Pardo, H. F., Corcos, G., and Ornelas, E. (2012). "Sequential Exporting," *Journal of International Economics* **88**(1), 17 – 31.

Alfaro, L., Conconi, P., Fadinger, H., and Newman, A. F. (2014). "Do Prices Determine Vertical Integration?" *National Bureau of Economic Research Working Paper Series* **No.16118**.

Amiti, M. and Davis, D. R. (2012). "Trade, Firms, and Wages: Theory and Evidence," *Review of Economic Studies* **79**(1), 1 – 36.

Amiti, M. and Weinstein, D. E. (2011). "Exports and Financial Shocks," *Quarterly Journal of Economics* **126**(4), 1841 – 1877.

Anderson, J. E. and Marcouiller, D. (2002). "Insecurity and the Pattern of Trade: An Empirical Investigation," *Review of Economics and Statistics* **84**(2), 342 – 352.

Anderson, J. E. and Marcouiller, D. (2005). "Anarchy and Autarky: Endogenous Predation as a Barrier to Trade," *International Economic Review* **46** (1), 189 – 213.

Anderson, J. E. and van Wincoop, E. (2003). "Gravity with Gravitas: A Solution to the Border Puzzle," *American Economic Review* **93**(1), 170 – 192.

Antràs, P. (2003). "Firms, Contracts, and Trade Structure," *Quarterly Journal of Economics* **118**(4), 1375 – 1418.

Antràs, P. (2005). "Incomplete Contracts and the Product Cycle," *American Economic Review* **95**(4), 1054 – 1073.

Antràs, P. (2014). "Grossman-Hart(1986) Goes Global: Incomplete Contracts, Property Rights, and the International Organization of Production," *Journal of Law, Economics, and Organization* **30**(suppl 1), i118 - i175.

Antràs, P. and Chor, D. (2013). "Organizing the Global Value Chain, " *Econometrica* **81**(6), 2127 - 2204.

Antràs, P., Chor, D., Fally, T., and Hillberry, R. (2012). "Measuring the Upstreamness of Production and Trade Flows, " *American Economic Review* **102**(3), 412 - 416.

Antràs, P. and Costinot, A. (2011). "Intermediated Trade, " *Quarterly Journal of Economics* **126**(3), 1319 - 1374.

Antràs, P. and Foley, F. (forthcoming). "Poultry in Motion: A Study of International Trade Finance Practices," *Journal of Political Economy* **123**(4).

Antràs, P., Fort, T. C., and Tintelnot, F. (2014). "The Margins of Global Sourcing: Theory and Evidence from U. S. Firms. " NBER Working Paper 20772. Work in Progress.

Antràs, P., Garicano, L., and Rossi-Hansberg, E. (2006). "Offshoring in a Knowledge Economy," *Quarterly Journal of Economics* **121**(1), 31 - 77.

Antràs, P., and Helpman, E. (2004). "Global Sourcing, " *Journal of Political Economy* **112**(3), 552 - 580.

Antràs, P. and Helpman, E. (2008). "Contractual Frictions and Global Sourcing, " in *The Organization of Firms in a Global Economy*, Cambridge, MA: Harvard University Press.

Antràs, P. and Rossi-Hansberg, E. (2009). "Organizations and Trade, " *Annual Review of Economics* **1**(1), 43 - 64.

Antràs, P. and Staiger, R. W. (2012*a*). "Offshoring and the Role of Trade Agreements," *American Economic Review* **102**(7), 3140 - 3183.

Antràs, P. and Staiger, R. W. (2012*b*). "Trade Agreements and the Nature of Price Determination," *American Economic Review* **102**(3), 470 - 476.

Antràs, P. and Yeaple, S. (2013), "Multinational Firms and International Trade Structure, " in *Handbook of International Economics*, Vol. 4. Amsterdam: Elsevier.

Araujo, L. F., Mion, G., and Ornelas, E. (2012), Institutions and Export Dynamics, Technical report, London School of Economics Working Paper.

Arkolakis, C., Costinot, A., and Rodríguez-Clare, A. (2012). "New Trade Models, Same Old Gains?" *American Economic Review* **102**(1), 94 - 130.

Arkolakis, C., Demidova, S., Klenow, P. J., and Rodríguez-Clare, A. (2008).

"Endogenous Variety and the Gains from Trade," *American Economic Review* **98**(2), 444 – 450.

Atalay, E., Hortacsu, A., and Syverson, C. (2013). "Vertical Integration and Input Flows." Mimeo, University of Chicago.

Aumann, R. J. and Shapley, L. S. (1974). *Values of Non-Atomic Games*, Princeton, NJ: Princeton University Press.

Bagwell, K. and Staiger, R. W. (1999), "An Economic Theory of GATT," *American Economic Review* **89**(1), 215 – 248.

Bagwell, K. and Staiger, R. W. (2001). "Domestic Policies, National Sovereignty, and International Economic Institutions," *Quarterly Journal of Economics* **116**(2), 519 – 562.

Baker, G. P. and Hubbard, T. N. (2003). "Make Versus Buy in Trucking: Asset Ownership, Job Design, and Information," *American Economic Review* **93**(3), 551 – 572.

Baldwin, R. E. and Forslid, R. (2010). "Trade Liberalization with Heterogeneous Firms," *Review of Development Economics* **14**(2), 161 – 176.

Bardhan, P., Mookherjee, D., and Tsumagari, M. (2013). "Middlemen Margins and Globalization," *American Economic Journals: Micro* **5** (4), 81 – 119.

Barro, R. J. and Lee, J. W. (2013). "A New Dataset of Educational Attainment in the World, 1950—2010," *Journal of Development Economics* **104**, 184 – 198.

Basco, S. (2013). "Financial Development and the Product Cycle," *Journal of Economic Behavior & Organization* **94**, 295 – 313.

Bauer, C. J. and Langenmayr, D. (2013). "Sorting into Outsourcing: Are Profits Taxed at a Gorilla's Arm's Length?" *Journal of International Economics* **90**(2), 326 – 336.

Becker, R. A., Gray, W. B., and Marvakov, J. (2009). *NBER-CES manufacturing industry database*, National Bureau of Economic Research.

Behar, A. and Freund, C. (2011). "Factory Europe? Brainier but not Brawnier, " Unpublished Manuscript.

Berkowitz, D., Moenius, J., and Pistor, K. (2006). "Trade, Law, and Product Complexity, " *Review of Economics and Statistics* **88**(2), 363 – 373.

Bernard, A. B., Eaton, J., Jensen, J. B., and Kortum, S. (2003). "Plants and Productivity in International Trade," *American Economic Review* **93**(4),

1268 – 1290.

Bernard, A. B., Jensen, J. B., Redding, S. J., and Schott, P. K. (2007). "Firms in International Trade," *Journal of Economic Perspectives* **21**(3), 105 – 130.

Bernard, A. B., Jensen, J. B., Redding, S. J., and Schott, P. K. (2009). "The Margins of U. S. Trade," *American Economic Review* **99**(2), 487 – 493.

Bernard, A. B., Jensen, J. B., Redding, S. J., and Schott, P. K. (2010). "Intrafirm Trade and Product Contractibility, " *American Economic Review* **100**(2), 444 – 448.

Bernard, A. B., Jensen, J. B., Redding, S. J., and Schott, P. K. (2012). "The Empirics of Firm Heterogeneity and International Trade," *Annual Review of Economics* **4**(1), 283 – 313.

Bernard, A. B., Jensen, J. B., and Schott, P. K. (2009). "Importers, Exporters, and Multinationals: A Portrait of Firms in the U. S. that Trade Goods," in T. Dunne, J. B. Jensen, and M. J. Roberts, eds. *Producer Dynamics: New Evidence from Micro Data*, NBER.

Bhagwati, J. and Ramaswami, V. K. (1963). "Domestic Distortions, Tariffs and the Theory of Optimum Subsidy, " *Journal of Political Economy* **71** (1), 44 – 50.

Blaum, J., Lelarge, C., and Peters, M. (2013). "Non-Homothetic Import Demand: Firm Productivity and Quality Bias," Unpublished paper.

Botero, J. C., Djankov, S., La Porta, R. L., Lopez-de Silanes, F., and Shleifer, A. (2004). "The Regulation of Labor, " *Quarterly Journal of Economics* **119**(4), 1339 – 1382.

Braun, M. (2002). "Financial Contractibility and Assets' Hardness: Industrial Composition and Growth. " Mimeo, Harvard University.

Bresnahan, T. and Levin. J. (2012), "Vertical Integration and Market Structure, " in *The Handbook of Organizational Economics*, Princeton, NJ: Princeton University Press.

Broda, C. and Weinstein, D. E. (2006). "Globalization and the Gains from Variety, "*Quarterly Journal of Economics* **121**(2), 541 – 585.

Campa, J. M. and Goldberg, L. S. (1997). "The Evolving External Orientation of Manufacturing: A Profile of Four Countries," *Federal Reserve Bank of New York Economic Policy Review* **3**, 53 – 81.

Carluccio, J. and Bas, M. (forthcoming). "The Impact of Worker Bargaining Power on the Organization of Global Firms, " *Journal of International Economics*.

Carluccio, J. and Fally, T. (2011). "Global Sourcing under Imperfect Capital Markets, " *Review of Economics and Statistics* **94**(3), 740 – 763.

Chaney, T. (2008). "Distorted Gravity: The Intensive and Extensive Margins of International Trade, " *American Economic Review* **98**(4), 1707 – 1721.

Chen, H., Kondratowicz, M., and Yi, K. -M. (2005). "Vertical Specialization and Three Facts about U. S. International Trade," *North American Journal of Economics and Finance* **16**(1), 35 – 59.

Chen, Y. and Feenstra, R. C. (2008). "Buyer Investment, Export Variety and Intrafirm Trade, " *European Economic Review* **52**(8), 1313 – 1337.

Chor, D. (2010). "Unpacking Sources of Comparative Advantage: A Quantitative Approach, "*Journal of International Economics* **82**(2), 152 – 167.

Clermont, K. M. and Eisenberg, T. (2007). "Xenophilia or Xenophobia in U. S. Courts? Before and After 9/11," *Journal of Empirical Legal Studies* **4**(2), 441 – 464.

Coase, R. H. (1937). "The Nature of the Firm, " *Economica* **4**(16), 386 – 405.

Conconi, P., Legros, P., and Newman, A. F. (2012). "Trade Liberalization and Organizational Change," *Journal of International Economics* **86**(2), 197 – 208.

Corcos, G., Irac, D. M., Mion, G., and Verdier, T. (2013). "The Determinants of Intrafirm Trade: Evidence from French Firms," *Review of Economics and Statistics* **95**(3), 825 – 838.

Costinot, A. (2009). "On the Origins of Comparative Advantage, " *Journal of International Economics* **77**(2), 255 – 264.

Costinot, A., Oldenski, L., and Rauch, J. (2011). "Adaptation and the Boundary of Multinational Firms," *Review of Economics and Statistics* **93**(1), 298 – 308.

Costinot, A. and Rodríguez-Clare, A. (2013). "Trade Theory with Numbers: Quantifying the Consequences of Globalization," in *Handbook of International Economics*, Amsterdam: Elsevier.

Cuñat, A. and Melitz, M. J. (2012). "Volatility, Labor Market Flexibility, and the Pattern of Comparative Advantage, " *Journal of the European*

Economic Association **10**(2), 225 – 254.

Davidson, W. H. and McFetridge, D. G. (1984). "International Technology Transactions and the Theory of the Firm," *Journal of Industrial Economics* **32**(3), 253 – 264.

Davis, D. R. and Weinstein, D. E. (2001). "An Account of Global Factor Trade," *American Economic Review* **91**(5), 1423 – 1453.

Deardorff, A. V. (2001). "Fragmentation in Simple Trade Models," *North American Journal of Economics and Finance* **12**(2), 121 – 137.

Defever, F. and Toubal, F. (2013). "Productivity, Relationship-Specific Inputs and the Sourcing Modes of Multinationals," *Journal of Economic Behavior & Organization* **94**, 345 – 357.

Delgado, M. A., Fariñas, J. C., and Ruano, S. (2002). "Firm Productivity and Export Markets: A Non-parametric Approach," *Journal of International Economics* **57**(2), 397 – 422.

Demidova, S. and Rodríguez-Clare, A. (2009). "Trade Policy under Firm-level Heterogeneity in a Small Economy," *Journal of International Economics* **78**(1), 100 – 112.

Demidova, S. and Rodríguez-Clare, A. (2013). "The Simple Analytics of the Melitz Model in a Small Economy," *Journal of International Economics* **90**(2), 266 – 272.

Díez, F. J. (2014). "The Asymmetric Effects of Tariffs on Intra-firm Trade and Offshoring Decisions," *Journal of International Economics* **93**(1), 76 – 91.

Dixit, A. K. and Stiglitz, J. E. (1977). "Monopolistic Competition and Optimum Product Diversity," *American Economic Review* **67**(3), 297 – 308.

Djankov, S., La Porta, R., Lopez-De-Silanes, F., and Shleifer, A. (2003). "Courts," *Quarterly Journal of Economics* **118**(2), 453 – 517.

Du, J., Lu, Y., and Tao, Z. (2009). "Bi-sourcing in the Global Economy," *Journal of International Economics* **77**(2), 215 – 222.

Dunning, J. H. (1981), *International Production and the Multinational Enterprise*, Crows Nest, Australia: Allen & Unwin.

Eaton, J. and Kortum, S. (2002). "Technology, Geography, and Trade," *Econometrica* **70**(5), 1741 – 1779.

Eaton, J., Kortum, S., and Kramarz, F. (2011). "An Anatomy of International Trade: Evidence from French Firms," *Econometrica* **79**(5), 1453 –

1498.

Ethier, W. J. (1986). "The Multinational Firm, " *Quarterly Journal of Economics* **101**(4), 805 – 833.

Ethier, W. J. (2001). "Dixit-Stiglitz, Trade and Growth," in S. Brakman and B. J. Heijdra, eds., *The Monopolistic Competition Revolution in Retrospect*, Cambridge, UK: Cambridge University Press.

Ethier, W. J. and Markusen, J. R. (1996). "Multinational Firms, Technology Diffusion and Trade," *Journal of International Economics* **41**(1 – 2), 1 – 28.

Fally, T. (2012). *Production Staging: Measurement and Facts*. Mimeo, University of Colorado.

Federico, S. (2010). "Outsourcing versus Integration at Home or Abroad and Firm Heterogeneity," *Empirica* **37**(1), 47 – 63.

Feenstra, R. C. (1998). "Integration of Trade and Disintegration of Production in the Global Economy, " *Journal of Economic Perspectives* **12**(4),31 – 50.

Feenstra, R. C. (2011), *Offshoring to China: The Local and Global Impacts of Processing Trade*. University of International Business and Economics, Beijing.

Feenstra, R. C. and Hanson, G. H. (1996*a*), "Foreign Investment, Outsourcing and Relative Wages," in R. Feenstra, G. Grossman, and D. Irwin, eds., *The Political Economy of Trade Policy: Papers in Honor of Jagdish Bhagwati*, Cambridge, MA: MIT Press.

Feenstra, R. C. and Hanson, G. H. (1996*b*). "Globalization, Outsourcing, and Wage Inequality," *American Economic Review* **86**, 240 – 245.

Feenstra, R. C. and Hanson, G. H. (2005). "Ownership and Control in Outsourcing to China: Estimating the Property-Rights Theory of the Firm," *Quarterly Journal of Economics* **120**(2), 729 – 761.

Feenstra, R. C., Romalis, J., and Schott, P. K. (2002). U. S. Imports, Exports, and Tariff Data, 1989 – 2001, Working Paper 9387, National Bureau of Economic Research.

Felbermayr, G., Jung, B., and Larch, M. (2013). "Optimal Tariffs, Retaliation, and the Welfare Loss from Tariff Wars in the Melitz Model," *Journal of International Economics* **89**(1), 13 – 25.

Fernandes, A. and Tang, H. (2010). "The Determinants of Vertical Integration in Export Processing: Theory and Evidence from China," *SSRN eLibrary*.

Foley, C. F., Chen, M., Johnson, M., and Meyer, L. (2009). "Noble Group." HBS Case Study 210 – 021.

Fort, T. C. (2014). Technology and Production Fragmentation: Domestic versus Foreign Sourcing, Working Paper 13 – 35, Dartmouth College.

Gans, J. S. and Shepherd, G. B. (1994). "How Are the Mighty Fallen: Rejected Classic Articles by Leading Economists," *Journal of Economic Perspectives* **8**(1), 165 – 179.

Garetto, S. (2013). "Input Sourcing and Multinational Production," *American Economic Journal: Macroeconomics* **5**(2), 118 – 151.

Gennaioli, N. (2013). "Optimal Contracts with Enforcement Risk," *Journal of the European Economic Association* **11**(1), 59 – 82.

Gil, R. (2007). "'Make-or-Buy' in Movies: Integration and Ex-Post Renegotiation," *International Journal of Industrial Organization* **25**(4), 643 – 655.

Goldberg, P. K., Khandelwal, A. K., Pavenik, N., and Topalova, P. (2010). "Imported Intermediate Inputs and Domestic Product Growth: Evidence from India," *Quarterly Journal of Economics* **125**(4), 1727 – 1767.

Gopinath, G. and Neiman, B. (2014). "Trade Adjustment and Productivity in Large Crises," *American Economic Review* **104**(3), 793 – 831.

Grossman, G. M. and Helpman, E. (2002). "Integration versus Outsourcing in Industry Equilibrium," *Quarterly Journal of Economics* **117**(1), 85 – 120.

Grossman, G. M. and Helpman, E. (2003). "Outsourcing versus FDI in Industry Equilibrium," *Journal of the European Economic Association* **1** (2 – 3), 317 – 327.

Grossman, G. M. and Helpman, E. (2005). "Outsourcing in a Global Economy," *Review of Economic Studies* **72**(1), 135 – 159.

Grossman, G. M. and Rossi-Hansberg, E. (2008). "Trading Tasks: A Simple Theory of Offshoring," *American Economic Review* **98**(5), 1978 – 1997.

Grossman, S. J. and Hart, O. D. (1986). "The Costs and Benefits of Ownership: A Theory of Vertical and Lateral Integration," *Journal of Political Economy* **94**(4), 691 – 719.

Guadalupe, M., Kuzmina, O., and Thomas, C. (2012). "Innovation and Foreign Ownership, " *American Economic Review* **102**(7), 3594 – 3627.

Halpern, L., Koren, M., and Szeidl, A. (2011). "Imported Inputs and Productivity," Working Paper, CEU **8**, 28.

Harrison, A. and Scorse, J. (2010). "Multinationals and Anti-Sweatshop Activism," *American Economic Review* **100**(1), 247 – 273.

Hart, O. (1995), *Firms, Contracts, and Financial Structure*, Oxford, UK: Oxford University Press.

Hart, O. and Holmstrom, B. (2010). "A Theory of Firm Scope," *Quarterly Journal of Economics* **125**(2), 483 – 513.

Hart, O. and Moore, J. (1990). "Property Rights and the Nature of the Firm," *Journal of Political Economy* **98**(6), 1119 – 1158.

Hart, O. and Moore, J. (1994). "A Theory of Debt Based on the Inalienability of Human Capital," *Quarterly Journal of Economics* **109**(4), 841 – 879.

Helleiner, G. K. and Lavergne, R. (1979). "Intra-Firm Trade and Industrial Exports to the United States," *Oxford Bulletin of Economics and Statistics* **41**(4), 297 – 311.

Helpman, E. (1984). "A Simple Theory of International Trade with Multinational Corporations," *Journal of Political Economy* **92**(3), 451 – 471.

Helpman, E. (2006). "Trade, FDI, and the Organization of Firms," *Journal of Economic Literature* **44**(3), 589 – 630.

Helpman, E., Itskhoki, O., and Redding, S. (2010). "Inequality and Unemployment in a Global Economy," *Econometrica* **78**, 1239 – 1283.

Helpman, E. and Krugman, P. (1985). *Market Structure and Foreign Trade: Increasing Returns, Imperfect Competition, and the International Economy*, Cambridge, MA: MIT Press.

Helpman, E., Melitz, M. J., and Yeaple, S. R. (2004). "Export versus FDI with Heterogeneous Firms," *American Economic Review* **94**(1), 300 – 316.

Helpman, E., Melitz, M., and Rubinstein, Y. (2008). "Estimating Trade Flows: Trading Partners and Trading Volumes," *Quarterly Journal of Economics* **123**(2), 441 – 487.

Hoefele, A., Schmidt-Eisenlohr, T., and Yu, Z. (2013), Payment Choice in International Trade: Theory and Evidence from Cross-country Firm Level Data, CESifo Working Paper Series 4350, CESifo Group Munich.

Holmstrom, B. (1982). "Moral Hazard in Teams," *Bell Journal of Economics* **13**(2), 324.

Hummels, D. (2007). "Transportation Costs and International Trade in the Second Era of Globalization," *Journal of Economic Perspectives* **21**(3), 131 – 154.

Hummels, D., Ishii, J., and Yi, K. -M. (2001). "The Nature and Growth of Vertical Specialization in World Trade," *Journal of International Economics* **54**, 75 – 96.

Johnson, R. C. and Noguera, G. (2012*a*). "Accounting for Intermediates: Production Sharing and Trade in Value Added," *Journal of International Economics* **86**(2), 224 – 236.

Johnson, R. C. and Noguera, G. (2012*b*). Fragmentation and Trade in Value Added over Four Decades, Working Paper, Dartmouth College.

Jones, R. W. (2000). *Globalization and the Theory of Input Trade*, Cambridge, MA: MIT Press.

Jones, R. W. and Neary, P. (1984). "The Positive Theory of International Trade," in R. W. Jones and P. B. Kenen, eds., *Handbook of International Economics*, Vol. 1, Amsterdam: Elsevier, pp. 1 – 62.

Joskow, P. L. (1985). "Vertical Integration and Long-Term Contracts: The Case of Coal-Burning Electric Generating Plants," *Journal of Law, Economics, & Organization* **1**(1), 33 – 80.

Joskow, P. L. (1987). "Contract Duration and Relationship-Specific Investments: Empirical Evidence from Coal Markets," *American Economic Review* **77**(1), 168 – 185.

Jovanovic, B. (1982). "Selection and the Evolution of Industry," *Econometrica* **50**(3), 649.

Kaufmann, D., Kraay, A., and Mastruzzi, M. (2010). "The Worldwide Governance Indicators: Methodology and Analytical Issues," World Bank Policy Research Working Paper 5430.

Keuschnigg, C. and Devereux, M. P. (2013). "The Arm's Length Principle and Distortions to Multinational Firm Organization," *Journal of International Economics* **89**(2), 432 – 440.

Klein. B., Crawford, R. G., and Alchian, A. A. (1978). "Vertical Integration, Appropriable Rents, and the Competitive Contracting Process," *Journal of Law and Economics* **21**(2), 297 – 326.

Knack, S. and Keefer, P. (1995). "Institutions and Economic Performance: Cross-Country Tests Using Alternative Institutional Measures," *Economics*

& *Politics* **7**(3), 207 - 227.

Kogut, B. and Zander, U. (1993). "Knowledge of the Firm and the Evolutionary Theory of the Multinational Corporation," *Journal of International Business Studies* **24**(4), 625 - 645.

Kohler, W. and Smolka, M. (2009). Global Sourcing Decisions and Firm Productivity: Evidence from Spain, CESifo Working Paper Series 2903, CESifo Group Munich.

Kohler, W. and Smolka, M. (2014), "Global Sourcing and Firm Selection," *Economics Letters* **124**(3), 411 - 415.

Koopman, R., Wang, Z., and Wei, S.-J. (2014). "Tracing Value-Added and Double Counting in Gross Exports," *American Economic Review* **104**(2), 459 - 494.

Kremer, M. and Maskin, E. (2006). "Globalization and Inequality," Mimeo, Harvard University.

Krugman, P. (1980). "Scale Economies, Product Differentiation, and the Pattern of Trade," *American Economic Review* **70**(5), 950 - 959.

Krugman, P. R. (1979). "Increasing Returns, Monopolistic Competition, and International Trade," *Journal of International Economics* **9**(4), 469 - 479.

Kuhn, T. S. (1996). *Structure of Scientific Revolutions*, Chicago: University of Chicago Press.

Lafontaine, F. and Slade, M. (2007). "Vertical Integration and Firm Boundaries: The Evidence," *Journal of Economic Literature* **45**(3), 629 - 685.

Lall, S. (1978). "The Pattern of Intra-Firm Exports by U. S. Multinationals," *Oxford Bulletin of Economics and Statistics* **40**(3), 209 - 222.

Lanz, R. and Miroudot, S. (2011). Intra-Firm Trade: Patterns, Determinants and Policy Implications, OECD Trade Policy Paper 114, OECD Publishing.

La Porta, R., Lopez-de Silanes, F., Shleifer, A., and Vishny, R. (1999). "The Quality of Government," *Journal of Law, Economics and Organization* **15**(1), 222 - 279.

Leamer, E. E. (1984). *Sources of International Comparative Advantage: Theory and Evidence*, Cambridge, MA: MIT Press.

Legros, P. and Newman, A. F. (2010). "Competing for Ownership," *Journal of the European Economic Association* **6**(6), 1279 - 1308.

Legros, P. and Newman, A. F. (2013). "A Price Theory of Vertical and Lateral Integration," *Quarterly Journal of Economics* **128**(2), 725 – 770.

Levchenko, A. A. (2007). "Institutional Quality and International Trade," *Review of Economic Studies* **74**(3), 791 – 819.

Li, Z. (2013). "Task Offshoring and Organizational Form: Theory and Evidence from China," *Journal of Economic Behavior & Organization* **94**, 358 – 380.

Lu, D. (2011). "Exceptional Exporter Performance? Evidence from Chinese Manufacturing Firms," Mimeo, University of Rochester.

Manova, K. (2008). "Credit Constraints, Equity Market Liberalizations and International trade," *Journal of International Economics* **76**(1), 33 – 47.

Manova, K, (2013). "Credit Constraints, Heterogeneous Firms, and International Trade," *Review of Economic Studies* **80**(2), 711 – 744.

Mansfield, E. and Romeo, A. (1980). "Technology Transfer to Overseas Subsidiaries by U.S.-Based Firms," *Ouarterly Journal of Economics* **95**(4), 737 – 750.

Mansfield, E., Romeo, A., and Wagner, S. (1979). "Foreign Trade and U. S. Research and Development," *Review of Economics and Statistics* **61**(1), 49 – 57.

Marin, D. and Verdier, T. (2003). "Globalization and the New Enterprise," *Journal of the European Economic Association* **1**(2 – 3), 337 – 344.

Marin, D. and Verdier, T. (2008). "Power Inside the Firm and the Market: A General Equilibrium Approach," *Journal of the European Economic Association* **6**(4), 752 – 788.

Marin, D. and Verdier, T. (2009). "Power in the Multinational Corporation in Industry Equilibrium," *Economic Theory* **38**(3), 437 – 464.

Marin, D. and Verdier, T. (2012). "Globalization and the Empowerment of Talent," *Journal of International Economics* **86**(2), 209 – 223.

Maskin, E. and Tirole, J. (1999). "Unforeseen Contingencies and Incomplete Contracts," *Review of Economic Studies* **66**(1), 83 – 114.

Masten, S. E. (1984). "The Organization of Production: Evidence from the Aerospace Industry," *Journal of Law and Economics* **27**(2), 403 – 417.

McLaren, J. (2000). "Globalization and Vertical Structure," *American Economic Review* **90**(5), 1239 – 1254.

Melitz, M. J. (2003). "The Impact of Trade on Intra-Industry Reallocations and Aggregate Industry Productivity," *Econometrica* **71**(6), 1695 – 1725.

Melitz, M. J. and Ottaviano, G. I. P. (2008). "Market Size, Trade, and Productivity," *Review of Economic Studies* **75**(1), 295 – 316.

Melitz, M. J. and Redding, S. (2013*a*). "Heterogeneous Firms and Trade," in *Handbook of International Economics*, Vol. 4, Amsterdam: Elsevier.

Melitz, M. and Redding, S. (2013*b*). "Firm Heterogeneity and Aggregate Welfare," Mimeo, Harvard University.

Midler, P. (2009). *Poorly Made in China: An Insider's Account of the Tactics Behind China's Production Game*, 1st ed., New York: Wiley.

Milgrom, P. (2000). "Putting Auction Theory to Work: The Simultaneous Ascending Auction," *Journal of Political Economy* **108**(2), 245 – 272.

Miroudot, S., Lanz, R., and Ragoussis, A. (2009). "Trade in Intermediate Goods and Services," OECD Trade Policy Working Papers(93).

Monteverde, K. and Teece, D. J. (1982). "Supplier Switching Costs and Vertical Integration in the Automobile Industry," *Bell Journal of Economics* **13** (1), 206.

Mutreja, P. (2014). "Equipment and Structures Capital: Accounting for Income Differences," *Economic Inquiry* **52**(2), 713 – 731.

Newhouse, J. (2007). *Boeing Versus Airbus: The Inside Story of the Greatest International Competition in Business*, New York: Knopf.

Nguyen, D. X. (2012). "Demand Uncertainty: Exporting Delays and Exporting Failures," *Journal of International Economics* **86**(2), 336 – 344.

Novy, D. (2013). "International Trade without CES: Estimating Translog Gravity," *Journal of International Economics* **89**(2), 271 – 282.

Nunn, N. (2007). "Relationship-Specificity, Incomplete Contracts, and the Pattern of Trade," *Quarterly Journal of Economics* **122**(2), 569 – 600.

Nunn, N. and Trefler, D. (2008). "The Boundaries of the Multinational Firm: An Empirical Analysis," in *The Organization of Firms in a Global Economy*, Cambridge, MA: Harvard University Press, pp. 55 – 83.

Nunn, N. and Trefler, D. (2013*a*). "Domestic Institutions as a Source of Comparative Advantage," in *Handbook of International Economics*, Vol. 4, Amsterdam: North Holland.

Nunn, N. and Trefler. D. (2013*b*). "Incomplete Contracts and the Boundaries of the Multinational firm," *Journal of Economic Behavior & Organization* **94**, 330 – 344.

Olley, G. S. and Pakes, A. (1996). "The Dynamics of Productivity in the Telecommunications Equipment Industry," *Econometrica* **64** (6), 1263 – 1297.

Olsen, M. (2013). "How Firms Overcome Weak International Contract Enforcement: Repeated Interaction, Collective Punishment, and Trade Finance," Working Paper, IESE Barcelona.

Ornelas, E. and Turner, J. L. (2012). "Protection and International Sourcing," *Economic Journal* **122**(559), 26 – 63.

Osborne, M. J. and Rubinstein, A. (1990). *Bargaining and Markets*, Waltham, MA: Academic Press.

Pavcnik, N. (2002). "Trade Liberalization, Exit, and Productivity Improvements: Evidence from Chilean Plants," *Review of Economic Studies* **69** (1), 245 – 276.

Pierce, J. R. and Schott, P. K. (2009). Concording U. S. Harmonized System Categories Over Time, Working Paper 14837, National Bureau of Economic Research.

Puga, D. and Trefler, D. (2002). Knowledge Creation and Control in Organizations, Working Paper 9121, National Bureau of Economic Research.

Puga, D. and Trefler, D. (2010). "Wake Up and Smell the Ginseng: International Trade and the Rise of Incremental Innovation in Low-Wage Countries," *Journal of Development Economics* **91**(1), 64 – 76.

Qiu, L. D. and Spencer, B. J. (2002). "Keiretsu and Relationship-Specific Investment: Implications for Market-Opening Trade Policy," *Journal of International Economics* **58**(1), 49 – 79.

Rajan, R. G. and Zingales, L. (1998). "Financial Dependence and Growth," *American Economic Review* **88**(3), 559 – 586.

Ramondo, N., Rappoport, V., and Ruhl, K. J. (2013). "Horizontal versus Vertical Foreign Direct Investment: Evidence from U. S. Multinationals," Mimeo, NYU Stern.

Rauch, J. E. (1999). "Networks versus Markets in International Trade," *Journal of International Economics* **48**(1), 7 – 35.

Redding, S. J. (2011). "Theories of Heterogeneous Firms and Trade," *Annual Review of Economics* **3**(1), 77 – 105.

Redding, S. and Venables, A. J. (2004). "Economic Geography and International Inequality," *Journal of International Economics* **62**(1), 53 – 82.

Rodrik, D. (2000). "How Far Will International Economic Integration Go?"

Journal of Economic Perspectives **14**(1), 177 – 186.

Romalis, J. (2004). "Factor Proportions and the Structure of Commodity Trade," *American Economic Review* **94**(1), 67 – 97.

Roth, A. E. (1985). "A Note on Risk Aversion in a Perfect Equilibrium Model of Bargaining," *Econometrica* **53**(1), 207 – 211.

Rubinstein, A. (1982). "Perfect Equilibrium in a Bargaining Model," *Econometrica* **50**(1), 97 – 109.

Ruhl, K. (2013). "An Overview of US Intrafirm-trade Data Sources," Mimeo, NYU Stern.

Schmidt-Eisenlohr, T. (2013). "Towards a Theory of Trade Finance," *Journal of International Economics* **91**(1), 96 – 112.

Schott, P. K. (2004). "Across-Product versus Within-Product Specialization in International Trade," *Quarterly Journal of Economics* **119**(2), 647 – 678.

Schott, P. K. (2008). "The Relative Sophistication of Chinese Exports," *Economic Policy* **23**(53), 5 – 49.

Schott, P. K. (2010). "U. S. Manufacturing Exports and Imports by SIC or NAICS Category and Partner Country, 1972 to 2005, " Yale School of Management.

Schwarz, C. and Suedekum, J. (2014). "Global Sourcing of Complex Production Processes," *Journal of International Economics* **93**(1), 123 – 139.

Segura-Cayuela, R. and Vilarrubia, J. M. (2008). Uncertainty and Entry into Export Markets, Banco de España Working Paper 0811, Banco de España.

Siddharthan, N. S. and Kumar, N. (1990). "The Determinants of Inter-industry Variations in the Proportion of Intra-firm Trade: The Behaviour of US Multinationals," *Weltwirtschaftliches Archiv* **126**(3), 581 – 591.

Spencer, B. J. (2005). "International Outsourcing and Incomplete Contracts," *Canadian Journal of Economics* **38**, 1107 – 1135.

Tang, H. and Zhang, Y. (2012). "Quality Differentiation and Trade Intermediation," Mimeo, John Hopkins SAIS School.

Thomas, J. and Worrall, T. (1994). "Foreign Direct Investment and the Risk of Expropriation," *Review of Economic Studies* **61**(1), 81 – 108.

Timmer, M. P., Erumban, A. A., Los, B., Stehrer, R., and de Vries, G. J. (2014). "Slicing Up Global Value Chains," *Journal of Economic Perspectives* **28**(2), 99 – 118.

Tinbergen, J. (1962). *Shaping the World Economy: Suggestions for an International Economic Policy*, New York: Twentieth Century Fund.

Tintelnot, F. (2013). "Global Production with Export Platforms," Mimeo, Princeton University.

Tomiura, E. (2007). "Foreign Outsourcing, Exporting, and FDI: A Productivity Comparison at the Firm Level," *Journal of International Economics* **72**(1), 113 – 127.

Trefler, D. (1993*a*). "International Factor Price Differences: Leontief was Right!" *Journal of Political Economy* **101**(6), 961 – 987.

Trefler, D. (1993*b*). "Trade Liberalization and the Theory of Endogenous Protection: An Econometric Study of U. S. Import Policy," *Journal of Political Economy* **101**(1), 138 – 160.

Trefler, D. (1995). "The Case of the Missing Trade and Other Mysteries," *American Economic Review* **85**(5), 1029 – 1046.

Trefler, D. and Zhu, S. C. (2010). "The Structure of Factor Content Predictions," *Journal of International Economics* **82**(2), 195 – 207.

United Nations (2010). "International Merchandise Trade Statistics: Concepts and Definitions".

Van Biesebroeck, J. and Zhang, L. (2014). "Interdependent Product Cycles for Globally Sourced Intermediates," *Journal of International Economics* **94**(1), 143 – 156.

Vanek, J. (1968). "The Factor Proportions Theory: The N-Factor Case," *Kyklos* **21**(4), 749 – 756.

Viner, J. (1932). "Cost Curves and Supply Curves," *Zeitschrift für Nationalökonomie* **3**(1), 23 – 46.

Waugh, M. E. (2010). "International Trade and Income Differences," *American Economic Review* **100**(5), 2093 – 2124.

Whinston, M. D. (2003). "On the Transaction Cost Determinants of Vertical Integration," *Journal of Law, Economics, and Organization* **19**(1), 1 – 23.

Williamson, O. E. (1971). "The Vertical Integration of Production: Market Failure Considerations," *The American Economic Review* **61**(2), 112 – 123.

Williamson, O. E. (1975), *Markets and Hierarchies: Analysis and Antitrust Implications*, New York: Free Press.

Williamson, O. E. (1985). *Economic Institutions of Capitalism*, New York: Free Press.

Wright, G. C. (2014). "Revisiting the Employment Impact of Offshoring," *European Economic Review* **66**, 63 - 83.

Yeaple, S. R. (2006). "Offshoring, Foreign Direct Investment, and the Structure of U. S. Trade," *Journal of the European Economic Association* **4**(2 - 3), 602 - 611.

Yeats, A. J. (2001). "Just How Big Is Global Production Sharing?" in S. W. Arndt and H. Kierzkowski, eds., *Fragmentation New Production Patterns in the World Economy*, Oxford: Oxford University Press.

Zeile, W. J. (1997). "U. S. Intrafirm Trade in Goods," *Survey of Current Business* **78**, 23 - 38.

图书在版编目(CIP)数据

全球生产：企业、合同与贸易结构 /（西）波尔·
安特拉斯著；谢锐等译. — 上海 ：格致出版社 ：上海
人民出版社，2024.9
（当代经济学系列丛书 / 陈昕主编. 当代经济学译
库）
ISBN 978 - 7 - 5432 - 3550 - 2

Ⅰ. ①全… Ⅱ. ①波… ②谢… Ⅲ. ①国际贸易-研
究 Ⅳ. ①F74

中国国家版本馆 CIP 数据核字(2024)第 073355 号

责任编辑 王浩淼
装帧设计 王晓阳

全球生产:企业、合同与贸易结构
[西]波尔·安特拉斯 著
谢锐 梁筠怡 屈展 洪联英 译

出 版 格致出版社
上海三联书店
上海人民出版社
（201101 上海市闵行区号景路 159 弄 C 座）
发 行 上海人民出版社发行中心
印 刷 上海商务联西印刷有限公司
开 本 710×1000 1/16
印 张 23
插 页 2
字 数 303,000
版 次 2024 年 9 月第 1 版
印 次 2024 年 9 月第 1 次印刷
ISBN 978 - 7 - 5432 - 3550 - 2/F · 1570
定 价 108.00 元

当代经济学译库

议价与市场行为——实验经济学论文集/弗农·L.史密斯著
内部流动性与外部流动性/本特·霍姆斯特罗姆 让·梯若尔著
暴力与社会秩序/道格拉斯·C.诺思等著
企业制度与市场组织——交易费用经济学文选/陈郁编
企业、合同与财务结构/奥利弗·哈特著
不完全合同、产权和企业理论/奥利弗·哈特等编著
理性决策/肯·宾默尔著
复杂经济系统中的行为理性与异质性预期/卡尔斯·霍姆斯著
劳动分工经济学说史/孙广振著
经济增长理论:一种解说(第二版)/罗伯特·M.索洛著
人类行为的经济分析/加里·S.贝克尔著
工业化和经济增长的比较研究/钱纳里等著
发展中国家的贸易与就业/安妮·克鲁格著
企业的经济性质/兰德尔·克罗茨纳等著
经济发展中的金融深化/爱德华·肖著
不完全竞争与非市场出清的宏观经济学/让-帕斯卡·贝纳西著
企业、市场与法律/罗纳德·H.科斯著
发展经济学的革命/詹姆斯·A.道等著
经济市场化的次序(第二版)/罗纳德·I.麦金农著
论经济学和经济学家/罗纳德·H.科斯著
集体行动的逻辑/曼瑟尔·奥尔森著
企业理论/丹尼尔·F.史普博著
经济机制设计/利奥尼德·赫维茨著
管理困境:科层的政治经济学/盖瑞·J.米勒著
制度、制度变迁与经济绩效/道格拉斯·C.诺思著
财产权利与制度变迁/罗纳德·H.科斯等著
市场结构和对外贸易/埃尔赫南·赫尔普曼 保罗·克鲁格曼著
贸易政策和市场结构/埃尔赫南·赫尔普曼 保罗·克鲁格曼著
社会选择理论基础/沃尔夫·盖特纳著
时间:均衡模型讲义/彼得·戴蒙德著
托克维尔的政治经济学/理查德·斯威德伯格著
资源基础理论:创建永续的竞争优势/杰伊·B.巴尼著
投资者与市场——组合选择、资产定价及投资建议/威廉·夏普著
自由社会中的市场和选择/罗伯特·J.巴罗著
从马克思到市场:社会主义对经济体制的求索/W.布鲁斯等著
所有权、控制权与激励——代理经济学文选/陈郁编
财产、权力和公共选择/A.爱伦·斯密德著
经济利益与经济制度——公共政策的理论基础/丹尼尔·W.布罗姆利著
宏观经济学:非瓦尔拉斯分析方法导论/让-帕斯卡·贝纳西著
一般均衡的策略基础:动态匹配与讨价还价博弈/道格拉斯·盖尔著
资产组合选择与资本市场的均值——方差分析/哈利·M.马科维兹著
家族企业:组织、行为与中国经济/李新春等主编
资本结构理论研究译文集/卢俊编译
环境与自然资源管理的政策工具/托马斯·思德纳著